OTT시대 스포츠 보편적시청권

방송문화진흥총서 **232**

OTT 시대

스포츠

보편적
시청권

| 신삼수 · 봉미선 · 이수연 지음 |

한울
아카데미

2 부　미디어스포츠

3 부　보편적시청권

4 부 시청권 보장

〈표 차례〉

〈그림 차례〉

머리말

스포츠는 주로 '하는' 것이었다. 스포츠가 텔레비전을 만나면서 달라졌다. 미디어스포츠가 자리 잡으면서 스포츠를 '보는' 사람이 더 많아졌다. 스포츠와 미디어의 만남은 한동안 천생연분으로 불릴 만큼 사이가 좋았다. 서로에게 큰 이익을 가져다주었기에 둘의 관계는 매우 좋았다. 언제부턴가 둘 사이에 이상기류가 흐르기 시작했다. 스포츠조직이 미디어에 시청자를 볼모로 막대한 비용을 요구하기 시작하면서부터다. 전 지구적으로 관심이 높은 메가 이벤트인 올림픽과 월드컵은 그대로인데 달려드는 미디어는 가히 폭발적으로 늘어났다. 미디어 플랫폼이 늘어날수록 스포츠조직의 콧대는 높아져만 갔다.

미디어는 무료 보편 서비스와 유료 제한 서비스로 양분된다. 통신과 달리 방송은 시작부터 무료 서비스를 기반으로 등장했다. 모두의 것이었고, 공론장과 문화를 제공함으로써 민주주의 발전의 필수적인 사회적 도구로 인식되었다. 모두의 것이었던 미디어에 보도, 교양·교육 콘텐츠와 함께 3대 축으로 자리 잡은 게 오락프로그램이다. 스포츠는 대표적인 오락콘텐츠다. 오락콘텐츠는 현대인에게 휴식과 여가를 제공한다. 여가에 대한 개념이 달라지고 있다. 여가는 노동에 지친 노동자의 휴식 차원을 넘어 교육과 훈련처럼 미래를 개척하는 데 필수적인 역량이다. 여가가 인권으로 보장될 때 사회 민주화는 물론 개인이 당당한 삶을 개척해 나갈 수 있기 때문이다.

OTT시대는 알고리즘에 따른 개인 맞춤형 미디어 시대다. OTT는 글로벌 자본 소유의 유료 동영상 스트리밍이 대다수를 차지한다. 글로벌 플랫폼이 아닌 OTT는 로컬로 인식될 정도다. 국내 OTT는 규모 면에서 글로벌 OTT에 맥을 못 춘다. 누구나 무료로 볼 수 있었던 미디어, 즉 공영방송의 입지는 더욱 줄어들었다. 급기야 올림픽과 월드컵 중계권을 확보하기 힘든 지경에 이르렀다. 스포츠와 공영방송 간 천생연분 관계의 종말이 모습을 드러내고 있다. 중계권 확보를 위해 조달할 수 있는 재원의 한계가 명백한 공영방송이 가장 일찍 밀려나는 형국이다.

예술이 복제 기술과 미디어를 만나 대중문화를 만들었고, 대중문화가 예술의 민주화를 이뤘다. 스포츠가 미디어를 만나 미디어스포츠, 보는 스포츠 문화를 만들었고, 미디어스포츠가 스포츠의 민주화를 이뤘다. 하지만 미디어가 넘쳐나면서 스포츠에 구애하는 플랫폼이 늘어났고, 모두의 것이던 스포츠는 경제적으로 '감당할 수 있는' 사람들만의 것이 되고 있다. 국민이 보편적으로 스포츠를 시청할 때 나타나는 사회적 열광의 도가니, 커뮤니티를 넘어 코뮤니타스 공동체 현상, 스펙타클은 점차 추억으로 멀어져 간다.

미디어스포츠는 여전히 분열되고 파편화된 사회를 통합할 수 있는 중요한 수단이다. 소외되는 사람 없이 모두가 즐길 수 있어야 진정한 월드컵이고 올림픽이다. 천생연분, 공생관계로 되돌아가기 힘들지라도 공영방송에서 이빨 빠지듯이 스포츠콘텐츠가 텅 비는 상황은 피해야 한다. 우리는 보편적시청권제도라는 유용한 정책수단을 갖추고 있다. 제도를 만든 목적에 맞게 실천에 옮겨야 한다. 공영방송과 보편적시청권제도라는 정책은 공통점이 참 많다. 본서는 그 장점을 살려 스포츠를 다시 대중화하고 스포츠의 민주화에 기여할 수 있는 길을 되살리자는 주장을 주로 담고 있다.

끊임없이 상업화의 길로만 치닫는다. 시장은 날로 커져만 간다. 미디어 시장이 그렇고 스포츠 시장이 그렇다. 이익에 대한 자본의 놀라운 후각을 실감한다. 특히 미디어스포츠 생태계에서는 더욱 그렇다. 공영방송이 보편성을 앞세워 모든 국민에게 다가가려 하지만 점점 더 어려워진다. 공익과 가치를 앞세우지만 산업과 시장의 논리에 번번이 밀려난다. 올림픽과 월드컵이라는 국제적인 스포츠 이벤트마저 공영방송으로 볼 수 없는 날이 올 것이라고 누가 상상이나 했을까? 몇몇 국가에서는 이미 현실로 나타났다. 대한민국에서도 머지않은 일이란 것을 쉽게 예상할 수 있다. 그냥 지켜보고만 있어야 하는가? 무료 지상파방송 기반의 공영방송이 OTT시대에 접어들면서 더욱 축소되고, 모두의 것이라는 스포츠의 가치는 상업화에 밀려나고 있다.

미디어와 미디어스포츠가 공익성을 실현하기 위해서는 보편성을 확보하는 게 우선이다. 누구나 접근할 수 있어야 하고, 스포츠라는 콘텐츠가 누구에게나 쉽게 다가갈 수 있어야 한다. 글로벌 OTT가 쓰나미처럼 미디어 생태계를 잠식하고, 올림픽과 월드컵마저 상업적 플랫폼을 이용하지 않고는 접근조차 힘든 지경에 이르렀다. 글로벌 자본에 힘입은 상업적 플랫폼과 채널은 넘쳐나지만, 보편성을 앞세운 공적 서비스로 자리 잡아야 할 영역은 점점 더 위태로운 상황으로 내몰린다. 미디어스포츠의 상업화 물결을 무슨 방도로 막을 수 있겠느냐는 의구심이 대세를 이룬다. 한마디로 게임은 끝났다는 식이다. 그럼에도 여기서 말 수 없다.

마지막까지 모두의 것으로 남아야 할 영역이 엄연히 존재한다. 공영미디어와 미디어스포츠는 끝까지 보루로 남아야 할 영역에 속한다. 공영미디어는 민주주의와 직결되고, 미디어스포츠는 공동체가 하나 되는 통로를 제공한다. 수많은 연구자들이 앞서 미디어의 공공성과 스포츠의 보편성을 강조했다. 덕분에 우리나라에도 보편적시청권제도가 도입되었다. 스포츠상업화의 물결이 거세지고, 글로벌 자본 기반 OTT가 미디어스포츠 생태계를 장악하면서 보편적시청권제도는 이름만 남는 지경에 처했다. 올림픽과 월드컵과 같은 중요 스포츠 이벤트만큼은 지역에 상관없이, 소득에 상관없이 누구나 시청할 수 있어야 한다. 그때만큼이라도 온 국민이 하나 되어 혼연일체로 목청 높여 응원할 수 있어야 한다.

필진 3명은 공영방송에 몸담고 있거나, 이전에 한참 동안 공영방송에 종사했던 사람들로 구성되었다. 공익성과 보편성을 기치로 내세우는 조직문화가 개인의 의지와 상관없이 필자들의 관점을 형성하는 데 영향을 미쳤음을 부인하기 어렵다. 시장의 이익보다는 모두의 이익을 좇고, 공급자보다는 수요자 입장에서 바라보았다. 과거 논의들이 공급자 입장에서, 이해당사자들의 관계에 주목했다면 이 책에서는 가급적 스포츠와 미디어스포츠의 수요자 입장에서 접근하려 했다.

우리나라 교육정책이 그렇듯 미디어스포츠 정책 또한 온 국민이 당사자이면서 동시에 전문가다. 스포츠와 미디어는 보편적이라는 공통된 특성을 갖는다. 미디어스포츠는 현대를 살아가는 사람이면 누구나 누려야 하는 권리다. 시청자 권리 차원에서 접근할 때 해법은 간단하다. 다만, 방향을 정하고 구체적인 실천 방안을 찾으려고 하면 워낙 다양한 이해관계와 맞닥뜨린다. 첨예한 이슈일수록, 복잡한 문제일수록 제도 본연의 도입 취지와 시청자의 권리에 집중할 필요가 있다. 쉽게 말하기란 참으로 쉽지 않다. 아쉽게도 쉽게 설명하지 못했다. 표현 방식의 서투름보다 부족한 식견 때문일 수 있다. 결과적으로 쉬운 것을 오히려 어렵고 장황하게 펼쳐놓았음을 고백한다. 읽는 분들의 아량을 기대할 뿐이다.

앞서 연구를 펼친 연구자들에게 감사드린다. 본 저술이 출간될 수 있도록 지원해 준 방송문화진흥회와 편집을 맡아 수고해 준 한울엠플러스 윤순현 부장과 조수임 팀장에게 감사드린다. 허락받지 않은 채 거인의 어깨에 올라탄 느낌을 지울 수 없다. 참고 문헌에 제시된 모든 연구 결과물의 저자들에게 존경과 감사를 표한다. 그들의 어깨 위에서 세상을 더 빨리, 더 높이, 더 멀리 바라보겠다고 새삼 다짐한다.

2023년 6월
저자 일동

서문

잉글랜드 프로축구 프리미어리그(EPL) 토트넘에서 활약 중인 손흥민 선수가 2021~2022년 프리미어리그에서 득점왕에 올랐다. 그는 한 시즌에 23골을 넣어 아시아 선수 최초로 득점왕이 된 것이다. 영국에서는 물론 국내에서 손흥민 선수의 인기는 하늘 높이 치솟았다. 그는 EPL 선수이면서 대한민국 축구 국가대표팀의 주장이자 공격수로서, 축구를 넘어 대한민국을 대표하는 스포츠 스타로 등극했다. 손흥민은 2022년 5월 한국기업평판연구소가 분석한 스타 브랜드 평판 1위에 올라서는 기염을 토했다. 스타 브랜드 평판은 기업평판연구소가 예능인, 가수, 배우, 운동선수 등을 대상으로 빅데이터 평판 알고리즘을 통해 소비자와 관계를 분석하여 만든 자료다. 소비자와 관계, 긍정·부정 평가, 미디어 관심도, 소비자 관심도 등을 종합해서 평가한다. 손흥민의 브랜드 평판 지수는 트로트 가수 임영웅, 글로벌 아이돌그룹 방탄소년단(BTS)을 앞섰다.

손흥민의 리그 득점왕 여부가 판가름 나는 2022년 4월 23일 자정 무렵에 펼쳐진 토트넘과 노리치 시티와의 마지막 경기는 시청률 5.4%를 기록했다. 순간 최고 시청률은 6.8%에 달했다. 여기에 OTT로 관람한 시청자는 포함되지 않은 수치다. 상당수 젊은 시청자들이 텔레비전이 아닌 OTT 서비스로 손흥민 경기를 본다는 점과 자정 무렵이라는 방송 시간을 감안할 때 이례적으로 높은 수치다. 지상파방송사 평균 시청률을 뛰어넘는 수준이다. EPL을 중계한 채널은 유료 방송채널사업자(PP) 스포티비 온이었다. 무료 지상파방송사를 제치고 스포티비가 중계방송권을 확보하면서 지상파방송 또는 지상파방송 계열 방송채널사용사업자(PP)를 통해서는 시청할 수 없었다. 2018~2022년 잉글랜드 프리미어리그 국내 중계방송권을 가진 스포티비는 손흥민의 인기를 기회 삼아 OTT 앱을 설치하기만 하면 시청할 수 있었던 손흥민 경기를 2022년 8월부터 월 9900원을 지불해야만 볼 수 있도록 유료화했다.

EPL을 즐겨보던 스포츠 팬들이 반발했고, 일부 언론은 보편적시청권 문제를 들고 나왔다. 기자들의 문제 제기는 과연 적절한가? 아쉽지만 국내 축구 팬들의 영국 프리미어리그 시청 불편이라는 문제는 보편적시청권과 거리가 멀다. 보편적시청권은 중요 스포츠 이벤트를 대다수 국민들이 보고 즐길 수 있도록 보장하는 제도다. 스포츠 중계를 최대한 많은 사람이 시청할 수 있도록 하자는 스포츠 기자들의 취재 방향은 좋지만, 보편적시청권제도로 들어가면 문제가 달라진다. 더 구체적으로 들어가면 스포츠를 주로 취재하는 언론사 기자마저 보편적시청권을 제대로 이해하지 못하고 있음을 알 수 있다. 보편적시청권제도를 일찍부터 도입한 영국에서도 축구 프리미어리그는 보편적시청권을 보장해야 하는 지정 행사 목록에 포함되지 않았다. 보편적시청권제도는 말처럼 단순하지 않다. 다수 이해관계자들이 첨예하게 얽혀 있다. 쉽게 풀리는 문제가 아니다.

왜 무료 지상파방송사들은 프리미어리그 중계방송권을 확보하지 않았을까? 정확히 말하자면 안 한 게 아니라 못 한 것이다. 지상파방송사들은 중계방송권료 입찰에서 밀려났다. EPL의 인기가 높아질수록 중계방송권을 확보하려는 사업자들은 늘어나고, 중계방송권료는 천정부지로 치솟았다. 2009~2010 시즌부터 2015~2016 시즌까지 SBS ESPN이 중계방송권을 갖고 맨체스터 유나이티드의 박지성 경기를 중계했으나, 2019~2020 시즌부터는 스포티비가 이것을 거머쥐었다. 스포티비는 2022~2023, 2024~2025 시즌 중계방송권을 손에 쥠으로써 2025년까지 한국과 일본의 프리미어리그 독점중계권을 확보했다. 2022년 EPL 중계방송권 입찰에는 국내 대기업의 OTT와 여러 방송사, 인터넷 쇼핑 플랫폼에서도 관심을 나타냈고, 2차까지 가는 치열한 입찰 경쟁 끝에 이전과 비교할 수 없는 금액으로 스포티비에 낙찰된 것으로 알려졌다. 이로써 EPL 중계방송은 유료 PP채널 스포티비 온으로 송출하고, OTT 서비스는 스포츠 전문 스포티비 나우를 통해 이뤄지게 되었다.

고액 중계방송권료 부담은 고스란히 시청자들에게 전가되었다. 그동안 무료로 볼 수 있었던 손흥민 선수 경기는 유료로만 볼 수 있게 되었다. 손흥민 선수가 영국 프로축구 인기를 끌어올리자 국내 시청자는 오히려 손흥민 선수가 뛰는 경기를 보편적으로 시청하기 힘들어진 셈이다. 스포츠의 상업화로 인해 스포츠 팬들의 스포츠 시청권이 축소되는 현실을 여실히 보여준다.

프로스포츠가 등장하고, 스포츠가 미디어를 만나면서 새로운 시장이 형성됐다. 신문에 이어 라디오가 등장하고, 1950년대 텔레비전이 스포츠를 중계하면서 프로스포츠 운영 시스템을 바꿔놓았다. 1990년대 이후 미디어 규제가 완화되면서 '스포츠조직·미디어·비즈니스' 복합체는 더욱 공고해졌다. 스포츠 경기 생중계 수요가 늘어나면서 국제올림픽위원회(IOC)와 국제축구연맹(FIFA) 등 국제 스포츠조직(organization)이 상업화의 포문을 열었다. 1984년 LA올림픽과 후안 안토니오 사마란치(Juan Antonio Samaranch) 전 IOC위원장은 올림픽의 상업화를 얘기할 때 단골로 등장한다.

텔레비전으로 실시간 중계하면 경기장을 찾는 관중이 줄어들 것을 염려했지만 기우에 그쳤다. 운동은 하지 않고 텔레비전 앞에 앉아 경기만 시청하느라 사람들이 점점 더 뚱뚱해질 것이라 우려했지만 이 또한 기우였다. 텔레비전 중계를 보면서 스포츠에 대한 관심이 늘어났고, 영웅이 탄생하면서 스포츠 스타를 찾아 경기장을 찾는 발길이 늘어났다. 햇살이 강할수록 그림자는 짙어진다고 했던가?

올림픽과 월드컵 등 세계적으로 주목받는 경기들의 중계방송권료는 하늘 높은 줄 모르고 치솟았다. 중계권료가 폭등하면서 무료 지상파방송으로 볼 수 있는 스포츠는 점점 줄어들었다. '2020 도쿄올림픽'의 유럽 중계방송권을 디스커버리(Discovery)가 확보하면서 영국 BBC는 올림픽을 온전히 중계하지 못했다.

BBC는 이런 사정을 영국 국민들에게 소상히 설명해야 했다. 보편적시청권제도를 처음으로 도입한 영국마저 거센 상업화 물결 앞에서는 이 제도의 효과를 보지 못했다. 마주해야 하는 시점이 다를 뿐 대한민국의 상황도 다르지 않다. 수십 년간 지상파방송사들이 올림픽 중계방송권을 확보해 왔지만, 2026년부터는 다르다. 그간 지상파방송사가 공동으로 구매해 왔던 올림픽 중계권을 지상파방송사가 아닌 종합편성채널 JTBC가 확보했기 때문이다. JTBC는 2026년부터 2032년까지 총 네 번의 동계·하계 올림픽 중계권을 독점적으로 보유하고 있다. 이는 지구촌 축제인 올림픽의 중계방송권을 지상파방송사가 확보하지 못한 첫 사례다.

우리나라는 지난 2007년 방송법을 개정해 '보편적시청권 보장 제도'를 법제화했다. 보편적시청권제도를 갖추고 있는 해외 국가들은 '무료' 지상파방송 플랫폼으로 누구나 시청할 수 있도록 하는 데 정책목표를 두고 있다. 우리나라도 '무료 지상파방송'이라고 방송법에 명시하지 않았지만 제도를 도입할 당시에는 해외 주요 국가들의 사례를 적극 참조했다. 우리나라 보편적시청권제도는 올림픽 대회와 FIFA 월드컵 등 국민관심행사는 가구수 기준 전국 90% 이상 가시청 가구를 확보한 사업자여야만 중계방송권을 가질 수 있도록 했다. 사실상 무료 지상파방송이어야 한다는 조건으로 인식되었다. 그럼에도 무료 지상파방송이 아닌 JTBC가 어떻게 올림픽 중계방송권을 확보할 수 있었을까?

올림픽과 월드컵 중계방송권을 가지려면 대다수 국민이 볼 수 있는 방송 플랫폼을 확보해야 한다는 법·제도가 엄연히 존재함에도 현실은 다르다. 제도 도입 취지와 실제가 다른 이유를 찾기 위해 2010년으로 거슬러 올라가 보자. SBS가 단독으로 2010년부터 2016년까지 올림픽 중계방송권을 독점적으로 확보했을 때다. 자회사 SBS 인터내셔널이 IOC와 계약하는 방식이었지만 SBS는 KBS와 MBC로부터 맹비난을 받았다. 방송사들은 이미 스포츠 중계방송권을 두고 출혈 경쟁을 피하자며 '코리아 풀(Korea Pool)'을 구성했고, 2006년 5월 30일에는 '스포츠 합동 방송 합의 사항'이라는 문서에 KBS·MBC·SBS 사장이 서명을 마친 직후였기 때문이다. SBS가 합의서를 일순간에 휴지 조각으로 만드는 무리수를 두면서까지 올림픽 중계권을 독점적으로 확보하려는 목적은 무엇이었을까?

당시, KBS와 MBC는 보편적시청권제도 관련 법을 적용할 때 SBS는 가시청 가구수를 확보하지 못한 방송사업자라며 문제를 제기했다. 이에 대해 방송통신위원회는 SBS가 전체 시청 가구의 92.1%를 확보해 보편적시청권제도가 요구하는 조건을 충족했다고 유권해석 했다. SBS의 지상파방송 커버리지는 86.4%로 요구조건 90%에 미달하지만, 케이블TV와 같은 유료방송 플랫폼을 포함시키면 기준을 초과한다는 설명이었다. 이로 말미암아 올림픽과 월드컵 중계방송을 누구나 무료 지상파방송으로 시청할 수 있도록 보장하겠다는 보편적시청권제도는 유명무실해지고 말았다. 무료 지상파방송사가 아닌 JTBC가 올림픽 독점중계권을 확보할 수 있는 단초를 제공한 셈이다. 방송 전문가들은 방송통신위원회의 유권해석이 비록 틀리지 않았을지라도 보편적시청권제도 도입 취지에는 부합하지 않는다고 평가했다.

국내 방송사 간 중계권 확보 경쟁으로 인한 보편적시청권 후퇴 논란은 시작에 지나지 않는다. 영국의 2020 도쿄올림픽 중계권 사례를 볼 때, 글로벌 자본이 뛰어들고, 여기에 국제 스포츠조직이 결합할 경우, 아무리 법적인 근거를 갖춘 제도일지라도 힘을 발휘하지 못함을 알 수 있다. 더구나 치솟는 중계방송권료를 무료 지상파방송이나 공영방송이 감당할 도리가 없다. 지상파방송사가 영화를 누리던 시기는 이미 흘러갔고, 공영방송 TV수신료 수입은 40년이 넘도록 동결되어 있으며, 방송광고 수입은 뉴미디어 등장과 포털, OTT와의 경쟁 등으로 인해 줄어들고 말았다. 재원적 안정성과 충분성은 점차 악화되고, 스포츠 중계권료는 폭등하는 이중고를 겪는 상황에 처했다.

2007년 말 방송법 개정으로 우리나라도 보편적시청권제도를 도입했다. 방송·통신 규제 기구인 방송통신위원회는 국민관심행사를 고시하고 방송사에 공정거래 및 순차편성에 대해 권고한 바 있다. 제도 시행 이후 다수 연구자들이 보편적시청권제도의 허점을 지적하고 대안을 제시해 왔다. 명확한 진단 아래 구체적인 대안을 제시한 연구들이 상당하다. 본서는 다수 연구자들이 앞서 실시한 연구를 토대로 OTT시대의 보편적시청권제도 현황과 개선 방안을 탐색하고자 한다.

　무엇보다 본서는 다음과 같은 보편적시청권제도에 대한 근본적인 의문에서 출발하여, 현실적인 대안을 모색한다.

　　▷ 보편성은 무엇이며, 어떤 의미를 담고 있는가.

　　▷ 어떤 미디어가 모두의 것인가.

　　▷ 스포츠는 왜 모두의 것인가.

　　▷ 스포츠 이벤트와 미디어는 어떤 관계인가.

　　▷ 스포츠 중계방송권은 무엇인가.

　　▷ 미디어스포츠의 역사와 현실은 어떤가.

　　▷ OTT시대, 미디어스포츠 환경은 어떻게 달라졌는가.

　　▷ 우리나라 보편적시청권제도는 어떠한가.

　　▷ 해외 주요 국가들은 무슨 정책들을 펼치고 있는가.

　　▷ 무료 지상파방송이 보편적시청권을 보장하는 유효한 수단이어야 하는가.

　　▷ OTT시대, 보편적시청권을 보장하기 위한 방안은 무엇인가.

　저자들은 이러한 의문에 대한 해답을 찾아 떠난다. 책은 모두 4부 10장으로 구성했다. 질문별로 궁금증에 대한 해답을 찾아 나섰다. 챕터를 나눠 선행 연구자들이 펼쳤던 논의를 되짚어가며, 의견을 보탰다.

　제1장은 보편성의 원리를 탐색한다. 보편적시청권의 앞 단어 '보편적'이라는 말의 의미부터 짚어보자는 취지다. 보편적이라는 세 글자가 내포하는 의미가 크다. 역사성도 깊다. 철학적·정치적·사회적으로 다양한 의미로 해석되고 적용된다. 국가 복지정책에서도 빠지지 않고 등장하는 용어다. 방송의 '공익성'과 통신의 '보편적서비스' 개념과 함께 미디어와 스포츠가 공통적으로 갖춰야 할 '보편

성'의 역사적 전개 과정과 의미를 되짚어본다. '보편적서비스'에 대한 개념 혼동을 지적하고 이를 바로잡는다. 스포츠를 포함한 여가와 오락에 대한 역량 접근법을 제안한다.

제2장은 방송미디어가 갖는 보편성을 논의한다. 미디어의 역사는 스포츠에 비해 비교할 수 없을 만큼 짧다. 그럼에도 그 출발은 스포츠와 마찬가지로 '모두의 것'에서 출발했다. 누구나 차별 없이 미디어에 접근하고, 미디어를 이용할 수 있을 때 민주주의 발전의 유용한 도구로서 그 쓰임새를 십분 발휘한다. 미디어의 보편성은 선택의 문제가 아니라 필수다. 미디어 시청권의 차별은 불평등을 초래하고, 그 불평등은 더 큰 대가를 요구한다. OTT시대에 접어들면서 미디어 보편성의 원리가 위축되어 적용되는 현실을 살펴본다. 미디어 보편성의 원리에 특히 충실해야 할 공영방송의 주요 국가별 상황을 들여다본다.

제3장은 스포츠가 갖는 보편성을 살펴본다. 스포츠란 무엇인가? 시대가 변화하면서 스포츠의 개념과 범위 또한 달라진다. 스포츠가 갖는 다종다양한 기능과 그 가치를 헤아려본다. 많은 사람들이 '모두의 스포츠(Sports for All)'이어야 함을 강조한다. 그렇지만 현실은 '모두' 보다는 '가진 자들'의 전유물로 자리매김하는 양상이다. 스포츠의 역사, 스포츠조직의 탄생과 발전을 살펴봄으로써 스포츠가 왜 보편성의 원리를 중요시해야 하는지 짚어본다.

제4장은 스포츠의 상업화를 다룬다. 스포츠의 상업화는 거스르기 힘든 파도처럼 다가왔다. 이럴 때일수록 기업의 비즈니스와 공중의 이익 간 균형에 대한 논의가 이어져야 한다. 스포츠는 누구나 누려야 할 기본적 권리라는 시선으로, '하는' 스포츠에서 '보는' 스포츠로의 변화를 살핀다. 스포츠·미디어·산업 복합체가 작동하는 비즈니스 현실을 진단한다.

제5장은 '미디어가 왜 물불을 가리지 않고 스포츠 중계방송권 확보 경쟁에 뛰어드는가?'에 대한 질문으로 시작한다. 스포츠 중계방송권이 갖는 의미와 효과를 짚어본다. 중계권을 확보하기 위해 펼치는 치열한 쟁탈전을 되돌아보고, 한창 진행 중인 상황도 들여다본다. '전쟁'으로까지 표현되는 업체 간, 방송사 간

중계권 확보 경쟁 실태를 다룬다.

제6장은 OTT시대가 도래함으로써 미디어와 스포츠의 관계가 어떻게 달라졌는지, 이용자들의 미디어 이용 행태와 스포츠 중계방송권 시장은 어떻게 변동했는지 조사한다. 사업자들이 증가하면서 스포츠 중계방송권료는 치솟고 일반 시청자의 이용은 점점 더 어려워졌다. 그럼에도 입지를 확보한 공영방송 OTT가 엄연히 존재한다. 공영방송 OTT와 미디어스포츠의 관계를 조명한다.

제7장은 규제제도 차원에서 현행 보편적시청권제도를 살펴본다. 국내 보편적시청권제도 도입 경과를 정리하고, 도입 당시 치열했던 쟁점과 논의를 되새김한다. 그런 다음 왜 공영방송이 메가 스포츠 이벤트를 중계해야 하는지 그 당위성을 살펴본다. 시장보다는 공익 차원에서 보편적시청권제도의 필요성을 강조한다.

제8장은 해외 주요국들의 보편적시청권제도를 살펴본다. 영국·호주·독일·프랑스·이탈리아·인도·미국 등 해외 주요 국가들은 어떤 보편적시청권제도를 마련하고 있는지, 다른 나라에서는 스포츠와 미디어 간 관계가 어떻게 달라지고 있는지 둘러본다. 미디어 환경 변화에도 불구하고 시청자의 보편적시청권을 보장하기 위해 그들은 어떤 고민을 하고, 어떤 방식으로 제도화하고 실천하는지 정리한다.

제9장은 공공서비스미디어, 지상파방송, 공영방송, 무료 지상파방송 등으로 구별되는 보편성 실현이 비교적 용이한 방송서비스 사업자들에게 스포츠 중계방송권을 보장해야 하는 이유를 탐색한다. 보편성을 갖춘 공영방송이 스포츠를 중계함으로써 방송사 이익이 아닌 시청자 권리 보장 차원에서 접근할 수 있음을 살펴본다. 공영 미디어와 스포츠의 상호 발전적 관계는 장기적으로 스포츠 발전과 관련이 깊다. 스포츠와 방송, 특히 올림픽과 FIFA 월드컵의 중계와 무료 지상파방송 기반 공영방송 간 관계 유지의 중요성을 설명한다.

제10장은 그동안의 선행 연구들을 통해, 현행 제도의 문제점을 정리하고, 보편적시청권 보장을 위한 구체적인 대안을 모색한다. OTT시대, 개인의 미디어

시청권과 스포츠 프로그램 접근성을 보장하기 위한 정책 방향은 무엇인지, 현행 제도가 어떤 방향으로 검토되고 개선되어야 하는지 제안한다. 메가 스포츠 이벤트를 중심으로 휘몰아치는 스포츠 상업화 물결 속에서도 공익적 관점에서 시청자의 권리 보장을 위한 방안을 제시함으로써, 디지털시대 보편적시청권 보장이 사회적으로 중요하게 다루고 논의를 확장해야 할 이슈임을 강조한다. OTT시대, 스포츠의 보편적시청권 보장을 상업적 기업들이 감당해야 하는 몫으로 넘겨서는 안 된다. 공영방송 중심으로 공영 OTT의 재건과 활성화를 제안한다.

스포츠가 주는 혜택, 스포츠가 미디어를 통해 시청자들에게 실시간으로 전달됨으로써 발휘하는 또 다른 이익은 모든 사람들이 골고루 나눠야 한다. 시장과 공익이라는 이분법적 구분에 따라 논의를 정리하는 데서 나아가 마사 누스바움 (Martha Nussbaum)의 역량 접근법과 조지프 스티글리츠(Joseph Stiglitz)가 제기한 불평등 문제를 바라보는 관점에 서서 새롭게 접근하려 했다.

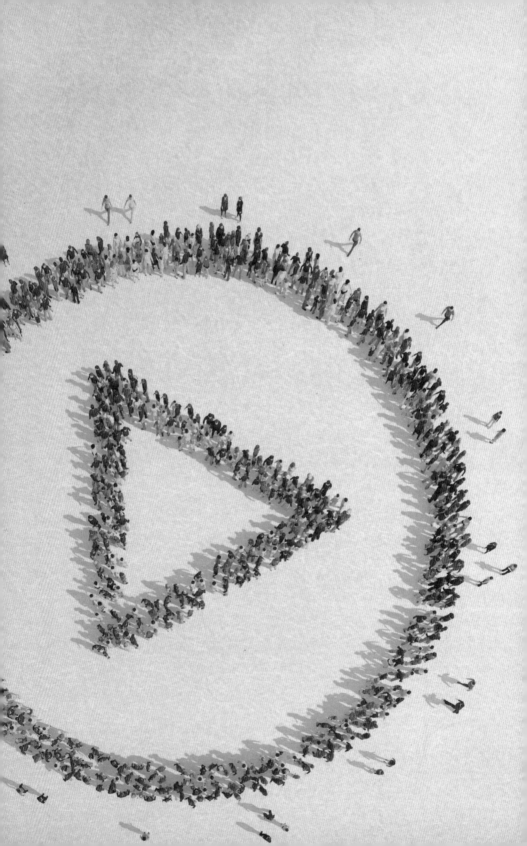

1부

보편성

01 공익성, 보편성 그리고 보편적서비스

보편적시청권은 시청자가 거주하는 지역이나 경제적 여건이나 처지에 상관 없이 누구나 미디어 서비스를 누릴 권리를 말한다. 보편적이라는 말로 시작하는 제도의 명칭에서 보듯이 특수한 누구를 위한 제도가 아니라 모든 사람에게 적용 되는 제도임을 알 수 있다.

그렇다면 보편적이라는 말이 담고 있는 보편성이란 무엇일까? 보편적시청권 제도의 바탕에 깔린 보편주의 이념이란 무엇일까? 이 장에서는 보편성과 보편 주의를 개괄한 다음, 보편적시청권제도가 궁극적으로 추구하는 공익의 개념을 다시 들여다본다. 또한, 보편적서비스에 관한 이전 논의를 새로운 관점에서 접 근하고 해석한다. 이전 연구 대부분이 보편적시청권 논의에 앞서 보편적서비스 를 먼저 논의하고 있다. 이와 같은 접근과 논의의 문제점을 지적하고, 새로운 논 의 방향을 제시한다. 이전 논의의 대표적인 문제점은 '보편적서비스'에 대한 개 념 혼동이다.

본서는 이를 바로잡고, 미디어와 스포츠의 공통적인 특성인 보편성에 대한 새로운 접근 방식을 제안한다. 마사 누스바움의 역량 차원의 접근이다. 보편적 시청권에 관련된 용어에 대한 이해를 기초로 융합 미디어 시대의 보편적시청권

제도 필요성을 새로운 관점에서 살펴본다.

1. '보편적'이란?

보편적시청권제도에서 '보편적'이라는 단어의 사전적 의미는 관형사로 쓰일 때 "모든 것에 두루 미치거나 통하는"이다(국립국어원 표준국어대사전). '일반적'이라는 말과 비슷하게 사용된다. 다만, 일반적이라는 말이 '전문적이 아닌 것'을 의미하기에 '보편적' 시청권과 '일반적' 시청권은 엄연히 다른 의미를 갖는다. 영어로는 형용사 'universal', 명사 'universality'로 쓰인다. 형용사 'universal'은 라틴어 'universalis'에서 파생한 말로 '전체에 속하는(beloning to the whole)', '일반'을 뜻한다. 형용사 'universalis'는 '전체(whole)'를 뜻하는 명사 'universum'에서 파생되었다. 'universum'은 '하나'라는 'uni'와 '돌다(turn)'를 뜻하는 동사 'vertere'의 과거분사 'versus'가 결합된 단어로, '하나로 돌아가 있는 (turned into one)'이라는 뜻이다. 라틴어 'universus'는 '전체적' 또는 '보편적'을 뜻하는 그리스어 'katholikos'의 번역어라고 볼 수 있다. 'katholikos'는 테르툴리아누스(Tertullianus)가 서양 중세 시대 로마 가톨릭을 정당화하기 위해 통일된 질서를 상징하는 의미로 사용한 라틴어 'catholicus'에 해당한다(양승태 외, 2016: 25).

보편적인 권리는 지역과 종교, 직업이나 경제적 여건에 상관없이 사람이라면 누구나 가질 수 있는 권리를 말한다. 따라서 보편적시청권이 용어가 갖는 의미대로 모든 사람의 보편적 권리로 작동하기 위해서는 아무런 조건 없이 시청자라면 누구에게나 적용될 수 있어야 한다. 어떤 이유를 들어 제한이 가해지는 순간, 보편성의 의미는 퇴색되고 만다. 특수한 어떤 부류가 아닌, 선택된 사람들이 아닌, 공동체 구성원 모두를 아우르는 보편성은 보편주의의 근간이기 때문이다.

보편성을 기반으로 최대 다수를 포용하는 보편주의는 '모든 사람의 평등한 도덕적 가치를 가정하는 원칙'에서 출발한다. 즉, 보편적 원칙은 모든 사람이 인간이기 때문에 기본적 권리를 갖는다고 믿는다. 보편주의는 현실 세계의 사실이 아니라 '언제나, 어느 곳에서나, 모두를 위해(quod semper, quod ubique, quod omnibus)'의 원칙에 따른 지적 구성물로 등장했다(Tönnies, 1995).

서구 민주주의는 젠더 이슈, 계급적 편견, 식민주의와 노예제도 등 논란 속에서도 인간이 보편적이고 본질적인 권리를 가진다는 관점에서 출발했다. 동시에 보편주의 원칙은 헌법, 법률, 정책 및 기타 제도에 의해 다양한 방식으로 개인에 우선한다. 이런 측면에서 보편주의는 공유된 인권과 개인의 권리를 포괄한다. 자유민주주의 국가에서 보편적인 권리는 광범위하게 공유되는 공동체의 권리와 보호를 말하며, 소수 언어와 문화 공동체로 확장되고 있다. 처음에는 노예, 여성, 어린이 등 다수 사람들에게 동일한 '보편적' 권리가 부여되지 못했으나 요즘에는 동물 보호, 동물의 권리 및 자연의 권리라는 개념으로 확장되어 보편주의 원칙이 범위를 넓혀가고 있다.

양도할 수 없는 개인의 권리에 대한 아이디어는 계몽주의에서 비롯되었고, 이는 인간 정신의 힘에 대한 인식에 기초한 현대적 보편주의 개념의 기반이 되었다. 존 로크(John Locke)는 보편주의를 모든 개인의 헌법적 권리로 이해했으며, 토머스 홉스(Thomas Hobbes)를 비롯한 계몽주의 철학자들은 모든 인류를 위한 일반 법칙을 확인하고 그대로 따르는 것을 목표로 삼았다. 미국 독립선언문은 "모든 사람은 평등하게 창조되었다"라는 내용을 담고 있으며, 프랑스혁명은 모든 사람을 위한 '자유, 평등, 박애'를 선언했다. 1789년의 인권 선언문과 1791년의 프랑스 헌법은 특정 계층의 이익을 보편적인 인간의 이익으로 돌려놓았다.

사회복지정책 차원의 보편주의 논의는 우리에게 익숙하게 다가온다. 1800년대 후반까지 대다수 사람들은 개별 시민의 복지는 국가가 지나치게 신경써야 할 대상이 아니라고 믿었다(Renwick, 2018). 보수주의자들은 국가가 공공복지에 개입하는 것을 두고, 가난한 사람들은 자신의 상황을 스스로 책임져야 한다며 반대했다. 그들은 국가가 시장 역학에 간섭해서는 안 되며, 교육이나 보건과 같은 공공서비스와 안전망 구축에 들어가는 비용은 국가를 파산시킬 수 있다고 경고 했다. 20세기 들어 노조 결성 움직임과 여성참정권 확대 운동이 활발해지면서 보편적복지에 관심이 높아졌다. 1930년대 경제 대공황으로 서구 경제가 무너지 면서 정점에 이르렀고, 제2차 세계대전 이후 경제회복 노력과 함께 보편적복지 제도가 강조되었다.

현대사회 복지정책 설계의 근본으로 보편주의가 자리 잡고 있다. 1930년대 이후 1980년대까지 보편주의에 대한 사회적 관심은 '대중사회' 패러다임 변화와 함께 높아졌다(Buechler, 2013). 급속한 도시화와 산업화의 진전에 따른 잠재적 소외와 고립에 대한 두려움에 뿌리를 둔 대중사회 패러다임은 대중의 연대를 강화시켰다.

디지털·플랫폼 경제 시대를 맞아 보편주의에 뿌리를 둔 '보편적 기본서비스(Universal Basic Service)'를 확장해야 한다는 주장이 주목을 끌고 있다(Coote & Percy, 2020). 민주주의가 평화롭게 작동하기 위해 빈부에 상관없이 누구나 가치 있는 삶을 영위할 수 있어야 한다는 점에서 보편적 기본서비스는 출발한다.

1930년대 프랭클린 루스벨트(Franklin Roosevelt)의 뉴딜정책은 세금과 국민 보험제도를 통해 마련한 비용으로 돈 없는 사람에게 주거, 보건의료, 교육 서비스를 제공한 보편적 기본서비스의 예시로 꼽는다. 사람들은 자신이 실제로 벌어 들인 소득뿐만 아니라 국가가 제공하는 공공서비스 형태로 가상소득(virtual income)을 얻고, 자신들의 필요를 충족할 수 있다. 충분하지 않더라도 개개인이 별도로 비용을 지불하지 않고도 누릴 수 있는 무료 서비스를 확장하자는 게 보편적 기본서비스의 뼈대다. 보편적 기본서비스는 2017년 세계번영연구소가 발행한 보고서에서 처음으로 언급된 용어로, 모든 사람에게 정기적으로 무조건적인 현금을 지급하는 방식인 보편적 기본소득과는 다른 개념이다. 개인별 현금소득 의존도를 낮추는 대신 사회 공동체 차원의 양질의 공공서비스를 강화함으로써 효율성을 높이고 불평등을 해소하며, 지속가능한 정책으로 자리 잡을 수 있다는 진보적인 주장이다.

2. 공익성과 공공성

보편성을 앞세운 보편적시청권제도는 결국 공공의 이익을 확장하기 위한 정책이다. 더 나아가 미디와 스포츠가 갖는 공통적인 특성으로 보편성과 공익성을 들 수 있다. 넓게는 미디어와 스포츠에 대한 이해, 좁게는 보편적시청권제도의 궁극적인 목적을 이해하기 위해서는 공익성에 대한 이해가 필수적이다. 공익은 국민의 보편적인 이익으로, 자본가나 특정 세력을 위한 특수이익 또는 개인의 이익과 대비되는 개념이다. 미디어 정책에서 공익 개념에 대한 논의는 다양한 관점에서 전개되어 왔다(Ford, 1961; Sunstein, 2000; 강재원, 2009; 강형철, 2016; 최영묵, 1998).

최대 다수의 최대 행복으로 잘 알려진 벤담Jeremy Bentham)의 공리주의는 개인의 권리를 존중하지 않는 약점을 갖고 있다. 벤담의 공리주의는 효율성을 앞세워 후생을 극대화할 경우 불평등 문제를 초래하고, 사회 구성원 간 불평등은 누구나 최소한의 생활수준을 보장받아야 한다는 인권과 형평의 문제를 야기한다. 존 롤스(John Bordley Rawls)는 『정의론(A Theory of Justice)』에서 평등주의적 자유주의를 주창했다(Rawls, 1999). 모든 사람에게 공정한 기회를 부여하되, 그로 인해 초래되는 불평등은 '차등의 원칙(Difference principle)'을 추가적으로 적용하여 평등을 실현할 수 있다는 것이다. 차등의 원칙은 혜택을 가장 적게 보는 구성원에게 기회를 더 줘야 한다는 것으로, 소수가 더 큰 이익을 가져가더라도 그로 인해 가난한 사람의 처지가 더 나아진다면 부정의(Injustice)는 아니라고 보는 원리다.

평등주의 사회철학은 제2차 세계대전 이후 그 약점을 극복하기 위한 공평주의로 발전했다. 1970년 이후에는 신자유주의가 세계경제의 흐름이었다. 2008년 미국발 금융위기 이후 정의론이 주목받았다. 정의론은 아리스토텔레스에서 출발하여 공리주의, 신칸트주의 등을 거쳐왔다. 아리스토텔레스는 평등에서 정의의 원리를 찾았다. 평등은 절대적 평등과 상대적 평등으로 구분된다. 절대적 평등은 모두에게 평등하라는 것이고, 상대적 평등은 공로나 죄의 많고 적음에 따라 동등한 것은 동등하게, 불평등한 것에는 불평등하게 대하는 것을 뜻한다. 아리스토텔레스의 정의는 미덕 그 자체가 아니라 실현된 미덕에 따라 영광과 보상을 분배하는 방식이었다.

커뮤니케이션 정책학자인 나폴리(Philip M. Napoli)는 철학적 논의를 포함하여 공익을 세 가지 수준(개념적 수준, 조작적 수준, 적용적 수준)으로 구분 지어 논의했다. 개념적 수준(conceptual level)은 정치철학자들이 논의해 온 개략적이고 추상적인 수준이다. 공익의 개념을 밝혀내고 본질적으로 의미 없다는 비판이 오가는 수준이다. 조작적 수준(operational level)은 공익적 가치와 원리에서 나아가 구체적인 목표를 정하는 수준이다. 전반적인 행동계획과 지침을 마련하는 수준이다. 적용적 수준(operational level)은 개념적 수준에서 정리된 가치와 원칙, 조작적 수준에서 마련된 행동 계획과 지침에 따라 달성할 수 있는 방법을 제시하는 단계다. 나폴리는 조작적 수준과 적용적 수준을 전략과 전술 관계에 비유하여 설명했다. 전략적으로 정해진 행동계획과 지침에 따라 전술적으로 실천에 옮긴다는 것이다(Napoli, 2001). 보편적시청권제도를 나폴리가 정리한 세 가지 수준에 적용할 경우, 개념적 수준에서는 보편성에 기반한 공공의 이익을 확대하고, 조작적 수준에서는 미디어의 보편적 접근과 이용을 가능케 하며, 적용적 수준에서는 보편적시청권제도를 통해 실천하는 것으로 정리할 수 있다.

공익은 공공(public)과 이익(interest)의 합성어다. 공공과 이익의 각 차원에서 정의할 수 있다. 모든 사람에게 공개된 것, 공유되는 것이라는 뜻이다. 사적인 것과 대조된다. 공공은 '모든 사람에게 동등하게 관련되는 것'이며, 이익은 공공선(public good) 또는 공동선(common goods)으로 사회 구성원 모두가 추구해야 할 절대 가치로서 다른 모든 가치보다 우위에 있다(윤석민, 2005). 공익은 공중의 이익, 다수의 이익으로서 책임이 따른다. 고정불변의 것이 아니다(Blumler,

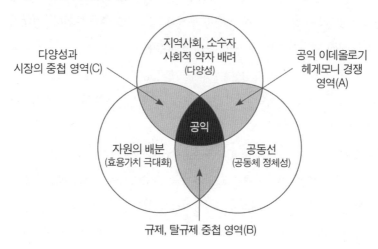

다양성과
시장의 중첩 영역(C)

지역사회, 소수자
사회적 약자 배려
(다양성)

공익 이데올로기
헤게모니 경쟁
영역(A)

공익

자원의 배분
(효용가치 극대화)

공동선
(공동체 정체성)

규제, 탈규제 중첩 영역(B)

자료: 정군기(2005).

1992).

공익은 사회적 약자가 배제되지 않고 재화나 용역이 효율적으로 분배되는 상태로서 크게 세 가지 차원으로 구분할 수 있다(정군기, 2005). 다른 집단이나 사회적 소수자, 약자를 배려하는 다양성이 강조되는 영역, 자원의 효율적인 배분이 이뤄지며 효용가치가 극대화되는 다원적 시장주 개념이 나타나는 영역, 공공선과 같이 공동체의 정체성을 확보하기 위한 영역 등으로 구분되는 개념이다(〈그림 1-1〉).

공익에 관한 논의는 효율성(efficiency)과 형평성(equity)의 대립 또는 저울질로 귀결된다. 산업 활성화를 기치로 탈규제와 경쟁을 강조하면 효율성을 높일 수 있을지 모르지만, 부의 집중을 초래해 형평성을 저하시킨다. 효율성을 앞세워 후생을 극대화했을지라도 분배의 형평성을 실현하지 못한다면 사회적인 갈등을 유발하고, 사회를 위축시켜 지속적인 성장을 위협한다. 이와 반대로 형평성을 지나치게 강조하다 보면 당장 효율성을 떨어뜨릴 수 있다. 장기적으로 보면 형평성을 유지할 때 사회갈등 요인이 해소됨으로써 오히려 효율성을 높일 수도

〈그림 1-2〉 방송 정책 이념의 구성

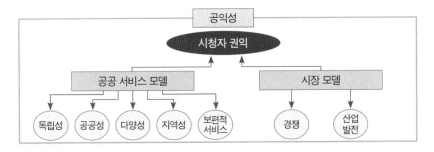

자료: 강명현(2017).

있다.

방송은 전파라는 한정된 공공자원에 의존한다. 사회적·문화적·정치적 영향력으로 인해 특정 세력이나 사적 자본이 미디어를 독차지할 경우 민주주의 체제를 위협할 수 있다. 그 때문에 어느 나라를 막론하고 방송의 공익성을 주문하고, 방송사들 또한 공익성 실현을 앞세운다. 우리나라 방송법은 공익이라는 포괄적인 개념 아래 시청자 권익과 방송편성의 자유와 독립, 공공성, 다양성, 지역성, 보편적서비스 등을 나열하고 있다(〈그림 1-2〉).

우리나라 방송법 제1조는 "방송의 자유와 독립을 보장하고 방송의 공적 책임을 높임으로써 시청자의 권익 보호와 민주적 여론 형성 및 국민문화의 향상을 도모하고 방송의 발전과 공공복리의 증진에 이바지"하기 위해 방송법을 제정하고 있음을 밝히고 있다. 제1조는 ① 방송의 자유와 독립 ② 방송의 공적 책임 ③ 시청자 권익 보호 ④ 민주적 여론 형성 ⑤ 국민문화 향상 ⑥ 방송 발전 ⑦ 공공복리 증진이라는 정책목표를 포괄하고 있다. 국내 방송 정책이 궁극적으로 지향하는 목표는 '공익'의 실현에 있다. 방송의 공익성(public interests)은 공공의 자산인 전파를 기반으로 하는 방송의 공공성(publicness)에서 출발한다. 지상파방송은 물론이고 케이블TV와 위성방송 역시 특정 주파수대역을 활용하는 점에서 공익성의 울타리 안에 있다.

디지털 기술이 적용되면서 방송과 통신이 융합되고, 온라인 기반 새로운 유형의 시청각미디어 서비스가 등장했다. 전파 희소성에 근거한 공익성에 대한 의문이 동시에 제기되었다. 미디어 환경이 변화하더라도 공익성이 방송 정책 이념을 포괄한다는 데는 이의가 없다. 융합 미디어 시대, OTT시대로 접어들면서 바라보는 입장에 따라 공익이라는 단어의 의미가 다양하게 해석된다. 그리고 디지털시대 '공익'을 구성하는 요소, 또는 하위개념에 무엇이 포함되어야 하는지에 대한 의견도 분분하다.

그동안 방송의 공익에 관한 논의는 크게 세 가지로 유형화할 수 있다(임정수, 2008). 첫째는 전파 희소성과 사회적 영향력에 기반하고 공공성·공정성·다양성 등을 포괄하는 공공수탁론, 둘째는 민주시민들의 참여로 이루어지는 커뮤니케이션에 기반한 공론장 이론, 셋째는 후생경제학과 신고전주의 경제학을 바탕으로 수용자 복지론과 보편적서비스론을 포괄하는 공리주의적 방송공익론이다. 방송공익론은 보편적시청권제도의 이론적 기초이기도 하다. 공익에 대한 논의는 벤담이 그의 저서 『도덕과 입법의 원리 서문』에서 밝힌 '최대 다수의 최대 행복(the greatest happiness of the greatest numbers)'과 같은 맥락이다. 개개인의 효용을 합치면 사회적 후생이 되고, 사회적 후생이 곧 공익이라는 접근이다. 곧 사회적 후생을 극대화하여 분배하는 게 공익에 부합한다는 주장이다.

언론학자 강형철은 '신(新)공익론'을 주장했다. 그는 방송의 공익 논의를 전파 희소성에 근거한 수탁 이론, 방송 영향성 등을 근거로 제한하는 전통적 공익론과 방송사업자들이 자유로운 시장경쟁을 통해 후생을 극대화한다는 시장주의 공익론으로 구분 짓고, 전통적 공익론과 시장주의 공익론을 포괄하면서 합리주의적 관점으로 공익을 바라보는 신공익론을 내세웠다. 신공익론의 요체는 통신산업에서 시작된 보편적서비스 개념을 방송에 적용함으로써 수용자 복지 개념을 확장하는 것이다(강형철, 2016).

방송은 사회 유지 및 발전에 필수적인 여론 형성 기능을 수행하는 사회적 영향력에 입각해야 한다. 하지만 방송의 사회적 영향력은 미디어적 특성을 고려할 때 엄밀하게 논증할 수 없고, 매스커뮤니케이션의 영향력은 해당 미디어에 대한 개인적 견해, 수용자의 지적 능력과 심리 상태 등과 같은 개인적 특징에 좌우되므로, 이를 근거로 방송의 자유에 따른 기본권과 달리 특별한 제한을 가하는 것은 헌법적으로 정당화될 수 없다는 의견도 존재한다.

다른 한편에서는 방송의 공익을 다원주의 보장을 위한 영역, 즉 사상의 자유시장 원칙에서 출발하여 시청자가 원하는 프로그램을 방영하는 것, 시청자 취향에 따른 최대공약수로 보기도 한다. 즉, 소비자에게 자유로운 선택의 기회를 제공함으로써 실현하는 소비자주권의 의미까지 포함한다는 것이다.

현행 방송법제는 다원주의, 객관성의 원칙, 평등의 원칙, 계속성의 원칙, 적응의 원칙을 기본 원리로 두고 방송의 공익성을 주문하고 있다. 다원주의(pluralism)란 국민 각계각층의 다양한 의견을 표현할 수 있도록 방송국들의 다원화를 이루고 다양한 방송 내용과 국민의 방송 기회를 제공해야 한다는 원칙이다. 객관성의 원칙은 특정 집단에 유리한 편파적인 방송을 해서는 안 되고 공정하고 정확한 방송을 해야 하는 것을 말한다. 평등의 원칙은 시청자들이 자신의 사상, 의견을 표현할 기회를 차별 없이 부여받을 수 있는 원칙이다. 방송 계속성의 원칙은 방송의 기능 중 공익 증진을 위한 기능으로 공공의 필요성에 부응하기 위해 제공되는 방송서비스가 단절되어서는 안 되며 계속 제공되어야 함을 말한다. 방송 적응의 원칙은 공공이 요구하는 바가 변하고 방송 기술이 변화함에 따라 그에 부응한 방송서비스를 제공해야 한다는 원칙이다.

스포츠 방송 중계권은 스포츠산업을 활성화하는 수단으로 스포츠조직 운영 재원을 충당하고, 지역 간 격차를 완화하는 역할이 있음에도 미디어와 마찬가지로 공공성이 크기 때문에 보편적시청권에 따른 규제를 받는다. 스포츠조직의 권리와 시청자의 권리 간 조화를 찾는 게 관건이다.

3. 보편주의 실현

우리는 공공서비스가 실제로 가난한 사람을 위해 존재하는 것처럼 옹호한다.
사실은 공공서비스의 이론적 근거는 모든 계층을 위해 공통된 생활 조건을 만드는
것이다.[1]

방송은 보편주의에 입각하여 공공의 이익을 달성하기 위한 수단이다. 특히
공영방송은 누구나 무료로 이용할 수 있는 보편적인 기본서비스 또는 공공서비
스로 제공된다. 달리 말해 보편성을 실현하기 위한 보편적인 서비스(universal
service)로 간주된다. 다음에 자세히 설명할 통신에서 기원한 '보편적서비스
(Universal Service)'와는 구분되는 표현이다. 전자는 형용사로서 보편성을 표현
하고 있어 'univesal'의 이니셜을 소문자로, 후자는 통신 정책 가운데 하나로서
특정 정책을 지칭하기에 첫 글자를 대문자로 표기하였다.

공공서비스, 즉 보편적인 기본서비스는 국가의 공공 목적을 달성하고 국민의
기본적인 생활을 영위하는 데 있어 어느 누구도 소외되지 않아야 하는 필수적인
서비스를 말한다. 교육, 보건의료, 공영방송을 예로 들 수 있다.

이에 비해 미국에서 기원을 찾는 보편적서비스 개념은 보편적인 기본서비스
와는 다르다. 보편적서비스를 제도적으로 명문화한 출발점은 영미권 국가의 운
송 사업에서 발견된다. 1820년대에 미국 정부는 시민들에게 편의를 제공하고
경제성장을 촉진할 목적으로 철도 사업자들에게 특혜를 제공했다. 토지 보조금
을 제공하고, 쉽게 대출받을 수 있도록 하고, 현금을 기부받을 수 있도록 지원했
다. 문제점이 드러났다. 철도 회사 간부들이 공무원들에게 뇌물을 주고, 받은 공
적자금을 갖고 잠적하는 일이 만연했다. 1860년대 들어 일부 주정부가 철도 사

---

1) Michael Ignatieff, "We defend public services as if they existed only for the poor when in
   fact their rationale is to create common conditions of life for all classes," *The Guardian*, 4
   April 1988.

업에 대한 지원을 중단했고, 연방정부에서 자금을 지원하는 국유철도를 건설하기 시작했다. 금융위기 등을 거치면서 철도 회사들이 합병되었고, 1905년에는 여섯 개 회사로 줄어들었다. 일부 철도 회사들은 지역에서 독점적으로 철도를 운영했고, 소규모 화물주보다 대규모 화물주들을 선호했다. 스탠다드오일(Standard Oil)과 앤드류 카네기(Andrew Carnegie) 같은 철강 사업자들에게는 리베이트를 받고 저렴한 가격에, 농산품을 운송하는 사람들에게는 터무니없이 높은 요금을 부과한 것이다. 단거리 운송 화물은 장거리 화물에 비해 더 비싼 요금을 내야 했다. 농부들과 소규모 화주들의 반발이 이어졌고, 1887년 철도 카르텔을 규제하기 위한 연방법 제정을 시도했으나 의회를 통과하지 못했다. 기업활동에 국가가 개입해서는 안 된다는 주장을 펼친 철도 기업 변호사들의 로비가 먹혀들었기 때문이다.

그런데 미국 대법원은 주정부가 아닌 연방정부는 주간 상거래를 규제할 수 있다고 판결했고, 이에 힘입어 1887년 '주간 상업법(the Interstate Commerce Act)'이 제정되었다. 이 법에 따라 주간 상업위원회(ICC: the Interstate Commerce Commission)가 꾸려졌고, 철도 회사가 부당하게 요금을 부과하거나, 화주를 차별하거나, 단거리보다 장거리에 더 저렴한 요금을 부과하는 것을 금지했다. 그럼에도 불구하고, 20세기 초까지 철도 회사들의 차별 문제는 계속되었다. 마침내 루스벨트(Franklin Delano Roosevelt) 대통령이 철도 사업자들의 약탈적 행태에 대한 시민들의 불만을 듣고, 철도가 공익에 부합하도록 감독하기 위한 법제화에 나섰다. 철도는 자연독점 사업이었기 때문에 셔먼독점금지법의 적용을 받지 않았고, 법원은 번번이 철도 사업자들의 손을 들어주었다. 이에 루스벨트는 여러 해 동안 공익을 앞세운 제도개선에 나섰고, 마침내 1903년 미네소타 법원으로부터 유리한 판결을 이끌어냈다. 1906년 루스벨트가 지지했던 햅번법(Hepburn Act)이 제정됨으로써 ICC가 철도 요금의 최대 인상률을 정하는 권한을 가질 수 있었고, 철도 회사들의 리베이트와 철도 회사 이해관계에 따른 차별을 금지할 수 있었다(Crawford, 2013). 미국 운송 사업으로부터 출발한 보편적서비스 개념은 이후 학교교육과 의료 분야 등 사회 공공영역으로 확산되었다.

유선전화가 보급되던 시기 미국의 통신 분야에도 운송 서비스에서 유래한 보편적서비스 개념이 적용됐다. 벨(Alexander Graham Bell)이 1884년 전화기를 발명하고, 통신회사 AT&T(American Telephone and Telegraph)를 설립했다. AT&T 사장이었던 시어도어 베일(Thedore Vail)은 1907년 전국 통신망 독점을 정당화하는 논리로 '모든 국민이 전화를 이용할 수 있도록 만드는 것'을 표방했다. AT&T는 한동안 독점적으로 전화 사업을 펼쳐왔으나, 1900년 전후로 점차 새로운 전화 사업자가 등장하면서 경쟁이 치열해졌기 때문이다. 미국 내 전화 사업자가 수천 개에 이르렀고, 사업자 간 시스템이 호환되지 않아 이용자들은 큰 불편을 겪었다. 시스템이 다를 경우 서로 전화를 걸 수 없었기 때문이었다. 장거리 통화가 많은 기업들을 중심으로 벨(Bell) 전화기와 다른 회사(Independent) 전화기 2대를 갖고 있어야 했다. 이때, 베일이 "one system, one policy, universal service"라는 슬로건을 만들어 1907년부터 1914년까지 연례보고서에 실었다. 베일의 주장은 여론의 지지를 얻어 경쟁 전화 회사를 인수합병할 수 있었다. 베일이 주장한 보편적서비스는 이처럼 AT&T가 독점적 사업권을 확보하기 위한 산업적 의도에서 출발한 것이다.

1934년 커뮤니케이션법(Communication Act)에서 전화기의 보편적인 보급이 의무화되면서 사치품으로 여겨졌던 전화기 보급률이 눈에 띄게 늘어났다. 이와 관련하여, 뮤엘러(Mueller, 1993)는 보편적서비스(universal service)라는 단어가 1934년 법에는 등장하지 않는다면서, 전체 통화량의 2% 미만에 해당하는 주간 통화(interstate telecommunications)에만 영향을 미쳤다고 설명했다. 대부분의 규제는 주정부 차원에서 이뤄졌다는 것이다. 뮤엘러는 통신의 보편적서비스 개념은 엄밀히 말해 1934년 전화기 보급을 위한 커뮤니케이션법이 아니라 서로 다른 시스템 간 호환성을 실현하기 위한 1907년 AT&T로부터 출발했다고 보았다. 보편적서비스 개념은 엘고어(Al Gore Jr) 부통령이 1990년대에 주창한 정보초고속도로(Information superhighway)의 근간이기도 했다. 1996년에 커뮤니케이션법은 정보통신법(Telecom Act)으로 개명되었으며, 법 제254조는 보편적서비스를 명시하고, '보편적서비스위원회' 구성과 정책 수립 원칙을 다음과 같이 제시하였다.

① 품질 및 요금: 공정하고 합리적이며 저렴한 요금으로 양질의 서비스를 이용 가능해야 한다.
② 고도화 서비스에 대한 접근: 국가 모든 지역에서 고도화된 통신 및 정보서비스에 접근할 수 있어야 한다.
③ 농촌 및 고비용 지역의 접근: 저소득 소비자와 농촌, 섬 및 고비용 지역 소비자를 포함한 전국 모든 지역의 소비자는 도시지역과 같은 수준의 교환서비스와 첨단 통신 및 정보서비스를 포함한 통신 및 정보서비스에 접근 가능해야 한다.
④ 공평과 비차별: 모든 통신서비스 제공자는 보편적서비스 유지 발전을 위해 공평하고 비차별적인 서비스를 제공해야 한다.
⑤ 구체적이고 예측 가능한 지원 메커니즘: 보편적서비스 유지 발전을 위해 구체적이고 예측 가능하며 충분한 연방 및 주 차원의 메커니즘을 갖춰야 한다.
⑥ 학교, 의료 및 도서관에 고도화된 통신서비스 제공: 초등·중등 학교 및 교실, 의료서비스 제공자, 도서관에서는 고도화된 통신서비스에 접근할 수 있어야 한다.
⑦ 추가적 원칙: 위원회의 결정은 공익, 편의 및 필요성을 보호하고, 이 법에 부합해야 한다.

1934년 커뮤니케이션법이 유선전화 확산에 초점이 맞춰졌다면, 1996년 정보통신법은 고도화된 정보통신 서비스를 포괄하여 차별 없는 보편적서비스를 명시하고 있다.

미국의 통신산업에서 출발한 보편적서비스 개념은 1990년대 들어 유럽으로 확산됐다. 유럽에서도 통신 시장이 경쟁 체제로 전환되고 자유화되면서 보편적서비스에 주목했다(Mittag & Naul, 2021). EU가 표방한 보편적서비스 원칙은 보편성(Univerality), 공평성(Equality), 연속성(Continuity), 충당가능성(Affordability)으로 정리된다. EU는 회원국 간 통신 환경이 다르기 때문에 보편적서비스 실현 정도도 국가별로 차이가 있었다.

영국은 방송 통신 규제 기구인 오프콤(Ofcom)이 보편적서비스 정책을 수립하고 규제한다. 광대역 및 전화통신 사업자들이 모든 영국인에게 저렴한 가격으로 최소한의 통신서비스에 접근할 수 있는 권리를 보장하도록 의무화하고 있다. 광대역 통신망에 대한 보편적서비스 의무를 2018년 3월 법제화했으며, 전화에 대한 보편적서비스 의무는 2003년 시행된 '전화 통신 범용 서비스 법률'에 따라 BT(British Telecom)와 KCOM 등 통신사업자들이 저렴한 가격으로 모든 사람에게 제공해야 하는 최소한의 전화 서비스로 규정하였다.

우리나라 통신산업은 미국이 민간기업에서 출발한 것과 달리 정부 독점사업으로 시작했다. 공중통신망을 경제발전에 필요한 사회간접자본으로 인식하여, 통일되고 안정적인 네트워크를 구축하는 데 초점을 맞췄다. 공중통신망 독점으로 통신산업을 국가가 주도하여 육성할 수 있었고, 공공서비스에 기반한 보편적서비스가 암묵적으로 제공되었다. 우리나라 통신산업 발전을 시기별로 1902~1981년 정부 독점, 1982~1991년 비정부 독점, 1991~1996년 복점 경쟁, 1996년 이후의 자유경쟁체제로 구분할 수 있다(황철증, 1999). 통신 발달의 역사를 보편적서비스 정책을 중심으로 시기별로 살펴보면, 1885~1980년 정부 독점에 따른 암묵적 보편적서비스, 1981~1987년 공공 독점으로 가입의 보편적서비스 제공, 1988~1997년 경쟁 도입과 이용의 보편적서비스 실현, 1998년 이후 경쟁 체제가 확립되고 표적 지향의 보편적서비스가 펼쳐진 시기로 구분할 수 있다(김영석, 2006).

통신과 관련한 현행 국내 법규는 보편적서비스를 보편적 역무로 규정하고 있다. 전기통신사업법 제2조는 보편적 역무를 '모든 이용자가 언제 어디서나 적절한 요금으로 제공받을 수 있는 기본적인 전기통신역무'로 규정하고 있다. 같은 법 시행령[2])에서는 '유선전화, 인터넷 접속, 긴급통신용 전화, 장애인 및 저소득층 요금 감면 서비스 등'을 보편적 역무로 상세히 정하고 있다. 전기통신사업법은 '무료'가 아닌 '적절한 요금'으로 보편적 역무를 이용할 수 있도록 규정하고 있다. 이는 통신 관련 보편적서비스 제도의 모태로 간주되는 미국 통신법도 마찬가지다.

통신산업의 보편적서비스는 그 기원 및 실천을 위한 제도가 정립된 데 비해, 방송은 다르다. 통신은 유료사업에 기반하여 이용에 따른 개별 과금이라는 비즈니스모델이 명확한 데 비해 방송은 국가 소유 무료 지상파방송과 유료방송, 글로벌 OTT가 혼재하기 때문이다.

방송학자인 정인숙(2006)은 방송과 통신의 융합 환경을 반영하여 보편적서비스를 보편적인 콘텐츠와 보편적 액세스로 구분하고, 그 개념적 관계성을 〈그림 1-3〉과 같이 도식화했다.

방송학자인 김영주(2008)는 통신과 방송의 보편적서비스를 법제화된 제도적

---

2) 전기통신사업법 시행령 제2조(보편적 역무의 내용) 일부
  1. 유선전화 서비스
    가. 시내전화 서비스
    나. 공중전화 서비스
    다. 도서통신 서비스
    라. 인터넷전화 서비스
  1의 2. 인터넷 가입자 접속 서비스: 과학기술정보통신부 장관이 이용 현황, 보급 정도 및 기술 발전 등을 고려하여 속도 및 제공 대상 등을 정하여 고시하는 인터넷 가입자 접속 서비스
  2. 긴급통신용 전화 서비스
    가. 특수번호 전화 서비스
    나. 선박 무선전화 서비스
  3. 장애인·저소득층 등에 대한 요금 감면 서비스
    가. 시내전화 서비스 및 통화권 간의 전화 서비스(시외전화 서비스)
    나. 시내전화 서비스 및 시외전화 서비스의 부대 서비스인 번호 안내 서비스
    다. 기간통신역무 중 이동전화 서비스, 개인휴대통신서비스, 아이엠티이천(IMT-2000, 3세대 이동통신) 서비스, 엘티이(LTE, 4세대 이동통신) 서비스 및 아이엠티이천이십(IMT-2020, 5세대 이동통신) 서비스
    라. 인터넷 가입자 접속 서비스
    마. 인터넷전화 서비스

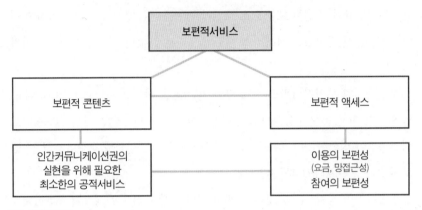

〈그림 1-3〉 보편적서비스 개념의 관계성

```
                    보편적서비스

    보편적 콘텐츠                    보편적 액세스

    인간커뮤니케이션권의              이용의 보편성
    실현을 위해 필요한               (요금, 망접근성)
    최소한의 공적서비스               참여의 보편성
```

자료: 정인숙(2006).

〈표 1-1〉통신과 방송의 보편적서비스 비교

	통신	방송
법제화 여부	명시적인 보편적서비스 제도 규정	암묵적인 보편적서비스 제도
관할 법	정보통신사업법	방송법
주된 내용	정보수단에의 접근 가능성: 전송수단의 신뢰성과 일관성	프로그램의 공익성과 다양성 방송서비스에 대한 접근 가능성
제공 범위	시내전화, 시내 공중전화, 선박 무선, 도서 통신, 긴급통신(112, 119 등), 복지 통신(장애인, 국가유공자 요금 할인)	지상파방송서비스 커버리지 지상파방송 내용 규제(편성 규제)
제공 사업자	시내전화, 시내 공중전화, 도서 통신, 선박 무선: KT 지정 긴급통신, 복지 통신: 해당 서비스 제공하는 모든 전기통신사업자 지정	아날로그 지상파방송사업자
제공 방식	복지 통신: 특정 계층에 국한 제공(targeted subsidy) 시내전화, 시내 공중전화, 선박 무선, 도서 통신, 긴급통신: 고비용 지역 대상 제공(high-cost area subsidy)	지상파방송 수신료 면제
재원 조달(기금) 및 비용 보전	가상 기금(virtual fund) 방식: 정부 통제하에 사업자 간 정산 비용 보조 제도 운영(긴급통신, 복지 통신은 비용 보전 없이 의무만 부과)	별도 기금 없음 암묵적 비용 보전: 수신료, 방송발전기금
최근의 이슈	초고속인터넷 서비스의 보편적서비스 포함 여부 이동전화 서비스의 보편적서비스 포함 여부	방송 영역의 보편적서비스 제도 법제화 지상파방송의 디지털 전환에 따른 디지털 지상파방송의 난시청 해소 최소한의 방송 접근권과 이용권 보장

자료: 김영주(2008).

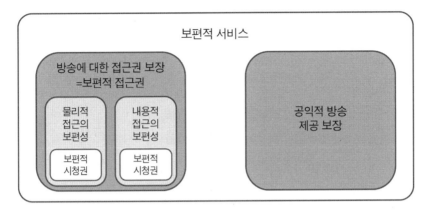

자료: 윤혜선(2010).

차원에서 비교했는데, 보편적서비스를 제공하는 사업자와 제공 방식에 대해 〈표 1-1〉과 같이 통신과 방송으로 구분하여 정리했다.

법학자인 윤혜선은 보편적시청권으로 범위를 좁혀 보편적시청권과 보편적 접근권, 보편적인 서비스의 관계를 〈그림 1-4〉와 같이 도식화했다.

또한 윤혜선은 방송의 보편적 접근권을 방송서비스에 대한 물리적 접근의 보편성과 내용적 접근의 보편성으로 구분하여, 현행 방송법에 규정된 보편적인 서비스를 〈표 1-2〉와 같이 정리했다.

김재영과 박규장(2005)은 디지털시대 방송 공익성의 원리를 〈그림 1-5〉와 같이 정리했다.

이들은 통신에서나 가능했던 일대일 커뮤니케이션이 광대역 네트워크 기술에 힘입어 주문형 비디오(VOD) 서비스 등의 형태로 방송에 이식되었다면서, 방송과 통신 사업자 간 진입장벽이 붕괴되고 있다고 진단했다. 방송과 통신의 융합이 본격화되기 이전이었던 2005년 당시 그들의 예측은 지금 현시점에 정확하게 우리의 생활에 부합하는 현실이 되었다. 융합 환경에서 공익을 실현하는 중요한 구성 요소로 보편적서비스(universal service)를 제시하고, 1996년 미국 정보

〈표 1-2〉 방송의 물리적·내용적 접근의 보편성

구분	항목	내용	해당사업자
방송서비스에 대한 물리적 접근의 보편성	단말기	- 디지털TV 수상기 - Digital to Analog 컨버터 등	- 지상파방송사업자 - 종합유선방송사업자
	지불	- 합리적이고 적정한 이용 요금	- 유료방송사업자
	지리	- 지상파의 난시청 해소 - 디지털지상파방송의 보편적 접근	- 지상파방송사업자
	신규 서비스	- 크림스키밍(cream skimming) 방지	- 신규 유료방송서비스 제공사업자
	프로그램	- 보편적시청권 - 지상파의 의무재송신	- 지상파방송사업자 - 유료방송사업자
	사회적 취약계층	- 사회적 취약계층의 최소한의 방송 이용권 - 사회적 취약계층에 대한 지원(이용료 할인, 보조금 지급 등)	- 지상파방송사업자
방송서비스에 대한 내용적 접근의 보편성	내용	- 특정 계층이 아닌 전 국민을 대상으로 한 보편적 내용 - 보편적시청권 - 내용의 공익성과 프로그램 다양성(채널 선택권)	- 지상파방송사업자(특히, 공영방송)
	편성	- 보도·교양·오락의 장르별 보편성(편성 규제)	- 지상파방송사업자

자료: 윤혜선(2010).

〈그림 1-5〉 디지털시대 방송 공익성 구성 요소

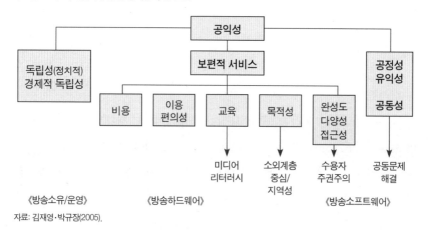

자료: 김재영·박규장(2005).

고속도로(Information Superhighway)를 설명하면서 스티븐 밀러(Miller)가 제시한 다섯 가지 구성 요소를 반영했다. 미디어를 저렴한 비용으로 이용할 수 있는가 (affordability), 누구나 미디어에 접근할 수 있는가(access), 미디어가 본래 목적대 로 활용되는가(purpose), 미디어 이용이 어렵지 않은가(usability), 미디어를 이용 하기 위한 교육이 적절하게 이뤄지는가(training) 등이다. 방송이 통신과 융합되 면서 별도의 접속 비용이 추가되는데, 비용 증가를 이유로 소외되는 사람이 없 어야 하며, 시청자의 채널 선택권이 확대되는 추세에서 누구나 쉽게 접근하고 참여할 수 있어야만 수용자 복지가 실현된다는 입장이다. 강형철은 김재영과 박 규장이 보편적서비스의 하위개념으로 목적성을 거론한 점이 특이하다며, 이는 방송의 보편적서비스가 지향해야 할 가치가 빠져 실천성을 잃게 될 것을 우려한 데서 비롯된 것이라고 분석했다(강형철, 2014).

4. 보편적서비스(universal service vs Universal Service) 개념의 혼동

방송과 통신의 융합 환경에 진입하면서 혼동이 시작되었다. 이를 바라보는 시각은 크게 세 가지다. 방송 관점, 통신 관점, 법·제도 관점이 그것이다. 방송 관점에서는 보편적인 방송서비스를 공영방송, 공공서비스방송의 차원에서 접 근했고, 통신 관점은 국가 독점 공공서비스에서 경쟁 체제로 접어들면서 새롭게 등장한 보편적 역무 제공 차원으로 바라보았다. 이에 대해 언론학자인 이상식은 개념 혼동을 다음과 같이 지적했다.

독점적 사업자의 허가는 공익성에 근거해 있되, 보편적서비스의 의무를 부과한 다는 것이다. 다시 말하면 사업의 독점적 허가는 공익성에 근거해 있고, 상응하는 사회적 책임으로 보편적서비스 의무를 지우는 것이다. 보편적서비스는 공익성을 관철하는 하나의 원리로 볼 수 있겠다(서이종, 1998). 결론적으로 이론적인 차원에 서 공익성과 보편적서비스 개념은 분명히 차별적 개념임을 고려하여, 학문적으로 개념 사용에 있어 엄격성이 요구된다(이상식, 2003: 135).

보편적서비스에 관한 방송학자들의 연구는 공공서비스의 개념에 기초한다. 반면 보편적서비스에 관한 통신학자들의 연구는 보편적 역무에서 출발한다. 방송의 공공서비스 논의는 처음부터 지상파방송과 같은 무료 매체를 기반으로 출발했다. 이에 비해 통신은 미국 AT&T의 사례에서 보듯이 민간 사업자의 유료사업에서 시작한다. 가령, 무료 지상파방송은 정부로부터 허가받은 특정 사업자가 독점하거나 특별한 혜택을 누리는 경우가 대부분이다. 국민의 공공자산인 주파수를 할당받아 이용한다. 공공서비스방송에 주파수를 할당하면서 경쟁에 붙이거나 경매를 통한 수익을 추구하지 않는다. 일반 시청자들이 누구나 무료로 시청할 수 있는 이유다.

이에 비해, 통신서비스는 독점적 서비스 또는 몇몇 사업자로 한정한 제한경쟁의 틀을 유지하되, 사업자로 하여금 기금을 갹출하거나, 사업자들이 크림스키밍(cream skimming)이 아닌 보편적인 서비스를 제공하도록 의무를 부과했다(USO: Universal Service Obligation). 유료 민간사업자에게 혜택을 부여하는 정책을 펼치되, 그들에게 공공적 책임을 요구하는 방식이다.

국내 방송법은 방송의 보편적서비스를 구체적으로 정의하지 않고 있다. 따라서 보편적서비스의 일환인 보편적시청권제도에 관한 정의를 통해 방송 관점의 보편적서비스의 일면을 해석할 수 있다. 방송법 제2조는 보편적시청권을 '국민적 관심이 매우 큰 체육경기대회 그 밖의 주요 행사 등에 관한 방송을 일반 국민이 시청할 수 있는 권리'로 정의하고 있다. '일반 국민이 시청할 권리'라는 말에서 보편성을 읽을 수 있다. 대한민국 방송법은 '일반 국민이 무료로 시청할 권리'라고 못을 박고 있지 않으나, 영국을 비롯하여 보편적시청권제도를 도입한 국가는 하나같이 '무료'를 전제로 한다. 무료 플랫폼을 통해 누구나 보편적으로 시청할 수 있는 권리를 말한다. 통신의 보편적서비스에 대응한 방송의 보편적서비스는 당연히 '무료'인 보편적인 방송서비스를 의미한다.

결론적으로 무료 지상파 공영방송을 전제로 하는 방송의 공공서비스미디어 (Public Service Media) 개념과 민간 사업자의 유료 통신서비스를 적절한 요금을 지불하고 이용할 수 있도록 하는 보편적서비스(USO) 제도의 개념은 확연히 다르다. 방송에서는 보편적서비스라는 개념을 일반적 용어 개념으로 인식하는 반면, 통신의 보편적서비스는 그 자체로 관련 법에 분명하게 명시된 특정 통신 정책을 표현하는 고유한 의미를 담고 있다. 이런 분명한 차이가 있음에도 불구하고, 이를 구별하지 못하고 있다. 통신과 방송 각각의 '보편적서비스'에 대해 조작적 의미로 정의하지 않은 채 동일한 개념으로 혼동(confusion)하여 사용하는 것이다.

기존 연구들에서 거론한 통신의 보편적서비스는 유료방송 플랫폼에 대응시키는 게 타당하다. 즉, 방송과 통신의 융합에 대응하여 통신의 보편적서비스 개념을 방송서비스로 확장하려면 그 적용 범위는 유료 플랫폼으로 한정하는 게 옳다. 왜냐하면 방송은 공공서비스라는 개념으로 통신의 보편적서비스 이념을 이미 실현하고 있기 때문이다. 방송의 보편적서비스를 논의하는 일부 연구에서 미국 통신에서 유래한 고유의 정책으로서 통신사업자에게 부과하는 '보편적서비스 의무(USO)'와 보편성의 개념을 반영한 일반적인 표현 '보편적인 서비스(universal service)'를 혼용하고 있다. 이에 비해, 서이종(1998)과 이상식(2003)은 두 가지를 명확하게 구분하여 논의를 전개하고 있다. 공공서비스에 대응하여 유료 기반 통신에서 말하는 보편적서비스는 AT&T에서 시작된 상업적 이해 속 기본서비스 구현을 뜻한다. 통신산업의 보편적서비스 개념이 방송산업에 전이되었다고 보는 입장은 융합 미디어 이전에 방송의 공익 논리가 한계를 노정하여, 돌파구 마련 차원에서 통신산업의 정책 윤리를 끌어들였다고 보았다(임정수, 2008).

이상식(2003)은 방송의 보편적인 서비스와 통신의 보편적서비스를 구분하여 탐색했다. 그는 방송의 보편성 실현을 위한 정책의 틀을 '공익성'으로, 통신의 보편적서비스 의무를 '보편적서비스'로 구분 지어 비교했다. 그는 공공서비스와

〈표 1-3〉 공익성과 보편적서비스의 개념 비교

		공익성(Public interest)	보편적서비스(Universal service)
기원	지역	서구	미국
	목표	공공 이해를 우선하는 평등한 서비스	상업적 이해 속 기본적 서비스 구현
	근거	전파 자원의 희소성 사회적 영향력	독점의 반대급부적 성격 사회적 형평성
구성 요인	공통점	지리적 보편성 지불의 보편성 소구의 보편성 소구 계층 배려	지리적 보편성 지불의 보편성(저렴한 가격) 이용의 보편성(공평성) 소수 계층 배려
	차이점	정치적 독립성, 소수자 배려, 지역성·다 양성·중립성·질적 수준 보장	지속성
구현	기본 정책	방송사업자에 대한 규제 정책	이용자에 대한 지원 정책
	정책 변화	프로그램의 공익성에서 디지털매체의 접 근권 강조	망 접근권에서 서비스 향수권 강조 전화에서 전기통신·방송으로 확대 기본서비스에서 고도 서비스 포함

자료: 이상식(2003).

보편적서비스의 기원을 구분하여 정리하고, 그들의 공통점과 차이점을 분석했다. 방송과 통신의 융합 논의가 본격화하는 시기에 보편적서비스에 대한 개념 혼동(conceptual muddle)을 지적하고, 정확한 용어와 개념으로 학술적 논의를 이어갈 필요성을 강조했다(〈표 1-3〉 참조).

서이종(1998)은 전화서비스를 보편적으로 제공하기 위해 미국에서 만들어진 '보편적서비스' 개념을 무비판적으로 수입, 사용하는 것에 문제를 제기하고, 보편적서비스의 개념을 분명히 해야 한다고 강조했다. 그는 사회 일반적으로 공공의 이익 차원에서 국가가 개입하는 공공서비스와 상업적 이해 속에서 기본서비스를 구현하자는 미국의 보편적서비스를 구분하여 설명했다(서이종, 1998). 공공서비스는 독점적인 사기업을 국가가 행정적으로 직접 규제함으로써 자유경쟁을 유도하는 것이고, 보편적서비스는 자유경쟁 아래 독점적 특혜를 누리는 기업에 공익을 관철시키는 하나의 원리라는 것이다.

<표 1-4> 공공서비스와 보편적서비스 개념 비교

	공공서비스(public service)	보편적서비스(universal service)
목적	- 공공 이해를 우선하는 평등 서비스	- 상업적 이해 속의 기본적 서비스 구현
정책초점	- 실질적 불평등(서비스 향유) 해소	- 형식적 불평등(접근 기회) 해소
수단	- 직접적 개입[국가정책, 국가기업(소유/법 규제)]	- 간접적·우회적 개입(가격·비용 보조, 법적 의무화)
결정방식	- 위로부터의 결정 - 독점을 통한 평등 추구	- 밑으로부터의 요구를 반영, 결정 - 경쟁 속에서 최소한의 기회균등 추구

자료: 서이종(1998).

보편적서비스가 자유시장경제에 기반한 통신사업자에 공익성을 요구하는 수단으로 미국에서 등장한 개념이라면, 우리나라처럼 국가나 국영기업이 모든 국민에게 차별 없는 통신서비스를 제공하기 위한 정책은 공공서비스로 구분할 수 있다. 사회학자 서이종(1998)은 공공서비스와 보편적서비스의 개념을 〈표 1-4〉와 같이 비교, 설명했다.

이상식과 서이종의 논의를 종합하여, 방송과 통신의 융합 환경에 맞춰 방송은 공공서비스미디어로 통신은 보편적서비스 의무로 구분하여 〈표 1-5〉로 재정리하였다. 다만, 통신은 보편적서비스 의무를 감당해야 할 기업이 국가별로 분명하게 구분되지만, 방송은 공공서비스미디어에 대한 명확한 개념 정의와 그 대상이 정해지지 않은 상황이다. 따라서 본서에서는 무료 지상파방송 가운데 공적인 소유구조를 갖고 공적 역할을 부여받은 KBS, EBS, MBC로 분석 대상을 한정한다.

〈표 1-5〉에서 주목할 부문은 방송의 공익성과 통신의 보편적서비스를 구분, 정리하면서 무료와 유료를 구분 지었다는 점이다. 방송의 보편적서비스에 관한 이전 논의들은 대부분 무료 방송과 유료방송을 구분하지 않았다. 태생부터 보편적인 무료 서비스에 뿌리를 둔 공영방송과 통신의 보편적서비스는 개념 자체가 다르다. 무료 지상파방송을 염두에 둔 공공서비스방송 개념과 통신의 보편적서비스 개념은 동일선상에서 비교하는 것 자체가 어울리지 않는다. 굳이 보편적서

〈표 1-5〉 공공서비스미디어와 보편적서비스 의무 개념 비교

	공공서비스미디어 (Public Service Media)	보편적서비스 의무 (Universal Service Obligation)
기원	방송	통신
최초 도입 국가	영국	미국
매체 구분	무료	유료
경쟁	독점경쟁 또는 제한경쟁	제한경쟁 또는 자유경쟁
목적	- 공공 이익 우선 평등 서비스	- 상업적 이해 속 기본적 서비스 구현
정책 초점	- 실질적 불평등(서비스 향수) 해소	- 형식적 불평등(접근 기회) 해소
수단	- 직접적 개입(국가정책, 국가기업(소 유/법 규제))	- 간접적/우회적 개입(가격/비용 보조, 법 적 의무화)
결정 방식	- 위로부터의 결정 - 독점을 통한 평등 추구	- 아래로부터의 요구를 반영, 결정 - 경쟁 속에서 최소한의 기회균등 추구

자료: 서이종(1998), 이상식(2003) 등의 연구를 토대로 재정리 및 추가.

〈표 1-6〉 보편적서비스 논의를 위한 구분

구분	독점·제한 경쟁	자유경쟁
무료	I 공공서비스미디어 (KBS, EBS, MBC)	II 지상파 상업방송, FAST*, 무료 OTT(네이버TV) 등
유료	III IPTV, 케이블TV, 유·무선 전화	IV 구독형 TV, 유튜브 레드, 넷플릭스

* FAST(Free Ad-Supported Streaming TV): 광고 기반 무료 스트리밍 텔레비전.

비스라는 개념으로 방송과 통신을 비교하려면 방송의 범위를 유료방송으로 한정하는 게 적절하지만, 무료 지상파방송이 엄연히 존재하는 상황에서 유료방송에 보편적서비스 의무를 지울 명분을 찾기는 힘들다.

보편성 실현 측면에서 방송을 바라볼 때 그 실현 정도는 I그룹〉II그룹〉III그룹〉IV그룹 순서로 나열할 수 있다(〈표 1-6〉 참조). 그리고 공공서비스미디어와

〈그림 1-6〉 보편성·보편적 접근권·보편적시청권 재개념화

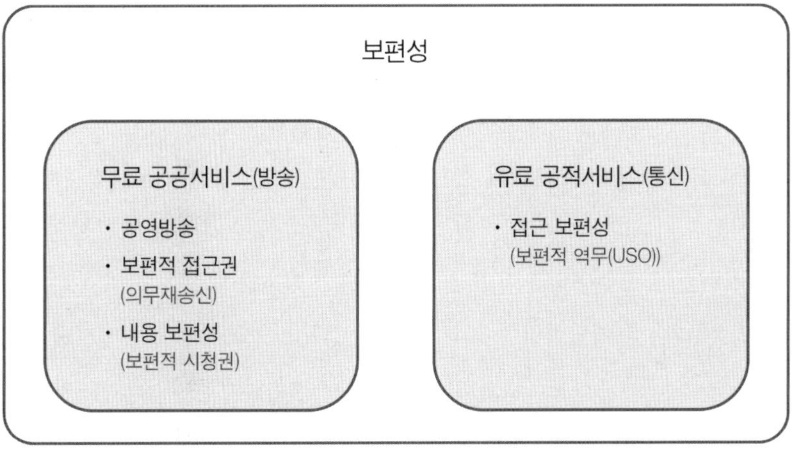

〈표 1-7〉 공공서비스미디어와 보편적서비스 의무

구분	공공서비스미디어 (Public Service Media)	보편적서비스 의무 (Universal Service Obligation)
기원	방송	통신
과금	무료	유료
책임	공적 책임	공공부조 부담
재원	TV수신료	이용료
목표	보편성 실현	공익성 확장
단위	국가(정부)	기업

보편적서비스 의무는 공공서비스미디어의 범위를 TV수신료에 기반한 공영방송으로 제한할 때 그 구분이 명확해진다(〈표 1-7〉 참조).

지금까지의 논의를 다이어그램으로 표현하면 〈그림 1-6〉과 같다.

5. 보편성과 미디어

방송은 공익에 대한 책임, 통신은 보편적서비스 제도를 통해 보편성을 실현하기 위해 노력해 오고 있음을 알 수 있다. 통신에서는 보편적서비스 개념에 있어서 정보 수단에 대한 보편적 접근이 중시되는 반면, 방송의 보편적서비스는 접근성뿐만 아니라 미디어 형태별 내용의 보편성도 중요시한다. 보편성은 1930년대 라디오가 방송매체로 자리 잡기 시작하던 때부터 방송을 신뢰할 수 있는 공적인 미디어로 정당화하는 기본 원칙이었다(Barnouw, 1966). 1924년 BBC(British Broadcasting Corporation)의 초대 사무총장이었던 존 리스(John Reith)는 그의 저서 『*Broadcast Over Britain*』에서 보편성에 기반을 둔 BBC의 시작을 설명하고 있다(Medhurst, 2019). 상업적인 자금 조달과 사적소유를 기반으로 라디오 방송을 시작한 미국에서도 1927년 라디오 법(the Radio Act of 1927)을 제정하면서 일부 반대 의견에도 불구하고, 방송이 "공익, 편의 및 필요성에 봉사"하도록 명시했다(US Congress, 1925).

적어도 상업방송이 본격화하기 이전에는 누구나 방송을 들을 수 있어야 한다는 보편성에 대한 합의가 있었던 셈이다(Lowe & Savage, 2020). 방송 공익성 문제는 방송을 처음 시작할 때부터 논의되었던 사안이고(최영묵, 1998), 방송의 공익성을 실현하는 최우선 방안 가운데 하나가 보편성의 원리를 실천하는 것이었다. 민주주의를 강화하기 위한 미디어의 사회적 책임은 여전히 중요하기 때문이다(Thomass, 2020). 민주주의를 위해서는 시민이 소통할 수 있어야 하고, 정보를 제공하거나 사회 이슈에 관한 정보에 동등한 접근을 보장받을 수 있어야 하며, 이를 위한 주요 수단으로 미디어가 강조된다(Nieminen, 2019: 58). 이런 차원에서 UN 인권선언, 유럽 인권 협약(ECHR), 유럽연합기본권헌장(Nieminen & Aslama Horowitz, 2016) 등은 니미넨(Nieminen)이 제안한 통신 및 정보 권리의 다섯 가지 영역인 접근권, 가용성, 비판적 역량, 대화 및 개인정보보호와 같은 보편주의적 권리주장을 담고 있다.

보편주의는 공익을 위한 가치로서 방송을 규정하는 데 기본이 된다. 스캐널 (Scannell, 1990)은 공영방송의 보편주의 실현 차원을 네 가지로 구분 지었다. ① 접근 및 도달(지리적 보편성에 해당), ② 장르 및 서비스, ③ 관련성 및 영향(②와 ③은 모두 소구의 보편성 측면에 해당함), ④ 자금 조달 및 부가적 의무가 그것이다. 공영방송사는 처음부터 국가 수준에서 모든 시민에게 동일한 품질과 서비스가 가능해야 하고, 이를 근거로 공적 재원을 충당할 수 있다.

저명한 저널리즘 학자 브라이언 맥네어(Brian McNair)는 민주사회에서 미디어의 기능을 다섯 가지로 요약했다. ① 미디어는 무슨 일이 일어나고 있는지 알리고(inform) 감시(surveillance)하며, ② 시민들에게 우리 사회에서 일어나는 사실의 의미와 중요성을 일깨우고(educate), ③ 여론을 형성하는 공적 논의의 장이 되고(platform), ④ 감시견으로서 정부와 정치집단을 드러내고 확인하며(publicity), ⑤ 시민들이 정치적 입장을 밝히고 설득할 수 있는 채널로 작용하는 것(advocacy)이다(McNair, 2017). 이러한 역할을 하는 미디어가 스포츠를 담아내면서 스포츠의 정치·경제 및 사회적 영향력을 배가하고 있다. 특히 스포츠미디어, 스포츠 방송에 있어 공공적 특성을 중시하는 이유는 스포츠가 지니는 사회문화적 가치가 높기 때문이다.

6. 보편성에 관한 새로운 접근

보편성의 개념은 방송과 통신이 등장하기 이전인 17세기 후반부터 19세기 초반까지의 유럽 계몽운동에 뿌리를 두고 있다. 모든 사람을 '양도할 수 없는' 권리를 가진 이성적인 존재로 보는, 인간의 본질 및 개인의 중요성이라는 철학적 토대 위에 있다. 보편주의는 일반(전체로서의 인류)과 특수(개인의 권리) 사이의 정치경제학적 다양한 논의를 불러일으켰다.

개인의 자유와 평등을 좇는 정치사상인 자유주의(自由主義, liberalism)는 다른 사람에게 피해를 주지 않는 범위에서 개인 활동의 자유 보장을 주장한다. 자본주의 체제가 자리 잡으면서 자유주의 사상은 우리 사회 곳곳에 스며들었다. 자유주의자들은 어떤 보상으로도 훼손된 자유를 회복할 수 없으며, 한번 훼손되면 원상태 회복이 불가능하다고 말한다. 그래서 개인이 스스로 선택하고, 개개인의 행동에 책임져야 한다고 주장한다. 자유주의 사상에는 평등주의가 내포되어 있다. 누구나 동등하게 대우받아야 하고 자유를 통해 평등을 달성하고자 한다. 하지만 현실은 다르다. 각 개인이 자유를 누릴지라도 그 결과에는 차이가 있다. 개인 간 소득격차는 결과의 차이를 부른다. 개인소유의 자유가 확장될수록 사회적 불평등은 심화된다. 결국 자유주의 사상만으로는 현실적인 불평등을 해결하지 못한다는 게 중론이다.

산업시대로 변화하고, 자본 중심으로 규제가 완화되면서 부의 편중은 점점 심해졌다. 이런 양극화와 불평등 상황에도 불구하고 산업 활성화의 주장은 규제 철폐라는 선전과 맞물려 가속도를 더해갔다. 다수 경제학자들이 불평등으로 인한 사회적 위기를 해소하기 위해 사회적인 대가를 치러야 하는 상황이라고 진단했다. 그들은 불평등을 해소하고 사람들에게 동등한 기회를 보장하기 위해서는 국가가 나서야 한다고 목소리를 높였다.

데이비드 흄(David Hume)과 같은 공리주의자들은 제도적 차원의 자유와 평등에 대해 국가를 매개로 한 규제가 필요하다고 보았다. 이런 공리적 역할이 정의라는 입장이다. 정의로운 제도를 통해 평등을 실현할 수 있다고 본 것이다. 산업화가 진행되면서 양적인 성장을 통해 불평등을 해소할 수 있다는 주장이 힘을 얻었다. 총생산을 먼저 늘리자는 성장주의자들의 생각은 현실에 부합할까? 과연 파이를 키우면 개인이 차지하는 분배량은 커질까? 성장 주도 정책은 규제 철폐를 기치로 자유 만능주의를 불러들였고, 신자유주의는 정치를 무력화하는 결과를 낳았다. 늘어난 소득이 사회 구성원 각자에게 고르게 돌아갈 것이라는 기대는 현실과 크게 다르다는 연구 결과들이 쏟아졌다. 왜 그럴까? 누스바움은 "과도한 부가 빈곤만큼이나 사회 불평등을 심화시킨다"라는 플라톤의 통찰과 현실이 맞닿아 있다고 설명한다. 이기적인 인간 본성이 계층 간 갈등을 가속화한다는 것이다. 물질적인 성장에 과도하게 집착할 때 정치가 제 기능을 발휘하지 못하고, 이로 인해 양극화는 더욱 심해진다는 분석이다. 가지지 못한 자는 물질적인 결핍뿐만 아니라 상대적 박탈감, 무기력에 빠진다. 심지어 패배자로 낙인찍혀 버림받는다.

'기회균등의 원리(Equal opportunity principle)'는 모든 사람에게 동등한 기회를 부여할 때 정의를 실현할 수 있고, 불평등을 해소할 수 있다고 본다. 사회 불평등을 해소하는 데 국가가 적극적으로 나서야 하며, 사회적약자를 보호하기 위한 정책을 펼쳐야 한다는 롤스의 처방은 긍정적인 평가를 받는다. 그러나 여기에도 미흡한 점은 있다. 동등한 조건이라 하더라도 개개인의 교육 정도, 상황에 따라 결과는 다르게 나타나기 때문이다.

방송의 공익이념 구현의 중요한 하위개념이 보편성이다. 누구도 소외됨 없이 접근성을 보장해야 하고, 소득수준에 상관없이 누구나 향유할 수 있어야 한다는 정신이 깔려 있다. 방송 통신 융합 시대, 방송과 통신의 공통분모 또한 보편성이다. 스포츠 또한 모두의 것이다. '모두를 위한 스포츠'일 때 스포츠가 추구하는 목표를 달성할 수 있다. 미디어와 스포츠의 교집합 역시 '보편성'이다. 보편성을 실현으로써 미디어와 스포츠의 만남은 시너지를 발휘해 왔다.

본서는 미디어 복지 향상 차원의 보편적시청권제도를 살펴볼 때, 기존의 공익, 보편성 실현, 통신의 보편적서비스 개념을 논의하는 데 있어 아마르티아 센(Amartya Sen)과 마사 누스바움의 역량 접근법 차원을 더해 논의하고자 한다.

센과 누스바움은 '최대다수의 최대행복' 또는 '개인 이익 총합의 극대화' 중심의 공리주의에 반대하는 학자들이다. 분배를 뒤로 한 채, 개인의 이익만을 따지는 것은 옳지 않다고 보기 때문이다. 효용이나 후생만을 따질 경우, 개인 간 비교가 어려울 뿐 아니라 올바른 방식이 아니라는 지적이다. 1998년 아시아인으로서 처음으로 노벨경제학상을 수상한 센은 경제학 관점에서 경제발전의 평가기준을 정함에 있어 소득이나 효용과 같은 정량적 차원에서 벗어나 건강, 수명, 교육수준, 정치적 자유 등 질적인 척도 활용을 주장하고, 그 근거를 이론적으로 제시했다. 특히 개인의 역량(capability)을 평가기준에 포함시켜야 한다며, 이 역량을 개인이 성취할 수 있는 기능(functioning)들을 선택할 수 있는 자유로 정의했다. 가령, 자전거를 구입할 여건만 따지는 게 아니라 자신의 판단에 따라 자전거를 선택할지 말지를 결정하고, 자전거를 선택한다면 이를 잘 활용할 수 있는 능력을 키워줘야 한다는 것이다. 빈곤으로 말미암아 기아에 시달리는 것과 종교적 이유에서 금식을 실천하는 것은 굶는다는 상태는 같지만 역량 차원에서 보면 다르다는 설명이다. 센은 개인의 역량을 키우는 것이 곧 자유의 확장이라며 역량 증대야말로 경제발전의 중요한 요소라고 주장했다(Kuklys, 2005; Sen, 1999).

센은 인도 케랄라(Kerala)주의 소득수준이 다른 주에 비해 낮지만 질적인 요소를 더할 경우 사회적 성취도가 높게 나타나는 점, 중국이나 스리랑카가 비슷한 소득수준을 보이는 다른 국가들에 비해 더 높은 사회발전을 이룬 점을 예로 들어 소득수준 일변도의 평가에 문제를 제기했다. 센은 경제성장으로 소득을 높이는 데만 급급할 게 아니라 공공서비스 확대, 보편적인 기본서비스를 통해 삶의 질을 확대해야 한다고 본다.

법철학자 마사 누스바움은 1990년대부터 센과 함께 세계 빈곤 문제를 인간개발 문제와 연결했다. 그녀는 개발 경제학에 철학을 덧붙여 '역량 접근법'을 제안했다. 양적 연구 중심으로 접근하는 경제학 연구를 비판하면서 질적 연구 방법을 접목한 것이다. 누스바움이 설명하는 역량은 타고난 능력과 재능에 개인이 갖고 있는 잠재력을 더한 것이다. 능력이나 재능은 눈으로 확인할 수 있지만 역량은 아직 눈으로 확인되지 않은 잠재력을 포함하는 개념이다. 누스바움은 아리스토텔레스를 역량 접근법의 시조로 일컫는다. 아리스토텔레스가 타고난 능력과 길러진 능력을 구분했고, 능력을 발휘할 수 있는 조건을 제공하는 정치 공동체를 강조했다는 것이다. 누스바움은 GDP 비교 중심의 경제발전 비교, 불평등 논의 대신 사회적약자의 능력을 키워줄 수 있는 방향의 공공정책을 주문한다.

누스바움은 인도 구자라트주의 아흐메다바드 여성 바산티를 예로 들어 역량 접근법을 설명했다(Nussbaum, 2011).

바산티는 아담한 체구의 30대 초반 여성이다. 남편은 도박꾼이면서 주정뱅이다. 집의 돈이 떨어지자 구자라트주가 출산을 제한하기 위해 현금을 주고 실시하는 정관수술을 받는다. 바산티는 아이를 낳을 수 없었고, 자식이 없어 가정폭력에 노출되었다. 남편의 학대에 시달리다 결국 힘들게 이혼한 뒤 친정으로 돌아갔다. 인도에서는 지참금을 챙겨 시집간 딸이 되돌아오는 것을 반기지 않는다.

누스바움은 바산티의 체구가 작다는 점에서 어린 시절 영양 상태를 의심한다. 딸이어서 아들보다 영양 상태가 좋지 않았고, 이는 빈곤뿐만 아니라 성차별의 결과였다. 바산티처럼 똑똑하고 의지 있는 여성이 글 읽기와 쓰기를 배우지 못해 일자리를 구하지 못하는 것에서 구자라트주의 교육제도 실패를 읽었다. 여기에다 바산티는 가정폭력에 시달렸고, 사회적으로 보호받지 못했다. 누스바움은 바산티의 사례를 들어 역량 접근법을 역설했다.

누스바움은 한 단계 더 나아가 평등주의적 자유주의의 문제를 지적했다. 그녀는 사회적약자를 보호하기 위한 차등 원칙의 방향에는 동의하면서도, 평등주의적 자유주의는 사회적약자들의 역량을 끌어올려 어떻게 그 상황에서 벗어날 수 있는지에 대한 해법은 제시하지 못한다는 것이다.

누스바움은 모든 인간은 좋은 삶을 누리기 위해 10가지 핵심 역량(capabilities)[3]

---

3) ① 생명(life): 조기에 사망하지 않거나, 살아갈 가치가 없을 정도가 되기 전에 죽지 않는다.
② 신체 건강(bodily health): 건강을 유지할 수 있는 충분한 영양과 주거를 갖는다.
③ 신체 보전(bodily integrity): 자유롭게 이동할 수 있고, 성폭력이나 가정폭력 등으로부터의 안전과 성적 만족감과 생식에 대한 선택의 기회를 보장받는다.
④ 감각, 상상, 사고(senses, imagination, and thought): 인간적인 방식으로 상상하고 사고하고 추론할 수 있는 기본적인 수학·과학·문해력을 갖출 수 있는 충분한 교육을 보장받는다. 문자 훈련 등의 적절한 교육으로 함양될 수 있다. 종교·문학·음악 등에서 자신의 경험과 상상력을 발휘할 수 있다. 표현의 자유와 종교의 자유를 보장받는다. 즐거운 경험을 누릴 수 있고 유익하

을 가져야 하고, 인간의 권리 차원에서 국가가 그에 대한 최소 여건을 제공해야 한다고 주장한다(Nussbaum, 2011). 그녀는 사람답게 살기 위해 교육이 필요한 것처럼, 누구나 건강한 육체로 놀이와 여가를 즐길 줄 알아야 한다고 본 것이다. 건강을 챙기고, 놀이를 즐길 줄 알아야 좋은 삶을 누릴 수 있다는 주장이다.

누스바움의 역량 접근법은 보편성에 대한 다른 접근방식을 제공한다. 누스바움의 접근은 보편적 복지인가 선별적 복지인가라는 논쟁을 포함하는, 국가가 정량적인 혜택을 제공하는 복지의 문제점을 보완한다. 수혜식 복지 모델의 한계를 벗어나 사회적약자 개개인이 꼭 필요한 역량을 키울 수 있는 최소 여건을 국가가 제공해야 한다는 것이다. 누스바움의 역량 접근법은 혜택을 고르게 나눠주자는 양적 보편성 실현 논의에서 한 차원 나아간다. 물고기를 주기보다 누구나 물고기를 잡을 수 있는 역량을 길러주자는 질적인 접근이다. 누스바움이 지목한 10가지 역량은 취미로 즐기는 낚시가 아니라 먹고 살기 위한 어부의 고기잡이 역량에 가깝다. 놀이와 여가, 건강한 신체는 생존을 위해 국가가 보편적으로 보장해야 할 최소한의 복지다.

지 않은 고통을 피할 수 있다.

⑤ 감정(emotions): 외부 사물이나 사람에게 애착을 가질 수 있다. 우리를 사랑하고 돌보는 사람들을 아끼고 그들의 부재를 슬퍼한다. 사랑과 슬픔, 갈망과 감사, 정당한 분노를 적절히 경험한다. 두려움과 불안이 감정적 성장을 훼손하지 않는다.

⑥ 실천이성(practical reason): 선(善)의 개념을 형성하고, 삶의 계획에 대해 비판적으로 생각할 수 있다(이를 위해 사상과 양심의 자유, 종교 의식의 자유가 보장되어야 한다).

⑦ 관계(affiliation): (1) 타인을 인식하고 배려하고 다양한 형태의 사회적 상호작용에 참여할 수 있다. (2) 자신을 존중하고 굴욕 없는 사회적 기반을 갖는다. 타인과 동등한 가치가 있는 존귀한 존재로 받아들여진다. 이를 위해 인종·성별·성적 취향·민족·계급·종교·국적에 따른 차별 금지가 수반된다.

⑧ 인간 이외의 종(other species): 동물과 식물, 자연과 관계를 맺고 함께 살아간다.

⑨ 놀이(play): 웃고, 놀고, 여가 활동을 즐길 수 있다.

⑩ 환경 통제(control over one's environment): (1) 정치적 ─ 개인의 삶에 막대한 영향을 주는 정치적 선택에 효과적으로 참여할 수 있다. 정치참여의 권리가 있고 언론과 결사의 자유를 보장받는다. (2) 물질적 ─ 재산(동산과 부동산)을 소유할 수 있으며, 재산권 행사와 고용기회에 있어 다른 사람과 동등한 기회를 갖는다. 부당한 수색과 압류에서 자유롭다. 직장에서 실천이성을 행사하고 다른 직원들과 서로 존중하는 의미 있는 관계를 맺으며 일할 수 있다.

미디어와 스포츠의 보편성 실현, 보편주의에 입각한 공공서비스 확대는 사회 적약자만을 위한 정책에 머물지 않는다. 미디어와 스포츠의 보편적인 특성은 개개인의 인간다운 삶을 영위하기 위한 역량을 키우는 필수적인 요소다. 커뮤니케이션 측면에서도 주목할 만한 접근방식이다(Garnham, 1997).

02 미디어 보편성과 공영방송

코로나19는 2020년 도쿄 하계올림픽을 2021년에 가서야 개최하는 초유의 사태를 불러왔다. 메달을 획득한 선수가 자신의 목에 스스로 메달을 걸어야 하는 '셀프 시상'과 객석의 응원 함성 없이 선수들의 숨소리에만 집중하는 '무관중경기'도 팬데믹이 초래한 풍경이었다. 경기장에서 선수들을 응원할 수 없었던 만큼 텔레비전의 올림픽 중계방송에 세계인의 이목이 집중되었다. 2020년 도쿄올림픽에서 대한민국 역사상 첫 동메달을 거머쥔 근대5종경기 선수의 바람은 스포츠와 미디어의 관계를 상징적으로 보여준다. 그는 도쿄올림픽이 열리기 1년 전 한 예능프로그램에 출연해 '근대5종경기를 어떻게 하면 국민들에게 알릴 수 있을지'에 관한 고민을 털어놓았다. 그의 도쿄올림픽 출전 경기는 황금시간대에 공영방송 KBS1 TV를 통해 생중계되었고, 근대5종경기에 대한 사람들의 인지도는 높아졌다. 본장은 미디어의 보편성과 보편적 미디어 서비스의 대표 주자로 불리는 공영방송을 살펴본다.

1. 방송의 보편성

우리나라 헌법 제21조 제3항은 "통신·방송의 시설기준과 신문의 기능을 보장하기 위하여 필요한 사항은 법률로 정한다"라고 규정하고 있다. 신문과 방송, 그리고 방송과 통신의 융합에 따라 등장한 OTT를 통칭하여 미디어라 부른다. '방송법' 제2조 1호는 "방송이라 함은 방송프로그램을 기획·편성 또는 제작하여 이를 공중에게 전기통신설비에 의하여 송신하는 것으로 텔레비전방송, 라디오방송, 데이터방송, 이동멀티미디어방송을 의미한다"라고 명시하고 있다. 방송법이 방송을 매체 송신 방식에 따라 구분하고 있다는 주장과 매체가 아닌 서비스에 따른 구별이라는 해석이 동시에 존재한다. 헌법은 신문과 통신·방송을 포괄한 미디어를 규정하고 있는 데 비해, 방송법은 제2조의 용어 정의만으로 볼 때, OTT시대에 접어들면서 개념이 확장된 '방송'의 개념을 온전히 담고 있다고 보기 어렵다.

미디어를 사회학적 관점에서 들여다 본 라이트 밀스(Wright Mills)는 미디어를 개인적인 고충(private trouble)과 대중 이슈(public issue)를 연계해 주는 수단으로 보았다(Mills, 1959). 현대사회에서도 미디어는 개인과 사회를 연결해 주는 가장 일반적인 매개체로 작동하고 있다(Croteau & Hoynes, 2019).

방송은 희소성을 안고 출발했다. 희소하다(scarce)는 것은 현재 있는 것보다 사람들이 더 많이 원한다는 뜻이다(Sowell, 2014). 가령, FM 라디오 방송 주파수 대역을 88MHz에서 108MHz 사이에 몇 개나 배치할 것인가? 제한적으로 허가할 수밖에 없는 방송사를 어떻게 운용할 것인가? 초기 방송은 주파수대역폭의 한계로 인해 특정 사업자로 대상을 제한할 수밖에 없었다. 방송이 가진 사회문화적인 영향력 때문에 개인이나 특정 기업의 전유물로 둘 수 없었다. 공공의 이익에 복무한다는 사명을 안고, 공적 소유구조로 출발한 이유다. 전통적으로 무료지상파방송, 공영방송으로부터 출발했고, 어디에서나 누구나 쉽게 만날 수 있었다. 방송은 경제학적으로 공공재(公共財, Public Goods)로 분류된다. 영화관람권처럼 한 장의 티켓으로 한 명만 봐야 하는 상품과 다르다. 누구나 쉽게 접근 가능하고, 아무리 많은 사람들이 몰려와도 다른 사람에게 방해를 주지 않으면서 동시에 시청할 수 있다. 공공서비스로 출발한 방송은 '허가제'로 운영될 수밖에 없었다. 텔레비전방송이 본격화하면서 전파 희소성, 공공재 산업론, 방송의 사회적 영향력에 관한 논의가 활발하게 전개되었다. 방송이 왜 공익적 기능을 수행할 수밖에 없는가에 대한 근거가 마련되는 과정이기도 했다.

유료방송이 등장하면서 향유할 수 있는 콘텐츠의 양과 질에서 차이가 발생했다. OTT시대에 접어들면서 미디어 이용 격차는 더욱 커졌고, 경제적 이유로 소외되는 사람들이 늘어났다. 영국 미디어 학자인 머독(Graham Murdock)과 골딩(Peter Golding)은 온라인에서 개인이 소외되는 양상은 단지 물리적 접근뿐만 아니라 이용자의 무능력감(feelings of incompetence), 상징적 배제(symbolic exclusion),[1] 제공되는 것과 관련 없음 등에서 비롯된다고 보았다(Murdock & Golding, 2004). 다행히 무료 지상파방송은 어디에나 보편적으로 존재하고, 보편적으로 이용되는 미디어이기에 시청자를 구별 짓거나 누군가는 시청할 수 없도록 배제하지 않는다. 상징적인 장벽 없이 보편성을 실현한다.

지상파방송은 실시간 무료 시청은 물론, 다시보기서비스를 제공한다. 미디어 플랫폼이 다양화되더라도 공영방송 콘텐츠만큼은 누구나 접할 수 있다. 지상파방송은 무료로 제공되는 채널 전환(zapping) 과정에서 시청자들이 다양한 콘텐츠에 접촉할 수 있는 기회를 제공한다. 공영방송은 여타 유료 매체나 채널에 비해 국민의 신뢰를 얻기 위해 각별히 노력하는 매체다. 영리를 추구하지 않기 때문에 다양한 제작사와 콘텐츠 공급자들의 관문(portal)으로 기능할 수 있다. 공영방송은 다양한 미디어와 채널 등장에 따라 파편화된 시청자를 하나로 통합할 수 있는 수단으로 작용한다.

---

1) 부르디외(Pierre Bourdieu)가 1960년대 프랑스 사회 연구를 통해 밝혀낸, 상층 부류가 고급문화를 독점적으로 향유하면서 다른 부류들을 간접적이면서 효과적인 방법으로 배제시키는 전략.

라디오방송이 도입될 때 영국 등 대부분 국가는 '공공서비스(public service)'의 이념에 따라 방송에 대한 공공 독점을 인정했다. 따라서 초창기 방송은 제도적으로 '공영방송(public broadcasting)'이었으며 동시에 유일한 '공공서비스방송(public service broadcasting)'이었다. 하지만, 이윤추구를 목적으로 하는 민영 상업방송이 도입되면서, 공공의 독점과 관리를 의미하는 공영방송과 전파라는 공공재를 이용하기 때문에 공공서비스 책무를 갖는 공공서비스방송이라는 말은 더 이상 동일한 대상을 지칭하기 어렵게 되었다. 상업적 민영방송이라 할지라도 공적 제도로서 어느 정도 공공서비스 책무를 부여받기 때문에 공공서비스방송의 범주에 포함되기 때문이다. 특히 한국은 방송법에서 공영, 민영방송과 무관하게 지상파방송의 책무를 규정하고 있어 공공서비스방송이라고 할 때는 양자를 다 포함할 수밖에 없다는 점에서, 공영방송과 공공서비스방송은 다르다(최영묵 외, 2012).

공영방송은 1920년대 영국을 시작으로 다른 국가들로 확산됐다. 영국 공영방송 BBC는 100년의 역사를 이어 오면서 엘리트주의, 독과점적·특권적 운영, 프로그램 성격 등에 대해 비판의 목소리도 많았지만, 지리적·경제적 여건에 상관없이 누구나 방송서비스를 누릴 수 있었다는 점에서 긍정적인 평가를 받았다. 공공의 이익을 앞세운 보편성을 실현함으로써 시청자의 지지를 받을 수 있었다. 상업방송이 등장하고, 1980년대 케이블TV와 위성방송이 나타나면서 독점 또는 복점의 혜택을 누리던 공영방송에 위기가 닥쳤다. 상업방송과 경쟁하지 않을 수 없었기 때문이다.

이러한 공영방송은 공사와 같은 공공 기구에서 수신료 등과 같은 공적자금을 바탕으로 운영하는 비영리적이고 비상업적인 방송으로 정의된다. 공영방송은 공익 논리를 앞세워 시민에게 책임을 다하고 보편 서비스를 통해 국민 전체에 봉사하는 방송사다(최영묵 외, 2012). 공영방송은 또, '공중을 위한, 공중에 의해 통제되고, 재정지원 되며, 상업적 소유도 정부 소유도 아니고, 상업적인 힘들에 의한 압력과 정치적 간섭으로부터 자유로운 방송'이다(UNESCO, 2008: 54). 그럼에도 공영방송을 한 문장으로 정의하기란 쉽지 않다. 영국 BBC의 재원 조달에 관한 위원회[위원장 이름을 빌려 '피코크위원회(Peacock Committee)']에서도 공영방송을 정의하려고 시도했으나 여의치 않았다.

하지만 공영방송이란 무엇인가? 우리는 간단한 사전 정의가 없다는 것을 발견했다. 이전 위원회에서도 이 개념을 정의하는 것이 어렵다는 것을 알고 있었기 때문에 놀라운 일이 아니다.[2]

피코크위원회는 '공공서비스방송'을 전통적으로 생각해 오던 것보다 훨씬 좁은 의미로 정의하고자 했다. 위원회는 공공서비스방송을, 개별 소비자의 욕구 중 상업방송이 만족시키는 합계를 제외한, 사회가 집단적으로 필요로 하는 나머지 기능을 만족시키는 방송쯤으로 간주했다(Goodwin, 2018; Peacock Committee, 1986). 피코크위원회 보고서는 방송을 공익이 아닌 사적 상품으로 재정의하여 일반 이익을 개인의 이익으로 대체했다(Scannel, 1989:139). 피코크위원회가 정치적으로 보수당 집권 시기에, 케이블TV와 위성방송이 등장하면서 주파수 희소성 논리가 힘을 잃고 공익보다는 시장을 우선하는 인식 아래 만들어진 점을 감안하면 그리 새로운 일은 아니다. 하지만 피코크위원회도 공영방송을 중시했던 아난위원회(Annan Committee, 1977)와 필킹턴위원회(Pilkington Committee, 1962)의 견해에 동조하지 않을 수 없었다.

피코크위원회와 비슷한 시기, 영국방송연구소(BRU: Broadcasting Research Unit, 1985)는 공영방송이 민주주의에 기여하고 있으며, 공영방송의 구조가 완벽하지 않을지라도 사회적으로 도움을 주고 있다고 평가했다(BRU, 1985). 런던에 기반을 둔 방송연구소는 공영방송의 임무를 여덟 가지로 요약하면서 보편성을

---

2) Peacock Committee, "but what is public service broadcasting? We found that there was no simple dictionary definition. This is not surprising, since previous committees have found it difficult to define this concept," 1986, p. 6.

가장 먼저 강조했다.

① 보편성(지리적): 방송프로그램은 전체 인구가 이용할 수 있어야 한다.

② 보편성(소구): 방송프로그램은 모든 관심과 취향을 수용해야 한다.

③ 보편성(지불): 방송의 주요 수단은 이용자들의 집합으로부터 재원을 직접 조달
받아야 한다.

④ 소수자, 특히 불우한 소수자는 특별한 혜택을 받아야 한다.

⑤ 방송인은 국가정체성 및 공동체의식과의 특별한 관계를 인식해야 한다.

⑥ 방송은 모든 기득권과 정부로부터 거리를 두어야 한다.

⑦ 방송은 숫자 경쟁보다 프로그래밍의 경쟁을 장려할 수 있도록 구성해야 한다.

⑧ 방송에 대한 가이드라인은 프로그램 제작자를 제약하기보다는 자율성을 보장
하기 위해 설계되어야 한다.

굿윈(Peter Goodwin, 2020)은 이 가운데 가장 중요한 두 가지를 처음에 등장하
는 지리적 보편성과 소구의 보편성으로 꼽았다. 이는 필킹턴(Harry Pilkington)이
의장을 맡은 1960년 위원회도 강조했던 사항이다.

포괄적인 서비스의 개념은 프로그램 내용뿐만 아니라 전송의 지리적 범위 또는
적용 범위에도 적용된다. 방송서비스가 경제적 뒷받침이 되는 사람들에게만 제공
되어야 한다는 것은 결코 받아들일 수 없다. BBC와 ITA 모두 공기업으로서 전국의
모든 사람이 서비스를 최대한 이용할 수 있도록 하는 것이 의무다(Pilkington
Committee, 1962: 9).

ITA는 독립 텔레비전 기관(Independent Television Authority)으로서 당시 영국
에서 상업 텔레비전을 방송하고 감독하는 공기업이었다. 1972년 ITC(Indepen-
dent Television Commission)로 개편되었고, 1990년 방송법 조항에 따라 설치된

무선국은 2003년 말에 통신국(Ofcom)으로 대체되었다. 1972년 아난(Annan) 경이 의장을 맡았던 방송미래위원회도 방송의 보편적서비스를 되풀이하여 강조했다.

> 필킹턴(Pilkington)위원회…… 는 영국 방송사들이 도시지역뿐만 아니라 가능한 전국의 모든 지역에 동일한 서비스를 제공하는 것을 그들의 의무로 간주했다(Annan, 1977: 9).

이러한 논의에 힘입어 공공서비스방송국(PSB: Public Service Broadcasting)은 수백만 명이 거주하는 대도시 지역뿐만 아니라 멀리 떨어진 수천 명이 사는 시골 지역에서도 방송을 수신할 수 있도록 송신기를 설치했다.

지리적 보편성은 통신, 특히 우편서비스와 유선전화 서비스를 통해 개념을 정리할 수 있다. 영국은 1893년부터 우편서비스를 개혁하여 최초의 우표(Penny Black, 1841년)를 탄생시켰다. 이전과 달리 거리에 상관없이 저렴한 금액으로 영국 어느 곳에나 편지를 보낼 수 있도록 한 것이다. 방송이 탄생하기 80년 전에 적용된 지리적 보편성의 원칙이라고 할 수 있다(Goodwin, 2020). 유선전화 서비스에서는 미국 AT&T 사장 시어도어 베일이 민간 독점을 확보하기 위해 미국 연방정부와 협상하는 과정에서 보편적서비스를 제시했다. 1934년 FCC(연방통신위원회)가 설립되면서 보다 현대적인 의미를 갖게 되었다.

우편이나 유선전화에 적용된 보편적서비스 개념과 방송에서 말하는 보편적서비스는 자세히 비교하면 상당한 차이가 있다. 첫째, 방송에서의 보편적서비스는 일반적으로 무료 서비스를 의미하지만, 우편이나 전화는 그렇지 않다. 비록 영국 초기 우편서비스의 경우, 편지의 기본 비용을 낮추려는 의식적인 노력이 있었지만, 미국에서는 우편이나 전화 모두 유료 서비스였다.

둘째, 서비스는 보편적으로 제공될 수 있지만 그 서비스를 이용하기 위해 필요한 설비를 마련하는 것은 보편적이지 않다. 따라서 미국과 대부분의 다른 고

소득 국가(저소득 국가는 말할 것도 없고)에서도 1970년대까지 대다수 인구가 가정용 전화기를 갖지 못했다. 마찬가지로, 라디오와 텔레비전 또한 보급 초기 수십 년 동안 많은 사람들이 보유할 수 없었다. 노동 계층 시민들에게는 값비싼 물건이었다. 흥미롭게도, 보조금을 지불한 정부들은 선전 목적이 있었던 독재정권들[예를 들면, 나치(Nazi)]이었다.

셋째, 보편적서비스의 범위는 대부분 '국가'로 제한되었다. 19세기에는 영국에서 국외로 편지를 보낼 경우 비용이 더 많이 들었고, 20세기에 들어와서도 미국으로 전화를 걸려면 더 많은 비용을 지불해야 했다. 방송에서도 마찬가지로 BBC의 보편적서비스는 영국 내에서 제공되는 서비스에 국한되었다. 공공서비스미디어는 어느 곳도 국경을 넘어 확장된 지리적 보편적서비스를 제안하지 않았다.

공영방송이 갖춰야 할 중요 속성으로는 법에 근거하여 보편적인 접근성을 지니며, 문화에 대해 배우고 참여할 수 있는 기회를 제공해야 한다는 점과 정부 및 상업적 이해관계로부터 보호를 받아 정치문제에 대한 공평한 편집권을 행사할 수 있어야 한다는 것이다(Smith, 2012: 7).

프리드먼(Des Freedman)은 규범적 측면에서 공영방송의 기본 원리가 독립성(independence), 보편성(universality), 시민성(citizenship), 고품질 프로그램(quality)인데, 그중 '보편성'은 세 가지 중요한 의미를 갖는다고 설명했다. 그가 강조한 첫 번째 의미는 기술 및 지리적 보편성이다. 영국방송연구소(BRU, 1985)가 강조했듯이, 공영방송은 "전체 인구가 이용할 수 있어야 한다"라는 것이다. 두 번째는 사회문화적 보편성이다. 프리드먼은 본(Georgina Born)과 프로서(Tony Prosser)의 주장을 들어 공영방송이 사회통합에 기여하는 서비스를 제공해야 한다고 강조했다. 공영방송이 사회문화적으로 다양한 소수자들의 관심을 반영하고, 특히 소외받는 소수자에 대한 관심을 가짐으로써 보편성을 실현할 수 있다고 본 것이다. 세 번째는 장르의 보편성이다. 프리드먼은 이 대목에서도 본과 프로서의 주장을 재차 인용하면서 공영방송이 다양한 방송 장르를 아우름으

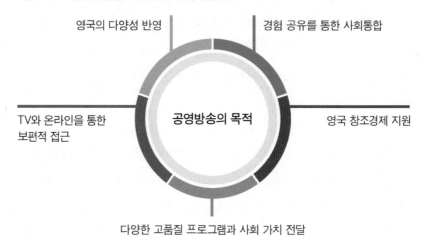

〈그림 2-1〉 디지털시대 공공서비스미디어의 5대 핵심 요소

영국의 다양성 반영

경험 공유를 통한 사회통합

TV와 온라인을 통한
보편적 접근

공영방송의 목적

영국 창조경제 지원

다양한 고품질 프로그램과 사회 가치 전달

자료: Ofcom(2021: 20).

로써 '정보(information), 교육(education) 및 오락(entertainment)의 삼위일체'를 충족해야 한다고 보았다(Freedman, 2016: 29~30).

영국 오프콤(Ofcom)은 영국 정부에 공공서비스미디어의 미래를 위한 방안을 제안하면서, 〈그림 2-1〉과 같이 공공서비스미디어의 5대 핵심 요소를 강조했다.

공영방송의 미디어 공론장 논쟁은 시사하는 바가 크다. 1980년대부터 간햄(Nicholas Garnham)을 중심으로 공영방송의 미디어 공론장 논쟁이 전개됐다. 간햄은 신자유주의에 맞서 하버마스의 공론장 모델을 기반으로 공영방송의 공론장으로서 역할을 강조했다. 이에 대해 신자유주의 진영의 반론이 제기됐다. 코넬(Ian Connell)은 "유물론자인 간햄이 공영방송의 이상을 변호하여 관념론에 빠지고, 뉴미디어 기술 발전에 공포감을 갖는 프랑크푸르트학파의 비관주의를 따른다"라고 비판했다(정용준, 2022). 간햄에 맞서 킨(John Keane)도 "보편적이고 통합적인 단일 공론장보다는 여러 형태와 규모의 공론장이 낫다"라고 주장했다(Keane, 1995). 자카(Elisabeth Jacka) 또한 "다양한 차이와 여러 측면이 결합된 특수성이 특징인 현대 민주주의에서 '일반의지'나 '공공선'을 찾으려는 공익주의

〈표 2-1〉 공영방송의 미디어 공론장 논쟁

구분	간햄의 공영방송 옹호론	공영방송 비판과 상업방송 옹호론
1차 논쟁 (1983~1993년)	간햄 주장(1983년, 1986년) - 가격과 이윤의 팽창을 이유로 상업방송 역할 비판 - 하버마스의 공론장과 연계하여 공영방송 옹호	코넬 비판(1983년) - 좌파의 관념론적 공영방송 옹호를 비판 - 상업방송의 민주적 가능성 주장
2차 논쟁 (1995년)	간햄 반론(1995년) - 공영방송 제도의 우월성 - 시장규제에 의해 상업방송의 공론장 기능 인정	킨 주장(1995년) - 시장 미디어의 공론장 가능성 인정 - 공영방송 외에도 다수의 공론장들 존재 주장
3차 논쟁 (2003년)	간햄 반론(2003년) - 공영방송은 결함에도 불구하고 잠재력 있음 - 자카의 기호학적 민주주의는 아나키즘	자카 비판(2003년) - 공영방송 시대의 종말 - 상업방송 낙관론

자료: 정용준(2022: 100).

논리는 허구"일 뿐이라고 반박했다(Jacka, 2003). 이에 대해 간햄은 공론장을 통해 민주주의를 실현하는 데 공영방송이 우월하다며 상업방송이 보완적 역할을 수행할 수 있다고 말했다. 정용준(2022)은 〈표 2-1〉과 같이 공영방송의 미디어 공론장 논쟁을 3차로 구분, 정리했다.

공영방송 논쟁은 네트워크 사회가 되면서 확대되었다. 미디어 환경이 변화하면서 공영방송과 레거시 미디어들이 주변으로 밀려나자, 이들도 상업적 활동에 나서기 시작했다. 공영방송을 옹호하는 급진주의자들은 공영방송을 온라인 영역으로 확대해야 한다고 목소리를 높였다. 그들은 ① 보편적 서비스 장치를 통한 시민들의 공공 생활 참여에 대한 동등한 기회 보장, ② 지역·국가 문제에서 시민들을 연결하는 공동체에 대한 소속감 강화, ③ 고품질의 프로그램과 서비스 제공, ④ 문화적 다양성을 보장하고 개별성을 존중할 것 등을 네트워크 시대의 공익성으로 앞세웠다(Saldaña & Azurmendi, 2018). 그들은 또, 영국방송연구소 (BRU, 1985)가 제시한 보편주의 이념을 네트워크 사회에 맞도록 재구성했다.

이에 맞서 공영방송 축소론을 펼친 피콕(Peacock, 2004)은 "미디어 기술이 발전하면서 공공서비스는 시장이 제대로 공급하지 못하는 소수자 및 교육 프로그램으로 한정되어야 한다"라고 주장했다. 부스(Booth, 2020)도 "방송이 공공재

(public goods)에서 클럽재(club goods)로 변화했기 때문에 유료 요금제에서 후원 제로 재원 조달 방식을 바꾼 《가디언》처럼 기부금제 모델로 전환"할 것을 요구했다.

유럽 국가들은 공영방송 운영 전통에 힘입어 경제, 교육, 인종 측면에서 취약한 계층을 위한 서비스에 신경을 써왔다. 공영방송의 주요 원칙에 보편성과 다양성이 반드시 포함되는 데서 알 수 있다. 공영방송 입장에서도 TV수신료와 같은 공공 재원을 조달받기 위해서는 사회의 모든 부분을 연결, 통합해야 한다는 요구를 외면할 수 없다. 취약계층이나 소수자 목소리가 외면받는다는 시청자 불만이 제기되면 공영방송은 이를 즉각적으로 반영한다. 이런 측면에서 공영방송과 상업방송의 극명한 차이를 알 수 있다. 공영 미디어는 칙허장이나 법에 명시된 대로 '사회를 위해 봉사'하는 것이 주된 목적이다. 반면, 상업 미디어는 돈을 버는 데 집중한다. 공영 미디어는 시민의 알권리 충족을 위해 뉴스 프로그램을 어느 시간대에 방송할지를 고민한다. 상업방송의 대명사로 불리는 미국 3대 네트워크 방송사들은 주요 뉴스 프로그램을 초저녁이나 늦은 저녁에 내보내는 반면, 핀란드와 덴마크 공영방송사는 저녁 황금시간대에 시사 프로그램을 편성한다. 미국 상업방송들이 저녁 7시부터 11시까지 주 시청 시간대에 주로 예능프로그램을 편성하는 것과 대조된다(Curran, 2011).

EU 국가들 간의 비교연구에서 공영방송프로그램에 우호적이라고 응답한 시민이 상업방송프로그램을 선호하는 시청자보다 더 정보를 풍부하게 가진 것으로 나타났다. 핀란드·덴마크·영국의 공영방송이 저녁 뉴스를 내보내고, 교육수준이 낮은 계층과 저소득계층이 텔레비전을 시청함으로써, 미국에 비해 취약계층의 공적 지식수준이 높게 나타났다. 공영방송이 공적인 사안과 국제 뉴스에 관심을 가질 때, 계층 간 공적 지식 격차를 줄일 수 있음을 알 수 있다. 그런데 미디어가 다양화하면서 공영방송에서도 점차 연예·오락 중심의 방송들이 더 늘어나는 경향을 보이고 있다(Holtz-Bacha & Norris, 2001).

한편, 상업방송이 등장하고 케이블TV와 위성방송이 등장하면서 공영방송은 현실적 위기에 처했다. 공영방송의 위기는 시간이 흐를수록 점차 심화됐다. 리체리(Richeri, 1994)는 상업방송이 등장하던 시기, 공영방송에 닥친 위기를 세 가지로 정리했다. 첫째, 민영 미디어가 공영 미디어와 동일한 기능을 상당 부분 수행할 수 있게 됨으로써 정당성의 위기에 빠졌다. 둘째, 경쟁이 거세지면서 공영방송의 수입은 줄어들고 제작비용은 급격히 증가함에 따라 재정위기의 늪으로 빠져들었다. 셋째, 비즈니스 친화적 환경 변화에 적응하지 못하는 관료적 사고방식으로 지지부진한 상태에서 다양한 플랫폼과 채널이 쏟아지면서, 공영방송의 입지는 더욱 축소되고 정체성의 위기에 봉착했다.

신문은 비즈니스 차원에서 출발한 데 반해, 방송은 다양한 조직으로부터 출발했다. 미국의 방송은 신문과 크게 다르지 않다. 미국의 라디오와 TV는 방송광고 수입으로 자금을 마련하는 방식이었다. 이에 비해 영국에서는 "공공 이익을 위한 국가적인 서비스로 발전되어야 할 공공사업"으로 탄생했고, 사회적으로도 그렇게 받아들여졌다. 영국에서 방송을 기업의 비즈니스가 아닌 공공영역으로 간주한 이유는 정치인, 사회과학자, 지식인들이 신문에 비해 방송은 보다 강력한 영향력을 발휘하는 매체라는 인식을 가지고 있었기 때문이다. 워낙 강력한 효과를 가진 매체이기 때문에 사회적으로 통제하기 힘든 민간 영역에 두어서는 안 된다는 것이다. 정치적으로도 다당제 민주주의 시스템에서 어느 특정 정당이 그들의 입맛대로 방송을 통제하거나 방송에 영향력을 행사하기를 바라지 않았다. 이런 이유로 영국 BBC는 일종의 공공기금인 수신료를 기초로 운영되면서도 정부로부터는 독립적인 제도로 시작했다. 1954년에 설립된 ITV도 마찬가지다. 복수 방송사가 등장하면서 방송의 상업화가 진행되는 와중에도 방송사가 정치적 영향력 아래 있는 것을 용납하지 않았다.

영국의 공영방송은 신문과 다르게 규제 기구로부터 보다 강력한 규제를 받는다. 다양성과 정치적 불편부당성은 기본이고, 공익적인 서비스를 보편성에 기반해 제공하도록 끊임없이 요구받는다. 신문은 '사상의 자유시장(marketplace of ideas)'에 따라 당파성(partisanship)을 띨 수 있지만, 방송은 객관성(objectivity)과 불편부당성(impartiality)을 최우선으로 해야 했다. BBC는 1923년부터 '정치적 문제를 다룰 때 가능한 정당별로 거의 동등한 관심을 가져야 한다'는 것을 기본 원칙으로 삼았다.

보편적 방송서비스의 이념은 첫째, 모든 사람들이 폭넓게 이해 가능한 일반 적인 프로그램의 제공이라는 콘텐츠의 보편성, 둘째, 지상파와 온라인 등 모든 플랫폼과 미디어를 통한 보편적인 액세스의 제공, 셋째, 기본적인 저널리즘 기준의 수행과 편집의 자유, 정치적이고 상업적인 집단으로부터의 독립 유지, 넷째, 질 높고 전문화된 프로그램의 제공, 다섯째, 자국 생산 콘텐츠의 제작과 편성의 지원을 포함한다.

이러한 공공서비스미디어는 널리 이로운 가치를 제공하는 데서 출발한다. 방송은 여전히 여론 형성의 중요한 수단이다. 시청자로 하여금 세상을 바로 보고, 올바르게 판단할 수 있게 하는 역할을 수행해야 한다. 이러한 방송편성의 단위가 되는 여러 내용물 중 스포츠 프로그램은 방송에서 흔히 구분하는 보도·오락·교양의 기능을 모두 포함하고 있다. 예를 들어 세계인의 축제인 올림픽경기에서 위성으로 생방송되는 메달 획득 장면 자체가 스포츠 경기의 과정이며 결과이자 그 자체가 뉴스의 기능을 하기도 한다. 스포츠 중계방송은 그대로 뉴스 시간에 연결되어 방송되고 여론을 형성한다.

미디어의 보편성은 접근성을 좌우하는 도달 범위 차원과, 다양한 장르와 이해관계를 포괄하는 차원으로 구분할 수 있다. 미디어의 보편적서비스 의무의 핵심 가치는 모든 시민에게 동일한 정도와 품질로 제공될 수 있고 제공되어야 하는 가치 있는 상품이라는 원칙이다. 의무는 보편적인 인권을 뜻하며 사회가 필요한 기반 시설을 제공할 것을 요구한다. 모든 사람에게 우편서비스가 제공되어야 하고 전기가 공급되어야 하며, 모든 사람은 깨끗한 물과 공기를 마실 권리가 있으며, 모든 사람은 전화 통화를, 그리고 오늘날에는 인터넷에 접속할 수 있어야 한다. 온라인 미디어에 접근할 수 없는 사람들은 자유롭게 접근 가능한 사람들에 비해 삶을 위험에 빠트릴 수 있는 '디지털 격차'에 놓여 있는 것이다. 시민의 알 권리는 더욱 그렇다. 온라인에서 이용할 수 있는 정보가 풍부함에도 불구하고 양질의 정보에 대한 접근의 불평등은 심화되고 있다(Golding, 2017). 고품질 온라인서비스에 대한 접근의 차별은 시민 피해로 이어질 수 있다(Thomass, 2018).

아날로그 시대에는 보편적인 소구를 달성하기 위한, 보다 보편적인 접근과 도달이 상대적으로 용이했다. 소수 방송사가 독점하거나 과점했기 때문이다. 디지털 미디어로의 발전은 방송의 보편적서비스 의무 수행을 더욱 힘들게 만들었다. 온라인 플랫폼 대중화로 콘텐츠 보급이 늘어났고, 지리적 경계가 무너졌기 때문이다. 채널이 다양화하면서 전문 편성 채널이 늘어나 종합 편성 중심의 일반 채널이 대중의 요구를 충족하기는 더욱 어려워졌고, 보편성 역시 점점 더 실현하기 힘든 상황에 처했다.

보편적인 소구력의 추구는 공영방송이 갖춰야 할 보편성이지만 플랫폼과 채널이 증가하고, 미디어콘텐츠가 풍부해지면서 더욱 달성하기 어려워졌다(Donders, 2012). 무엇보다 파편화된 시청자를 확보하는 일이 가장 어렵고 비용이 많이 드는 문제가 되었다. 스포츠 프로그램의 중계방송권을 확보하는 데 드는 비용이 치솟는 이유가 스포츠야말로 시청자를 확보하기 쉬운 장르 가운데 하나이기 때문이다.

정용준(2006)은 방송의 보편적서비스 개념을 지리적 보편성(accessibility), 편성의 보편성(quality), 지불의 보편성(affordability)으로 구분했다. 치열한 시장경쟁 속에서도 수용자 복지 차원에서 기본적인 서비스는 구현해야 한다는 주장이다. 방송의 보편성은 통신의 보편적서비스 개념에 정치적 독립성·다양성·지역성과 같은 내용적 구성 요소를 더한 포괄적인 사회문화적 규제라는 것이다. 강형철(2014)은 방송에서의 보편적서비스는 일반적인 정보가 아니라 사회적으로 필요한 내용을 보편적으로 확산하기 위한 목적을 갖는다고 설명했다. 즉, 통신은 주로 하드웨어에 대한 접근을 중심으로 보편적서비스 개념이 발전해 왔다면, 방송은 모든 사람이 접근할 수 있고 차별 없이 감당할 수 있는 가격으로 제공된다는, 내용과 접근의 보편성 양자를 모두 발전시켜 온 것이다.

공영방송은 상업방송에 비해 방송의 공적 책임을 강도 높게 부여받는다. 소유 주체 또한 정부나 공익 재단이다. 각 나라별 방송은 문화적 주권 주체의 성격을 지닌다. 1980년대 이후 상황이 변했다. 기술 발달로 케이블TV와 위성방송이 가능해지면서 전파 희소성의 설득력은 약화되고, 산업성이 강조되었다. 나라마다 규제완화 열풍에 휘말렸다. 방송을 내보낼 수 있는 주파수대역폭 확장과 맞물려 산업자본이 방송을 소유하고 운영할 수 있는 기회가 늘어났다. 여기에 온라인 미디어가 폭발적으로 성장하고, 글로벌화가 가속하면서 미디어에 대한 규제는 더욱 느슨해졌다. 시간이 지날수록 미디어의 공공성보다는 산업적 역할이 강조되고, 글로벌 OTT가 미디어 생태계를 주도하면서 보편성에 대한 관심은 축소되었다. 글로벌 미디어기업에 방송이 지니는 영향력을 내주다 보면 한국 문화, 한국의 얼은 점차 희박해질 가능성이 높다. 문화주권 측면에서 방송산업이 제 역할을 하고, 그 중심에 공영방송이 자리 잡아야 한다.

온라인서비스 확장으로 보편성이 확장될 수 있는 반면, 우려해야 할 사항도 늘어난다. 머독은 인터넷서비스 확장에 대한 문제점을 세 가지로 열거했다 (Murdock, 2005). 첫째, 접근성에 관한 문제다. 온라인 역시 소득이나 연령, 교육 정도에 따라 접근 정도에 차이가 발생하고, 일부 계층은 영원히 배제될 수도 있다. 둘째, 사람들의 관심 분야가 세분화되고, 이에 맞춰 전문화, 세분화된 채널이 제공될 때, 기존에 즐겨 보던 채널만을 보고, 자신과 같은 입장을 보이는 채널만 본다는 것이다. 점차 사람들의 의견은 양극화되고, 의견 차이를 뛰어넘을 수 있는 채널, 집합적 공간은 점점 줄어드는 실정이다. 셋째, 다른 문화산업처럼 미디어 또한 기업활동의 무대가 되고 만다. 미디어 소비 증가를 이용해 기업들은 소유권을 강화할 것이고, 사이버공간을 마치 쇼핑센터처럼 개조해 갈 것이다. 결국 글로벌 멀티미디어기업이 형성되는 것이다.

넷플릭스(Netflix)와 아마존프라임(Amazon Prime)은 대표적인 SVOD(subscription video on demand, 구독형 스트리밍 플랫폼)형 글로벌 OTT서비스사다. 이들은

TV프로그램이나 영화를 서비스하는 데 그치지 않고, 자체 콘텐츠 투자를 통해 오리지널콘텐츠 비중을 늘려가고 있다. 넷플릭스 콘텐츠 투자와 매출은 웬만한 공영방송사 프로그램 제작비 규모를 크게 웃도는 수준이다. 2022년 기준으로 넷플릭스 총매출은 316억 달러(약 41조 3000억 원)를 넘는다. 공영방송의 제작비는 현 수준 유지에 급급한 반면, 넷플릭스의 제작비 규모는 큰 폭으로 늘어나고 있어 해가 갈수록 격차가 더 커지고 있다. 글로벌 미디어기업의 콘텐츠는 상업성을 우선할 수밖에 없어 다양성을 확보하지 못한다. 또한 고유의 문화와 사회현상을 반영할 수 없는 한계를 안고 있다(Herman & McChesney, 2001). 미디어 역시 기업활동 무대가 될 것이라는 오래전 머독의 우려는 OTT시대로 접어들어 현실이 되었다. 보편성을 기본으로 하는 공영방송에 더욱 시선이 가는 이유다.

2. 국내 공영방송

공영방송은 국영방송이나 민영방송과 달리 국가권력으로부터 독립된 방송으로서 재원을 국고에 의존하지 않아야 하며, 국가권력에 의해 운영이 좌우되지 않는 방송을 의미한다. 무엇보다 공영방송은 그 설립 목적이 중요하다. 공영방송의 존립은 공공의 이익을 최대한 실현해야 한다는 당위에 따라 인정된 것이므로, 설립과 운영의 목적이 객관적이고 공정한 정보전달과 사회적 소수자의 배려 등 공익의 추구를 우선하는 것이어야 한다. 따라서 방송법 제44조(공사의 공적 책임)는 KBS가 공정성·공익성을 추구하며, 양질의 방송서비스를 제공하고 공익에 기여할 수 있는 서비스·기술·프로그램 등을 연구하고 개발하는 등 공적 책임을 명시하고 있다.

공영방송과 민영방송을 구분 짓는 기준은 각 방송사의 소유구조, 운영 목적, 운영 재원에 있다. 이 중 가장 명확한 기준으로 각 방송사 간 소유구조를 꼽는다. 한국에서 상업방송과 같은 민영방송은 사기업이 전적으로 소유한다. KBS, EBS, MBC 등 국내 공영방송사는 대체로 법적 근거, 소유구조, 사회적 역할, 의

사결정 구조에 있어 상업방송과 다른 위상을 가지고 있다.

국립국어원 표준국어대사전은 '공영방송'을 "매체 이윤추구를 직접적인 목적으로 하지 않고 공공의 이익을 도모하는 방송 또는 그 기관. 상업 광고를 하지 않으며, 시청료를 주요 재원으로 삼는다"라고 정의한다. '공영방송사업자'는 "비영리적 목적으로 방송국을 운영하는 공익 단체를 말한다"라고 정의하고 있다. 공영방송과 공영방송사의 사전적 정의는 '공익'을 우선적 가치로 지향하며, 시민들로부터 조달되는 공공의 재원인 TV수신료를 주(主) 재원으로 운영해야 함을 제시한 것이다. 이처럼 공영방송의 개념은 '사업자' 기준이 아닌 공영방송이 지녀야 하는 공익성·보편성·정치적 독립·경제적 독립·문화적 정체성·다양성·차별성 등의 가치로 정의되어야 하나 현 방송법은 공영방송을 정의하고 있지 않다.

공영방송의 보편성은 디지털시대에도 여전히 중요한 의미를 갖는다. 공공서비스미디어는 보편주의라는 포괄적인 개념을 기초로 한다. 모든 시민이 평등하게 정보와 사회적 커뮤니케이션에 접근할 수 있어야 한다는 보편주의적 사고에서 출발한다. 공영방송에 관한 논의는 크게 '공공성 확대'와 '시장 활성화'로 나뉜다. 공영방송을 연구하는 학자들은 물론, 우리나라 방송을 규제, 감독하는 방송통신위원회마저 미디어 공공성보다는 미디어산업 활성화를 더 중시하는 경향을 나타내고 있다. 다수 학자들이 강조해 왔듯이 공영방송은 민주주의와 직결되는 사회적 제도이며, 스마트 미디어 시대에도 그 중요성이 줄어들지 않는데도 말이다.

라디오 등장 이후 기술발달에 따른 신규 미디어가 도입되면서, 방송에 대한 정책목표도 변화해 왔다. 국내 방송을 둘러싼 신규 미디어 변천은 크게 1957년 흑백TV 도입, 1980년 컬러TV 방송, 1995년 케이블TV 도입, 2002년 위성방송 실시, 2005년 지상파DMB 개시, 2008년 IPTV 도입, 2011년 종합편성채널 개국 등으로 나누어볼 수 있다(〈표 2-2〉 참조).

국가 기간 방송 KBS TV의 전신은 1961년 개국한 서울텔레비전방송국이다.

KBS의 국영 체제는 1973년 공사화되면서 크게 변화했다. 그럼에도 제도로서 독립성을 확보한 온전한 공영방송으로 운영되기에는 아직 한계가 있었다. 유신체제와 뗄 수 없는 관계가 유지됨에 따라 국가권력의 통제가 여전히 남아 있었기 때문이다. 1980년 방송광고공사(KOBACO)가 만들어지고 우리나라 방송 시장이 관리되면서 제도로서 공영방송이 사실상 시작되었다. 심하게 왜곡된 형태이긴 했지만 이 시기를 한국 공영방송 역사의 시발점으로 본다(조항제, 2014).

교육 공영방송 EBS의 태동은 1981년 방송을 시작한 UHF 교육TV라고 할 수 있다. 1990년 12월부터 'EBS'라는 이름으로 자체적인 프로그램 송출을 시작했다. 한국교육개발원 부설로 운영되던 교육방송은 1997년 한국교육방송원법이 제정됨에 따라 그해 3월 한국교육방송원으로 거듭났다. 그리고 2000년 6월 KBS와 같은 형태로 자본금을 100% 정부가 출자한 공영방송으로 재탄생했다. 한국교육방송공사법에 따라 위상이 공고해지면서 교육 전문 공영방송으로 자리매김하였다.

MBC는 상법에 의한 주식회사 형태의 민영방송으로 1959년 부산에서 개국했다. 1961년 12월에는 한국문화방송으로 서울에서 라디오 정규방송을 시작하였다. 1969년 1월 서울 인사동 임대 사옥에서 서울 정동 신축 사옥으로 이전하면서 텔레비전방송국을 개국하였다. 1988년 방송문화진흥회법이 만들어지고 비영리 공익법인 방송문화진흥회가 설립되었다. 방송문화진흥회는 ㈜문화방송의 지분 70%를 가진 대주주로서 MBC 사장 임명권과 해임권을 가지고 있다. 방송문화진흥회 이사는 방송통신위원회에서 임명한다. 방송문화진흥회 이외 주식 지분 30%는 정수장학회가 소유하고 있다. MBC는 광고 수입으로 제작비를 충당하는 상업방송이면서, 준공영체제로 운영되는 주식회사형 공기업이라고 할 수 있다.

아쉽게도 우리나라 공영방송 제도는 성숙한 모습으로 자리 잡았다고 보기 어렵다. 방송법 어디에도 '공영방송'이라는 정의가 존재하지 않는다. 어느 방송사가 공영방송사인지를 구분할 때 헌법재판소 판결이나 공직선거법과 정당법을

〈표 2-2〉 한국 방송의 역사

시기	내용	방송관련 법제 현황
1924.11	조선총독부, R 정기 시험방송 실시	
1926.11	11개 민간단체 연합 사단법인 경성방송국 설립	
1927.2.16	호출부호 JODK, 출력 1KW 방송 개시	월 2원 수신료 부과
1954	기독교 방송(CBS) 개시	
1956.5.12	대한방송(HLKZ TV), 국내 최초 TV방송국 개국	
1959.4.15	부산 MBC R 개국	
1961.10.15	HLKZ TV, 방송 중단	전파법(1961.12.30)
1961.12.2	한국문화방송(MBC) 개국	
1961.12.31	KBS TV 전신 서울텔레비전방송국 개국	방송법(1963.12.16)
1962.6.30	김지태, 한국문화방송, 부산문화방송, 부산일보 등 전 재산 5·16 장학회에 헌납	국영텔레비전방송사업임시조치법 (1962.12.3) 방송법 제정(1963.12.16)
1964.12.7	동양방송(TBC TV) 개국	
1969.8.8	MBC TV 개국	
1973.3.3	한국방송공사 창립	한국방송공사법 제정(1972.12.30)
1980.12.1	동아방송·동양방송 KBS로 흡수 통합 MBC 신아일보 흡수 통합, 전국 네트워크 가맹사 계열화	한국방송광고공사법 제정(1980.12.9)
1980.12.9	KBS 광고 방송 허용	한국방송공사법 개정(1980.12.9)
1981.1.1.	컬러TV 방송 개시	
1981.2.2	UHF 교육TV(KBS 3TV) 실시	
1987.6.29	6·29 선언.	언론기본법 폐기 방송법 개정(1987.11.28) 한국방송공사법 개정(1987.11.28)
1988.12.31	방송문화진흥회 설립	방송문화진흥법 제정(1988.12.26)
1990.12.27	교육방송(EBS) 개국	
1991.12.9	서울방송(SBS) 개국	종합유선방송법 제정(1991.12.31)
1995.1	케이블TV 개시	
1996.7	국내 위성방송 시험 방송 실시	
1997.3	한국교육방송원 창립	한국교육방송원법 제정(1997.1.13)
1995.3.1	케이블TV 본방송 개시	
1995.5.14	1차 지역 민방 개국(부산, 대구, 광주, 대전)	
1997.9~10	2차 지역 민방 개국(전주, 청주, 울산, 인천)	방송문화진흥법(1988.12.26)
2000.1.12.	통합방송법 제정	통합방송법 공포(2000.1.12)1)
2000.6.25	한국교육방송공사 창립	한국교육방송공사법 제정(2000.1.12)
2001.12.15	강원 민방 개국	
2001.12.31	지상파 HDTV 본방송 실시	

2002.3.1	디지털 위성방송(스카이라이프)서비스 개시	
2002. 5	제주 민방 개국	
2004.12.31	경인방송(iTV) 허가 취소	
2005.5.1	TU 미디어, 위성DMB 사용 서비스 시작	
2007.12.	경인TV(OBS) 개국	인터넷멀티미디어방송사업법 (2008.1.17)
2008.9	IPTV 3개 사업자 선정(KT, SKB, LG)	방송통신위원회 설치 및 운영에 관한 법률(2008.2.29)
2010.9.13	KBS 경인방송센터(수원) 개국	방송통신발전기본법(2010.3.22)
2011.12.1	종합편성 4개 채널 PP개국	방송광고판매 등에 관한 법률 (2012.2.22) 지역방송 발전지원 특별법(2014.6.3)

주 1) : 지상파방송에 대한 심의 규정을 담고 있던 (구)방송법, 케이블TV를 규율해 온 종합유선방송법(1991)을 단일 방송법으로 통합하면서 탄생했고(2000년), 방송에 관한 기본법, 사업법, 설치법적 요소(KBS 설치에 관한 근거)를 모두 포함한다.

들어 KBS, EBS 또는 KBS, EBS, MBC로 경우에 따라 다른 범주로 구분한다. 우리나라 방송 제도는 유료방송에 비해 공영방송에 더욱 강도 높은 공적 책임[3]을 요구하고 있으며, 지상파방송사들은 지상파방송만 존재하던 시절과 다를 바 없는 높은 수준의 규제를 여전히 적용받고 있다고 주장한다.

사회적으로 고민해야 할 사항은 공영방송에 어떤 임무를 부여하고 무슨 역할을 강조할 것인가이다. 각국 공영방송이 미디어 환경 변화와 시청자들의 이용 행태 변화에 적응하기 위해 혁신적인 변화를 진행하고 있다. 글로벌 OTT, SVOD와의 경쟁에서 뒤처지고 있으며 운영 재원은 불안정하다. 넷플릭스를 비롯한 SVOD가 시장을 지배하면서 각국의 고유문화와 정체성을 반영한 콘텐츠는 사라지고 말 것이라는 위기감이 고조되고 있다.

공영방송의 강점은 국가와 자본으로부터 독립된 공론의 장을 제공할 수 있다는 것이다. 상업성에 치중하지 않고 고유문화를 반영한 고품질 콘텐츠를 서비스한다. 그래서 공영방송은 거대 글로벌 미디어기업에 맞서 자국의 문화와 정체성

3) 방송법 제5조(방송의 공적 책임), 방송법 제44조[공사(KBS)의 공적 책임]에서 방송사와 KBS의 공적 책임을 명시하고 있으며, 헌법재판소는 1999년 수신료 관련 판결에서 'KBS와 같은 공영방송사가 지는 공적 책임은 다른 방송사의 공적 책임보다 한층 더 높은 수위의 것'임을 밝혔다.

을 지키는 방파제로 불린다.

3. 세계 주요 나라의 공영방송

방송 생태계에 커다란 변화가 휘몰아치고 있다. 방송망에서 방송과 통신의 컨버전스로, 방통 융합에 이어 스마트 미디어로, 스마트 미디어에서 OTT로 빠르게 진화하고 있다. 기존 미디어기업들은 디지털 트랜스포메이션에 안간힘을 쏟고 있다. 문제는 공공서비스미디어다. 스마트 미디어와 OTT가 이용자들을 진공청소기처럼 빨아들이고 글로벌 미디어 복합기업이 OTT를 앞세워 플랫폼은 물론 콘텐츠까지 점령하고 있다. 공영방송을 필두로 하는 공공서비스미디어는 글로벌 자본과 할리우드식 문화콘텐츠 침략을 막아줄 방파제로 꼽힌다. OTT 시대, 세계 여러 나라들은 공영방송의 정체성을 어떻게 규정하고, 공영방송사들은 어떤 디지털 혁신을 도모해 보편성을 강화하고 있을까?

영국 BBC

영국은 공공서비스방송 체계를 형성해 BBC, Channel 4(Four)와 같은 공사(public corporation)와 ITV, Channel 5(FIVE)의 상업 텔레비전 기업(commercial television companies)이 모든 시청자들에게 다양하고 질 높은 프로그램과 서비스를 제공하고 있다. 2022년 기준, 영국의 주요 공공서비스방송 채널은 BBC의 방송 채널(BBC1, BBC2, BBC3, BBC4, CBBC, CBeebies, BBC News, BBC Parliament, BBC Red Button) 및 Channel 3 방송 채널(ITV, STV, UTV)과 Channel 4·Channel 5·S4C의 각 대표 채널 등으로 구성된다.

BBC는 1922년 설립되어 100년이 넘는 방송의 역사를 기록하고 있다. BBC는 마르코니 등 무선기기 제조 사업자가 설립한 민간기업 영국방송사(British Broadcasting Company)로 라디오방송을 시작했다. 당시 BBC 설립자들은 방송은 공익을 위해 활용되어야 한다고 보았고, 정보는 신뢰할 수 있어야 하며 방송프로그램은 사람들의 삶을 풍요롭게 해야 한다고 믿었다(BBC, 2022). 이러한 설립자들의 신념은 공영방송 BBC를 만들었고, BBC의 사명(Mission)이 되었다. BBC의 임무는 초대 총국장 존 리스(John. Reith)가 주창한 '보도(inform)·교육(educate)·오락(entertain)' 프로그램을 모든 국민에게 제공해 모두에게 이익이 되어야 한다는 것이다.

BBC는 방송 면허 종료를 앞두고 만들어진 방송조사위원회에서 "방송은 국민 이익의 수탁자 역할을 담당하는 공공사업체 방식을 따른다"라고 권고함에 따라 1927년 공영방송 BBC(British Broadcasting Corporation)로 재탄생했다. 이때부터 영국 BBC의 설립은 방송법이 아니라 왕실 칙허장(Royal Charter)에 근거한다. 칙허장은 정부가 초안을 만들고 국왕이 부여한다(Potter, 2012). 왕실 칙허장은 정보제공, 오락, 교육의 기능을 제공하는 공영방송으로 BBC를 규정하고, BBC의 면허 기간(약 10년, 제9차 면허 기간: 2017.1.1~2027.12.31)과 BBC의 목적, 업무 범위, 거버넌스, 연차 보고서 작성 등에 관한 기본 사항을 담고 있다.

칙허장에 명시된 BBC의 공적 목표는 ① 사람들이 주변 세계를 이해하고 참여할 수 있도록 공정한 뉴스와 정보를 제공, ② 모든 연령대의 학습 지원, ③ 가장 창의적이고 최고 품질로 차별화된 프로그램과 서비스 창출, ④ 영국 모든 지역의 다양한 공동체를 반영, 대표하며 봉사하여 영국 전역의 창조경제를 지원, ⑤ 영국·영국 문화·세계에 대한 영국의 가치 전파 등이다. 칙허장을 보완하는 협정서(Agreement)는 BBC의 업무를 보다 상세하게 규정하고, 재원 조달 방법과 법률상 의무를 명시하고 있다.

칙허장 제7조는 BBC의 업무 조항으로 "BBC가 실시하는 사명과 공적 목표는 텔레비전, 라디오, 온라인서비스 또는 BBC가 제공하고 있는 서비스와 아직 개발되지 않은 형태의 기술 서비스 등"을 명시하고 있다. 칙허장 일반 조항 중 제9조는 BBC가 공익을 위해 운영되어야 함을 분명히 하고 있다. "BBC는 반드시 공익을 위해 행동해야 하며, 공익을 구현함에 있어 경제적·사회적·문화적 이익과 비용을 고려하되 BBC의 사명과 공적 목적과 관련된 이익은 수반되는 비용을 초과해 보장되도록 해야 함"을 강조한다(BBC, 2016.12).

BBC는 협정서에 따라 공공서비스 목록(List of the UK Public Services)을 게시하고 있다. 2022년 1월 기준으로 BBC는 영국 전역의 시청자를 위해 TV채널 9개와 10개의 라디오 방송을 제공하고 있다. 이외에도 8개의 지역별 방송 및 라디오 채널을 서비스한다. 또한 BBC는 영국 내 모든 청중이 사용 가능하도록 웹과 앱(BBC iPlayer)을 통해 BBC의 뉴스와 스포츠 등 모든 장르의 콘텐츠를 온라인 서비스하고 있다.

2022년에는 2025년 시행되는 BBC 칙허장의 중간평가를 앞두고 영국 정부와 규제 기관 및 상하원 등이 BBC의 미래를 전망하고 고민하는 다양한 보고서가 발간되었다. 2022년 4월 '디지털문화미디어스포츠부(DCMS: Department for Digital, Culture, Media & Sport)'는 초고속 광대역 사용의 급속한 성장과 인터넷 기술의 발전은 청중이 오디오 및 비디오 콘텐츠에 접근하는 방식을 변화시키고 있다고 진단했다. 따라서 BBC가 오늘날의 시청자와 청취자가 무엇을 보고 어떻게 시청하는지 연구하고 새로운 서비스를 준비하며, 공공서비스 콘텐츠를 가능한 한 많은 청중이 쉽게 찾을 수 있도록 노력해야 한다고 주문했다.

2022년 5월 26일 BBC 사장 팀 데이비(Tim Davie)는 디지털을 최우선으로 앞세운 BBC로의 전환을 선언했다. 데이비는 직원들에게 "오늘부터 우리는 디지털 최우선 BBC로 단호하게 나아간다"라며 그간 너무 많은 BBC의 자원을 온라인이 아닌 방송에 집중투자해 왔다며, 향후에는 방송보다 디지털 서비스를 최우선에 둘 것을 선언했다. 민주주의와 언론의 자유가 쇠퇴하고 있음은 유감이나 BBC가 표방하는 공정성, 고품질 콘텐츠, 온라인 및 경쟁력 강화라는 가치 제공의 핵심 순위는 변함이 없다고 강조한다. 그러나 디지털시대에 BBC가 하고 있는 일을 계속하는 것만으로는 충분하지 않으며 '온라인', '주문형(온 디맨드)' 시장의 과제에 대응해 빠르게 변화하겠다고 천명했다.

2022년 7월 발표된 영국 상원(House of Lords)의 「BBC의 미래 재원(BBC future funding)」 보고서도 주목을 끈다. 영국 상원은 BBC에 공적자금을 투입할 필요가 여전하다며, 행정부가 빠른 시일 내에 수신료를 비롯한 다양한 재원 모델을 검토, 분석하고 공론화 과정을 거쳐 방안을 마련할 것을 요구했다. 상원 보고서는 BBC가 기존에 발표된 전략을 뛰어넘는 비전을 제시해야 하며, BBC가 그만해도 되는 일, 차별적으로 해야 할 일, 그리고 새롭게 시작해야 할 일을 보다 명확하게 밝힐 것을 주문했다. 상원은 BBC의 보편성(universality)을 강조했다. BBC의 중요한 사명으로 보편성이 강조되고 있으나 명확성이 부족하다며, 보편성에 대해 보다 명확하게 정의할 것을 요청했다(House of Lords, 2022: 14).

이처럼 영국은 공영방송 BBC가 변화하는 미디어 환경에 맞춰 OTT시대에도 글로벌기업에 맞서 여전히 경쟁력을 확보할 수 있도록 행정부·의회·공영방송사에서 꾸준히 고민하고 있음을 알 수 있다.

호주 ABC

호주방송위원회(ABC: Australian Broadcasting Commission)는 1932년 라디오방송을 시작으로 출범해 2022년 방송 90주년을 맞았다. 이에 비해 텔레비전방송은 영국과 미국에 비해 10년 늦은 1956년 11월 5일에서야 시작했다. 제2차 세계대전 발발 직후인 1941년부터 논의를 시작하여 1948년 노동당 정부는 영국과 미국의 모델을 검토한 결과, 영리 추구형의 미국 모델보다 공익을 앞세운 영국 모델을 채택하기로 결정하였다. 그러나 1949년 자유연합당이 집권하게 되면서 방향이 달라졌다. 1953년 공영방송과 상업방송 이원 구조를 채택한 '텔레비전법'을 제정하고, 1956년 ABC가 텔레비전방송을 시작했다. 그해 11월 열린 제16회 멜버른 하계올림픽과 함께 TV방송은 크게 주목을 끌었다.

ABC는 1970년대 말부터 커다란 변화에 직면한다. 1979년 호주 정부는 ABC 창립 50주년을 준비하며 알렉스 딕스(Alex Dix)에게 ABC에 대한 조사를 의뢰했다. 1980년 '딕스 보고서(Dix Report)'와 1997년 '맨스필드 보고서(Mansfield Report)'는 ABC의 문제를 거론한 대표적인 문헌들이다. 딕스 보고서는 ① ABC가 지역에 따른 균등한 서비스를 제공하지 못하며, ② 호주 사회의 다양성과 원주민의 관심사를 전하지 못하며, ③ 영국 BBC에 너무 의존적이며, ④ 지역적인 관심사를 반영하지 못한다고 지적했다. 딕스 보고서는 ABC의 미래 목표 및 정책에 대해 273개의 광범위한 권장 사항과 함께 ABC의 근본적인 변화를 촉구했다.

1983년 ABC법(the ABC Act)이 의회를 통과함에 따라 ABC헌장(Charter)에 의거해 공영방송 호주방송공사(ABC: Australian Broadcasting Corporation)로 거듭났다(Macquarie, 2002.9). 헌장은 ABC의 역할과 책임을 명시하고 있다. ABC의 설립 목적은 호주의 사회와 문화 및 정체성을 반영하고 기여하는 것으로, 헌장에 명시된 ABC의 역할은 '높은 수준의 혁신적이고 종합적인 방송서비스 제공', '국가 정체성 형성에 기여하는 프로그램 제작', '호주 공동체의 문화적 다양성을 반영하고 알리는 프로그램', '교육 프로그램 제공' 등이다.

ABC는 1995년 8월 온라인서비스(www.abc.net.au)를 출시하면서 디지털시대를 준비했다. ABC는 디지털 공간으로 청중과의 접점을 확대하며, 다음 해인 1996년 10월 디지털라디오 서비스(ABC Newsradio)로 의회 방송을 시작했다. 설립 초기부터 공영방송 ABC의 재원은 수신료가 아닌 세금으로 충당하는 방식으로 정해졌으며, 상업광고는 금지되었다.

2000년부터 2010년에 이르기까지 ABC는 디지털 기술의 부상에 따른 방송 플랫폼 다변화에 주목했다. 디지털 방송 전환뿐만 아니라 다양한 온라인서비스와 새로운 스트리밍서비스 환경에 대응했다. 무엇보다 디지털 다채널서비스에 집중해 'ABC for Kids'와 'Fly TV'의 2개 채널을 추가 서비스했다. 디지털 방송 다음으로는 2008년 호주 최초의 주문형 서비스인 'ABC iview'를 출시했고, 2009년 3월 모바일 기술에 대응해 모바일 앱(ABC Mobile) 서비스를 출시했다.

2022년 12월 기준 ABC는 TV채널 5개를 운영 중이며 ABC(이전 ABC1)가 메인이다. ABC는 뉴스 및 시사, 드라마와 다큐멘터리 등 다양한 장르의 콘텐츠를 제공한다. ABC TV 플러스(이전 ABC2)는 ABC 채널을 일부 재방송하거나 코미디 콘텐츠를 제공한다. ABC Me(이전 ABC3)는 어린이 및 청소년 등 젊은 청중을 위한 콘텐츠를 제공하고 있다. ABC Kids(이전 ABC4 Kids)는 0~5세의 미취학 유아동을 위한 콘텐츠를 서비스한다. ABC News(이전 ABC News24)는 24시간 보도 전문채널로 뉴스와 시사, 전국 선거 보도 등 다양한 정보제공 콘텐츠를 편성한다. 이외에도 10개의 라디오 채널을 서비스하고 있다.

ABC는 완전한 디지털 방송 조직으로의 전환을 위한 'ABC 5개년 계획 2020~2025'를 세우고 청중들이 선호하는 방식으로 연결될 수 있는 미디어 기술에 대한 선택과 집중을 공표했다. 특히 ABC의 주문형비디오서비스(BVOD: Broadcast Video on Demand)인 'ABC iview'에 투자를 집중했다. 2022년 3월 ABC 계정에 로그인 시스템을 도입했고, 그해 6월 ABC 조사에 따르면 주간 활성 로그인 시청자 수가 이전 12개월 동안 6만 명에서 14만 명으로 증가해 로그인한 사람들이 익명 사용자들에 비해 플랫폼에서 보내는 시간이 2배에 달하고, 콘텐츠 시청에 더 자주 참여한다고 밝혔다. 이러한 로그인 시스템을 기반으로 ABC는 청중의 맞춤화된 개인형 서비스를 고도화하고 있으며 개인정보보호 설정 또한 강화하고 있다고 밝혔다(ABC, 2022).

독일 ARD, ZDF

독일은 9개(바이에른방송·헤센방송·중부독일방송·북부독일방송·베를린브란덴부르크방송·라디오브레멘·남서독일방송·자를란트방송·서부독일방송)4) 지역 방송사와 1개의 해외방송 도이체벨레(DW: Deutsche Welle)의 공동체인 제1공영방송연합(ARD: Arbeitsgemeinschaft der öffentlich-rechtlichen Rundfunkanstalten der Bundesrepublik Deutschland)과 전국 단일 방송국인 제2공영방송(ZDF: Zweites Deutsches Fernsehen)의 양대 공영방송 체제다. ARD는 국민으로부터 명품 방송으로 인정받고 ZDF는 ARD와 경쟁하면서도 채널 공동 설립, 프로그램 제작 분담으로 상호 협력한다. 특히 양대 공영방송사는 넷플릭스와 아마존프라임 등 글

---

4) Bayerisches Fernsehen, Hr-fernsehen, MDR Fernsehen, NDR Fernsehen, RBB Fernsehen, rb.tv, SWR Fernsehen, SR Fernsehen, WDR Fernsehen.

로벌 OTT 사업자에 대항해 경쟁력을 높이고 시청자의 비선형 미디어 소비에 눈높이를 함께해 보편적 접근권을 확대하고자 노력한다.

독일은 나치 시대에 국가에 의해 방송이 이용되었던 경험이 있다. 제2차 세계대전에서 패전하면서 자기결정권을 잃었고 방송 정책은 각 주(州)로 분산되었다. 히틀러 치하처럼 중앙 권력이 방송을 국가 선전 도구화하는 것을 방지하기 위해서다. 서독 지역 방송사들 연합으로 ARD가 창설되었고, 통일 후 동독 지역 방송사가 편입하면서 ARD는 9개 방송사의 연합체가 되었다. ZDF는 1961년 설립된 독일 제2공영방송으로 지역 방송사 없이 단일 방송으로 송출된다. 양대 공영방송사는 단일 프로그램을 요일별로 나눠 제작하거나 다양한 프로젝트를 공동으로 수행하기 위해 수시로 협력한다.

독일 기본법(헌법) 제5조 1항은 '개인 및 공공의 자유로운 의견 형성'과 '방송에 의한 보도의 자유'를 보장하고 있다. '미디어주간(州間)협약(구 방송주간협약)'은 각 주(州)방송법의 공통된 원칙을 규정하고 있는 독일 방송에 관한 가장 기본적인 법규이다.

독일 공영방송과 민영방송 등 기본적인 방송 법규는 미디어주간협약에 따른다. 독일의 방송은 연방(Bund)의 관할이 아닌 '주의 소관(Landersache)'이다. 이에 따라 대부분의 주는 '주방송법(Landesmediengesetz)'을 근거로 방송에 대한 규율을 한다. 그러나 연방 차원에서 '통일적인 방송규제(bundeseinheitliche Regelungen)'를 적용하고자 16개 주들이 모여 협약을 체결했는데, 이 협약이 1991년부터 시행되어 오늘날 독일의 방송법이라고 불리게 된 '방송협약(Rundfundstaatsvertrag)'이다(김태오, 2020).

독일 방송주간협약은, 2018년 11월 14일 유럽연합(EU: European Union)이 새로운 미디어 환경 변화에 맞게 '시청각미디어 서비스 지침(Audiovisual Media Services Directive)'을 개정함에 따라 유럽연합 회원국은 이 지침 시행 후 21개월 이내인 2020년 9월까지 '시청각미디어 서비스 지침' 개정 사항을 국내법으로 전환하도록 한 방침의 일환으로, 미디어주간협약으로 제정되었다.

2020년 11월 7일 시행된 독일의 미디어주간협약은 라디오나 텔레비전방송 등 전통적인 선형 중심의 미디어 사업자 대상의 기본 규정을 통신과 인터넷 분야로 확대하고 있다. 주목해야 할 내용은 '방송' 개념의 재규정이다. 방송을 정의함에 있어 전송수단인 '전자파'를 '통신'으로 재규정하고, "실시간(linear) 정보통신 서비스로서 공중에게 동시 수신을 목적으로 저널리즘적(journalistisch-redaktionell) 성격의 콘텐츠를 편성표에 따라 통신을 수단으로 삼아(mittels Tele-kommunikation) 동영상이나 음성을 송신하거나 전송하는 것"으로 칭하고 있다.

미디어주간협약 전문은, 독일의 공영방송과 민영방송이 개인과 공론의 자유로운 형성과 의견의 다양성을 위해 노력해야 함을 강조한다. 특히 공영방송의 존재와 발전은 보장되어야 하며, 디지털 환경에 따른 다양한 정보 및 문화를 제공하고, 인터넷에 의해 형성되는 공론의 장에 저널리즘 표준을 보호하고 평등한 커뮤니케이션의 기회를 촉진해야 함을 언급한다.

독일 공영방송의 사명은 14차에 걸친 연방 헌법재판소의 판결에서 잘 드러난다. 방송 판결은 규범이 되는 견해를 제기하고 있어 독일 공영방송 제도의 기초를 형성한다. 판결 내용을 정리하면 공영방송은 ① 사회에 존재하는 의견을 폭넓게 빠짐없이 반영하여 개인과 공공의 의견 및 의사 형성에 기여할 것, ② 이때, 뉴스나 정치 해설 프로그램뿐만 아니라 오락프로그램이나 스포츠와 같은 다양한 생활영역에 대한 정보 프로그램을 통해 사회에 존재하는 정보·경험·가치·태도·행동 규범의 다양성을 알려줄 것, ③ 그것이 민주주의적 질서와 문화적 삶에서 본질적 역할을 할 것 등이다.

이런 연방 헌재의 판결에 따라 독일의 기본적인 방송 법규인 미디어주간협약 제3장 제26조는 공영방송이 지녀야 하는 임무를 규정하고 있다. 공영방송의 임무를 ① 사회의 민주적·사회적·문화적 요구와 정보를 제공해 개인 및 공공의 자유로운 의견 형성 과정의 매개 요인으로 기능할 것, ② 유럽·국내·지방의 중요한 사건들에 대해 포괄적으로 바라볼 것, ③ 국제적인 상호 이해, 유럽 통합, 연방과 주 간의 사회적 유대와 결속을 촉진할 것, ④ 정보·교양·생활 정보·오락에

도움이 되고 특히 문화에 기여하는 프로그램을 제공할 것으로 규정하고 있다.

독일 공영방송은 ARD, ZDF, 도이치 라디오(DLR)로 2022년 기준 21개 TV채널과 83개 라디오 채널을 운영하고 있다. 지상파·케이블TV·IPTV·인터넷 등 모든 플랫폼으로 서비스 중이다. ARD는 독일 전역의 '공공의 가치', '공동선', '공익'에 다양한 역할을 수행한다. ARD는 정치·경제·사회·문화의 현안을 살피며, 시민 간 참여와 상호작용을 촉진한다. 독일 사회에 있어 공론의 장을 형성하며, 독일의 통합과 포용에 기여함은 물론 어느 누구도 소외되지 않는 평등을 중시한다. ARD는 모든 독일 시민을 위한 정보·교육·엔터테인먼트 콘텐츠에 무료로 접근할 수 있도록 다양한 프로그램을 제작, 서비스한다. 2021년 ARD는 ARD의 미래를 준비하며 대대적으로 시민들의 의견을 청취했다.

ARD는 독일 시민이 언제나 ARD 미래에 대한 의견을 개진할 수 있도록 온라인 사이트(www.ard-zukunftsdialog.de)를 열고 특정 주제 없이 '미래탐색대회' 형식으로 시민들과 무제한 토론 등을 진행했다. 시민들은 프로그램과 플랫폼은 물론 ARD에 원하는 바를 자유롭게 제안했다. ARD는 지식·교육·정보·문화 등 다양한 주제에 대한 시민들의 요구를 수렴했고, 특히 더 많은 사용자가 ARD 미디어 라이브러리에서 고품격의 지식 콘텐츠를 검색할 수 있고, 메타데이터를 축적하여 쉬운 검색이 가능하도록 개선되어야 함을 확인했다.

ARD는 광고 및 후원 없이 온라인에서도 독립적인 저널리즘을 제공하며 다양한 웹사이트와 앱 서비스를 구현하고 있다. ARD는 'ARD Mediathek'과 'ARD Audiothek'을 운영해 ARD의 대표채널 다스 에어스테(Das Erste)와 ARD ONE, ARD ALPHA 및 tagesschau24 등의 프리미엄 채널을 실시간 스트리밍과 VOD로 제공한다.

제2공영방송 ZDF는 독일 시청자에게 세계 현안에 대한 객관적인 정보를 제공하고 교육과 오락프로그램을 통해 독일 현안을 폭넓게 제공함을 사명으로 한다. ZDF 프로그램은 저널리즘, 윤리성, 도덕성, 객관성과 균형, 독립성과 공정성을 준수하며, 무엇보다 ZDF 보도프로그램의 원칙은 시청자가 모든 중요한 사회적 문제에 대해 자유롭게 의견과 판단을 개진하도록 함에 있다. 뉴스 형식은 진실하고 사실적이어야 하며, 헌법에 명시된 민주적이고 헌법적인 가치를 준수해야 한다. ZDF는 중앙 단일 네트워크 공영방송사로 연방주에서 공동으로 운영하며, 가장 대표적인 채널로 'ZDFneo'는 25세에서 49세 사이의 시청자를 대상으로 젊고 혁신적인 다채로운 교양·오락 프로그램을 제공한다. 'ZDFinfo'는 정치·유럽·현대사 및 지식 서비스에 중점을 둔 채널이다.

ZDF 또한 'ZDFmediathek'을 2001년부터 서비스하여, ZDF 프로그램을 웹사이트와 앱을 통해 온라인으로 제공하고 있다. ZDFmediathek은 컴퓨터와 휴대폰으로 TV시청에서 놓친 프로그램을 24시간 내내 시청할 수 있도록 디지털 서비스하고 있다.

ARD와 ZDF의 거버넌스는 서로 비슷하다. 회장이 모든 업무를 총괄하고 편성 책임을 진다. 방송위원회(ZDF는 텔레비전평의회)와 관리위원회를 두어 각 방송사를 감독한다. 방송위원회는 공영방송이 법률이 정한 임무를 수행하고 있는지 감시하고, 프로그램과 인터넷 서비스가 원칙과 지침을 준수하는지 감독하고 중요한 인사를 결정하며, 예산안 및 결산서를 승인한다. 위원 수는 방송사마다 다르다. RBB(Rundfunk Berlin-Brandenburg)는 30명, SWR(Südwestrundfunk)은 74명이다. 정부 또는 정당 관계자의 비율은 ZDF가 33%로 가장 높고, HR(Hessischen Rundfunk)이 19%로 가장 낮다. 관리위원회는 프로그램 편성 이외에 재무·법무 관리 등을 감독한다. 예산안과 결산을 감사하고 자회사 출자 비율 변경 등을 검토한다. 위원은 방송위원회에서 임명하고 7명(BR)~18명(SWR) 규모다.

우리가 주목해서 시사점을 찾아야 할 부분은 독일의 양대 공영방송 ARD와 ZDF의 상시 협력체제에 있다. 두 공영방송사는 1997년 1월 어린이 채널인 'KiKA'를 공동으로 설립했다. KiKA는 독일 TV시청 가구의 93.9%에서 수신되며, 어린이를 위한 뉴스 프로그램과 정보, 오락 및 퀴즈와 게임 프로그램에 이르기까지 어떠한 상업적 광고도 없이 서비스되고 있다. KiKA는 매일 오전 6시부터 오후 9시까지 방송되며 연간 5474시간(이중 ZDF는 1776시간 제공)을 양대 공영방송사가 공통으로 어린이들의 눈높이를 고려해 다양한 캐릭터를 발굴하는 등 정보·교육·엔터테인먼트 프로그램을 제작해 제공한다.

ARD와 ZDF는 이외에도 다큐멘터리 채널 'PHOENIX'를 공동으로 운영하고 있다. PHOENIX는 양 공영방송에서 각각 동등한 권한을 가진 두 명의 프로그램 디렉터가 공동으로 관리 및 운영하고 있다. 이에 더해 ARD와 ZDF 및 프랑스는 1991년 유럽문화 전문채널 'ARTE'를 설립해 독일과 프랑스 외에도 벨기에·오스트리아·체코·스위스·핀란드·그리스 및 이탈리아 방송사와 함께 유럽의 문화유산과 예술 프로그램을 제공하고 있다. ARTE 프로그램의 40%는 ARD와 ZDF가 제공하며, ARTE France가 또다른 40%를, ARTE GEKE는 나머지 20%의 프로그램을 맡고 있다.

두 공영방송사 ARD와 ZDF의 플랫폼 혁신은 주목할 만하다. ARD와 ZDF는 1996년 10월, 디지털 네이티브를 위한 인터넷 전용 채널 '풍크(Funk)'를 개설했다. 14~29세의 젊은 시청자 대상 인터넷 전용 프로그램을 YouTube나 Facebook, Twitter, Instagram, Snapchat, TikTok과 같은 SNS를 통해 정기적으로 방송하고 있다. 2021년 ARD와 ZDF는 각각의 스트리밍서비스를 통합하지 않지만 백엔드 통합을 통해 공영 스트리밍 네트워크(streaming network)를 구축하고 공동의 추천 알고리즘을 개발하는 데 합의했다. 세부적으로 ① 웹사이트와 앱 등 각 공영 스트리밍서비스는 분리되어 운영하고 서로 다른 UI를 갖고, ② 이용자 계정, 콘텐츠 및 추천 알고리즘은 통합하며, ③ 프랑스, 오스트리아, 스위스 및 독일 합작 공영방송사에 독일 공영 OTT 참여를 추진하고, ④ 이외의 독일 및 유럽 민영 방송사에도 문호를 개방하며, ⑤ 공영 주도 개방형 OTT 서비스를 탄생시키기 위해 현재 넷플릭스(Netflix) 등에 제공하고 있는 공영 콘텐츠를 더 이상 제공하지 않으며, ⑥ 백엔드 통합을 2년 안에 진행한다는 내용을 담고 있다(강정수, 2022).

두 공영방송사는 분리된 공영 OTT 서비스를 통합하지는 못했으나 다양성 유지에 집중하며, 향후 기술 영역에서의 협력은 더욱 강화할 예정이다. 이처럼 양사는 디지털 기술에서도 외주 형태가 아닌 각사의 내재화를 도모하고 시민들의 비선형 미디어 소비에 발맞추어 보편적 접근을 확대하고자 공동으로 노력하고 있다.

프랑스 FT

프랑스 공영방송은 국가에 의해 직접 관리되는 시스템이었다. 퐁피두 대통령 시대인 1972년 방송법은 "프랑스 라디오·텔레비전은 국가의 독점물"이라고 명시했다. 좌파 미테랑 정권 시대인 1982년 새 방송법은 "시청각 커뮤니케이션은 자유롭다"라고 선언했다. 이로써 방송이 국가 독점에서 벗어나고 민간이 방송 사업에 참여할 수 있는 길이 열렸다.

프랑스의 공영방송은 프랑스 텔레비지옹(FT: France Télévisions), 아르테 프랑스(Arte France), 라디오 프랑스(Radio France), 프랑스 메디아스 몽드(France Médias Monde), 테베생크몬드(TV5monde)와 프랑스 국립시청각연구소(INA: Institut National de l'audiovisuel) 등으로 구성된다. FT·라디오 프랑스·프랑스 메디아스 몽드와 아르테에 부여된 임무는 커뮤니케이션의 자유에 관한 1986년 9월 30일 법률 No. 86-1067의 43-11조에 정의되어 있다. 모든 공영방송은 다양성과 다원성, 고품질의 콘텐츠와 혁신에 대한 요구 및 인권 존중과 헌법에 정의된 민주주의 원칙을 전제로 일련의 프로그램과 서비스를 대중에게 제공해야 함을 명시하고 있다. INA는 프랑스의 유산을 보존하고 홍보하는 임무를 맡고 있다.

FT는 프랑스 정부 100% 출자로 운영되고 있다. 1975년 국영방송 ORTF (Office de Radiodiffusion-Télévision Française)의 해체로 라디오방송사, 3개의 텔레비전방송사(TF1, Antenne2, FR3)와 프로그램 제작사(SFP) 그리고 시청각연구소(INA) 및 송출사(TDF)로 분리되었다가, 1972년 TF1을 제외한 2개의 방송사인 Antenne2는 프랑스 2, FR3는 프랑스 3으로 명칭을 변경하고 두 방송사를 합병하여 지금의 FT가 설립되었다.

1986년 우파 정당이 집권하면서 자유주의 논리가 탄력을 받아 1987년에는 최대 공영방송이었던 TF1이 민영화되었다. 2009년 방송법 개정으로 5개 공영방송 채널[France2, France3, France4, France5, RFO(프랑스 해외 네트워크, 현재 FranceÔ)]이 FT로 통합되었다.

FT의 채널 F2는 전국 대상 송출 종합 채널이며, F3은 지역방송으로 각 지역 특성을 갖는 프로그램을 방송한다. F4는 2040세대의 청소년과 청년 대상 프로그램을 주로 편성하는 채널이며, F5는 지식 습득과 교육, 취업을 위한 프로그램을 방송하는 교육 채널의 역할을 수행한다. FÔ는 해외 법령 채널로 국제방송을 실시한다.

현행 프랑스 방송법은 1982년 방송법을 개정, 보완한 '커뮤니케이션의 자유에 관한 1986년 9월 30일 법률'에 뿌리를 두고 있다. 1986년 방송법은 독립 규제 기관 CSA(Conseil supérieur de l'audiovisuel)의 설립을 규정하고, FT의 성격을 규정하였다. 방송법 제44조는 "프로그램 제작과 관련된 모든 언론인은 모든 압력, 제보자의 폭로 요구나 알지 못하거나 자신의 의사에 반하여 표현 형식이나 내용이 변경된 프로그램에 서명하는 것을 거부할 수 있으며, 모든 언론인은 전문가로서의 내적 신념에 반하는 행위를 받아들일 수 없다"라고 명시함으로써 편집권의 독립과 언론인의 양심을 보장하고 있다.

FT는 공중의 이익을 위하여 공익적 사명을 추구해야 하며, 다양성과 다원성의 기치를 기반으로 민주주의를 증진할 수 있는 정보·문화·지식·엔터테인먼트·스포츠 분야에서 다채로운 아날로그 및 디지털 프로그램을 제공해야 한다. 특히, 프랑스 사회의 성차별적 편견이나 폭력성에 대항하고 프랑스어의 보급, 지역성에 집중해 프랑스의 문화적·언어적 유산의 다양성 또한 중시해야 한다. 프랑스 시민의 지적, 예술적 창조와 경제적·사회적·과학적·기술적 지식의 발전과 보급에 앞장서고 시청각미디어 교육에 공헌해야 한다.

방송법과 더불어 칙령(decree)의 형태로 공포된 '업무운영규정(cahiers des charges)'도 공영방송의 운영 근거 중 하나다. 업무운영규정은 방송법보다 더 구체적으로 방송 윤리와 사회의 다양성, 아동 보호, 프랑스 문화 옹호 등에 대해 공영방송이 완수해야 할 사명과 책임을 명시하고 있다. 다만, 이 규칙에 따라 공영방송의 방송 내용을 모니터링하는 것은 정부가 아닌 독립 규제 기관 CSA가 맡는다. 이에 더해 '목표수단계약(COM: Contract of Objectives and Means)'이 있다. 국가와 공영방송사 간 계약 체계로, 2000년 개정 방송법에 따라 2001년부터 시작되었다.

즉, 공영방송사는 새로 임명된 사장의 임기(5년)에 맞춰 작성되는 '임무수행서(Cahier de mission et de charges)'를 기반으로 관련 임무를 수행하기 위한 구체적인 목표와 계획 및 소요 재원을 구체적으로 제시(COM)하고 주무부서와 합의를 통해 사주인 정부와의 계약을 체결한다. 공영방송사 FT는 정부와 목표수단계약서를 3~5년마다 체결하며, 이를 기반으로 매해 재정법에 의해 국회에서 공영방송 예산이 의결된다.

프랑스는 '공공가치평가(PVT: Public Value Test)'나 단계적 공적 가치 평가 심사는 없지만, 국가의 관여하에 COM 작성 시 중기 계획을 적시할 것을 정하고 있으며, 구체적 서비스 계획을 언급한다. 이처럼 COM은 공영방송이 공적인 임무를 수행할 것을 정부와 협의하여 결정하며, 그 재원을 국가가 보장한다는 계약 시스템이다. COM은 공영방송이 작성하지만 세부적 내용에 대해서는 정부와 감독기관이 심층 논의하며, 체결에 앞서 의회와 담당 위원회 및 시청각 평의회 등에 송달되어 국회 심의가 이루어진다.

FT의 에르노트(Delphine Ernotte) 사장은 2024~2028 COM을 준비하고 있다. 에르노트는 프랑스 최대 통신 회사 오렌지(Orange, 구 France Telecom)의 부사장이었다. 2015년 8월 CSA에 의해 FT 사장으로 임명되었고, 2020년 7월 재임이 확정되어 2025년까지 사장직을 수행한다. 에르노트는 2020년 10월 유럽방송연맹(EBU: European Broadcasting Union) 회장으로 선출되었고, EBU의 첫 여성 수장으로 취임했다.

에르노트 사장은 통신업계 출신답게 방송과 통신 융합 서비스를 적극적으로 확대했다. 에르노트는 24시간 뉴스 전문 Franceinfo를 개설하여 젊은 세대와 접촉을 늘려가고 있고, 아마존과 넷플릭스 등에 대항하기 위해 2020년 10월에는 프랑스 민영방송 TF1, M6과 손잡고 엔터테인먼트 OTT 플랫폼 '살토(Salto)'를 출시했다. 살토는 '모두를 위한 프랑스 엔터테인먼트 플랫폼'을 앞세운 SVOD 서비스다.

에르노트는 글로벌 유료 OTT 플랫폼에 대항하여 프랑스의 뉴스, 스포츠, 드라마와 영화를 웹과 앱 서비스, SNS 등 디지털 서비스로 제공해 점유율을 높이고자 집중했다. 2022년 FT의 에르노트 사장, TF1의 펠리송 사장, M6의 타베르노스트 사장은 르몽드(Le Monde) 포럼에서 프랑스 영상산업의 활력은 프랑스 자국의 공동선을 위해 프랑스 제작자와 출연자, 배급자가 상시 연대해 왔음을 언급하며, 디즈니와 넷플릭스 등 유료 플랫폼의 강압에 굴복하지 말 것을 요청했다.

그러나 FT와 민영방송 간 공동 OTT 서비스 살토는 자국 내에서 고전을 면치 못했다. 2021년 프랑스 내 서비스 점유율에서 살토는 7위(10%)에 머물렀으나 넷플릭스가 점유율 65%로 1위를 고수했고 그 뒤를 이어 아마존프라임 비디오는 점유율 2위(33%)를 차지했다. 2022년 1월 당시 가입자가 70만 명에 불과했던 살토는 2022년 5월부터 아마존프라임 비디오와 계약을 맺고 살토 콘텐츠를 아마존 서비스 내 유료 채널로 서비스하고 있다.

이탈리아 RAI

RAI(Radiotelevisione Italiana, 이탈리아 방송협회)는 이탈리아 전 지역을 방송권역으로 하는 유일의 공영방송이다. 1924년 토리노에서 라디오방송을 시작한 URI(Unione Radiofonica Italiana)가 RAI의 모체다. 1944년 제2차 세계대전 종전 후 RAI(Radio Audizioni Italiane)로 약칭을 변경하였으며, 1954년 텔레비전방송을 시작하면서 현재 명칭 RAI(Radiotelevisione Italiana)으로 바꿨다. 이탈리아에서는 1910년부터 무선통신 사업이 국가 독점이었으며, 1974년까지 방송사업권은 RAI에 독점적으로 부여되었다.

1977년 이탈리아 헌법재판소가 'RAI의 지역방송 독점은 위헌'이라고 판결함으로써 지역방송이 연달아 개국했고, 전국 규모 민영방송이 탄생했다. 1995년 RAI에 민간자본을 투입하는 방안이 국민투표에 부쳐져 가결되었고, 2003년 12월 국회에서 가결된 가스파리법(Gasparri Law)[5]에 의해 RAI 민영화가 추진되었으나 무산되었다. 당시 이탈리아 총리 실비오 베를루스코니(Silvio Berlusconi)가 미디어셋(Mediaset)[6) 산하 3개 민영 방송국을 소유하고 있어 그에게 유리할 것이라는 반대 여론 때문이었다.

RAI 면허는 정부와 RAI 간 체결하는 협약서를 근거로 '라디오·텔레비전 분야의 공공서비스'의 제공 면허를 RAI에 독점적으로 부여하는 형태를 취한다. RAI 면허는 2016년 5월에 만료되었으나, 같은 해 12월 개헌 여부를 묻는 국민투표 실시와 정권교체 등으로 면허 갱신 절차가 지연되었다. 2017년 4월 젠틸로니 정부에서 2017년 4월 30일부터 10년간 유효한 RAI 면허가 갱신되었다. RAI는 정부와 사업 계약서(Contratto di Servizio)를 5년마다 체결하며 계약서에는 RAI의 구체적인 임무가 명시된다. 과거 3년마다 갱신하던 방식에서 5년마다 갱신하는 방식으로 변경되었다.

RAI는 수신료와 광고 수입으로 재원을 충당한다. 세금 탈루율이 높은 나라에서 수신료는 '가장 미움받는 세금'이라고 불리며 미납률이 30%를 웃돌았다. 공영방송 재원 확보를 고민하던 정부는 2015년 12월 '2016년 예산안정법'에서 수신료를 인하하고, 전기 요금과 일괄 징수하는 방식을 도입했다. 전기 요금 병합

---

5) 이탈리아 우파 연합 의결로 2004년 5월 제정된 방송법 개정안이다. 공영방송 RAI의 이사진 2/3를 정부·여당이 선임할 수 있도록 하고, 신문과 방송의 교차소유를 허용하고, TV 광고 시간을 확대하며, 공영방송 RAI를 사유화할 수 있도록 하는 내용을 담고 있다. 영국 가디언지는 "방송을 미디어 재벌인 총리에게 넘겨주는 법안"이라고 비판했다.

6) 이탈리아 지상파 민영방송 3개 채널(Canale5, Italia1, Rete4)과 어린이 채널 보잉(Boing), 드라마·영화 채널 아이리스(Iris) 등을 보유한 미디어 그룹으로 1978년 실비오 베를루스코니가 설립했다. 스페인에서는 최대 민영 TV 그룹 텔레신코(Telecinco)를 경영하고 있으며, 네덜란드의 다국적 TV 콘텐츠 제작업체 엔데몰(Endemol)의 지분을 갖고 있다.

징수로 수신료 징수 건수는 전년 대비 34% 증가한 약 560만 건, 금액으로는 약 2억 7000만 유로가 늘어났다.

이탈리아 방송은 지상파 디지털 방송 플랫폼이 주를 이루며, 사업자별로는 공영방송 RAI, 상업방송 미디어셋, 영국 21세기 폭스 산하 위성 유료 채널 스카이이탈리아(SkyItalia)가 삼분할하고 있다. RAI의 시청점유율이 37%에 달해 미디어셋의 32%에 비해 높고, 유럽 국가들의 공영방송 가운데 가장 높은 시청점유율을 기록하고 있다. 공영방송 RAI는 약 2000명의 언론인을 고용하고 있으며 Mediaset에서 근무하는 언론인 수의 4배, 이탈리아 최대 신문사인 Gruppo Editoriale L'Espresso의 언론인 수보다 2배 많은 이탈리아 최대 언론기관이다. 약 700명의 기자로 구성된 RAI의 지역 뉴스룸 네트워크는 지역 이벤트를 보도하는 데 중요한 역할을 한다(D'Arma, 2019).

미국 PBS

글로벌 OTT와 구독형 스트리밍 플랫폼(SVOD: Subscription Video On Demand)의 거대 공룡은 모두 미국 기업들의 소유물이다. 그들은 할리우드 콘텐츠를 앞세워 지구촌 곳곳을 물들이고 있다. 세계 각국의 정체성을 위협하고 있다. 미국 내에서조차 우려의 목소리가 나온다. 전 세계적으로 많은 가입자 수(2022년 기준)를 확보한 넷플릭스(2억 2000만), 아마존프라임 비디오(프라임 회원 2억), 디즈니플러스(1억 4000만), 에이치비오맥스(9000만), 애플티비플러스(7500만) 모두 미국 SVOD 기업이다.

미국에서도 공영방송은 원래 비영리적인 제도로 탄생했다. 방송이 상업적 이익을 얻는 수단이기보다는 "가정을 풍요롭게(enrich)하고, 가족을 교육하고(educate), 교실 수업에 도움을 주는(provide assistance)" 역할로 시작했다(Bullert, 1997). 텔레비전이 문화와 시사 정보 프로그램을 통해 시청자들의 마음과 가슴에 다가가고, 사회 현안을 심층적으로 다루는 프로그램을 제공함으로써 더 깨어 있는 시민을 만들어주기를 원했다. 미국 공영방송 PBS(public broadcasting service)는 1969년 설립된 민간 비영리 기업으로 각 지역 회원 방송국의 회비, 민간 재단과 개인 시민의 기부금 등으로 운영된다.

2023년 기준 PBS는 330개 이상의 공영 TV 방송국(station)이 회원사로 가입해 운영되고 있다. PBS는 회원 방송국과 협력하여 다양한 관점의 교육·정보·오락 등을 미디어를 통해 미국 대중에게 최고 품질의 프로그래밍 및 서비스로 제공하는 회원제 비영리조직이다. PBS는 미국 각 시민이 잠재력을 발휘하고 미국의 사회적·민주적·문화적 건전성을 강화할 수 있도록 지원한다. PBS는 어린이·교육·다큐·세계 행사와 문화에 대한 정보제공 등 비상업적 뉴스 프로그램과 음악·연극·무용 및 예술 장르의 프로그램을 제공한다. 무엇보다 다양한 미디어와 교육 현장의 강의실 등을 통해 미국 시민들에게 정보를 제공하고 있어 국내 KBS보다는 EBS에 더 가까운 공영방송이라 할 수 있다.

PBS는 미국 최대의 교실로 통한다. PBS는 유치원에 다닐 수 없는 어린이를 포함해 미국의 모든 어린이가 이용할 수 있으며 미국 어린이가 학교에서 성공적으로 배움의 단계를 습득할 수 있도록 도움이 되는 교육매체를 제공한다. PBS는 'PBS Learning Media' 웹 사이트를 운영해 어린이와 청소년이 학업 계획을 세우고, 각 과목별·학년별 교육콘텐츠를 무료로 이용할 수 있도록 서비스한다. 또한 선생님 등 교육자들이 새롭고 다양한 방식으로 학생들을 참여시킬 수 있도록 돕기 위해 최선을 다하고 있다.

PBS는 프로그램을 직접 제작하지 않는다. 독자적인 방송 채널을 운용하지도 않는다. 당연히 PBS라는 방송 채널명은 존재하지 않는다. 대신 전국 편성 프로그램을 선정하고 회원사에 배급한다. 미국의 공영방송은 독립적으로 소유, 운영되는 지역 공영 라디오 및 텔레비전 방송국이다. PBS는 버지니아주에 본부가 있다. 많은 PBS 가맹국은 20세기 초 현지의 대학이나 자선단체에 의해 설립되어 독자적인 역사를 가지기 때문에 자주·자립 의식이 강하며, PBS는 그 방송국을 느슨하게 묶어 지원하고 있다. PBS의 주요 역할은 공공 텔레비전 전체 계획을 수립하고 프로모션을 통해 존재의 향상을 도모하고, PBS에서 방송하는 프로그램의 지침을 제작하는 것 등이다.

미국·캐나다·뉴질랜드는 애초부터 민영방송이 지배적으로 방송 시장을 이끌어왔다. 특히 미국은 유료방송 구독 비용이 높아 다양한 테크 사업자들이 시장에 진출해 경쟁이 더 치열해지고 있다. 공영방송 PBS는 상업방송의 틈바구니에서 꿋꿋이 풍파를 견뎌내고 있다. 미국에는 약 1700개가 넘는 지상파 채널이 있다. 이 가운데 공영방송은 약 400개이며, PBS에 가입한 방송국이 약 330개다. 상업 채널이 1300개를 차지하며, 상업 채널의 80% 이상은 4대 네트워크(ABC·CBS·NBC·FOX)의 직영국이거나 가맹국이다. 미국 연방통신위원회(FCC: Federal Communications Commission)는 1950년대 초 비상업적 교육 목적 방송을 위해 TV주파수를 할당했다. 미국 최초 공영 TV방송국은 1952년 방송을 시작한 휴스턴의 KUHT-TV이며, 주 전체 공영방송 네트워크를 처음으로 형성한 곳은 앨라배마주다. 1958년 아이젠하워 대통령이 공영 텔레비전에 대한 연방 지원을 처음으로 제안했으며, 1962년 연방기금이 공영 텔레비전에 지원되기 시작했다.

라디오는 1920년대부터 대학과 지역 사회가 운영하는 비영리 교육 라디오방송국들이 미국 전역에서 개별적으로 운영되었다. 미국에서 가장 오래된 교육 라디오방송국은 위스콘신대학의 WHA-AM 방송국이다. '학교에 교육 프로그램을 보내고', '일반 대중의 교육을 실시하는 것'을 목적으로 시작하여 지금도 방송을 계속하고 있다. 라디오방송이 1920년대, TV 공영방송이 1950년대 초에 시작되었지만, 공영방송 PBS는 1969년에야 첫 방송을 시작할 수 있었다.

경제 대공황 이후 방송산업 재건을 위한 커뮤니케이션법이 제정(1934년)될 당시, 광고에 기반해 있던 CBS와 NBC 등 상업적 네트워크가 지배력 있는 비영리 공영방송의 등장에 반대했던 것이다. 상업방송사들은 미국 시청자들이 국가의 재정지원을 잘 받는 비상업적 프로그램에 노출되는 것을 경계했다. 결국 미국 공영방송은 크게 쇠퇴했고, 제2차 세계대전 후 상업방송사들은 높은 제작비를 투입한 프로그램을 앞세워 치열하게 시청률 경쟁을 펼쳤다.

미국 방송의 상업화는 심해졌고 미국의 미디어 시장은 광활한 황무지(vast

wasteland)에 비유되었다. 그때에야 비로소 미국 의회는 공공방송의 조직과 운영지원에 나섰다. 1967년 교육을 목적으로 미국 각지에서 따로 방송하고 있던 공공방송을 지원하기 위해 '공영방송법(Public Broadcasting Act)'을 제정했다. 공영방송법은 비상업 교육 라디오방송과 텔레비전방송을 촉진하고, 자유로운 발상에 근거해 프로그램의 다양성을 확보하며, 전 시민이 효과적으로 이용할 수 있도록 연방정부가 지원하고 외부로부터 간섭을 최소화하기 위해 민간기구를 설립하는 것이 뼈대를 이루었다. 법에 따라 1967년에 CPB(Corporation for Public Broadcasting), 1969년에 PBS, 1970년에 NPR(National Public Radio)이 차례로 설립되었다.

CPB는 연방정부로부터 보조금을 받아 공영방송의 프로그램 제작과 운영을 지원하는 비영리기관이다. 또한, 방송 이외의 인터넷 등에서 콘텐츠를 서비스할 수 있도록 기술 발전을 촉진하기 위한 정책을 만들고 시장조사, 인재 양성을 위한 연수를 실시하는 것을 주 업무로 한다. NPR은 뉴스를 직접 만들어 방송하고 가입된 공영 라디오에 프로그램을 제작, 배포한다.

공영방송의 미래

제임스 커런은 "공영방송은 위기를 본질로 한다"라고 말했다(Curran, 2002). 미디어 시스템 중심에서 좌표를 제시하는 중핵 미디어(core media)로서 기능하고, 미디어 환경의 급속한 변화 속에서 공영방송 위기의 일상화를 내다본 것이다. 끊임없는 위기 상황은 쉴 새 없는 혁신을 요구한다. 그렇다 보니 영국 BBC의 칙허장, 협약, 영국 커뮤니케이션법(2003년), 미국 공영방송법(1867년), 호주 방송공사법(1983년) 등에서 혁신(innovation)을 강조하고 있다. 공영방송 외부의 법·제도 개선과 공영방송 내부의 디지털 트랜스포메이션이 결합할 때, 시청자 신뢰를 유지할 수 있다. 시민의 신뢰가 있을 때 공영방송이 민주주의 발전의 중요한 장치로 기능할 수 있다.

세계 여러 나라 공영방송의 혁신 노력이 돋보임에도 불구하고, 공영방송이

처한 상황은 여전히 녹록치 않다. 세계적으로 방송, 미디어 즉 시청각 영상 생태계는 급속한 변화로 혼란을 겪고 있다. 영상 콘텐츠에 대한 새로운 접근 방식을 허용하는 기술이 예측 불가능할 정도로 개발되고 있고 특히 젊은 이용자들은 원할 때 원하는 것을 볼 수 있는 편의성을 가장 주요한 가치로 유목 소비를 이어가고 있다.

이처럼 시청자 미디어 이용 양태는 점차 비선형화된 개별 미디어 이용으로 수렴되고 있다. 이에 더해 글로벌 유료 미디어 사업자들이 세계 각국으로 침투해 대거 진출하는 무한경쟁의 시대가 도래했다. 그러나 세계 각국에서는 다채널·다매체 시대에 시민들이 꼭 알아야 하는 정보가 소외 없이 제공되고 있는지, 또한 모두가 공감하고 열린 사고가 가능한 공론의 장이 확장되고 민주주의가 발전하고 있는지에 대한 의문이 제기되고 있다.

이는 범람하는 정보와 미디어 속에서 공영방송이 다시 주목받고 있는 이유이기도 하다. 세계 각국은 공영방송에게 끊임없이 고민할 것을 요구한다. 디지털 시대에 맞도록 체력을 다지고, 체질을 개선할 것을 주문한다. PSB(public service broadcasting)에서 PSM(public service media)으로 빠르게 변신함으로써 단방향에 머물지 말고, 공영방송 제도를 재발명하는 수준의 혁신이 필요하다는 전문가들의 처방이 설득력을 갖는 이유다. 공영방송이 먼저 시청자 이용 행태 변화에 맞춘 디지털 전략을 수립하고 보편성을 강화해 과감하게 이를 실행에 옮겨야 한다.

다음으로 공영방송은 끊임없이 '연대'해야 한다. 지역과 함께하고 시민의 참여를 확대함으로써 돈에 앞서 사람을 확보해야 한다. 하지만 당장 급하다는 이유로 제도적 특권과 상업적 활동에 기대 돈을 좇고 있는 형국이다. 글로벌 거대 기업의 최대 무기는 돈이다. 돈을 제압하기 위해서는 더 큰 공영방송의 가치를 제공하여, 이를 체험한 열혈 시청자를 우군으로 확보할 필요가 있다. 공영방송사의 주인은 시청자다. 공영방송 종사자들은 수탁자일 뿐이다. 시청자에게 안방을 내줄 수 있을 때 어깨동무가 가능하다.

이에 더해 공영방송은 존재 이유를 스스로 '증명'해야 한다. 사회적으로 비영리 공영방송, 비상업적 미디어 영역이 필요하다는 점을 인식시켜야 한다. 공영방송은 상업방송이 꺼리는 고품질 어린이 프로그램, 공익적인 오락프로그램을 제공하고 실험적이고 도전적인 포맷과 소재를 발굴해야 한다. 공영방송은 무엇보다 공적 사안에 대해 불편부당하게 접근하며, 신뢰도 높은 저널리즘과 공론의 장을 제공할 때, 존재 이유가 분명해진다.

안정적인 재원을 바탕으로 미디어산업 전체에 선한 영향력을 발휘할 수 있다는 것을 보여줄 필요가 있다. 주변화되고 게토(ghetto)화된 채로는 살아남기 어렵다. 공영방송은 달라져야 한다. 상업방송과 차별화된 경쟁력을 갖출 때 생존의 길을 찾을 수 있다. 공영방송이 경쟁력을 갖추고 시청자의 시야에서 벗어나지 않을 때, 상업방송 또한 더 좋은 프로그램, 더욱 공익적인 프로그램을 선보일 것이다. 이른바 승수효과(multiplier effect)를 기대할 수 있다.

4. 공영방송과 스포츠 프로그램

영국 BBC의 초대 총국장인 존 리스가 공영방송의 중요한 기능으로 분류했던 정보·교육·오락을 기준으로 볼 때 스포츠는 분명 오락프로그램에 해당한다. 공영방송이 시민에게 정확한 뉴스를 제공하고, 공론장을 제공하며, 시민을 계몽함으로써 민주주의 발전에 기여하는 측면이 강하다. 오락프로그램은 플랫폼이 다양화하고 채널이 무수히 많아지면서 공영방송 본연의 기능이 아닌 것으로 간주되기 쉽다. 공영방송 오락프로그램을 필요악으로 보거나 시청자들을 지식 프로그램이나 교양프로그램으로 유인하기 위한 일종의 미끼로 보는 경우도 있다. 그러나 공영방송이 정보제공, 교육 기능을 수행하기 위해서는 '오락' 기능이 병행될 때 더 큰 효과를 발휘한다. 미디어 환경이 바뀌면서 이용자들이 파편화되고, 공영방송의 비중은 축소되었다. 젊은 시청자들이 공영방송에 귀 기울이지 않고, 눈길조차 주지 않는다. 이런 상황에서 그들이 다시 공영방송을 찾을 수 있도록 만드는 중요한 수단 가운데 하나가 오락프로그램이다.

BBC는 공영방송의 전형으로 간주된다. 공영방송을 얘기할 때 영국 BBC를 모델로 간주하는 데는 이유가 있다. BBC가 갖는 대표적인 특징 가운데 하나는 다수의 상업적 채널 등장에도 불구하고 높은 점유율을 오랫동안 유지하고 있다는 점이다. BBC가 높은 점유율, 즉 대중성을 확보할 수 있는 원동력은 미국의 상업적 채널에 대응하기 위해 끊임없이 고민하고, '유익하지만 재미없는' 딜레마에 빠지지 않기 위해 고품질과 대중의 인기를 동시에 추구해 왔으며, 특정 장르에 치우치지 않는 데서 찾을 수 있다. 드라마·스포츠·오락 등 장르 간 '균형'과 '차별화'를 놓치지 않는 데서 BBC 경쟁력의 원천을 찾을 수 있다. BBC는 사회적으로 중요한 주제나 사회적·정치적 이슈를 피하지 않으며, 장르 간 혼합이나 변용에서 보이는 유연성과 과감한 실험성, 다양한 소재, 분권화된 제작 방식 등으로 차별성을 실현한다(조항제, 2014).

공영방송과 시민들의 정치적 지식 사이에 어떤 상관관계가 있을까? 커런과 동료들이 유럽(영국·덴마크·핀란드) 3개국과 미국 시청자를 구분 지어 미디어 체제와 정치적 지식 간 관계를 분석한 연구에서 공영방송 시스템을 갖춘 나라 시청자들의 정치적 지식이 더 높게 나타났다(Curran, et al, 2009). 같은 연구에서 시사·뉴스 프로그램이 정치적인 지식을 높이는 데 기여하는 정도가 높은 게 사실이지만, 오락프로그램이 시청자들을 의도치 않게(inadvertently) 공영방송에 머물게 한다는 점도 확인했다. 인기 있는 오락프로그램이 있을 때 시청자들은 해당 채널의 정보·지식 프로그램도 이어서 볼 가능성이 높다는 것이다.

일본 NHK 방송문화연구소가 실시한 일본, 한국, 영국 대표 공영방송의 시청점유율 비교 조사 연구를 보면 오락적 요소를 갖춘 프로그램이 공영방송 활성화에 어떤 요인으로 작용하는지 알 수 있다. 일본 NHK의 시청점유율은 17.3%로 상대적으로 낮다. 한국 KBS는 28.4%(KBS1과 KBS2 합산, 2008년 기준), 영국 BBC는 29.6%(BBC1과 BBC2 합산)로 NHK보다 높다. KBS와 BBC가 여타 상업방송을 제치고 가장 높은 시청점유율을 기록하는 반면, 일본 NHK는 상업방송에 밀려 시청점유율 선두를 차지하지 못한다.

일본에서는 위성이나 케이블TV 보급에도 불구하고 지상파방송이 차지하는 비중이 높은 반면, NHK의 점유율은 한국과 영국에 비해 상대적으로 낮다. 일주일 동안 공영방송을 얼마나 시청하는지에 관한 조사에서도 30분 미만이라는 사람이 일본은 35%에 달하는 반면, 한국은 13%, 영국은 5%에 지나지 않는다. 대표 공영방송의 시청점유율의 차이가 고스란히 나타남을 알 수 있다. 눈여겨볼 대목은 정보 영역에 해당하는, 소식(News)이나 사실(Fact)을 전달하는 프로그램에 대한 시청률 차이는 일본이 한국과 영국에 비해 크지 않다는 점이다. 반면, 일본 공영방송의 드라마, 코미디, 스포츠 등 오락프로그램의 시청률은 한국과 영국에 비해 낮은 것을 확인할 수 있다. 연령대별 조사에서도 다른 두 나라에 비해 일본 NHK가 낮은 점수를 받은 대목이 '즐거움과 휴식'이다(Yoshiko & Ritsu, 2010). 결국, NHK의 비교 조사 연구를 볼 때, 공영방송이 점유율을 확보하기 위해서는 정보 제공, 교육적 역할과 함께 '오락'적 요소를 함께 갖춰야 함을 알 수 있다. 공영방송이 젊은 시청자를 한 명이라도 더 묶어두기 위해서는 '오락'프로그램이 일정 점유율을 달성해야 하고, 특히 '스포츠' 장르가 중요한 동인이 될 수 있음을 유추할 수 있다.

정보·교육·오락으로 대표되는 공영방송의 책무 가운데 오락프로그램의 필요성에 대한 요구는 상대적으로 낮다. 실제로 국내 방송학자들을 상대로 디지털 시대 공영방송이 수행해야 할 책무의 우선순위를 조사한 결과에서도 공론장 제공 기능에 비해 오락프로그램 제공 필요성은 낮게 나타났다(신삼수 외, 2022). 커런과 NHK 연구 결과를 보면, 오락프로그램을 제공하는 채널이 폭발적으로 늘어났을지라도 공영방송의 영향력을 유지하기 위해서는 오락프로그램을 소홀히 해서는 안 된다는 사실이 확인된다. 스포츠는 오락 기능을 제공하는 대표적인 장르다. 공영방송이 스포츠를 놓치지 말아야 하는 결정적 이유 가운데 하나다.

다양한 스포츠 신문과 잡지, 방송 등 미디어 기술이 발달함에 따라 관객이 스포츠 현장을 찾아갈 필요가 없어졌다. 각종 경기가 미디어를 통해 관객에게 쉽게 다가온다(Rowe, 1996). 경기를 보려면 입장료를 내고 경기장을 찾아야 했으

〈표 2-3〉 보편적시청권 구현 관련 조항

항 목		내 용	관련 조항
방송의 접근권	난시청 해소	전 국민이 지역과 주변 여건에 관계없이 양질의 방송서비스를 제공받을 수 있도록 노력할 것을 규정	방송법 제44조 제2항
	보편적시청권 보장	국민적 관심도가 큰 스포츠 이벤트 등의 경우 비싼 방송 중계료 때문에 무료 지상파방송을 통한 일반 국민의 시청권이 제한될 우려가 있으므로 이에 대한 보편적 접근권을 보장	방송법 제76조
	지상파방송 동시재송신	종합유선방송사업자, 위성방송사업자(위성DMB 제외), 중계유선방송사업자가 KBS1및 EBS의 지상파 TV방송을 동시재송신하도록 규정	방송법제78조 제1항
내용의 공익성	유료방송의 공공·공익 채널 편성	종합유선방송사업자와 위성방송사업자(위성DMB제외)는 국가가 공공의 목적으로 이용할 수 있는 공공 채널과 방송 분야의 공익성 및 사회적 필요성을 고려하여 방송위원회가 고시하는 공익 채널을 운용해야 함	방송법 제70조 제3항, 제8항
	종합유선방송의 지역 채널 편성	종합유선방송사업자는 지역 정보 및 방송프로그램 안내와 공지 사항 등을 제작·편성 및 송신하는 지역 채널을 운용하여야 함	방송법 제70조 제4항
	재난방송 실시	종합편성 또는 보도전문 편성을 행하는 방송사업자는 재난이 발생하거나 발생할 우려가 있는 경우에 그 발생을 예방하거나 그 피해를 줄일 수 있는 재난방송을 실시해야 함	방송법 제75조 제1항

자료: 김영주(2008).

나, 이제는 중계방송을 보면서 오락적 욕구를 충족할 수 있다. 시청자는 입장권을 구매하는 대신 방송광고를 시청하고, 광고주들이 스포츠 연맹과 방송사에 대가를 지불하는 구조다. 미디어스포츠에서 공영방송이 제외될 때 공영방송의 경쟁력은 저하되고, 무료로 시청할 수 있는 스포츠 중계는 축소될 수밖에 없으며, 시청자의 스포츠 시청 권리는 줄어드는 악순환에 빠져들고 만다.

5. 방송의 보편성 실현을 위한 국내 방송 정책

방송의 보편성 실현을 위한 정책은 플랫폼과 콘텐츠에 대한 접근권 보장 정책으로 구분할 수 있다. 플랫폼 접근권을 보장하기 위한 정책으로는 ① 난시청 해소, ② 장애인 시청 지원, ③ 유료방송 이용 규제를 들 수 있으며, 콘텐츠 접근권보장 정책으로는 ① 의무재송신, ② 보편적시청권제도가 대표적이다.

난시청 해소

난시청지역은 지상파방송 시청이 불가능한 지역을 말한다. 가능한 모든 국민이 지상파방송을 시청할 수 있도록 하기 위한 난시청 해소 사업을 펼치고 있다. 국가 기간 방송인 KBS가 주도적인 노력을 기울이고 있다. 송신소와 중계소를 설치하고, TVR(Television Repeater)이라고 불리는 간이 중계 시설을 추가적으로 설치함으로써 난시청지역을 최소화하고 있다. KBS를 기준으로 우리나라 지상파방송 커버리지는 가구 대비 98%에 달한다. 난시청지역은 자연적 난시청지역과 인위적 난시청지역으로 구분된다. 산지가 많은 우리나라 지형 특성으로 인한 자연적 난시청일 경우 TV수신료를 면제한다. 인위적 난시청은 도시지역에 고층건물이 들어서면서 텔레비전을 시청할 수 없게 되는 경우를 일컫는다. 전파법 제36조[7]는 수신 장애를 일으키는 건축물 소유자는 수신 장애를 해소하는 설비를 설치하도록 의무화하고 있다.

건축법은 공동주택을 지을 때부터 방송 수신설비 설치를 의무화하고 있다. 아파트와 같은 공동주택에서 지상파방송을 공동수신할 수 있는 안테나와 공시청 설비(MATV: Master Antenna TV)를 설치해 각 가정으로 방송 신호를 보내줌으로써 시청자들은 유료방송에 가입하지 않고 지상파방송을 수신할 수 있다. 건축법 시행령[8]과 주택 건설 기준 등에 관한 규정에 따라 과학기술정보통신부는 '방

---

7) 제36조(방송수신의 보호) ① 일반적으로 수신이 가능한 방송의 수신에 장애를 일으키는 건축물의 소유자는 해당 수신 장애를 제거하기 위하여 필요한 조치를 해야 한다.
   ② 제1항에 따른 일반적으로 수신이 가능한 방송의 기준은 방송통신위원회 고시로 정하고, 방송의 수신 장애 제거에 필요한 사항은 대통령령으로 정한다.

8) 제87조(건축설비 설치의 원칙) ① 건축설비는 건축물의 안전·방화, 위생, 에너지 및 정보통신의 합리적 이용에 지장이 없도록 설치하여야 하고, 배관피트 및 닥트의 단면적과 수선구의 크기를 해당 설비의 수선에 지장이 없도록 하는 등 설비의 유지·관리가 쉽게 설치해야 한다.
   ② 건축물에 설치하는 급수·배수·냉방·난방·환기·피뢰 등 건축설비의 설치에 관한 기술적 기준은 국토교통부령으로 정하되, 에너지 이용 합리화와 관련한 건축설비의 기술적 기준에 관하여는 산업통상자원부 장관과 협의하여 정한다.
   ③ 건축물에 설치하여야 하는 장애인 관련 시설 및 설비는 「장애인·노인·임산부 등의 편의 증진보장에 관한 법률」 제14조에 따라 작성하여 보급하는 편의시설 상세표준도에 따른다. 〈개정

송공동수신설비 설치에 관한 고시'를 시행하고 있다. 전기·가스·수도 설비와 마찬가지로 일정 면적 이상의 공동주택에는 지상파방송 공동수신설비를 반드시 설치하도록 의무화하고 있다.

장애인 방송

세계 주요 국가들과 마찬가지로 우리나라도 장애인의 방송 접근권 제도를 갖추고 있다. 방송법 제69조9)는 모든 방송사업자들이 장애인의 시청 접근권을 보장하도록 대상 프로그램의 종류와 필요사항을 정해 장애인 방송(폐쇄 자막, 화면해설, 한국수어 등)을 실시하도록 의무화하고 있다. 방송통신위원회는 '장애인 방송 편성 및 제공 등 장애인 방송 접근권 보장에 관한 고시'를 제정하여 장애인 방송 제공 의무에 관한 사항을 구체화하고, 연간 목표치를 설정하고 있다. 사업자 유형별로 장애인 방송 의무 편성 비율은 다르다. 지상파방송, 종합편성채널사업자, 보도전문채널 사업자는 폐쇄 자막 100%, 화면해설 10%, 한국수어 5% 이상 장애인 방송을 실시해야 한다. 의무를 이행하는 사업자에게 방송발전기금으로

2012.12.12)
④ 건축물에는 방송수신에 지장이 없도록 공동시청 안테나, 유선방송 수신 시설, 위성방송 수신 설비, 에프엠(FM)라디오방송 수신설비 또는 방송 공동수신설비를 설치할 수 있다. 다만, 다음 각 호의 건축물에는 방송공동수신설비를 설치해야 한다.
  1. 공동주택
  2. 바닥면적의 합계가 5천 제곱미터 이상으로서 업무시설이나 숙박 시설의 용도로 쓰는 건축물
⑤ 제4항에 따른 방송 수신설비의 설치 기준은 과학기술정보통신부 장관이 정하여 고시하는 바에 따른다.(이하 생략)
9) 제69조(방송프로그램의 편성 등) ① 방송사업자는 방송프로그램을 편성할 때 공정성·공공성·다양성·균형성·사실성 등에 적합하도록 해야 한다. (중략)
⑧ 방송사업자는 장애인의 시청을 도울 수 있도록 한국수어·폐쇄자막·화면해설 등을 이용한 방송(이하 "장애인방송"이라 한다)을 해야 한다. 이 경우 방송통신위원회는 방송사업자가 장애인방송을 하는 데 필요한 경비 및 장애인방송을 시청하기 위한 수신기의 보급에 필요한 경비의 전부 또는 일부를 「방송통신발전 기본법」 제24조에 따른 방송통신발전기금에서 지원할 수 있다. (이하 생략)

일정 비율의 제작비(인건비)를 지원한다. 방송통신위원회는 2021년 장애인 미디어 접근성을 높이는 것을 뼈대로 하는 '소외계층 미디어 포용 종합 계획'을 발표했다. 이 계획에는 장애인 TV 보급률 증대, 한국수어 방송 비율 7%로 상향, VOD와 OTT 등 비실시간 방송의 장애인 방송 의무화를 추진하겠다는 내용이 담겨 있다.

지상파방송 의무재송신

지상파방송 의무재송신은 유료방송 플랫폼에 법이 정한 지상파방송 채널을 의무적으로 재송신하도록 함으로써 필수 지상파방송 채널에 대해 가입자들이 보편적으로 접근할 수 있도록 보장하는 제도다. 방송법 제78조[10])에 따라 의무재송신 대상으로 지정된 채널은 KBS1과 EBS이다. 의무재송신 제도는 1991년 종합유선방송법에서 처음으로 제도화했다. 당시에는 채널을 지정하는 대신 KBS와 EBS, 두 방송사를 특정하여 의무재송신 채널은 KBS1, KBS2, EBS 등 3개 채널이었다. 현행 방송 제도는 케이블TV, 위성방송사업자가 KBS1과 EBS에서 방송프로그램에 변경을 가하지 않고 그대로 동시에 재송신하도록 규정하고 있다.

1992년 중계유선방송사업자들은 의무재송신 의무를 부과하는 데 반발, 헌법소원을 제기했다. 당시 방송 정책 업무의 담당 정부부처였던 공보처장은 시청자 편의를 들어 의무재송신 제도의 정당성을 강조했다.

---

10) 제78조(재송신) ① 종합유선방송사업자·위성방송사업자(이동 멀티미디어 방송을 행하는 위성방송사업자는 제외한다) 및 중계유선방송사업자는 한국방송공사 및 '한국교육방송공사법'에 의한 한국교육방송공사가 행하는 지상파방송(라디오방송은 제외한다)을 수신하여 그 방송프로그램에 변경을 가하지 아니하고 그대로 동시에 재송신(이하 "同時再送信"이라 한다)해야 한다. 다만, 지상파방송을 행하는 해당 방송사업자의 방송구역 안에 해당 종합유선방송사업자 및 중계유선방송사업자의 방송구역이 포함되지 아니하는 경우에는 그러하지 아니하다.
② 제1항에 따른 지상파방송사업자가 여러 개의 지상파방송 채널을 운용하는 경우, 제1항 본문에도 불구하고 동시재송신하여야 하는 지상파방송은 과학기술정보통신부 장관이 지상파방송 사업자별로 방송편성 내용 등을 고려하여 지정·고시하는 1개의 지상파방송 채널에 한정한다.
③ 제1항에 따른 동시재송신의 경우에는 '저작권법' 제85조의 '동시중계방송권에관한규정'은 이를 적용하지 아니한다.

종합유선방송에서 무선방송국의 방송을 동시재송신하게 하는 것은 수신자의 편의를 위한 것으로서, 미국·영국 등 외국에서도 이와 같은 규정을 두고 있다. 공중파방송의 프로그램을 중계, 송신할 수 있는 권리는 중계유선방송사업자에게만 배타적으로 존재하는 것이 아닐 뿐 아니라, 대통령령으로 동시재송신을 의무화하고 있는 것은 공영방송인 한국방송공사(KBS)와 교육방송(EBS)뿐으로 이는 종합유선방송에 있어 공공채널을 유지하게 하는 취지와 같은 차원의 문제이다. 또 위 방송들이 수신자의 시청료에 의하여 운영되고, 이의 동시재송신을 의무화하지 않을 경우 난시청지역의 수신자들에게 이중의 부담을 지울 수 있다는 점에서 수신자들을 위한 최소한도의 요청으로 볼 수 있다.

헌법재판소는 1996년 판결에서 지상파방송 재송신 제도의 법적 정당성을 인정하고, KBS와 EBS로 한정하는 방법에 대해서도 적정성을 인정했다(헌법재판소 1996. 3. 28. 선고 92헌마200 전원재판부).

공영방송인 한국방송공사(KBS)와 교육방송(EBS)의 동시재송신을 의무화하였는바, 이는 종합유선방송에 있어서의 공공채널의 유지와 같이 공익성의 확보와 동시에 난시청지역 시청자의 시청료 이중 부담의 문제를 해결하기 위한 조치로서 종합유선방송을 도입하면서 기존의 중계유선방송과의 공존을 택한 입법자의 입법재량의 범위에 속하는 사항이라 할 수 있으며, 그 입법 목적의 정당성이 인정되고, 더욱이 동시재송신이 의무화되는 공중파 방송도 공영방송인 한국방송공사와 교육방송 등 2개로 한정하여 제한의 방법과 정도의 적정성도 인정되며, 이로 인하여 중계유선방송사업자의 중계방송권에 영향이 있다 하더라도 이는 종합유선방송의 도입에 따른 사실상의 불이익에 불과할 뿐 이로써 위 청구인들의 재산권이나 직업선택의 자유 등이 침해되었다고 할 수 없다.

2000년 통합방송법을 제정하면서, 종합유선방송법은 방송법에 포함되었으며, 2002년 방송법을 개정하면서 의무재송신 채널을 지정 고시하도록 했다. 이후 KBS2는 제외되었다. KBS2를 제외한 이유는 KBS의 전체 재원 가운데 TV수신료가 차지하는 비중이 낮고, KBS2는 광고 방송을 실시하고 있어 MBC, SBS와 차별점을 찾기 힘들다는 점이었다. 당시 KBS는 보편적 접근권을 들어 2TV를 의무재송신 채널에서 제외하는 데 반대했다.

이후 종합유선방송이 케이블TV로 발전하고, 인터넷 기반 IPTV가 등장하면서 지상파방송사들이 의무재송신 채널 이외 채널(KBS2, MBC, SBS)에 대해 재송신 대가를 요구했다. 지상파방송사들은 유료방송이 지상파방송 채널을 임의로 송출함으로써 저작권을 침해했다며 법원에 소송을 제기했다. 2011년 서울고등법원은 케이블TV 사업자들이 지상파방송사들의 지상파방송 재송신은 수신 보조 행위가 아니라 영리를 위한 적극적인 행위라며 지상파방송사들의 손을 들어줬다. 이후 지상파방송사와 케이블TV 업계는 재송신 계약을 맺어 유료방송 가입자당 월 요금(CPS: cost per subscriber) 형태로 케이블TV가 지상파방송사에 지급한다. KBS1과 EBS는 지상파 의무재송신 채널이기 때문에 재송신 대가가 없다.

03 스포츠의 보편성

국제연합(UN)은 2019년 12월 뉴욕 유엔 본부에서 총회를 열어 2020 도쿄올림픽 휴전 결의안을 채택했다. 2021년 7월 도쿄올림픽 개막 7일 전부터 9월 패럴림픽 폐막 7일 후까지 올림픽 기간에 적대행위를 일절 중단하자는 취지다. 이는 고대 그리스부터 이어오는 전통이다. 올림픽에 참가하는 선수의 안전을 보장하고, 전쟁이나 테러를 올림픽 기간만이라도 없애자는 결의다. 1994년 노르웨이 릴레함메르동계올림픽 때부터 올림픽 개최국이 주도하여 유엔에서 올림픽 휴전 결의(The Olympic Truce)를 채택해 오고 있다. 2022년 2월 열린 중국 베이징동계올림픽을 앞두고도 유엔은 '스포츠와 올림픽 정신을 통한 평화롭고 더 나은 세계 건설'이라는 이름으로 173개국 공동 제안으로 올림픽 휴전 결의안을 채택했다. 결의안은 베이징동계올림픽 개막 7일 전(2022년 2월 4일)부터 패럴림픽 폐막 7일 후(2022년 3월 13일)까지 휴전 기간으로 선포했음에도 러시아는 2022년 2월 24일 우크라이나를 전격 침공했다. 블라디미르 푸틴 대통령의 특별 군사작전 개시 명령에 따라 러시아는 새벽 4시 50분 우크라이나를 공격했다. IOC는 "올림픽 휴전 결의를 위반한 러시아 정부를 강력히 규탄한다"라는 성명을 공식 홈페이지를 통해 발표했다. 국제패럴림픽위원회(IPC)도 러시아가 올림픽 정전

협정을 위반했다고 비난했다. 올림픽이 열리는 기간만이라도 무기를 내려놓고, 이를 시작으로 항구적이고 지속 가능한 세계평화의 길을 찾자는 결의의 원천은 스포츠다. 보편적시청권제도가 만들어진 이유가 스포츠에서 출발한 만큼, 모두의 것이며 모두 함께 어울리는 스포츠에 대한 이해, 특히 스포츠의 보편성에 대한 이해는 필수적이다.

1. 스포츠의 정의

스포츠의 역사적 기원은 인류의 사냥과 채집 활동에서 찾는다. 농경사회로 접어들면서 사냥이나 채집을 위한 신체 활동은 운동경기를 탄생시켰다. 사냥을 위해 달리고, 던지고, 뛰어오르던 신체 능력을 스포츠로 과시했다. 스포츠라는 용어는 유희를 뜻하는 라틴어 'deporture'는 여가 또는 자신을 가꾸다라는 의미의 고대 프랑스어 'desport'에서 유래했다. 스포츠라는 단어는 사람들이 일상생활에서 벗어나도록 하는 활동이라는 생각에서 출발한다. 현대사회 스포츠는 체육, 운동, 피트니스, 놀이 등을 포괄한다. 사람들은 재미있게 경기에 참여하면서 즐거움을 느끼고, 다양한 신체 활동으로 엄격한 틀의 일상에서 벗어나고, 압박감으로부터 시선을 돌릴 수 있다(Edwards, 1973: 55). 스포츠라는 용어의 정의 또한 다양하다. 우리가 아는 스포츠의 종목만큼이나 스포츠가 포괄하는 내용이 광범위하고 다양한 데다, 시대에 따라 새로운 형태가 나타나기 때문에 "스포츠는 이것이다"라고 명쾌하게 정의하기 힘들다(Delaney & Madigan, 2015).

국제스포츠연맹은 어떤 육체적 활동이 스포츠로 규정되기 위해서는 ① 경쟁 요소가 있어야 하며, ② 어떤 생물에게도 해롭지 않아야 하고, ③ 특정 단일 공급자의 장비에 의존하지 말아야 하며, ④ 특별히 설계된 '행운'의 요소에 의존하지 말아야 한다고 정하고 있다(SportsAccord, 2022).

유엔은 스포츠를 "육체적 건강과 정신적 웰빙, 놀이와 레크레이션을 포함한 사회 상호작용에 도움을 주는 모든 형태의 신체 활동"으로, 보다 넓은 의미로 정의한다(Wellard, 2007: 128).

옥스포드 영어 사전에만 스포츠란 용어에 대해 127가지 의미를 설명하고 있다. 스포츠를 몇 마디 문장으로 짧게 정의하기란 불가능하다고 보는 학자가 있음에도(McBride, 1975), 스포츠를 좀 더 구체적으로 정의하려는 논의는 계속되고 있다. 스포츠에 관한 정의는 크게 북미 대륙과 유럽 지역의 것으로 나뉜다. 북미 계열의 학자들은 스포츠를 운동(exercise), 레크리에이션(recreation), 놀이(play)와 구별해서 정의하며, 유럽에서는 이들을 포괄하는 더욱 넓은 개념으로 스포츠를 정의한다.

유럽평의회(The Council of Europe)는 스포츠란 "조직화되지 않거나 혹은 조직화된 참여를 통해 신체적, 정신적 건강을 증진하거나, 사회적 관계를 형성하거나 경쟁하려는 목적으로 하는 모든 형태의 신체활동"으로 정의했다(EC, 2007). 경쟁적 활동과 비경쟁적 활동, 그리고 제도화된 활동과 개인적인 활동의 구별 없이 모두 스포츠라는 것이다. 1992년 채택한 유럽의 스포츠 헌장(Sports Charter)은 1966년 유럽평의회에서 처음 공식화한, 모두를 위한 스포츠 정신을 이어받아 가능한 많은 사람들이 스포츠에 참여할 것을 권장하고 있다(Mittag & Naul, 2021). 우리나라도 'Sport for All' 정신에 기반하여 생활체육 정책을 펴고 있다(강준호, 2005).

스포츠(sports)란 스포트(sport)의 복수형으로 "신체적 성취(physical achievement)를 목적(goal)으로 하는 신체활동(physical activity)"이다. '성취'는 상대적 성취와 주관적 성취로 구분된다. 상대적 성취는 경쟁 상황에서 상대보다 신체적으로 우월함을 보이는 것이고, 주관적 성취는 개인적으로 신체적 목표를 달성하는 것이다(강준호, 2005).

스포츠의 경쟁적 요소는 많은 사람들에게 흥미를 제공하고, 관심을 일으켰다. 스포츠를 즐기는 방법도 달라졌다. 운동경기에 출전하면서 직접 신체 활동을 즐기는 직접 참여 방식에서, 경기장을 찾아 관람하거나 중계방송을 시청하는 간접참여가 늘어났다. 시간적인 여유가 없을 뿐더러 미디어 발전으로 스포츠를 안방에서 즐길 수 있는 다양한 매체가 등장한 데 힘입은 결과다. 간접참여자가 폭발적으로 늘어나면서 스포츠의 대중성은 점차 커졌다. 글로벌 자본이 스포츠에 유입되면서 스포츠는 상품과 연결되었다. 대중문화로 발달함과 동시에 문화산업으로 자리 잡은 것이다. 스포츠에 기업이 결합하여 상품광고 효과를 키웠고, 기업들은 직접 프로구단을 운영함으로써 자신의 사업체를 홍보했다. 스포츠는 한 번 열리고 마는 일회성 경기에 그치지 않고, 주기적으로 열리는 이벤트로 발전했다. 스포츠의 비즈니스 가능성은 그만큼 늘어났다.

2. 스포츠의 가치

스포츠는 조직화된 놀이의 한 형태다. 여기에 미디어가 결합되면서 '선수'는 스포츠에 참가한 사람이면서 동시에 배우가 된다. 놀이를 즐길 때 우리는 평소와 다른 곳에서 평소와 다른 역할에 빠져든다. 자신의 새로운 역할과 정체성을 찾아 나서는 여정이 스포츠다. 도전하고, 경쟁하고, 결과를 알 수 없는 생생한 연기를 펼치는 스포츠는 극본 없는 드라마로 불린다. 스포츠는 다양한 방식으로 즐거움을 준다. 관중이 몰려들면서 분위기는 고조되고, 그들로부터 발생한 수입은 더 좋은 드라마를 만들 수 있는 밑거름이 된다.

스포츠에 관한 논의를 단지 '경쟁을 곁들인 흥미로운 육체 활동' 수준에서 그치지 않고 여기에서 한 발 나아가 좀 더 진지하게 스포츠에 대해 고민하는 사람들이 있다. 나이키(NIKE) 창업자 필 나이트(Phil Knight)는 국가 간 경계를 넘어 국제화된 스포츠를 '글로벌 문화'로 표현했다. '공은 둥글다'는 제목으로 축구의 역사를 기록한 골드블랏(David Goldblatt)은 "스포츠가 공연예술처럼 진지하게 논의된다면 '투명성, 지속가능성 및 민주주의'에 입각하여 보다 건강한 문화로 자리 잡을 것"이라고 말했다. 영국의 문화평론가인 그리어(Germaine Greer)는 스포츠가 중요한 이유를 이렇게 설명했다.

스포츠는 문화가 일상의 경험을 북돋우고 활성화시키는 것을 보여주는 가장 좋은 방법일 것이다. 우리는 아즈텍(Aztec) 사람들이 구기 게임(ball games)을 했으며 연례 의식 게임이 메소아메리카 사람들(Mesoamerican)의 문화생활에서 결정적으로 중요하다는 것을 알고 있다. 파산 위험을 감수하면서 올림픽을 개최하는 이유는 문화이기 때문이다. 스포츠는 사람들을 단순히 하나로 모으는 것만이 아니라 때로는 무시무시한 효과를 나타내며 분리시킨다. 더 중요한 점은 경기장에서의 치열함이 침략과 갈등의 출구라는 것이다. 이 상징적인 전쟁은 신문의 여러 지면에 영감을 주며, 대부분 어떤 논평 페이지보다 더 잘 쓰어 있다(Greer, 2008).

그동안 스포츠의 사회문화적 가치에 대한 다양한 연구가 펼쳐졌다(Evens, Iosifidis, & Smith, 2013; Horne, 2005). 무엇보다 스포츠에 참여함으로써 건강을 증진하고 신체활동을 발달시킨다. 스포츠를 통해 서로 어울리면서 사회문화적 정체성을 형성하고, 시민을 하나로 모으는 사회통합 효과를 발휘한다. 보다 세부적으로 살펴보면 스포츠의 정치, 경제적 가치와 사회적 가치로 구분 지어 설명할 수 있다.

정치, 경제적 가치로는 스포츠가 국민적 동질성을 고취하고 확립한다는 것이다. 분리되고 파편화된 현대사회의 관계 또는 공동체를 스포츠를 통해 통합으로 이끈다(MacClancy, 1996). 올림픽, 월드컵 등과 같은 메가 스포츠 이벤트의 중계방송은 전 세계인의 관심뿐만 아니라 스포츠 관련 이해관계자들을 비롯하여 자국민들의 관심을 한곳으로 집중시킨다. 메가 스포츠 이벤트는 전 세계인의 이목을 집중시키기 때문에 국가적 차원에서 대회 유치를 위한 외교적 노력을 동원하기도 한다.

스포츠는 사람들의 일체감을 형성함으로써 정치적 측면에서 사회적 분열을 줄이는 데 이바지한다(Sugden & Bairner, 1995). 사회적 차원에서 구성원들의 단합과 사회적 동질성을 가져다 주는 측면에서 스포츠는 공공성을 인정받고 있다. 통일부(2021)는 남북통일축구대회를 소개하면서 축구를 우리 국민을 하나로 만들어주는 국민 스포츠라고 설명한다. 1921년 평양군의 무오축구단부터 경성과 평양, 함흥에서 열려왔던 축구 대회와 1990년, 2002년, 2005년, 2015년, 2018년 열린 남북통일축구대회는 남북의 맞대결을 넘어서 한민족(韓民族)임을 느끼게 해, 개인, 사회, 국가적 동질성과 자긍심을 높이는 역할을 수행했다는 것이다. 이처럼 스포츠는 문화 및 사회현상이자 제도로서 의미를 만들어내고, 그것을 전달하기도 한다. 스포츠는 일종의 자기 이해를 토대로 스포츠를 행하는 사람들에게 동일한 의미를 제공해 주며, 그들의 기대와 동기에도 영향을 미친다(Grupe, 1987).

역사적으로 보면, 그리스에서 시작된 올림픽의 기원 역시 대중의 힘을 모아 국민적 단합을 이루려는 정치적인 의도에서 출발했다. 아이러니컬하게 독재자 히틀러가 TV와 스포츠를 결합한 최초의 정치가로 간주된다. 미국 닉슨 대통령은 탁구 경기를 앞세워 얼어붙었던 중국과 외교관계를 풀어나갔다. 1971년 일본 나고야 세계탁구선수권대회에 참가한 미국 선수단이 대회 직후 중국 베이징을 방문하여 저우언라이(周恩來) 총리와 면담하고, 베이징과 상하이 등을 방문하면서 20년 이상 막혀 있었던 미중 관계에 물꼬가 트였다. 미국은 북한과의 우호 관계를 다지는 방식의 하나로 스포츠를 활용했다. 1996년 북한 여자축구 대표팀을 자국에 초청하여 순회 경기를 열었다(김건희, 2018).

스포츠의 경제적인 가치는 광고를 통한 소비 주체 형성과 다양한 비즈니스와의 연계에서 찾을 수 있다. 광고 배너, 로고 및 후원 제휴부터 새로운 미디어 기술이 도입되어 창출되는 보다 다양한 스폰서십 등, 경제와 문화를 이끄는 원동력인 미디어와 스포츠가 결합되어 다양한 경제주체를 형성하고 있다. 스포츠는 스포츠 단체, 방송사, 후원사, 마케팅 회사, 스포츠 팬, 정부 등이 관련되는 대중문화의 한 형태이자 엔터테인먼트산업으로 발전했다. 스포츠는 부자들의 취미나 가난한 사람들의 휴식에서 나아가 문화적인 형태로 발전했으며 엔터테인먼트산업의 일부가 되었다(Whannel, 1992: 165). 스포츠의 상업성 없이는 프로스포츠가 존재할 수 없으며, 상업적 활동을 통해 확보된 자금은 스포츠 발전을 위해

〈표 3-1〉 문화 및 스포츠 참여로 인한 이익

개인	지역사회	국가
성취 과거와의 연속성 창의성 기분 전환 즐거움 도피 표현 건강 소득 영감 문화에 대한 지식 자존감 정체성 역량/경쟁력 위안/위로	유산 가치 공동체 결속 공동체 정체성 창의성 고용 존재 가치 혁신 선택지 생산력 범죄 감소 경험 공유 사회적 자본	시민성 국제적 평판 국가적 자부심

자료: DCMS(2010).

재투자된다.

영국 문화체육미디어부(DCMS) 의뢰로 진행된 연구는 사람들이 스포츠에 참여함으로써 의료 비용을 줄일 수 있고, 삶의 질을 향상시켜 상당한 경제적 가치를 얻을 수 있음을 실증적으로 검증했다(DCMS, 2010). 스포츠는 개인에게는 성취감과 즐거움을 제공하고 건강을 얻도록 하며, 관련 산업으로 소득을 높일 수도 있게 한다. 능력 중심의 경쟁을 펼치는 스포츠의 특성은 훈련을 통해 자기개발 하고, 승리했을 경우 정정당당한 보상이 주어짐에 따라 사회적으로 중요한 가치를 내면화하는 데 일조한다. 스포츠는 지역사회에도 다양한 이익을 제공한다. 공동체를 결속시키고, 정체성을 형성하는 데 이바지하고, 고용을 창출하고, 남들에게 피해를 주지 않고 긴장과 갈등을 해소함으로써 범죄를 줄이는 데 도움을 준다. 또한 시민들에게 사회의 가치와 규범을 일깨워줌으로써 사회질서 유지에 기여한다. 스포츠는 또한 희망과 행복감을 불어넣어 줌으로써 사회적자본을 늘려준다. 국가적으로는 스포츠를 통해 시민권을 보장하고, 국가적 자부심을 키우며, 국제적인 평판을 향상시키는 이익을 얻는다. 스포츠를 통해 국가적으로 얻을 수 있는 순기능은 올림픽이나 월드컵처럼 국가를 대표하는 선수들의 세계적인 경쟁이 펼쳐지는 대회에서 더욱 뚜렷하게 나타난다(Boyle & Haynes, 2009).

3. 스포츠의 기능과 보편성

스포츠 사회학자 에드워즈(Harry Edwards)는 스포츠를 세속적인 종교와 같은 사회적 제도(quasi-religious institution)라고 말했다. 가톨릭과 같은 의미의 종교는 아니지만 스포츠는 개인에게 종교처럼 중요한 의미를 지니고, 스포츠를 자신과 동일시하며 빠져든다는 비유다. 사회제도로서 스포츠는 다른 많은 사회제도와 마찬가지로 일반적인 특징을 나타낸다. 델라니(Tim Delaney)와 매디건(Tim Madigan)은 사회제도로서 스포츠의 특성을 크게 네 가지로 요약했다(Delaney & Madigan, 2015).

① 랭킹 시스템(계층화): 사회 모든 제도가 그렇듯이 계층적인 구조를 갖는다. 직장에 연공서열과 능력에 따른 직위가 있듯이 스포츠도 숙련된 정도에 따라 계층적으로 구분 지을 수 있다.
② 역할 및 상태(조직적·구조적 측면): 계층구조에서 어느 위치에 놓이는지에 따라 역할이 결정된다. 가령, 스타플레이어는 항상 최고 실력을 발휘해야 한다는 기대를 갖게 하는 반면, 후보선수는 그렇지 않다.
③ 사회적 통제(보상을 제공하고 처벌·제재를 부과): 사회적 통제는 구성원으로 하여금 순응하도록 하는 메커니즘이다. 스포츠는 엄격한 규칙으로 가득하다. 경기 중일 때는 물론 경기 전후에도 적용되는 규칙이 있다. 경기 중 규칙을 위반하면 주심으로부터 경고를 받거나 심지어 퇴장당한다. NFL은 경기 전후에 지나치거나 미리 계획된 축하 행사를 금지하고 있다.
④ 규칙(규범 및 행동 기대치): 스포츠에는 문서화된 규칙과 비공식적인 룰이 존재한다. 가령, 운동선수들에게 도박이나 불법 약물복용을 금지한다거나, 부적절한

행동을 한 선수들에게 벌금을 부과하는 행동 규범을 갖추고 있다.

스포츠가 가져다주는 순기능은 유럽연합집행위원회(EC: European Commission)가 발행한 백서에 잘 정리되어 있다. EC가 2007년 발행한 스포츠 백서(White Paper on Sport)는 스포츠의 역할을 크게 다섯 가지로 정리했다.

① 건강 증진: 스포츠는 유럽 시민의 공중보건 향상과 관련이 있다.
② 교육적 역할: 스포츠는 참여자가 팀의 일원이 되는 것을 배우고 페어플레이 원칙을 받아들이도록 하는 등, 사람들의 교육과 훈련에서 다양한 방법으로 도움을 줄 수 있다.
③ 사회적 역할: 클럽, 협회, 연맹은 사회통합을 위한 공고한 기반을 제공한다.
④ 레크리에이션: 유럽 시민의 3분의 1 이상이 적어도 일주일에 한 번 스포츠활동을 펼친다.
⑤ 문화적 역할: 스포츠는 정체성을 부여하고 사람들을 하나로 모을 수 있다.

유럽연합집행위원회는 2011년 발행한 보고서에서, 스포츠가 사회통합, 교육·훈련, 공중보건에 대한 긍정적인 효과와 경제적 측면에서 지속가능한 성장과 일자리창출에 기여하는 잠재력을 갖고 있다고 설명했다(EC, 2011). 스포츠가 고용증대 및 사회통합뿐 아니라 젊은이들의 시민참여를 높여주는 사회적 역할을 수행한다며 다음과 같이 다섯 가지를 강조했다.

① 약물과의 전쟁
② 스포츠 교육, 훈련 및 자격
③ 폭력 예방 및 대처
④ 건강 증진
⑤ 사회통합

스포츠는 경제적·사업적 문제뿐만 아니라 사회적·문화적 문제와도 연관되며, 시민의 '집단의식'을 함양하고, 집단 간 균형을 유지하는 데 기여하는 '민주화 효과'를 발휘한다. 즉, 스포츠는 공동체의 정체성을 형성하고 강화하는 데 기여하며, 정치적 측면에서 사회적 분열을 줄이는 데 이바지한다(Nicholson & Hoye, 2008). 무엇보다 스포츠는 미디어 문화의 중요한 한 형태이면서 서로 다른 특징(사회적 계층, 인종, 성별, 나이, 종교, 장애인, 지역적 차이 또는 성적 선호)을 가진 집단 간 힘의 균형을 유지하는 효과를 발휘한다. 스포츠는 인종·성별·계층에 상관없이 모든 사람이 평등한 '중립적 사회 공간'으로 인식되기 때문에 공동체의 분열 해소에 긍정적인 영향을 미친다. 스포츠에 참여함으로써 공동체 정신을 강화하고 사회적 상호작용을 증가시켜 사회적 차별에 대항할 수 있다. 또한 사회적으로 소외를 당하는 집단의 개인들은 스포츠 참여를 통해 자존감을 높일 수 있으며, 이를 통해 반사회적 행동과 폭력의 유혹을 줄일 수 있다. 스포츠는 풀뿌리 차원에서 상호이해와 갈등해결에 기여하고, 사회분열을 치유한다. 넬슨 만델라(Nelson Rolihlahla Mandela) 남아프리카공화국 대통령은 스포츠를 통해 서로 다른 문화와 언어장벽을 초월한다는 점에서 현대사회에서 가장 효과적인 의사소통 수단으로 스포츠를 지목했다(Mandela, 2012).

스포츠콘텐츠는 다른 장르의 미디어콘텐츠에 비해 사회적 소통을 일으키는 데 효과적이고 최적화되어 있다(김기한, 2022). 미디어 플랫폼이 지상파방송 중심에서 모바일, 온라인, OTT 등 다양한 형태로 발전하면서 이용자들은 뿔뿔이 흩어졌다. 이런 상황에서 올림픽이나 FIFA 월드컵과 같은 세계적인 스포츠 이벤트는 국민을 한곳으로 집중시키는 힘을 발휘한다. 때로는 텔레비전 인기드라마보다 높은 시청률을 기록한다. 김연경 선수가 활약한 2020 도쿄올림픽 여자배구 경기에서 한국과 브라질의 준결승전은 전국 평균 가구시청률 36.8%를 기록했다. 이는 비슷한 시기 가장 시청률이 높았던 SBS 드라마 〈펜트하우스 3〉의 마지막 회 시청률 19.1%의 두 배에 달하는 수치다. 스포츠 이벤트가 무료 지상파방송으로 방송됨으로써 보편적인 시청권을 보장할 때, 그 영향력이 어느 정도

인지를 여실히 증명했다.

국가대표 간 경기는 전 국민적 공감대를 형성하는 데 더욱 효과적이다. 스포츠 경기를 시청하면서 시청자들은 감정적으로 같은 편이 된다. 스포츠콘텐츠가 이성적인 이해를 요구하기보다 감성적인 특성을 요구하기 때문이다. 여기에 승패를 가늠할 수 없는 불확실성과 긴장감이 더해지면서 사람들은 더욱 경기에 빠져든다(Peterson & Raney, 2008). 영화나 코미디 프로그램은 개인 취향에 따라 호불호가 나뉘지만, 스포츠 경기는 다르다. 특히 국가대표선수들이 펼치는 올림픽 경기는 모든 국민을 '대한민국'이라는 하나의 깃발로 뭉치게 만든다. 올림픽이나 FIFA 월드컵과 같은 대형 국제 스포츠 이벤트에서는 사회적 지위가 다른 사람들일지라도 같은 나라 국민으로서 동일한 팀을 응원하면서 '같은 편'으로 동화된다. 국기를 게양하고 국가가 울려 퍼지는 올림픽 메달 수여식은 스포츠가 국가정체성을 고양하는 특성을 반영하고 있다(Boyle & Haynes, 2009).

스포츠 영웅(hero)은 탁월한 성적과 신체적 능력을 보여준다. 역경을 극복한 스토리와 개인적 재능, 카리스마를 보여준다(Smith, 1973). 매우 어린 나이에 새로운 디지털 미디어와 소셜미디어를 사용하는 요즘 어린이들은 자연스럽게 스포츠 영웅을 만나고, 스포츠에 대한 열정을 키워 재능 있고 존경받는 스포츠 영웅으로 성장하도록 동기를 부여받는다. 스포츠는 개인의 동기를 고취시키는 효과를 발휘한다. 목회자의 설교를 듣고 신도들의 영적인 감정이 솟구쳐 오르듯이, 대학입시에 도전하는 학생이 선배들의 학업 성공 사례를 보고 "나도 해봐야지, 나도 할 수 있어!"라는 학습 동기를 갖게 되듯이(신삼수·정성은, 2021), 스포츠는 참여하거나 보는 이로 하여금 '나도 할 수 있다'는 자기효능감을 높여준다. "너도 한번 해봐!"라고 떠밀지 않는데도, '스스로 해보겠다'는 영감을 얻고, 이를 실천에 옮기도록 유도한다.

영화 〈우리가 꿈꾸는 기적: 인빅터스(Invictus)〉는 스포츠가 남아프리카공화국 국민들에게 영감을 불러일으키는 과정을 재현했다. 클린트 이스트우드(Clint Eastwood) 감독이 1995년 남아프리카공화국에서 일어난 실화를 바탕으로 만든 영화다. 첫 흑인 대통령 넬슨 만델라(Nelson Rolihlahla Mandela)는 영국 흑인들이 백인 중심으로 구성된 자국의 럭비팀 '스프링 복스'를 열렬히 응원하는 것을 보고 스포츠를 통해 남아공에서도 인종 간 통합을 꿈꿀 수 있다고 생각한다. 그는 스포츠를 통해 남아공 국민들에게 '할 수 있다'는 자신감을 불어 넣고, '한번 해보자'고 호소했다. 영국 '스프링 복스'의 주장을 남아공으로 불러와 남아공 럭비팀이 월드컵에서 우승할 수 있게 만들어달라고 요청한다. 어느 누구도 처음에는 믿지 않았다. 불가능하다고 생각했던 남아공 럭비팀은 이듬해 럭비 월드컵에서 우승컵을 들어 올린다. 기적이 펼쳐졌고, 흑인과 백인은 하나가 되었다. 럭비 우승은 남아공이라는 국가 전체를 '할 수 있다'는 자신감으로 가득 채웠다. '굴하지 않는다(不屈)'는 뜻을 가진 라틴어 '인빅터스'의 의미를 현실에서 재현했을 뿐만 아니라, 만델라가 감옥에서 즐겼던 영국의 시인 윌리엄 헨리(William Ernest Henley)의 시 'Invictus'의 힘을 증명한 셈이다.

사회학은 과학에 기반한다. 최초의 사회학자이자 사회학(Sociology)이라는 용어를 만든 오귀스트 콩트(Auguste Comte, 1798~1857년)는 강력한 실증주의자였다. 과학에 기반을 두고 세상을 이해하는 실증주의자들은 자연과학과 같은 방식으로 세상을 연구할 수 있다고 믿는다. 그들은 실증연구에 기반해서 인간 행동의 패턴과 규칙을 규명하고, 이를 바탕으로 미래를 예측하도록 한다. 독일 사회학자 드 크놉 등(De Knop, Scheerder & Vanreusel, 2016)은 실증적으로 진행된 관련 연구를 메타분석하여 스포츠의 기능을 24가지로 정리했다.

① 민주화 효과(democratizing effect): 스포츠는 서로 다른 집단 간 힘의 균형을 유지하는 데 기여하고, 사회적 특성(사회계층, 인종, 성별, 나이, 종교, 장애, 지역적 차이 또는 성적 선호)에 상관없이 참여할 권리를 부여한다.

② 건강 증진(health function): 스포츠는 신체적인 활동을 통해 체형을 발달시키고, 육체적인 측면과 심리적 차원의 균형을 유지시켜 준다. 운동은 내적 긴장, 우울한 사고, 집중력 장애, 수면장애, 비만, 두통 등에 긍정적인 효과를 미친다.

스포츠는 저항력을 키우고, 기대수명을 증가시켜, 삶의 질을 높인다.

③ 즐거움(pleasurable experience of sport): 선수들이 스포츠를 하고, 관중이 스포츠를 관람하는 가장 중요한 이유가 즐거움을 주기 때문이다. 스포츠에 참여하여 움직임으로써 각성이 일어나고, 긴장과 흥분이 유발된다. 칙센미하일(Csikszentmihalyi)이 말하는 몰입(flow) 경험을 제공한다. 또한 어떤 목표를 정하고 달성함으로써 자아실현도 가능하다.

④ 식별(identification function): 스포츠는 개개인에게 특정 그룹 또는 특별한 개인으로서 자신의 정체성을 찾도록 기회를 제공한다. 팀 스포츠에 참여하거나, 국가대표를 응원하고, 올림픽을 보면서 자신을 동일시한다. 스포츠 참여에 따른 식별을 통해 팀워크가 형성되고, 소속감을 가질 수 있는 기회를 얻는다. 사람들은 선수나 팀의 경기를 보면서 '우리'를 경험한다.

⑤ 통합(integration function): 통합은 사회, 기관 또는 조직 내에서 다양한 그룹과 다양한 개인(이민자, 노인, 장애인 및 성소수자)이 함께 성장하는 것이다. 이민자나 장애인과 함께 스포츠에 참여하면서 상호이해와 사회적인 통합이 일어난다.

⑥ 긴장 해소(release function): 사람들은 스포츠를 통해 긴장을 해소한다. 스포츠는 '카타르시스'를 제공하고, 현실에서 도피할 수 있는 기회를 제공한다. 스포츠는 공격성을 해소하는 기회를 제공한다.

⑦ 여가(leisure function): 산업화사회에서 휴식과 오락을 제공하는 스포츠의 엔터테인먼트 기능을 말한다. 텔레비전으로 스포츠를 시청하면서 휴식하거나 기분 전환하는 모습에서 확인할 수 있다.

⑧ 사회통제(social control function): 스포츠는 통제된 전투의 한 형태로 '개인, 그룹 또는 국가 간의 비폭력적 경쟁'이다. 스포츠는 공공질서 유지에 기여할 수 있다.

⑨ 지위획득(sports and status): 스포츠는 사람들에게 권력과 지위를 획득할 수 있는 기회를 제공한다. 몸 자체가 가치와 명성의 상징이 된다.

⑩ 사회이동(social mobility through sport): 스포츠인으로서 경력을 시작할 때보다 그만둘 때 더 나은 위치에 오를 수 있는 이동 사다리로 작용한다.

⑪ 차별화(distinction through sport): 신체를 다른 사람과 다르게 사용하는 것이나 소득이나 교육 정도에 따라 어떤 스포츠를 선택하는가에 따라 자신을 구별 지어 주는 것을 말한다.

⑫ 경제적 의미(economic meanings): 경제는 지출·생산·고용에 따라 결정된다. 스포츠활동을 위해서는 장비를 구입해야 하고, 입장권이나 회비를 부담해야 한다. 스포츠용품에 대한 수요가 발생함으로써 스포츠 관련 제품에 대한 거대한 소비 시장이 형성된다. 또한, 직접 스포츠에 참여하는 선수 자신, 코치, 트레이너는 물론 간접적으로 참여하는 케이터링, 의류, 광고, 스포츠시설 종사자 등에게 일자리를 제공한다.

⑬ 회복(recovery through sport): 스포츠를 통해 피로를 회복하고, 에너지를 보충함으로써 다시 일할 수 있도록 하는 것이다. 스포츠를 통해 건강 차원에서 신체적으로 회복되고, 이완(relaxation)을 통해 영적(spiritual)인 회복이 가능하다.

⑭ 정체성(identity through sport): 스포츠를 통해 정체성을 획득할 수 있다. 스포츠의 어떤 역할을 수행하면서 정체성을 갖게 된다. 신체적 매력을 좇고 다른 사람과 상호작용하면서 자신의 이미지와 정체성을 확인한다.

⑮ 상호작용(interaction in sport): 스포츠에 참여하고 스포츠를 시청한다는 것은 다른 사람과 상호작용 한다는 것이다. 타인과 접촉함으로써 공동의 관심사를 갖고 더 많이 소통한다. 스포츠를 통해 다른 조직에 있는 사람, 다문화 간 교류가 가능하다.

⑯ 군사적 기능(military function): 스포츠는 군사훈련의 한 형태로 사용될 수 있다. 적들과 싸우거나 국토방위에 필요한 기술을 정교화하는 데 스포츠가 활용된다.

⑰ 자기 계발(personal development by sports): 스포츠는 육체적 활동을 통해 자존감에 긍정적인 영향을 미친다. 자기효능감과 자존감이 올라가면서 자아실현을 촉진한다.

⑱ 정치적 도구로서 스포츠(sport as a political instrument): 가장 많이 설명되는 기능 중 하나다. 선전과 이념의 수단으로 스포츠가 이용된다. 국가나 정치체제

의 우월성을 보여줄 수 있으며, 국가 간 경쟁이 가능하다.

⑲ 이념 재생산(sport reproduces ideology): 특정 규범과 가치(공격성, 규율, 개인주의, 경쟁, 기회균등, 성차별주의, 민족주의)가 스포츠와 그 의식을 통해 전달되거나 재생산된다.

⑳ 계급 재형성(sport reproduces class relations): 어느 스포츠에 어느 정도로 참여하는지에 따라 계급이 재생산된다.

㉑ 성별 관계 재형성(sport reproduces sexual relations things): 남성다움과 여성다움의 지배적인 의미가 스포츠를 통해 재형성된다.

㉒ 스포츠의 사회화(Socialization in sport): 사회화는 사회에 참여하는 데 필수적인 지식, 가치 및 규범을 배우는 복잡한 발달 과정이다. 스포츠를 통한 사회화는 긍정적일 수도 있고 부정적일 수도 있다.

㉓ 스포츠와 표현(sports language): 스포츠가 주는 파생 기능이다. 스포츠 고유의 행동을 무역·정치·전쟁 등에 빗대어 표현한다. 스포츠 언어는 스포츠 팬들을 정서적으로 결합시키는 접착제 역할을 한다.

㉔ 소외(alienation in sports): 운동선수에게 모든 것을 제공하지 않으면 더 이상 성공하기 힘들다. 성취 지향 스포츠로 인해 최고의 성과를 낼 수 없을 때 소외될 수 있다.

앞에서 살펴본 스포츠가 갖는 다양한 가치와 기능은 스포츠가 보편적으로 공유되어야 하는 이유를 잘 설명해 준다. 놀이와 유희를 즐기는 인간 본성에서 출발한 스포츠이기에 모두의 것이어야 한다. 특히 국가를 대표하는 선수들이 참가하는 경기는 모든 국민이 공유해야 하는 공공재적 성격이 더욱 짙다. 국가대표 선수가 출전하는 경기를 생중계하는 미디어스포츠 역시 모든 국민이 누려야 하는 보편적인 서비스로 제공되는 것이 마땅하다.

4. 스포츠 이벤트의 효과

제1차 세계대전이 한창이던 1914년 크리스마스 이브 늦은 밤, 영국군들은 건너편 독일군 참호에서 흘러나오는 캐럴을 들었다. 참호를 두고 서로 메시지를 주고받았고, 다음 날 무인도에서 만나 선물을 교환하고 사진을 찍었다. 즉석에서 축구 경기를 펼쳤다. 크리스마스 휴전 중 축구 경기를 열었다는 것에 대해 꾸며낸 이야기라는 주장이 있지만, 사실 여부를 떠나 전쟁 중 총구를 내려놓고 스포츠를 통해 일시적으로나마 전쟁터에서 평화를 누렸다는 이야기는 제1차 세계대전의 가장 상징적인 순간 가운데 하나가 되었다(Crocker, 2015).

1948년 제2차 세계대전 직후 영국에서 런던 하계올림픽 개최일과 동시에 휠체어 양궁 대회를 개최했다. 장애 선수들을 위해 대회를 조직한 사람은 구트만 (Ludwig Guttmann) 교수였다. 그는 독일 태생으로 스토크 맨더빌(Stoke Mandeville) 병원에서 일하면서 독일인들이 나치로부터 탈출할 수 있게 돕기도 했다. 구트만 교수는 척추 부상자의 재활에 스포츠를 활용했으며, 사회적인 재통합과 비장애인의 장애인에 대한 인식을 바꾸기 위해 경기를 조직했다. 패럴림픽의 창시자가 된 구트만 교수는 장애인들의 양궁 경기를 개최한 이유를 대중을 위한 이벤트로서 실험일 뿐 아니라 스포츠가 비장애인만의 영역이 아니라는 것을 사회에 보여주기 위함이라고 설명했다. 4년 후 같은 장소에서 열린 대회는 네덜란드 참전 병사들도 참가함으로써 국제적인 대회로 발전했다.

패럴림픽은 초기 'paraplegic(하반신 마비의)'과 'Olympic(올림픽)'을 합성하여 'Paralympiad', 'Paraolympics', 'Paraplegic Olympics' 등으로 표현했으나 다른 장애인들을 위한 경기가 추가되면서 지금은 그리스어 전치사 'para(옆의, 나란히)'를 사용, 올림픽과 동시에 개최됨을 의미한다. 참전 병사들뿐 아니라 일반 장애인들도 함께 참가한 첫 번째 패럴림픽은 1960년 로마에서 열렸다. 초기에는 휠체어를 탄 장애인만 참가할 수 있었으나, 1976년 토론토 패럴림픽에는 척수 부상 장애인 이외 다양한 부류, 다양한 종목으로 확대되면서 40개국에서 1600

명의 선수가 참가했다. 1988년 서울올림픽은 패럴림픽 역사상 중요한 의미를 갖는다. 하계올림픽이 끝난 다음, 하계올림픽이 열린 시설을 연이어 패럴림픽에서 그대로 사용하기 시작했기 때문이다. 국제올림픽위원회(IOC)가 올림픽대회를 관리하듯이 1989년 ICC(International Coordinating Committee of World Sports Organizations for the Disabled)에서 새롭게 재편된 국제 패럴림픽 위원회(IPC: International Paralympic Committee)가 패럴림픽 대회를 조직, 관리한다(Brittain, 2016).

스포츠 이벤트는 기술 발전을 이끈다. 스포츠에서 기술의 역할은 본질적으로 스포츠 이벤트와 관련된다. 관중의 기대와 이를 중계하는 미디어의 요청에 따라 기술 발전이 이어져 왔다. 예를 들어 테니스 라켓이 나무에서 탄소섬유로 바뀌면서 선수들의 기량이 향상되었고, FIFA 2002월드컵은 축구공을 가볍게 만들어 장거리슛을 유도했다. 테니스의 라인 콜(line call)과 크리켓의 개찰구(wicket)에 큰 차이를 만들었다. 테니스 라인 콜 시뮬레이션 소프트웨어는 텔레비전 시청자에게 오락적 재미를 제공했다. 이제 테니스 선수들의 공이 '인'인지 '아웃'인지를 시뮬레이션 프로그램으로 확인하는 게 일반화되었다.

축구에 도입된 비디오 판독(VAR: Video Assistant Referees) 시스템은 오심과 편파 판정 논란을 상당 부분 잠재웠다. 2018 러시아월드컵에서 처음 도입된 VAR은 득점 장면, 페널티킥 선언, 레드카드에 따른 직접 퇴장, 다른 선수에게 잘못 준 카드 등 네 가지 상황에 적용했다. 2022 카타르월드컵에서는 VAR 판정 영역이 늘어났다. '반자동 오프사이드 판독 기술(SAOT: Semi Automated Offside Technology)'이 도입되면서 심판진이 더욱 정확한 오프사이드 판정을 내릴 수 있도록 도왔다. 공격 측 선수가 상대방 수비 진영에 미리 포진하는 것을 막기 위해 정한 규칙이다. 여러 선수가 혼전을 이룰 때 공격 측 선수가 오프사이드 위치에 있는지 여부를 즉시 주심과 선심이 판정하기 쉽지 않았으나 2022 카타르월드컵에서는 달랐다. 공에 탑재된 센서와 경기장 지붕에 설치된 추적 카메라 12대에서 수집된 정보, 선수들의 위치에 관한 29개 데이터 포인트를 분석한 그래픽을 통해 심판은 선수의 오프사이드 여부를 가늠할 수 있었다.

무엇보다 스포츠 이벤트가 가져오는 효과는 더 많은 사람들을 스포츠에 참여하게 만든다는 점이다. 스포츠 경기를 관람하는 사람이 많아질수록 스포츠 참여도가 증가한다. 마라톤처럼 다수가 참가할 수 있는 경기에는 경험이 풍부한 선수뿐만 아니라 신규 참가자에게도 참여할 기회를 제공한다. 물론 이에 대한 반론도 존재한다. 예를 들어, 영국에서는 윔블던이 열리는 2주 동안 공공시설 테니스 코트가 테니스를 하는 사람들로 넘쳐나지만, 그 이후에는 오히려 덜 사용한다는 점이다.

올림픽이나 월드컵과 같은 세계적인 스포츠 이벤트는 국가 간에 상호 이해하고, 교류할 수 있는 기회를 제공한다. 지역·언어·종교·인종의 벽을 초월하여 모여든다. 미디어가 발달하면서 전 세계 어디에서나 스포츠 중계방송을 시청할 수 있게 되었다. 국제적인 스포츠 이벤트가 세계적인 축제로 자리 잡는 데 미디어가 크게 기여했다.

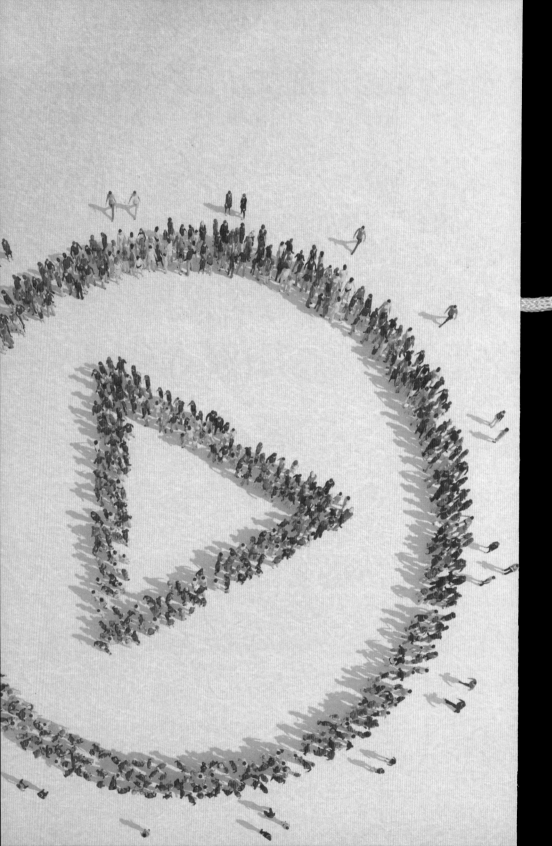

2부

미디어스포츠

04 스포츠 이벤트와 미디어

텔레비전채널이 무수히 늘어나면서 방송사들의 관심은 자신의 채널을 어떤 방식으로 시청자들에게 각인할 것인가에 쏠렸다. 채널의 인지도를 높여야만 광고 수익을 얻어 채널 운영이 가능하기 때문이다. 남들과 다른 차별적인 콘텐츠, 질적으로 차원이 다른 고품질 콘텐츠를 제공함으로써 시청자를 특정 채널에 묶어둘 수 있다. 충성도 높은 다수의 시청자를 확보할 때, 채널과 방송사 브랜드 가치는 올라간다. 스포츠콘텐츠가 방송사들의 눈에 매력적으로 비쳤다. 특정 스포츠 이벤트를 독점중계함으로써 다른 채널을 따돌릴 수 있고, 확보된 시청자를 발판으로 광고주의 주목도를 높일 수 있다. 채널이 폭증하고, 텔레비전 이외 플랫폼으로 스포츠 중계를 시청할 수 있는 미디어 환경으로 발전하면서 스포츠는 시청자를 일거에 확보할 수 있는 유일한 방법으로까지 인식되고 있다.

텔레비전과 스포츠 이벤트의 관계는 변화의 연속이었다. 초기에는 중계방송 권료 부담 없이 방송사의 선택으로 특정 스포츠 이벤트를 생중계할 수 있었다. 때로는 스포츠조직으로부터 방송 대가를 받기도 했었다. 미디어 환경이 확대되면서 스포츠 생중계를 원하는 방송사가 늘어났고, 관계는 역전됐다. 스포츠조직이 중계방송권료를 요구하기 시작했고, 매체가 늘어날수록, 미디어 플랫폼이 다양화할수록 스포츠 중계방송권의 가치는 폭등했다. 스포츠 이벤트가 미디어와 만나면서 스포츠산업이 형성됐다. 미디어를 통해 스포츠 스타가 탄생하고 마케팅으로 연결되고 사람들의 생활양식까지 변화시켰다. 경기장을 찾지 않고도 원하는 스포츠를 전문해설위원의 설명을 곁들여 시청할 수 있게 되었다. 해당 종목에 대한 이해가 부족하고 그 경기의 비중을 정확히 알지 못하더라도 스포츠 시청을 통해 즐거움을 얻을 수 있다. 미디어는 스포츠를 주류 문화(mainstream culture)로 끌어올렸다(Maguire, 2014; Whannel, 2005).

1. 스포츠 이벤트와 텔레비전

어떤 이벤트는 그 자체로서 의미를 갖고, 텔레비전으로 중계될 때 또 다른 의미를 만들어낸다. 사회인류학자 빅터 터너(Victor Turner)는 사회적인 의례 행위에서 나타나는 행위가 갖는 상징적 의미를 해석해 냈다. 그는 아프리카 은뎀부(Ndembu)족이 나무 아래에서 진행하는 여성 성인식 이벤트가 발휘하는 의미를 사회문화적인 구조로 풀어냈다. 프랑스 사회과학자 다얀(Daniel Dayan)과 커뮤니케이션 과학자 카츠(Elihu Katz)는 터너의 연구에서 영감을 얻어 텔레비전으로 실시간 생중계되는 이벤트의 의미와 효과를 분석했다(Dayan & Katz, 1992). 그들이 말하는 이벤트는 '행사'라기보다는 터너가 관심을 가졌던 '의식(ceremony)'에 가까웠다. 다얀과 카츠는 찰스와 다이애나의 왕실 결혼식, 사다트 이집트 대통령의 이스라엘 방문, 1960년 케네디와 닉슨의 토론, 올림픽 생중계 등의 사례를 들어 미디어 이벤트를 드라마와 뉴스처럼 하나의 장르로 구분 지었다.

스포츠 이벤트가 텔레비전이라는 미디어를 통해 온 세계인의 행사가 되는 과정은 영화 〈파이널 킥(Final kick)〉에 그대로 묘사되어 있다. 독일 영화감독 로겐하겐(Andreas Rogenhagen)은 1995년 TV용 영화 〈파이널 킥〉을 제작했다. 이 영화는 1994년 월드컵 결승전이 열리는 날 40개 국가에서 이탈리아와 브라질의 결승전을 동시에 텔레비전으로 시청하도록 한 다음, 이를 기록한 다큐멘터리 영화다. 결승전은 미국 캘리포니아 패서디나의 로즈 볼(Rose Bowl)에서 열렸다. 옥외용 안테나를 설치하고 브라운관 TV를 나르는 장면부터 새삼스럽다. 브라질에서는 리오데자네이로 광장에 노란 유니폼을 입은 군중이 몰려들고, 이탈리아에서는 펍에 여러 사람이 모여 함께 시청한다. 이란 테헤란의 자동차 공장에서는 생산라인을 멈추고 직원들이 텔레비전 앞으로 뛰어간다. 아르헨티나에서는 라이벌 관계에 있는 브라질에 대항하는 이탈리아 팀을 응원하는 구호를 외쳤다. 한국은 수산시장의 홍어를 파는 가게 앞에 놓인 텔레비전으로 결승전을 시청한다. 20~30명의 상인들이 모여 텔레비전을 보고, 텔레비전 뒤편에서는 경매가 한창이다. 경기는 연장전 혈투에도 불구하고 0 대 0으로 끝났고, 월드컵 사상 처음으로 승부차기에 들어갔다. 마지막 킥커로 나선 이탈리아 로베르토 바조 선수의 실축으로 우승컵은 브라질이 가져갔다. 영화 〈파이널 킥〉은 월드컵이라는 스포츠 이벤트를 텔레비전을 통해 세계 40개 나라에서 동시에 시청하면서 보이는 희비의 순간을 보여준다. 영화를 보면서, 스포츠가 미디어를 통해 세계인의 축제가 되는 모습을 생생하게 확인할 수 있다(Tomlinson, 1996).

올림픽이나 월드컵과 같은 이벤트가 텔레비전으로 생중계됨에 따라 새로운 효과를 발휘한다. 다얀과 카츠의 방식에 따라 스포츠 이벤트를 해석해 볼 수 있다. 첫째, 스포츠의 텔레비전 생중계를 통해 특정 선수나 종목이 인기를 얻는다. 올림픽을 전 세계에 생중계하여 국제적인 스포츠 스타가 탄생하고, 그동안 관심 밖에 놓여 있던 종목에 시청자들의 관심이 모여든다. 올림픽을 개최하는 국가는 국제적인 주목을 받고, 국제올림픽위원회는 상업적 수익을 거둠과 동시에 존재감을 과시한다. 둘째, 스포츠 생중계는 미디어 발전에 따라 여러 매체로 흩어진 시청자를 텔레비전 앞으로 불러들인다. 파편화, 원자화되어 있던 사회구성원이 스포츠 경기 생중계를 보면서 코뮤니타스(Communitas)[1]와 동지애를 느낀다. 셋

---

1) 터너(Victor Turner)는 정형화된 사회구조와 대립된 상태를 코뮤니타스로 정의했다. 커뮤니티 (community)와 같은 어원에서 파생되었다. 커뮤니티는 지역적·공간적인 의미만을 담고 있는 데 비해, 터너는 시간적·공간적 의미를 모두 담는 의미에서 코뮤니타스라는 단어를 사용했다.

째, 올림픽의 주인공인 선수가 감독, 스포츠조직, 방송사를 제쳐두고 관중에게 직접 메시지를 전달할 수 있는 창구가 마련된다. 구텐베르크(Johannes Gutenberg, 1400~1468년)가 1440년경 발명한 인쇄기로 성서를 복사, 배포함으로써 성직자를 통하지 않고도 누구나 신이 건네는 메시지를 활자로 만날 수 있게 된 것과 마찬가지다. 선수가 중계 카메라에 윙크를 건네면 그 메시지는 즉시 텔레비전 시청자에게 전달된다.

스포츠 방송프로그램과 같은 미디어스포츠콘텐츠가 스포츠의 기본적 요소와 미디어적 요소를 결합하여 상호 상승효과를 보여주는 것이다. 대중과 스포츠 간의 연결은 지속적으로 발전하는 관계이며, 미디어의 새로운 기술과 트렌드 등에 따라 대중의 스포츠 소비와 참여는 변화해 왔다. 골드러스트(John Goldlust)는 스포츠와 텔레비전의 만남을 "천생연분(a match made in heaven)"이라고 비유했다(Goldlust, 2018). 스포츠와 미디어의 관계는 베이컨과 달걀, 이끼와 곰팡이처럼 공생관계로 비유된다. 텔레비전은 시청자의 스포츠 접근성을 높이는 반면, 스포츠 본연의 자율성을 저하시키는 긴장 관계를 만들기도 한다.

미디어스포츠는 미디어에 의해 중재된(mediated) 스포츠 및 스포츠 현상을 포괄하는 개념이다(Wenner, 1998). 좀 더 구체적으로 설명하면 미디어스포츠는 현장에서 직접 관람하는 체험이 아닌, TV·라디오를 비롯한 다양한 미디어를 통해 간접적으로 스포츠 팬에게 전달됨으로써 수용되는 스포츠를 말한다(김성길, 2012). 미디어스포츠는 현장에서 직접 스포츠 경기를 관람할 수 없는 다수의 팬들에게 간접적인 스포츠 향유 공간을 제공하며, 미디어의 시청 및 노출량을 증가시킨다. 미디어는 스포츠 이용자에게 공간적·시간적 경계를 허물며 더 많은 참관과 참여 환경을 제공하고, 미디어기업에는 시청률을 높여주고 광고 수입을 늘려준다. 스포츠콘텐츠는 미디어에 의해 취재, 편집, 보도되는 과정에서 상징과

사회적 의례나 종교의식 과정에서 신분 질서에 얽매이지 않고 사회활동에 참여하는 '리미널리티(liminality)'와 맥락이 닿아 있다. 평소 금기시되는 공간에서 금기시되는 행위(단기간의 일탈이나 흥분, 위험성)조차 용납되는 상태를 지칭한다.

해석, 인코딩과 디코딩, 선택과 강조 등이 이루어지고 이러한 과정을 거치면서 스포츠 경기 이상의 의미를 갖게 된다(유상건 외, 2022). 즉, 스포츠는 미디어에 의해 매개되는 과정에서 콘텐츠화되어 문화적·상징적 의미를 증폭시킨다.

스포츠 프로그램은 스포츠 제작과 내용물의 특성에 따라 크게 세 가지로 구분한다. 첫째, 스포츠 중계방송, 둘째, 스포츠와 관련된 뉴스를 다루는 스포츠 뉴스의 제작, 셋째, 이 밖에 일반적인 제작 프로그램으로서, 스포츠 다큐멘터리 형태의 프로그램, 선수나 관계자들이 출현하는 토크쇼, 매거진 성격의 스포츠 종합 프로그램 등이 포함된다. 스포츠 프로그램들은 분리될 수 없을 정도로 상호 연관되어 있다. 가령, 스포츠 중계방송 화면이 없다면 스포츠 뉴스는 득점 장면을 내보낼 수 없어 생생한 소식을 전할 수 없게 된다(윤병건, 2005).

텔레비전을 통한 이벤트 생중계는 정규 편성되는 프로그램이 아니다. 오히려 텔레비전 정규 편성표에 끼어들고, 때로는 정규방송을 중단시키기도 한다. 이벤트 실황 중계는 일상을 멈추게 한다. 이러한 이벤트는 정부, 국회, 정당 또는 IOC와 FIFA 같은 국제 스포츠조직이 기획, 연출한다. 텔레비전은 여기에 협조하고, 자신들도 이익을 취한다. 월드컵은 1930년 우루과이에서 첫 대회가 열렸다. 참가국은 13개 나라였다. 1970년 멕시코월드컵은 텔레비전으로 생중계된 첫 대회였다. 텔레비전 중계방송으로 월드컵의 인기는 한층 높아졌고, 올림픽을 능가하는 인기를 얻게 되었다. 1998년 프랑스월드컵 이후에는 중개권료 등의 판매를 FIFA가 직접 하던 방식에서 스포츠마케팅대행사를 활용하는 방식으로 바꿨다. 이에 따라, 우리나라 월드컵 중계권료만 보더라도 1994년 미국 대회 10억 원, 1998년 프랑스 대회 15억 8000만 원 수준이었던 금액이 2002년 한일월드컵에서는 455억 원으로 2780% 폭등했다.

다얀과 카츠는 미디어 이벤트 형태를 경연, 정복, 대관식으로 구분했다. 그들의 분류에 따르면 스포츠 이벤트는 '경연'에 해당한다. 정해진 규칙에 따라 경기를 펼치고, 승자를 결정하기 때문이다. 올림픽이나 FIFA 월드컵의 경우, 선수들이 경기를 펼치고, 승리하며, 메달을 목에 거는 과정을 전 세계 수억 명의 시청자

〈표 4-1〉 최근 직관 및 시청 경험이 있는 종목

종목 (단위:%)	최근 1년 이내 직관 경험 종목		최근 1년 이내 30분 이상 시청 경험 종목	
	2021년	2020년	2021년	2020년
프로축구	21.8	21.3	38.7	39.6
프로야구	25.3	31.3	44.6	50.0
남자 프로농구	9.9	9.8	18.0	17.4
여자 프로농구	3.6	3.2	8.4	7.9
남자 프로배구	7.2	7.1	14.9	14.7
여자 프로배구	10.3	8.0	30.2	23.2
경험이 없다	45.5	45.7	18.4	18.3

자료: 한국프로스포츠협회(2022).

들이 텔레비전을 통해 지켜본다. 시청자들은 새로운 기록이 수립되고, 걸출한 스포츠 영웅이 탄생하는 과정을 생생하게 즐긴다.

전통적으로 스포츠와 미디어는 긴밀한 협력관계로 발전해 왔다. 특히 미디어는 스포츠의 대중화에 크게 기여해 왔다. 경기를 직접 관람하는 이용객의 숫자에 비해서 중계방송을 통해서 경기를 관람하는 이용자의 숫자가 훨씬 더 많을 수밖에 없기에 스포츠를 알리고 즐기는 수단으로써 중계방송은 매우 유용했다. 문화체육관광부는 매년 '국민생활체육조사'를 실시하고, 한국프로스포츠협회는 '프로스포츠 관람객 성향 조사'를 공표한다. 대한민국 국민 10명 중 6명은 생활체육을 즐기고 있다. 2021년 대한민국 국민의 생활체육 참여율은 60.8%이다(문화체육관광부, 2021.12). 국민들은 신문·TV·라디오 등 대중매체를 통해 생활체육 관련 정보를 주로 수집(77.9%)하고 있으며, 대중매체 다음으로는 가족과 지인 (71.5%) 및 인터넷(68.0%) 등으로부터 생활체육 정보를 얻고 있다(〈표 4-1〉 참조).

2021년 한국 프로스포츠 관람객 성향 조사 결과에 따르면, 경기 생중계는 90% 이상의 응답자가 시청하는 것으로 나타났으며, 주로 집에서 TV 또는 스마트폰으로 시청하는 것으로 조사되었다. 국내 프로스포츠 팬과 일반 국민 모두 TV 시청 비율이 여전히 가장 높았으나, 프로스포츠 팬은 스마트폰 및 PC와 노트

<표 4-2> 경기 생중계 시청 기기

구분(단위: 명, %)		사례 수	TV	스마트폰	PC/노트북	태블릿PC
전체		26,899	49.1	32.8	13.3	4.8
구분	프로스포츠 팬	19,139	42.6	36.7	15.3	5.4
	일반국민	7,760	65.1	23.1	8.4	3.4
성별	남자	13,678	46.5	33.9	15.5	4.0
	여자	13,221	51.7	31.6	11.0	5.7
연령대별	14~19세	567	37.2	38.8	15.3	8.6
	20대	4,859	31.6	41.9	18.3	8.1
	30대	8,724	42.9	37.2	14.9	5.0
	40대	7,656	54.8	30.5	11.1	3.6
	50대	3,346	66.7	20.7	9.5	3.0
	60세 이상	1,747	73.3	17.2	7.5	2.1

자료: 한국프로스포츠협회(2022).

북, 태블릿PC 시청 비율이 일반 국민보다 높게 나타났다. 이처럼 미디어 기술이 발달함에 따라 스포츠콘텐츠 소비 매체가 다양화되고 콘텐츠 소비의 방법 또한 다변화되면서 콘텐츠 소비의 총량은 더욱 증가하고 있다. 특히, 2020년 발생한 코로나19 팬데믹 이후 국내 프로스포츠 중계방송과 프로스포츠에 대한 관심도는 더욱 높아졌다(〈표 4-2〉 참조).

정재용(2020)은 21세기 스포츠저널리즘의 발전은 스포츠산업의 활성화가 선행되지 않는다면 현실적으로 불가능에 가깝다고 말한다. 특히 자국 프로스포츠 리그의 지속적인 인기야말로 스포츠미디어가 성장할 수 있는 필수 자양분이라며, 유럽이나 미국의 프로스포츠 리그를 보면 스포츠산업과 스포츠저널리즘의 동반성장 과정을 쉽게 이해할 수 있다고 설명한다. 작은 마을이나 학교에서 시작된 스포츠 경기가 지역 주민들의 인기를 끌기 시작하고 경기장엔 관중이 차고 넘치며, 각 지역의 강자들이 서로 대결하면서 전국적인 관심을 끌고, 그 결과 신문과 방송에는 스포츠 고정 코너가 만들어졌다는 것이다. 이 과정에서 선수들은 수백억 원대의 연봉을 받고, 중계방송권은 수천억 원 심지어 수조 원대로 올라가며, 스포츠콘텐츠를 전문적으로 다루는 스포츠기자와 PD 그리고 스포츠 에이전트가 탄생했다는 것이다.

2. 스포츠·미디어·비즈니스 복합체

스포츠는 원래 순수하고 정직한 동기에서 시작됐다. 적어도 과거에는 돈이 스포츠의 주인이 아니었다. 이런 스포츠의 전통은 1990년대에 들어 상업화의 물결에 휩싸이면서 변질되고 말았다. 스포츠 분야는 글로벌기업들의 새로운 비즈니스 무대가 되었고, 구매력을 갖춘 18~35세의 남성 스포츠소비자를 확보하기 위한 전쟁터로 바뀌었다. 기업들이 보기에 스포츠 무대는 손해보다는 이익을 충분히 남길 수 있는 분야다(Correy, 1995). 텔레비전이 스포츠의 상업화에 미친 영향은 경기장에 설치된 수많은 광고판과 후원사 로고 및 상표들에서 느낄 수 있다. 일부 운동선수는 후원사와 장비 공급업체의 걸어 다니는 광고판으로 생각될 만큼 어깨와 가슴, 모자에 빼곡히 상표나 로고를 붙이고 나온다. 스포츠의 상업화는 아마추어 스포츠에도 빠르게 확산되고 있다. 스포츠 상업화는 더 많은 돈을 벌어야 한다는 끊임없는 요구에 의해 정당화된다. 이를 막을 방법은 관중들의 저항감 표시밖에 없다. 스포츠 경기의 상업화는 필요악으로 간주된다. 정크 스포츠(개 경주 등)에서 정크와 스포츠를 분리하는 것이 어려운 만큼 모든 스포츠에서 비즈니스와 스포츠를 분리하는 것도 똑같이 어렵다(Klatell & Marcus 1988: 21).

우리나라 문화체육관광부(2021)는 매해 ≪스포츠산업 백서≫를 발간하며 스포츠산업을 정의하고 범주화하고 있다. 스포츠산업 진흥법 제2조에 의하면 스포츠는 "건강한 신체를 기르고 건전한 정신을 함양하며 질 높은 삶을 위하여 자발적으로 행하는 신체활동을 기반으로 하는 사회문화적 행태를 말한다"라고 정의되며, 이에 기초하여 스포츠산업은 "스포츠와 관련된 재화와 서비스를 통하여 부가가치를 창출하는 산업"으로 정의한다. 스포츠산업이란 스포츠활동에서 요구되는 용품과 장비, 스포츠시설과 서비스, 스포츠 경기, 이벤트, 스포츠 강습 등과 같은 유형·무형의 재화나 서비스를 생산, 유통시켜 부가가치를 창출하는 산업이라 개념화할 수 있다.

또한, 스포츠산업을 국민체육진흥법과 관련시킬 경우 운동경기, 야외운동 등 신체활동을 통하여 건전한 신체와 정신을 기르고 여가를 선용하는 활동을 지원하는 제조업, 건설업, 관련 서비스업(시설업, 기타 운동 관련 서비스업)과 스포츠라는 재화를 수동적 여흥 거리로 제공하기 위해 재화와 서비스를 생산 및 유통하는 산업(스포츠 정보 제공업, 스포츠 이벤트업)을 포괄한다. 문화체육관광부는 스포츠산업이 전 세계적으로 기술과 규칙을 공유하고 전 지구적인 공통 문화로서 광범위한 시장 기반을 가지고 있을 뿐만 아니라, 정보통신 기술 분야의 급속한 성장과 함께 스포츠가 중요한 비즈니스콘텐츠로 부각되고 있다고 보고, 스포츠 산업이 국가경제를 위한 독립적 정책 영역으로서 중요한 산업인 이유를 다음과 같이 네 가지로 정리한다.

첫째, 스포츠산업은 고부가가치산업이라는 것이다. 월드컵이나 올림픽과 같은 메가 스포츠 이벤트를 통해 스타 선수의 무대가 열리고, 거기서 고부가가치가 파생된다는 점이다. 다양한 스폰서십, 마케팅 판권, 중계방송권, 입장권 판매 등을 들 수 있다. 둘째, 스포츠산업은 무한한 성장 잠재력을 지닌다는 것이다. 스포츠산업은 제조업·서비스업·유통업 등 기존 산업과 연계된 복합산업으로서 기능하며 높은 발전 잠재력을 지닌다. 세계 스포츠산업의 총규모는 2020년 기준 1조 4277억 달러(약 1584조 원)에 달하고 한국 시장은 52조 원 규모에 육박했다. 셋째, 스포츠산업은 국민복지에 기여한다는 점이다. 국민들은 스포츠 참여를 통해 삶의 질을 향상하고 단순히 경기장 혹은 미디어를 통해 관람하는 수준이 아니라 직접 참여를 통해 생산과 소비를 동시에 누릴 수 있는 복합적인 형태로 스포츠 수요가 증가하고 있다고 강조한다. 마지막으로, 스포츠산업은 스포츠 산업을 이루는 각각의 주체들이 미디어적 가치를 지니고 있다는 것이다. 스포츠 이벤트는 각종 미디어의 중요한 방송 콘텐츠로 다뤄지고, 스포츠 이벤트를 비롯

〈그림 4-1〉 스포츠산업 모델

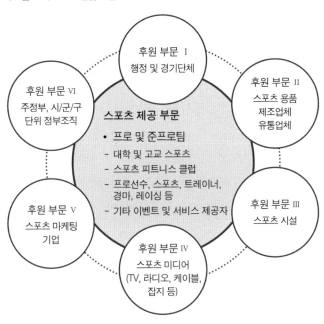

후원 부문 Ⅰ
행정 및 경기단체

후원 부문 Ⅵ
주정부, 시/군/구
단위 정부조직

후원 부문 Ⅱ
스포츠 용품
제조업체
유통업체

스포츠 제공 부문
• 프로 및 준프로팀
- 대학 및 고교 스포츠
- 스포츠 피트니스 클럽
- 프로선수, 스포츠, 트레이너,
  경마, 레이싱 등
- 기타 이벤트 및 서비스 제공자

후원 부문 Ⅴ
스포츠 마케팅
기업

후원 부문 Ⅲ
스포츠 시설

후원 부문 Ⅳ
스포츠 미디어
(TV, 라디오, 케이블,
잡지 등)

자료: Li, Hofacre, & Mahony(2001).

해 경기장이나 스포츠 스타 그 자체가 미디어적 가치를 지녀서, 기업들의 중요한 마케팅 수단으로 활용될 수 있다는 점이다. 프로스포츠 경기장에서는 펜스에 붙은 여러 기업의 로고를 볼 수 있으며, 골프 같은 개인 종목의 경우 기업들은 특정 스포츠 선수를 이러한 미디어적 가치를 고려하여 후원하게 된다. 특정 선수를 응원하는 스포츠 팬층이 확보된 상태에서 특정 기업이 자사 제품의 광고를 위하여 금전적인 보상을 통해 그 선수를 자사의 제품 광고에 출연시키거나 선수의 모자·가방·의류 등에 기업 로고를 부착하여 미디어에 노출시킨다. 스포츠소비자들이 그 선수를 좀 더 자주 미디어 매체를 통해 만나기를 원할 때 이 선수의 미디어적 가치는 극대화된다. 선수 자체가 미디어적 가치를 지닌 하나의 상품으로 인식되는 것이다. 따라서 스포츠산업은 스포츠 이벤트, 경기장, 선수 등의 구성요소가 어우러져 산업적 모델을 만든다(〈그림 4-1〉 참조).

스포츠에서 '신체를 얻는 것'과 미디어에 '상징 만들기'의 관계를 살펴보고, 사회문화적 의미를 이해하기 위해서는 스포츠의 기원을 추적해야 한다. 우리가 잘 알고 있는 고대 올림픽 이후, 19세기 대량생산체제가 도입되면서 조직화된 스포츠가 발달하기 시작했다. 스포츠에 출전하는 운동선수가 캐주얼한 선수에서 운동하는 노동력을 판매하는 스포츠 워커로 변모하는 과정에서 관중 스포츠의 문이 열렸다.

영국의 경우 크리켓·골프·축구 등에서 계약 선수로 클럽에 고용되는 프로선수들이 탄생했다. 미국은 1871년에 최초의 직업야구선수연맹(The National Association of Professional Baseball Players)이 조직되었고, 1902년에 현재의 내셔널리그(National League)와 아메리칸리그(American League)가 시작되었다. 미식축구(American football)의 경우 1892년에 프로경기가 열렸고 1898년에는 프로농구 리그(National Basketball League)가 결성되었다. 일본의 경우 1920년에 일본운동협회라는 첫 일본 프로야구단이 생겼으나 1922년에 경영난으로 해산했고, 이후 1934년에 요미우리 자이언트가 창단되고 1926년에 창단된 다른 여섯 구단과 함께 본격적인 프로야구 시대를 열었다. 우리나라는 1982년 6개 팀으로 구성된 프로야구가 탄생하면서 프로스포츠가 발전하기 시작했다(문화체육관광부, 2021). 20세기 스포츠는 대중매체를 기반으로 더 많은 대중을 스포츠의 세계로 끌어들였다. 스포츠는 많은 협회와 조직을 구성했고, 대규모의 상금을 기반으로 경기를 개최했으며 많은 관중을 수용할 경기장을 건설했다. 스포츠의 산업적 측면의 발전은, 스포츠 이벤트에 대해 점점 더 많은 정보를 제공하고 신문과 잡지의 기사와 칼럼, 텔레비전을 통해 올림픽을 비롯한 대형 경기를 안방으로 전하면서, 대규모 경제권을 형성하기 시작했다. 이처럼 스포츠는 스포츠 단체, 방송사, 후원사, 마케팅 회사, 스포츠 팬, 정부 등이 관련되는 대중문화의 한 형태이자 엔터테인먼트산업이 되었다.

스포츠와 비즈니스, 상업화의 역사를 조금 더 세부적으로 살펴보자. 1990년대 이후 미디어산업에서 눈에 띄는 흐름 가운데 하나가 스포츠 프로그램 시장이었다. 국제적으로 스포츠가 상업화되고, 미디어 규제가 점차 완화되면서 대부분의 국가에서 스포츠 시장이 가파르게 성장했다. 이후에도 '스포츠·미디어·비즈니스' 복합체의 결합은 더욱 공고해지고, 스포츠에 대한 미디어의 수요는 계속 늘어나고 있다. 미디어스포츠는 스포츠가 가진 다양한 매력을 바탕으로 방송사들의 눈길을 사로잡는다. 스포츠는 미디어와 후원사, 머천다이징을 통해 시장을 형성한다.

스포츠와 미디어의 만남은 신문이 지역 스포츠 경기를 다루기 시작한 1890년대로 거슬러 올라간다. 산업화 시대로 진입하면서 프로스포츠와 언론산업은 각각 발전했고, 상호 만남을 통해 스포츠를 대중문화로 발전시켰다. 신문이 스포츠 경기를 다루기 시작하면서 스포츠와 미디어가 공생하는 토대를 다졌다. 스포츠조직은 신문기사로 다뤄지면서 홍보 효과를 거뒀고, 신문사는 스포츠 보도를 통해 발행부수를 늘릴 수 있었다. 지역신문들은 스포츠를 다루는 지면을 늘려갔고, 스포츠 팬을 상대로 타깃 광고를 실었다. 인쇄술과 기사 전송 기술이 발달하면서 스포츠 기사를 전국으로 내보낼 수 있게 되었고, 스포츠 전문잡지가 등장하기 시작했다. 1896년 이탈리아의 ≪가제타 델로 스포르트(Gazzetta dello Sport)≫와 1886년 미국의 ≪스포팅 뉴스(Sporting News)≫가 초기 선발 주자로 꼽힌다.

스포츠와 스포츠 전문잡지 간 새로운 윈윈 모델이 등장했다. 스포츠미디어가 스포츠 이벤트를 직접 개최하고, 이를 광고하면서 발행부수를 늘리는 계기로 활용했다. 도로 사이클링 '투르 드 프랑스(le Tour de France)'가 대표적인데, 지금은 올림픽과 월드컵에 이어 전 세계적으로 20억 명이 넘는 시청자를 끌어모으고 있다. '투르 드 프랑스'는 1903년 60명이 참가하여 19일간 펼쳐졌다. 프랑스 스포츠 신문 ≪오토(l'Auto)≫가 경쟁 매체 ≪벨로(Le Vélo)≫를 따돌리기 위해 기획했고, 사이클링 이벤트에 힘입어 ≪오토≫ 발행부수는 2만 5000부에서 6만 5000부로 늘어났다. 경쟁 매체 ≪벨로≫는 결국 1904년 발행을 중단했다. '투르 드 프랑스' 사이클링 투어의 인기는 더 올라갔고, ≪오토≫의 발행부수는 1908

년에는 25만 부, 1923년 50만 부, 1933년에는 85만 부까지 늘어났다.

1920년대에 라디오가 등장하고, 제2차 세계대전(1939~1945년) 이후 텔레비전 방송이 실시되면서 스포츠 생중계가 시작되었다. 초기에는 방송사들의 스포츠 경기 생중계가 스포츠 단체로부터 환영받지 못했다. 스포츠 단체들은 방송사들의 스포츠 중계가 가장 큰 수익원이었던 관람 티켓 판매율을 떨어뜨릴 것을 두려워했다. 신문보도는 홍보에 도움을 준다고 생각했으나, 스포츠 생중계에는 부정적이었다. 사람들이 경기장을 찾는 대신 해설을 곁들인 방송으로만 듣고 경기장을 찾지 않는다고 판단한 것이다. 초기에는 스포츠 단체의 이익을 보호하기 위해 방송사들의 스포츠 생중계가 엄격히 규제되었다. 영국 BBC 라디오는 저녁 황금시간대에는 스포츠를 생중계할 수 없었다(Whannel, 1992: 13~14). 라디오 보급이 늘어나면서 스포츠 주최자가 방송사에게 중계료를 청구하는 구조가 생겨났다. 음악방송이 저작권료를 지급하는 방식과 비슷했다. 경기장을 찾는 관람객이 줄어들 가능성에 대해 방송사가 스포츠 단체에 보상하는 방식이었다.

1935년 9월, 미국 뉴욕 양키스타디움에서 펼쳐진 조 루이스(Joe Louis)와 맥스 베어(Max Baer)의 헤비급 복싱 경기에 대해 미국 라디오 생중계권료는 2만 7500달러에 달했다. 라디오 청취율이 최고조에 달했음에도 경기장을 찾은 관중은 8만 8000명에 달했다. 라디오 생중계로 인해 관람객이 줄어들 것이라는 스포츠 단체들의 우려가 사그라들었다(Cashmore, 2010: 361). 그럼에도 지금처럼 중계 방송권료가 스포츠조직 운영의 중요한 자금원으로 자리 잡지는 못했다. 프로스포츠는 한동안 '경기장 관중 수입·정부 보조금·후원사·지역(SSSL: Spectator-Subsidies-Sponsors-Local)' 모델을 이어갔다(Andreff & Staudohar, 2002: 25).

텔레비전은 스포츠 생태계를 바꿔놓았다. 1950년대부터 텔레비전이 스포츠 방송의 주요 매체가 되었고 미디어스포츠의 양상이 달라졌다. 상호 공생관계 수준에서 나아가 경제적 측면이 부각되었다. 국가 소유 공영방송 독점체제로 시작한 서유럽 국가의 방송은 스포츠 시장을 발판 삼아 자리를 잡았으며, 스포츠 프로그램이 시청자를 끌어모으는 주요 창구로 작용했다. 1980년대 상업방송이 등장하면서 미디어스포츠의 '방송광고'가 주목받기 시작했다. 상업방송사 경영진은 스포츠 프로그램이 시청자를 끌어들여 광고 판매를 기대할 수 있는 확실한 장르라고 판단, 스포츠 중계방송권 확보에 열을 올렸다. 상업방송사들은 인기 있는 스포츠의 중계권을 공영방송사보다 높은 입찰 가격을 제시하며 수집에 나섰다. 영국 등 일부 국가를 제외하고, 미디어스포츠는 상업방송이 주도하는 양상을 보였다. 미국 시장에서는 이미 1960년대부터 이런 양상으로 변화했다. 미국 텔레비전 3대 네트워크(CBS·NBC·ABC)는 시청자를 확보하기 위한 경쟁에서 스포츠 중계를 앞세웠다.

미국에서는 1961년 방송법의 영향을 받아 스포츠 생중계 권리의 가치가 크게 높아졌다. 1962년 480만 달러 수준이었던 내셔널 풋볼 리그(NFL)의 미디어 수익이 1979년에는 1억 6660만 달러로 급증했다(Fort & Quirk, 1995). NFL의 중계방송권료는 1993년 폭스(Fox)가 가세하면서 폭등했다. 폭스는 16억 달러라는 막대한 금액으로 입찰함으로써 NFL 중계권을 확보, 미국 4대 텔레비전 네트워크 진입에 성공했다.

케이블과 위성을 전송수단으로 하는 유료TV가 등장하면서 유럽 스포츠 방송 시장은 다시 한번 요동쳤다. 다매체 다채널 방송 환경에서 스포츠 중계는 유료TV라는 방송 시장을 열었고, 스포츠 중계방송권을 확보함으로써 경쟁 매체와 채널에 비해 차별적인 콘텐츠로 경쟁 우위를 점할 수 있었다. 스포츠 중계권에 대한 방송사들의 수요가 늘어나면서 스포츠조직들은 상당한 수입을 확보함과 동시에 유료TV를 포함한 방송매체를 통해 스포츠에 대한 대중의 관심을 끌어올릴 수 있었다. 중계방송권 시장은 프로스포츠 운영의 재정 확보 엔진이 되었고 스포츠가 글로벌 비즈니스로 발전하는 데 크게 기여했다. 거꾸로 보일과 헤인즈는 축구가 미디어스포츠 경제의 '현금 창고'로 간주되면서 케이블TV, 위성방송, 디지털텔레비전 도입을 주도했다고 보았다(Boyle & Haynes, 2009: 4).

미디어스포츠는 스포츠를 관중 중심에서 글로벌 '미디어·기업·상품·시장(MCMM: Media-Corporations-Merchandising-Markets)' 모델로 바꿨다(Andreff &

Staudohar, 2002: 31~33). 스포츠조직들은 중계방송권, 후원, 상품화에 눈을 돌렸고, 더 이상 직접 경기장을 찾는 관중 수입에 큰 관심을 두지 않았다. 유럽 클럽 축구 리그 전체 수입에서 방송이 차지하는 비중이 2006년 31%에서 2010년 35%로 늘어났다. 이탈리아와 프랑스에서는 방송 수입 비중이 60%를 넘었다. 유럽이 미디어스포츠가 주요 수입원이었던 데 비해 미국은 여전히 관중 수입이 약 40%를 차지한다.

스포츠는 글로벌화되었고, 글로벌 대기업이 뛰어들면서 엔터테인먼트 시장이 되었다. 스포츠와 선수의 매력, 스포츠의 글로벌화에 힘입어 유명 스포츠 브랜드가 등장했다. 스포츠는 문화상품이 되었고, 상업화되었다. 스포츠의 방송 수익 의존도가 높아지면서 스포츠는 더 이상 쿠베르탱(Pierre de Coubertin)이 생각했던 것처럼 기업의 영향력으로부터 독립된 활동으로 간주되지 못했다. 1896년에 부활한 올림픽은 스포츠 정신으로 가득한 전 지구적인 축제가 아니라 엔터테인먼트 상품으로 간주되는 지경에 이르렀다.

1984년 LA올림픽은 역사상 첫 흑자 올림픽으로 기록되며 스포츠 상업화의 포문을 열었다. LA올림픽은 올림픽경기를 게임으로서 경기(sports-as-a-game)가 아니라 스포츠 상품(sports-as-a-product)으로 전환시킨 대회로 지목된다. LA올림픽은 전 세계 텔레비전 시청자를 상대로 스포츠의 상업적 잠재력을 일깨웠다. 후안 안토니오 사마란치(Juan Antonio Samaranch) IOC위원장은 올림픽이라는 브랜드로 수익을 얻기 위해 올림픽 프로그램(TOP: the Olympic Program)을 시작했다. 이때부터 올림픽은 코카콜라, 삼성, 맥도날드와 같은 기업들이 IOC가 선호하는 기업 파트너로 등록할 수 있는 국제마케팅 플랫폼으로 자리 잡았다. 부대 수입으로 인식되었던 중계방송권과 후원사 계약이 스포츠 이벤트를 주최하는 스포츠조직에게 중요한 경제적 이익을 가져다주었다. 경기장을 찾는 관중에 대한 스포츠조직의 관심은 점차 줄어들고, 파생상품으로 간주되던 중계방송권과 스폰서 계약이 스포츠조직과 연맹, 클럽들의 주요 수입원으로 자리 잡았다.

스포츠는 스포츠 단체, 방송사, 후원사, 마케팅 회사, 스포츠 팬, 정부 등이 관련되는 대중문화의 한 형태이면서 엔터테인먼트산업으로 변모했다. 스포츠·미디어·비즈니스 복합체는 지난 수십 년 동안 확장 일로를 걸어왔으며, 기술 발전은 미디어의 제작, 전송 및 이용 행태에 혁신적인 변화를 불러왔다. 스포츠의 글로벌화는 자본주의 발전과 밀접하게 연결되면서 미디어 및 엔터테인먼트산업의 경제적인 효과에 관심이 쏠리게 되었다. 디즈니와 뉴스코퍼레이션(News Corporation)과 같은 글로벌 미디어기업들은 스포츠 중계방송권 확보에 더욱 관심을 기울였다. 뉴스코퍼레이션은 미국(Fox), 영국(BskyB), 호주(Foxtel), 일본(jskyB), 뉴질랜드(Vox) 및 아시아(Star TV)를 통해 글로벌 스포츠미디어 경제를 주도했다. 제2차 세계대전 이전까지만 해도 일부 시민들의 전유물이었던 스포츠는 케이블TV와 위성방송을 만나면서 대중화 물결을 탔다. 기업들은 스포츠로 이익을 얻기 위해 골몰했고, 스포츠 이벤트는 미디어를 통해 스펙터클로 재포장되었다. 스포츠 단체들도 조직화에 가속도를 붙였다. 로우(Rowe, 2003: 66)는 미디어 노출이 급속히 확대되면서, 스포츠가 "집단 및 개별 의식, 믿음과 엑스터시의 주요 장소로 교회를 인수한 세속적인 종교"가 되었다고 비유했다. 스포츠 팬 개개인은 이벤트에 빠져들고, 텔레비전을 통해 재구성된 스포츠는 스포츠에 빠져든 청중을 시장으로 인도했다. 텔레비전은 스포츠에 상업적 논리를 적용하기 위한 '트로이 목마'로 간주되기도 했다.

잘리(Jhally, 1989: 84)는 미디어를 매개로 상품화된 스포츠를 '스포츠·미디어 복합체(sports-media complex)'라고 명명했다. 로우(Rowe, 2003)는 여기에 문화적 차원을 더해 '미디어스포츠 문화 복합체'로 글로벌 미디어스포츠의 경제적 맥락을 표현했다. 스포츠·미디어·비즈니스 복합체는 3개 주요 그룹, 즉 스포츠조직, 미디어 및 마케팅 회사, 미디어 인력(방송인, 언론인)으로 구성된다(Maguire, 1991: 316). 스포츠·미디어·비즈니스 복합체는 제작비용은 낮고, 시청률은 높게 나오는 스포츠콘텐츠의 특성을 산업적으로 활용한다. 〈그림 4-2〉는 스포츠조직이 미디어에 의해 재정적인 수익을 얻고, 스포츠가 시장성 있는 상품으로 탈바꿈하는 흐름을 잘 보여준다.

〈그림 4-2〉 스포츠 비즈니스, 스포츠·미디어·비즈니스 복합체

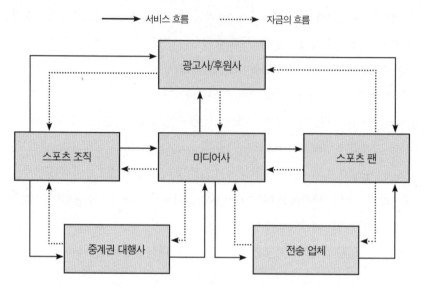

자료: Evens, Iosifidis, & Smith(2013).

미디어스포츠는 미디어 발달 흐름에 맞춰 그 개념이 확장되고 있다. 또한, 스포츠가 대중성을 확보하고 상업화할수록 양극화 현상이 뚜렷해진다. 가령, 스포츠 선수 중심의 기량 스포츠와 일반 시민이 여가활동으로 즐기는 놀이 스포츠의 구분이 명확해졌다.

관중들의 응원 함성이 높아지고, 선수들에게 물질적인 보상이 뒤따를수록 스포츠는 직업화되고, 물질 보상이 적을수록 놀이 성격에 가까워진다. 기량 스포츠는 여가 스포츠와 비교할 수 없을 정도로 정신적, 육체적인 체력 소모가 훨씬 많다. 기량 스포츠는 아마추어와 프로로 구별된다. 미디어는 기량 스포츠와 이를 텔레비전을 통해 보는 시청자 사이에 새로운 관계를 형성한다. 이른바 '미디어스포츠'라는 개념을 만들어냈다. 기량스포츠를 미디어가 중계하면서 여가의 새로운 형태를 만들어낸 것이다.

스포츠가 미디어스포츠라는 파생상품을 만들면서 기업들이 마케팅 수단 또

는 마케팅전략 차원에서 활용하고 있다. 기업들은 스포츠 경기장의 테두리 광고에서부터 중계방송 도중 방송광고, 선수들의 유니폼에 상표나 로고를 노출하는 방식으로 광고효과를 거두고 있다. 스포츠와 연계된 광고는 젊고 건강한 상표이미지를 만들고, 매체를 통해 상표이미지를 보다 쉽게 전달할 수 있다. 또한, 해당 종목, 경기와 관련된 잠재적인 집단의 관심을 불러일으킬 수 있다. 스포츠 스타를 투입한 광고 형태도 주목을 끈다(Blair, 2012). 스포츠와 텔레비전의 만남은 스포츠가 활성화되고 다양한 파생산업의 물꼬를 틀 것으로만 예견되었을까?

초기에는 스포츠와 미디어가 결합되면, 즉 '스포츠를 텔레비전으로 실시간 중계하면 사람들이 경기장을 더 이상 찾지 않고, 스포츠와 더 멀어질 것'이라는 우려가 높았다. '경기를 하는 대신 텔레비전으로 보다 보면 점점 더 뚱뚱해질 것'으로 예상했다. 시간이 지나면서 이런 예측은 틀렸음이 확인되었다. 사람들이 뛰어난 선수들의 경기를 보면서 스포츠에 더 관심을 갖게 되었고, 젊은이들은 스포츠 영웅들을 닮고 싶어서 운동장을 더 찾았다(Coakley, 2021). 이에 더해 텔레비전은 심판이 미처 보지 못한 것을 볼 수 있게 만들었다. 2006년 독일월드컵 결승전에서 프랑스 자네딘 지단(Zinedine Zidane) 선수는 상대 팀 선수의 가슴을 머리로 들이받아 퇴장당했다. 이른바 지단의 '박치기 사건'이다. 심판이 미처 보지 못했지만 녹화된 영상을 재생하여 이를 확인했다. 녹화된 영상은 지단과 이탈리아 마테라치 선수가 말다툼에 이어 몸싸움으로 번지는 상황을 보여줬다. 지단은 퇴장당했고, 프랑스는 우승컵을 놓쳤다. 1963년 미국 미식축구 중계에서 터치다운 장면을 다시 보여주면서 시작된 '즉시 녹화 재생' 기술은 순간적으로 놓친 장면을 금세 다시 보여주면서 주목받았다.

2011년 미국 듀크대학교 농구 경기에서 등장한 치어리더 문화를 안방으로 끌어들인 것도 텔레비전이다. 텔레비전은 급기야 경기규칙을 바꿀 정도로 스포츠에 직접적인 영향을 미쳤다. 테니스에 도입된 '타이브레이크(tiebreak)' 제도가 대표적이다. 테니스는 4점을 먼저 얻은 선수가 게임을 가져가고, 여섯 게임을 획득하면 한 세트를 차지한다. 다만, 세트를 차지하기 위해서는 상대방 선수를 두

게임 차 이상으로 앞서야 한다. 게임 스코어가 5 대 5가 되면 듀스(deuce)로 이어진다. 과거에는 무조건 두 게임 이상 앞서야만 승리할 수 있었다. 두 팀 간 공방이 이어질 경우 게임은 무한정 계속되었다. 2010 윔블던 테니스 대회 1라운드 존 이즈너(미국)와 니콜라 마위(프랑스) 선수 간 경기는 테니스 역사상 최장 경기로 알려졌다. 두 선수는 사흘에 걸쳐 11시간 5분 사투를 벌인 끝에야 승부를 가렸다. 마지막 5세트 게임 스코어는 70 대 68이었다. 당시 테니스 메이저대회는 마지막 세트에 타이브레이크 규칙을 적용하지 않았다. 윔블던 대회도 2019년 이후에야 타이브레이크를 적용하기 시작했다. 타이브레이크 규칙은 마지막 세트의 게임 스코어가 6 대 6으로 동점일 경우 번갈아 서브를 넣어 7점을 선취하면 이기는 방식이다. 시간에 상관없이 무한정 이어질 수 있는 경기를 텔레비전 중계방송이 '적당한' 시간으로 통제한 경우에 해당한다.

스포츠가 굳이 경기규칙을 변경하면서까지 텔레비전의 요구에 맞추는 이유가 무엇이겠는가? 상업적 이익과 별개로, 규칙 변경은 경기 진행을 빠르게 하고 점수를 쉽게 올리게 했다. 더욱 흥미진진하게 경쟁을 유도하고 극적인 순간을 극대화하면서 선수들에게는 휴식시간을, 텔레비전에게는 광고를 송출할 수 있는 틈새를 제공하는 방향으로 규칙이 바뀌어 갔다.

미디어기업들은 막대한 돈을 들여서라도 텔레비전 중계권을 확보하기 위해 온갖 노력을 다한다. 2006년 토리노동계올림픽은 인터넷방송 중계권의 원년으로 불렸으며, 2020년 도쿄올림픽은 OTT 방송 중계권의 원년으로 기록되었다. 스트리밍 비디오를 통한 스포츠 경기 시청이 보편화되면서 올림픽 중계권 시장의 판도가 바뀌었다. 케이블 채널과 스포츠마케팅사들이 협상에 뛰어들면서 경쟁은 치열해졌고, 격화된 중계권 확보 경쟁은 중계권료 폭등으로 이어졌다. 인터넷과 OTT로 대표되는 미디어 기술 발달은 스포츠를 상품으로 재탄생시키고 있다. 미디어스포츠는 대표적인 엔터테인먼트산업으로, 글로벌 비즈니스로 성장했다. 스포츠미디어가 얼마나 영향력을 발휘하는지는 스포츠 중계방송의 시청률, 스포츠 전문채널의 증가, 중계권 확보 경쟁과 중계권료 폭등에서 알 수 있다.

05 스포츠 중계방송권 시장

골프를 중계하는 방송 채널이 골프 중계방송권을 확보하지 못할 때 어떤 일이 벌어질까? 지상파방송이나 종합편성채널에서 특정 스포츠 이벤트 중계권을 갖지 못할 때, 여러 장르 가운데 하나 빠진 것쯤으로 생각할 수 있다. 하지만 스포츠전문채널이라면 얘기가 달라진다. 골프전문채널이 주요 대회 중계방송권을 확보하지 못한다면 중계권을 확보한 다른 채널과 경쟁 자체가 불가능해진다. 국내 방송에서 골프 채널을 가장 먼저 설립한 SBS Golf와 후발주자로 나서 입지를 확보한 JTBC Golf 채널 간 중계방송권 확보 경쟁은 가히 사활을 걸고 다투는 전쟁에 가깝다.

두 채널 간 중계방송권 경쟁은 2023~2027년 5년간 한국여자프로골프(KLPGA) 투어 중계권을 놓고 2022년 하반기에 다시 한번 불붙었다. KLPGA 중계권 사업자 선정 입찰에는 SBS Golf 채널을 운영하는 SBS미디어넷, SPOTV를 운영하는 에이클라 미디어 그룹, JTBC 골프를 운영하는 JTBC디스커버리 등 세 곳이 경쟁했다. 최종 중계방송권 사업자로는 SBS미디어넷이 선정됐고, JTBC디스커버리가 이에 강력 반발하고 나섰다. SBS미디어넷이 연간 150억 원 선을 제시한 것으로 알려진 가운데, SBS보다 훨씬 높은 금액을 제시한 JTBC디스커버리가 탈락했다는 것이다. KLPGA는 공정한 입찰 절차를 거쳤으며 단순히 중계권료를 많이 부른 사업자를 선정하는 방식이 아니라 골프 중계 능력과 콘텐츠 활용도 등을 종합적으로 평가했다고 설명했다.

SBS와 JTBC 간 스포츠 중계방송권 쟁탈전은 2010년으로 거슬러 올라간다. 당시 SBS가 후원하는 LPGA 경기인 'SBS오픈'을 SBS골프채널이 중계하지 못하는 일이 발생했다. JTBC가 '2010~2014년 5년간 미국여자프로골프(LPGA) 투어 중계권을 독점적으로 가져갔다'는 소식은 1999년 한국골프 채널을 인수하여 SBS골프 채널을 설립, 골프 방송에 남다른 투자를 해왔던 SBS에게는 충격이었다. 지난 14년간 LPGA를 중계해 온 SBS가 2005년 설립된 후발 주자 JTBC에 일격을 당한 사건이었다. 연간 200만 달러 수준이었던 중계권료를 JTBC가 400만 달러 수준으로 끌어올린 것으로 알려졌다(이창훈, 2018).

2009년 JTBC가 LPGA 투어 중계방송권을 가져가면서 SBS골프는 KLPGA 투어를, JTBC는 LPGA 투어를 독점하는 양상으로 전개됐다. 2020년 미국프로골프(PGA) 투어 중계권까지 확보하면서, JTBC는 골프전문채널의 입지를 더욱 다질 수 있었다.

미디어 환경과 영상 기술이 발전해 가면서 스포츠 중계의 구성과 범위 또한 세분화되고 있다. 스포츠 중계권을 놓고 TV방송사 간 쟁탈전에 이어 인터넷 포털과 OTT가 가세하면서 스포츠 중계권 시장이 점점 더 뜨거워지고 있다.

1. 스포츠 미디어·중계방송권

개인이 스포츠 경기 입장권을 구입하여 경기장에 들어간 다음, 자신의 휴대폰으로 경기를 실시간 중계방송하거나, 녹화 저장하는 것이 허용될까? 물론 금지된다. 이를 통해 상업적 이익을 얻을 경우는 더 말할 이유가 없다. 입장권이 약관에 따라 허용하는 범위는 경기 관람으로 한정될 뿐 중계를 위한 촬영이 아니기 때문에 주거침입죄에 해당할 수 있다. 경기 관람권을 구입하여 관중석에 입장한 다음, 관람이 아닌 중계 행위를 하는 것은 허용된 범위를 벗어난다. 사적인 공간이 아닌 공적인 공간일지라도 마찬가지다. 설령, 국민의 알권리를 충족시켜주기 위한 행위였다고 주장하거나 개인적인 중계방송에 지나지 않는다 해도, 스포츠 중계방송권을 확보한 방송사로부터 허락받지 않은 때는 중계방송권을 확보한 방송사의 권리침해에 해당한다. 무단 중계한 개인에게 스포츠조직은 손해배상을 청구할 수 있다.

이에 더해 스포츠 경기는 저작권법으로 보호받는 저작물에 해당될까? 국내 저작권법 제2조(정의)에 따르면 '저작물'은 인간의 사상 또는 감정을 표현한 창작물을 의미한다. 그런데 스포츠 경기는 우연한 요소에 의해 승패가 결정된다. 무용과 같은 일부 종목을 제외하면 인간의 사상과 감정의 표현이라고 보기 힘들다. 따라서 스포츠 경기 그 자체로는 저작물로 인정받기 어렵다. 따라서 스포츠 경기를 관중석에서 개인이 무단 중계하더라도 스포츠 연맹이 개인을 상대로 저작권을 들어 즉각적으로 제재하거나 형사적인 처벌을 요구할 수 있는 수단이 많지 않다. 경기 촬영 영상의 어느 수준까지가 저작권법상 보호대상인지는 논의의 대상이다. 다만, 스포츠 중계 영상은 저작권법 제2조 제13호에 따른 '영상저작물'로 인정된다. 원래 스포츠 경기에 촬영 기법, 카메라 앵글, 해설 자막 등 창작성이 인정되는 내용들이 추가되었기 때문이다.

스포츠 이벤트 중계에 관한 권리는 흔히 중계방송권으로 지칭되지만 중계가 허용되는 플랫폼의 종류와 콘텐츠 제작 및 사용 수준에 따라 다른 용어가 사용되기도 한다. '미디어권'은 가장 폭넓은 권리 수준을 지칭한다. 미디어권은 스포츠 경기에 대한 영상 제작물을 실시간 또는 비실시간 매체를 통해서 시청자에게 전달할 수 있는 권리다. 실시간 중계를 넘어, 촬영된 영상을 편집해서 영상물을 제작할 권리까지도 포함한다. '중계방송권'은 방송법에서 사용되는 용어로 실시간 중계방송과 복제권을 포함한다. 단, 방송법은 중계방송권에 대해 별도로 용어를 정의하지 않고 있다. 중계방송권을 갖는 방송사업자는 일반적으로 '동시중계방송권(저작권법 제85조)'과 복제권(저작권법 제84조)을 갖는다. 동시중계방송

〈표 5-1〉 스포츠 '중계권', '중계방송권', '방송권', '미디어권' 개념

구분	주요 내용
중계	방송법상 명확한 개념 없음
중계방송권	- 방송법상 명확한 개념 없음 - 방송법 제76조(방송프로그램의 공급 및 보편적시청권 등) - 국민관심행사등에 대한 중계방송권자 또는 그 대리인(이하 '중계방송권자등'이라 한다)은 일반 국민이 이를 시청할 수 있도록 중계방송권을 다른 방송사업자에게도 공정하고 합리적인 가격으로 차별 없이 제공해야 한다.
방송권 및 미디어권	- '방송'은 다수의 수용자에게 메시지를 송신하는 개념인 바 이에 대한 권리로 '방송권(스포츠방송권)'의 개념이 적용되어야 함 - '미디어'는 매체를 의미하며, 어떤 메시지를 한쪽에서 다른 쪽으로 전달하는 역할과 행위를 통칭하는바 라디오·TV·각종 인쇄매체·뉴미디어 등에 의해 전송되는 음성·영상 외에 인쇄매체를 통해 전달되는 문자·기호·그림 등을 포함한 권리이다.

* '방송권 및 미디어권'은 정지규와 김상범(2020)이 제시한 개념 재정리.

권은 국제조약에서 말하는 동시재방송(simultaneous rebroadcasting)에 대한 배타적인 권리다. 우리나라에서는 방송의 개념을 확장하여 유선 송신도 포함하고 있으므로 동시중계방송에는 동시재송신(simultaneous retransmission)도 포함된다. 방송사업자의 복제권은 생방송의 고정 및 고정 방송의 복제 각각에 대한 배타적인 권리다.

미디어권의 의미를 굳이 법리적으로 살펴보려면 민법상 '방해배제청구권'에서 그 근거를 찾을 수 있다. 즉 경기가 진행되는 공간을 소유 또는 점유하고 있는 경기 주최자는 그 공간에 다른 사람의 접근을 허용하거나 금지할 수 있는 권한이 있다. 특히 상대방을 특정해서 그 경기에 접근하고 촬영하고 전송할 수 있는 권리를 설정해 줄 수도 있다. 이러한 측면의 권리를 '미디어권'이라고 정의할 수 있다. 미디어권은 당사자 간 계약에 의해 설정되는 권리이기에 그 당사자 간에만 유효하다. 만일 제3자가 이에 대한 권리를 침해한다고 하더라도 즉각 제재하기는 어렵다.

방송사업자는 업무상 저작물의 저작자 또는 방송프로그램의 지적재산권자로

해당 프로그램에 대해 저작권 또는 저작재산권을 가질 수도 있다. 방송사업자는 저작인접권 보호대상으로서 방송에 대한 저작인접권과 방송프로그램에 대한 저작권 또는 저작재산권을 동시에 가지는 것이다. 따라서 방송사업자는 제3자가 방송프로그램을 무단으로 복제하거나 재송신하는 것에 대한 권리를 주장할 수 있는 것이다 (최경수, 2010).

저작권법 제2조에 의하면 저작권법의 보호를 받는 저작물이 되기 위해서는 "문학, 학술 또는 예술의 범위에 속하는 창작물"이어야 한다. 반면, 스포츠는 사상과 감정을 창의적으로 표현한 것이 아니라, 반복되지 않는 우연적 요소에 의해 승패를 가르는 경쟁이기에 동일한 재연이 불가능하다. 그 때문에 원칙적으로 저작권으로 보호받지 못한다. 단, 사전에 창작된 안무에 따라 감정적 표현을 싣고 일정한 동작을 반복하는 피겨스케이팅과 같은 율동 경기는 그 정도에 따라 저작권을 인정받을 수 있다. 즉, 스포츠 경기를 촬영함에 있어 촬영자 또는 영상물 제작자의 개성과 창조성이 인정되어야 저작권의 대상이 될 수 있다. 스포츠 경기 중계방송에 있어 카메라 앵글, 촬영 화면의 유형, 느린화면 장면의 사용, 분할 스크린의 사용, 화면 선택 등에 관하여 스포츠 중계방송 중에 내려야 할 여러 가지 결정으로 인해 저작물성의 요건인 창작성이 인정되어야 한다는 것이다.

이러한 맥락에서는 스포츠 중계방송에 있어 저작권의 객체인 저작물이 선수의 경기가 아니라 선수의 경기에 대한 TV방송이므로 카메라맨과 감독의 창의적인 기여분만으로도 TV 중계방송이 저작물성을 갖기는 충분하다. 실제 펼쳐지는 본 경기에 창작적인 요소라 할 수 있는 카메라 기법이나 경기 해설 자막, 부가 자막이나 정보 등은 분명히 본 경기에는 존재하지 않았던 또 다른 재미의 요소와 볼거리를 이용자들에게 제공한다. 많은 스포츠 관람객 입장에서 실제로 중계방송의 재미는 원래 경기의 재미와는 구별되는 별개의 관전 포인트가 될 수 있다. 이러한 경기의 재미와 중계방송의 재미는 서로 상승 작용을 일으키는 요소라 할 수 있다.

이처럼 스포츠 중계방송권은 스포츠 경기를 주관하는 단체에게 일정 금액을 지불하고 획득한, 해당 스포츠 경기를 중계방송할 권리로 정의할 수 있다. 즉, 방송사들은 중계방송 전에 해당 스포츠 경기를 중계할 수 있는 권리인 스포츠 중계방송권을 확보해야 하는 것이다. 특히 대한민국 헌법 제22조는 "모든 국민은 학문과 예술의 자유를 가진다", "저작자·발명가·과학기술자와 예술가의 권리는 법률로써 보호한다"라고 명시하고 있다. 헌법 제23조는 "모든 국민의 재산권은 보장된다. 그 내용과 한계는 법률로 정한다", "재산권의 행사는 공공복리에 적합하도록 해야 한다", "공공필요에 의한 재산권의 수용·사용 또는 제한 및 그에 대한 보상은 법률로써 하되, 정당한 보상을 지급해야 한다"라고 규정하고 있다. 따라서 스포츠 경기에 관한 권리를 가진 자는 헌법이 보장하는 권리로서 배타적 중계방송권이 허락되고, 방송사업자 역시 합리적인 가격으로 독점중계방송 계약을 체결할 헌법상의 자유가 확보되고 있다(김건희, 2021).

이처럼 운동경기나 스포츠 경기 또는 그 밖의 행사를 중계하는 스포츠 중계방송은 중계 영상 구성에 따라 크게 '클린피드(Clean Feed)'와 '더티피드(Dirty Feed)'로 구분한다(송동수, 2021). 클린피드는 현장에서 영상 장면과 현장음만을 순수하게 담은 원본을 의미한다. 즉 TV중계를 통한 현장의 장면 및 그림과 현장의 응원이나 현장음만을 담고 있다. 해설이나 자막은 일절 포함되지 않는다. 이에 비해, 더티피드는 클린피드에 중계권자가 자막, 그래픽(CG) 및 캐스터 중계, 전문가의 해설을 더한 방송본을 말한다. 다양한 영상 중계 기법과 미디어 기술이 발전함에 따라 중계 콘텐츠(제작)의 범위와 중계 플랫폼(유통)의 범위 또한 변화하고 있다(〈표 5-2〉 참조).

각 프로스포츠 협회 및 연맹에서 공지하는 중계권 사업자를 선정하기 위한 제안요청서를 들여다보면 이를 보다 세부적으로 파악할 수 있다. 과거에는 지상파방송 중심의 실시간 방송이 주를 이뤘으나, 유통 채널이 다양화되고 영상 기법 또한 고도화됨에 따라 이에 따른 다양한 시장이 형성되고 있다. 한국프로야구는 지상파방송, 위성방송, IPTV 및 스마트TV 등 방송사 중계권 외에 웹과 앱 기반

〈표 5-2〉 한국프로야구(KBO) 중계 범위(TV방송 제외)

	국내 중계 및 사업권	해외 중계 및 사업권
1. 중계 콘텐츠 범위	- KBO가 주관하는 KBO리그 경기(시범경기, 정규 시즌, 포스트시즌/한국시리즈, 올스타전 등) 및 행사(골든글러브 시상식 등)의 영상 피드(KBOP 소유 및 제공)를 활용한 생방송, 녹화방송, VOD, 하이라이트 등의 유무선 영상 서비스 ※ KBO 퓨처스리그(2군) 경기 제외 ※ 유무선 중계방송 권역 대한민국 영토 내 한정 ※ 영상 서비스 정의·범위 상호 협의 변경 가능	- KBO가 주관하는 리그 경기(시범경기, 정규시즌, 포스트시즌/한국시리즈, 올스타전 등)의 영상 피드(KBOP 소유 및 제공)를 활용한 생방송, 녹화방송, VOD 등의 영상 서비스 ※ KBO 퓨처스리그(2군) 경기는 제외 ※ 제공 영상: 대한민국 내 TV 중계사가 제작하는 더티피드 영상
2. 중계 플랫폼 범위	- LAN·WAN 연결된 유선 네트워크서비스 - CDMA, GSM 등 2G/2.5G 디바이스 기반 서비스 - WCDMA 등 3G/3.5G 디바이스 기반 서비스 - LTE, LTE 어드밴스드 등 4G/4.5G 디바이스 기반 서비스 - 5G 디바이스 기반 서비스 - 와이파이(Wi-Fi), 와이브로(WiBro), 핫스팟(Hotspot) 등 유무선 컨버전스 형태 디바이스 기반 서비스 ※ IPTV 및 스마트TV를 통한 중계 서비스는 제외 ※ 향후 새로운 기술 기반 서비스는 별도 협의	- TV, 인터넷, 모바일 등의 플랫폼을 통한 해외 중계 ※ 중계방송 권역은 대한민국 영토 외로 한정 ※ 중계 영상 전송, 글로벌 피드 제작(필요 시) 등 사업에 소요되는 제반 비용은 제안사 부담(세부 사항은 추후 KBOP와 협의 가능) ※ 향후 새로운 기술 기반 서비스는 별도 협의
3. 재판매 범위	- 국내에 서버를 두고 인터넷 중계방송서비스를 실시할 수 있는 제3자에게 중계 콘텐츠를 재판매 할 수 있는 권리 - 국외에 서버를 두고 국내 인터넷 중계방송서비스를 실시할 수 있는 제3자에 대한 재판매 사업은 KBOP와 협의하여 사업 진행	- 해외 중계방송서비스를 실시할 수 있는 제3자에게의 재판매 사업 ※ 재판매 진행 시 KBOP와 협의 후 진행

* 'KBO 중계 범위'는 KBO가 게시한 2019년 2월 'KBO리그 유무선 중계권 사업자 선정 입찰 제안요청서'와 2020년 3월 'KBO리그 해외 중계권 사업자 선정 입찰 제안요청서' 내용 재정리.

디지털 뉴미디어 플랫폼 중계권을 구분 지어 사업권자를 선정하고 있다. 한국프로야구협회(KBO)는 2019년 TV방송 외 디지털 뉴미디어 영역을 유무선 중계 플랫폼 범위로 정의하고 이에 대한 중계권 사업자 공개 입찰을 진행했다. KBO는 유무선 중계 플랫폼 범위를 ① LAN과 WAN으로 연결된 유선 네트워크서비스 ② CDMA, GSM 등 2G/2.5G 디바이스 기반의 서비스 ③ WCDMA 등 3G/3.5G 디바이스 기반의 서비스 ④ LTE, LTE 어드밴스드 등 4G/4.5G 디바이스 기반의

〈표 5-3〉 한국 여자 프로골프(KLPGT) 중계 범위

	중계 및 사업권 (2023년 1월 1일 ~ 2027년 12월 31일)
1. 중계 콘텐츠 범위	- 정규 투어, 드림 투어, 점프 투어, 챔피언스 투어 - 해외 공동주관 대회 - 대상 시상식 - 기타 KLPGA 또는 KLPGT가 주최 또는 주관하는 대회 및 행사
2. 중계 플랫폼 범위	- 지상파 - 케이블, 위성방송 - IPTV, 스마트TV - 유무선, DMB - 종합편성채널 - Future Media
3. 재판매 범위	- 국내 또는 해외 중계방송서비스를 실시할 수 있는 방송사, 포털, 통신사, OTT 서비스 등에 재판매 실시 - 국내 또는 국외에 서버를 두고 인터넷 중계방송서비스를 실시할 수 있는 제3자에게 중계 콘텐츠를 재판매할 수 있는 권리 - 상기에 해당하는 재판매 진행 시, KLPGT와 사전 협의 후 진행 ※ 중계 콘텐츠 재판매 시 플랫폼별 독점적 지위 부여 불가 ※ KLPGT 중계권 사업자가 선정한 주관 방송사가 속한 플랫폼에 대해서는 타 방송사 국내 동시 생중계 불가 ※ 중계 콘텐츠를 활용한 보도 프로그램 편성 및 뉴스권 제공

* 'KLPGT 중계 범위'는 KLPGT가 게시한 2022년 7월 'KLPGT 중계권 사업자 선정 제안요청서' 내용 재정리.

서비스⑤ 5G 디바이스 기반의 서비스 ⑥ 와이파이(Wi-Fi), 와이브로(WiBro), 핫스팟(Hotspot) 등 유무선 컨버전스 형태의 디바이스 기반의 서비스로 정의했고, IPTV 및 스마트TV를 통한 중계 서비스는 제외했다. KBO는 메타버스, e-스포츠 등 다양한 신기술을 바탕으로 한 서비스를 고려하여, 향후 등장하는 새로운 기술 기반 서비스에 대해서는 별도 협의하겠다는 단서를 달았다.

이러한 유무선 플랫폼 중계권에 있어 재판매 사업 범위에 관해서, 국내에 서버를 두고 인터넷 중계방송서비스를 실시할 수 있는 제3자에게 중계 콘텐츠를 재판매할 수 있는 사업과 국외에 서버를 두고 국내 인터넷 중계방송서비스를 실시할 수 있는 제3자에 대한 재판매 사업은 KBOP(Korean Baseball Organization Baseball Properties)와 협의하여 사업을 진행함을 제안하고 있다. 응모 자격으로

는 자본금 10억 원 이상의 업체로 방송사·포털·통신사·OTT 서비스·에이전시 등 유무선 중계의 원활한 수행이 가능한 업체로 제안하고 있다. 대부분의 프로 스포츠 협회 및 연맹은 컨소시엄(공동 수급체)을 구성하여 제안 가능함을 안내하고 있으며, 컨소시엄을 구성해 참가할 경우 컨소시엄 구성원 간의 공동 책임, 관리, 의무 관계를 명백히 규정한 공동 수급 협정서 및 합의서를 반드시 제출해야 한다(〈표 5-3〉 참조).

한국여자프로골프협회(KLPGT)는 2022년 7월 중계방송권 사업자를 공모하면서 입찰 응모자들에게 계약 금액과 함께 협회와 중계방송권 사업자 간 재판매 수익 배분율 제안을 요청했다. 관련된 중계 제작, 편성 등에 소요되는 비용은 선정된 KLPGT 중계권 사업자가 부담하며, 모든 제작 프로그램, 콘텐츠의 지적재산권은 KLPGT와 KLPGT 중계권 사업자에게 귀속된다. KLPGT는 제작물(중계 영상 등)을 활용한(원본 사용 및 재가공 등) 독자적인 수익사업을 전개할 수 있고, KLPGT 운영 사이트 및 계정 등에서 이를 활용할 수 있다.

OTT와 SNS 등 디지털 기반 영상의 제작과 유통이 일상화되고 있고, '방송'의 개념이 과거 지상파방송사 등 거대 방송국들의 전유물이 아닌 시대가 도래함에 따라 스포츠 중계 프로그램을 방송할 수 있는 권리인 스포츠 중계방송권 또한 새로운 개념의 정립이 필요하다(정지규·김상범, 2020). 즉 스포츠와 관련된 이벤트나 경기에 대한 권리가 단순히 텔레비전과 텔레비전 중계에 한정되지 않는바, 보다 폭넓은 광의의 개념화가 필요하다는 것이다. 이를 반영하여 '스포츠 중계권' 대신, 영문으로도 'broadcasting rights'로 일반적으로 사용되는 '스포츠 방송권'이 더 적합하다는 주장이다. 방송을 포함하여 인쇄매체, 웹, 앱 등 새로운 미디어에 대한 권리를 포괄적으로 담는 '스포츠미디어권'에 대한 정의도 필요하다. 다양한 포맷이 결합되어 새로운 콘텐츠를 만들고, 서로 다른 플랫폼 간 콘텐츠 이동 및 유통이 일어나는 미디어 환경 변화를 반영하기 위해서다.

2. 스포츠 중계 구조와 유통

지상파방송사가 올림픽을 중계하고, 시청자들이 텔레비전 앞에서 열광한다. 때때로 광고 방송이 시선을 훔쳐간다. 시청자는 중계방송을 무료로 보는 대신 광고를 시청하는 불편을 감수하는 셈이다. 방송사는 중계권 구입 비용과 중계방송 제작비용을 광고 판매 수입으로 충당한다. 이를 두고 방송사가 광고주에게 시청자를 판매한다고 표현하는 경우도 있다. 미국은 공영방송보다 상업방송이 주를 이루고 있어 가능한 많은 시청자를 끌어들이기 위한 프로그램이 다수를 차지한다. 이에 비해 공영방송이 자리 잡은 유럽 주요 국가에서는 시청자 확보 못지않게 보편적인 접근권을 보장하기 위한 노력이 우선된다.

스포츠 중계방송권 공급 구조는 '콘텐츠'와 '전달자'로 요약된다(Todreas, 1999). 전달자는 방송사처럼 시청자들에게 프로그램을 배포하는 주체로, 공급망의 말단에 위치한다. '콘텐츠'는 스포츠 대회를 개최하는 조직이다. 중계권 공급 구조에서는 콘텐츠가 상류 공급자다. 텔레비전 시장이 발달할수록 스포츠 중계권의 가치는 '상류'로 이동한다. 즉, 전달자보다 콘텐츠 소유자가 수익을 가져가는 구조로 변화하고 있다.

토드리아스(Timothy M. Todreas)는 텔레비전 역사를 지상파방송 시대(1940년대 후반에서 1970년대 초반), 케이블TV 시대(1970년대 초반에서 1990년대 초반), 디지털시대(1990년대 초반에서 현재)로 구분 지어 스포츠 중계권 시장 변화를 설명했다. 지상파방송 시대에는 독점력 때문에 전달자였던 방송사가 수익을 차지할 수 있었다. 지상파방송이 유일한 전달자였기에 지상파방송사들은 서로 직접 경쟁하지 않고 카르텔을 형성하는 경향마저 보였다. 케이블TV 시대는 전달자인 방송사업자가 늘어났음에도, 지역별로 한 개 케이블TV 사업자만 허가된 경우가 많아 시장에 미치는 영향이 그리 크지 않았다. 케이블 방송권은 전문 스포츠채널을 양산한 결과를 초래했을 뿐이었다. 디지털시대에 접어들면서 인터넷·모바일·OTT 플랫폼이 등장했고, 스포츠 프로그램 배포와 콘텐츠 유통의 새로운 주

〈그림 5-1〉 스포츠 중계방송권 시장

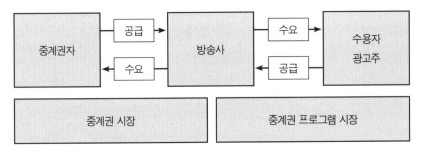

자료: Evens, Iosifidis, & Smith(2013).

체로 떠올랐다. 이 새로운 경쟁은 전달자의 수익성을 저하시켰고, 전달자의 가치를 위축시키는 대신 콘텐츠의 가치를 증폭시켰다(Todreas, 1999). 콘텐츠를 제공하는 스포츠조직의 협상력은 강력해졌고, 제한된 스포츠콘텐츠를 확보하려는 방송사와 마케팅사, 통신 및 OTT 간 경쟁은 더욱 치열해졌다.

국내에서 또는 국제적으로 하나의 스포츠 대회가 개최되기 위해서는 단체·선수·심판·방송사업자·경기 해설자·관객 및 그 밖에 경기 진행을 위한 수많은 사람들의 참여와 협력이 필요하다. 경기 주최자는 구단이나 심판과 참가를 위한 계약을 체결할 뿐만 아니라, 방송사업자와의 중계권 계약, 관객과의 입장권 계약, 경기 장소의 임대차계약, 광고 판매 계약 등 많은 법률관계를 맺게 된다. 이와 같이 다양한 법률관계를 형성하면서 경기 주최자는 그만큼 많은 비용을 투자하게 되고 그에 따라 권리와 의무를 비롯한 법적 책임도 부담하게 된다.

스포츠 중계와 콘텐츠 유통에 참여하는 주체자별 역할과 권리는 다르다. 먼저 각 소속 팀이나 단체에 적을 두고 경기에 출전하는 스포츠 선수와 선수단은 퍼블리시티권(right of publicity)[1]을 갖는다. 미국에서 어느 껌 제조회사가 유명한 프로야구선수들의 이름과 사진을 광고에 사용하는 독점계약을 체결했음에

---

1) 퍼블리시티권은 영화배우·탤런트·가수·운동선수 등과 같은 유명인들이 자신의 성명이나 초상에 대해 상품 등의 선전·홍보 등에 이용하는 것을 허락하는 권리를 말함.

도, 경쟁사에서 선수들과 이중계약을 맺고 제품에 선수들의 사진을 인쇄해서 판매했다. 먼저 계약을 맺은 업체는 법원에 경쟁업체가 사진을 사용할 수 없도록 사용금지 명령을 법원에 청구했다. 법원은 원고 승소 판결을 내림으로써 유명 스포츠 선수의 퍼블리시티권을 처음으로 인정했다(Hylton, 2001).

우리나라는 아직 퍼블리시티권 관련 법제가 마련되어 있지 않다. 선수들의 권리 일체는 스포츠 선수와 소속 구단 및 스포츠 연맹의 계약을 통해 양도된다. 결국 스포츠 경기를 중계방송할 수 있는 권리는 소속 구단과 스포츠 연맹이 갖는다. 따라서 스포츠 연맹이 가진 스포츠 중계방송권을 방송사들이 획득하기 위해 경쟁하고 있다.

다음으로, 스포츠 연맹은 각 경기를 주최한다. 스포츠 경기 주최자(organizer)는 "스포츠 경기를 준비하고 진행하는 역할을 맡아 재정적이고 조직적인 관점에서 책임을 지는 자로서 경기로 인해 발생하는 위험도 함께 부담하는 자"를 말한다. 즉, 스포츠 행사를 조직하고 그에 따른 재정적·조직적 위험을 지는 개인이나 조직으로서 국제축구연맹(FIFA), 국제올림픽위원회(IOC), 영국 프리미어리그(EPL), 미국 메이저리그(MLB), 일본 프로야구(NPB), 한국야구위원회(KBO) 등이 대표적이다. 경기 주최자 또는 주최에 관하여는 스포츠 단체의 자체 규정에서 정의하고 있는 경우는 있지만 아직까지 법률에서 이를 명시하고 있지는 않다.

방송사 및 각 플랫폼별 미디어사는 경기 주최자에게 중계방송권료를 지급하고 해당 경기를 중계방송할 수 있는 일체의 권리를 소유한다. 미디어사는 스포츠 경기를 매체를 통해 시청할 수 있도록 영상에 담아 전파를 통해 전송한다. 각종 방송사 및 미디어 입장에서도 스포츠 중계는 큰 광고 수입과 시청률을 올릴 수 있기 때문에 적극적으로 인기 스포츠 중계권을 유치하고자 한다.

광고 및 스폰서 기업은 스포츠 경기나 이벤트를 당사 기업의 홍보 및 이미지 제고에 활용하기 위해 스포츠 선수, 구단, 경기 및 중계방송 등에 재원적 지원을 수행한다. 마케팅 및 중계권 계약 등 관련 업무를 선수나 스포츠 단체 및 협회, 그리고 팀이 직접 담당할 수도 있으나 스포츠마케팅의 메커니즘이 복잡한 만큼

〈그림 5-2〉 디지털시대 스포츠 중계권 시장

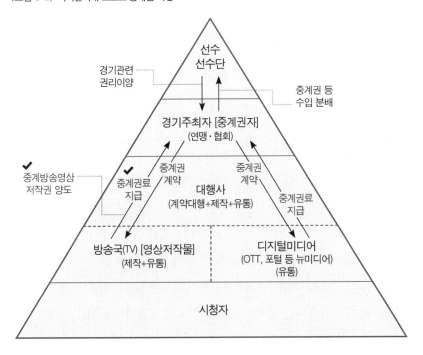

대행사에 맡기는 경우가 많다. 대행사는 균형감각이 있고, 당사자 간 이해관계를 상호 조정할 수 있는 전문가를 운용한다. 미국 IMG는 대표적인 기업형 대행사다. 스포츠조직의 자회사 형태로는 미국 프로야구의 MLBP(Major League Baseball Properties), 미식축구의 NELP(National Football League Properties), 국내 프로야구의 KBOP(Korean Baseball Organization Baseball Properties)를 들 수 있다. 가령, KBO가 2002년 설립한 자회사 KBOP는 프로야구 중계권 협상과 타이틀 스폰서 계약 등 마케팅 사업 일체를 진행한다. KBO리그 스폰서십 선정 및 관리, KBO리그 공식 후원사 유치 및 관리, KBO리그 통합 상품화(모자·의류·액세서리 등)와 라이센싱 사업 그리고 TV와 인터넷, 모바일 등 미디어 관련 중계권 계약 활동을 주요 업무로 한다. 에이클라 미디어 그룹(Eclat Media Group)은 프로야구·프로농구·프로배구 등 국내 프로리그와 국외 경기 등의 중계방송권을 확보하기도 하고, 중계권 대행 권리 확보 업무를 수행하기도 한다. 에이클라 미디어 그룹은 스포츠마케팅 전문 업체이지만 스포츠전문채널 스포티비(SPOTV)를 운영하는 매체사이기도 하다.

전통적으로 스포츠 경기단체와 미디어는 긴밀한 협력관계를 유지하며 서로 발전해 왔다. 그동안 대형 스포츠 이벤트는 지상파방송사들이 중계방송권을 확보하여 방송해 왔다. 지상파방송사는 제작과 송출의 기능을 모두 지니고 있고 여타 분야의 제작과 송출 관련 계열회사도 가지고 있어, 지상파방송국이 경기 주최자와 독점적인 성격의 중계권 계약을 체결하고 나서 다시 타 방송과 뉴미디어 등의 새로운 플랫폼에 중계권 일부를 판매하는 구조로 계약이 체결되었다. 그러나 변화하는 미디어 환경 속에서 다양한 디지털 플랫폼을 비롯한 중계방송의 유통 채널이 많아지고 각종 포털사이트와 유튜브, 쿠팡 플레이 등 OTT와 페이스북과 같은 SNS를 통한 스트리밍 중계 서비스가 상용화되면서, 경기 주최자는 새로운 미디어에 대한 중계의 권리를 별도로 설정해서 판매하기 시작했다. 즉 기존의 지상파방송, 케이블방송 및 위성방송·IPTV와 같은 미디어 외에 새로운 디지털 미디어를 통해서 스포츠를 즐기는 사람이 많아지면서 경기 주최자는 새로운 미디어에 대한 중계권료를 별도로 책정한 것이다. 이와 같은 내용의 계약이 가능했던 것은 스포츠의 인기가 상승하면서 중계권의 가치가 크게 상승하였고 이에 따라 중계권 계약을 체결함에 있어서 경기 주최자 측의 협상력이 크게 증가했기 때문이다. 당연하게도 경기 주최자는 이런 중계권 계약 체결의 과정에서 미디어권 판매를 세분화하거나 패키지화하는 등 이익의 극대화 전략을 취하고 있다.

3. 스포츠 중계권 쟁탈전

스포츠 중계권을 놓고 방송사 간 혈투가 가열될수록 웃음 짓는 곳은 어디일까? 두말할 나위 없이 스포츠조직들이다. 스포츠 중계권을 확보하고도 해당 경기 광고 수입이 크게 증가하지 않는 등 위험 요소가 많음에도 방송사들이 스포츠 이벤트 독점중계에 달려드는 이유는 왜일까? 거액의 중계권료, 적자 발생 위험, 광고 수익의 불확실성에도 불구하고 방송사들은 왜 거액의 자금을 스포츠 단독중계권 확보에 투입할까? 미국 폭스TV(Fox Broadcasting Company) 사례에서 해답을 찾을 수 있다.

폭스TV는 미국 3대 텔레비전 네트워크(ABC·CBS·NBC)의 뒤를 이어 상업방송 텔레비전 네트워크로 1986년 출범했다. 18세에서 34세 대상으로 토크쇼, 뉴스 등을 앞세워 빠르게 성장했지만 초기에는 미국 지상파방송 네트워크 '빅3'에 진입하지 못했다. Fox 경영진은 영국 위성서비스 BskyB가 스포츠 중계를 통해 빠르게 성장한 데 힌트를 얻어 스포츠콘텐츠를 도약의 발판으로 삼기로 결정했다. 1987년 NFL(미국프로미식축구협회) 중계권 입찰에 ABC와 같은 금액으로 입찰했으나 아직 주요 네트워크 방송사로 자리 잡지 못했다는 이유로 경쟁에서 밀려났다. 그로부터 6년 후 NFL이 새로운 중계방송사를 물색하고 있을 때 폭스TV는 다시 응찰했다. 이번에는 1994년부터 4개 시즌 경기 중계권을 15억 8000만 달러에 확보했다. NFL 중계방송을 계기로 폭스TV는 마침내 3대 텔레비전 네트워크와 대등한 수준에서 경쟁할 수 있는 반열에 올랐다. 새로운 방송국을 끌어들여 네트워크를 확장함으로써 플랫폼을 확장할 수 있었다. 더 많은 시청자를 확보했고, 더 많은 광고를 판매할 수 있게 되었다. 다른 텔레비전 네트워크에 비해 40~69년 뒤진 후발주자였음에도 국민적 대형 스포츠 이벤트인 NFL을 단독 중계함으로써 폭스TV는 선두 그룹에 진입하게 된 것이다.

SBS가 미국 폭스TV의 성공 사례를 보고 힌트를 얻었을까? KBS, MBC와 동일한 중계권료를 부담하면서 스포츠를 중계방송하는데도 SBS는 3등이라는 사슬을 끊지 못했다. 2006년 독일월드컵 공동 중계에서 한국 대표팀과 토고 경기 시청률은 MBC 30.9%, KBS1 24.2%를 기록했으나 SBS는 15.9%에 그쳤다(TNS미디어코리아). 새벽 시간 프랑스전 중계방송도 마찬가지였다. MBC는 29.5%, KBS2 12.7%를 기록했으나 SBS는 10.9%로 MBC의 절반에도 못 미쳤다. 그랬던 SBS가

2010 남아공월드컵을 단독중계함으로써 미국 폭스TV가 그랬던 것처럼 다른 방송사와 대등한 수준에서 경쟁하는 반열에 올랐다. 2022 카타르월드컵 조별리그 마지막 경기였던 한국·포르투갈전 시청률은 MBC 16.9%, SBS 11.2%, KBS2 4.4% 순으로 나타났다(닐슨코리아). 캐스터와 해설위원이 누구인지에 따라 채널을 선택하는 경향을 감안하더라도 SBS채널을 선택하는 시청자가 늘어났음을 확인할 수 있다.

이제는 종합편성채널 JTBC가 미국 폭스TV와 한국 SBS의 사례를 좇고 있다. 주요 스포츠 이벤트를 독점중계함으로써 PP채널의 한계를 극복하고, JTBC라는 브랜드이미지를 높이겠다는 전략이다. 과거 SBS가 다른 방송사들과 합의를 파기하는 무리수까지 두었던 것처럼, JTBC도 거액의 중계권료를 IOC와 FIFA에 지불하면서 기존 방송사 앞지르기를 시도하고 있다.

국내 스포츠 중계방송권 시장은 위성방송, 케이블TV, DMB 및 IPTV에 이르는 다양한 플랫폼이 등장하면서 점차 가열되어 왔다. 지상파TV 중심의 중계권 계약에 스포츠마케팅사가 개입하고 그들의 영향력이 커지면서 과열 양상으로 치달았다. 국내 프로야구의 경우, 스포츠전문채널 스포티비(SPOTV)의 모회사 에이클라 엔터테인먼트(Eclat Media Group)가 국내 프로야구 중계권 판매 대행권 계약을 시작하면서 중계권 확보전이 뜨거워졌다. 2004년 설립된 에이클라 엔터테인먼트는 국내외 야구·축구·배구·농구·육상·이종격투기 등의 경기 중계권을 확보하고, 각 종목 협회를 대신해 케이블TV·IPTV 및 인터넷과 모바일 등 유무선 방송 중계권을 대행 계약하면서 스포츠콘텐츠 시장의 큰 손으로 떠올랐다.

국내 프로스포츠 가운데 가장 큰 시장을 형성하는 리그는 프로야구다. 중계권료와 관람객 수입, 스폰서십 등에서 프로축구와 프로농구에 비해 월등히 앞선다. 국내 프로야구는 1982년 MBC 청룡, 삼미 슈퍼스타즈, OB 베어스, 해태 타이거즈, 삼성 라이온스 5개 구단으로 출범했다. 당시 MBC와 KBS가 지불한 방송 중계권료는 연간 3억 원 수준이었다. 40년이 흘러 2022년에는 국내 프로야구

〈표 5-4〉 한국 프로스포츠 중계권 시장 규모(단위: 억 원)

	2011	2012	2013	2014	2015	2016	2017	2018	2019	2020
프로야구	250	270	200	200	320	340	579	600	540	540
프로축구	64	49.6	65	65	65	60	60	60	60	68
프로농구(남)	50	50	-	-	-	-	33	33	33	30
프로농구(여)	15	15	-	-	-	3	3	4.4	4	4
프로배구(남, 여)	29	34	100(3시즌)			40	40	40	40	37

자료: 문화체육관광부. 『2020·2017·2015·2014 스포츠산업 백서』.

방송 중계권료는 540억 원으로 늘어났다. 인터넷과 모바일 플랫폼의 중계권료는 포함되지 않은 금액이다. 약 200배 폭등했다. 프로야구 관중은 1982년 연간 약 140만 명, 2011년 600만 명, 2012년 700만 명, 2016년부터 800만 명을 넘어섰다.

프로야구 중계 역사는 스포츠 중계권 시장 변동을 상징적으로 보여준다. 1991년 SBS가 개국하면서 중계권료는 상승세를 타기 시작했고, 2001년 KBO가 KBS와 연간 약 80억 원 규모로 4년 동안 장기 계약하면서 지상파방송사 간 스포츠 중계권 쟁탈전의 서막이 올랐다. MBC는 다른 지상파방송사들과 연합해 오던 코리아 풀을 깨고 박찬호 선수가 활약하던 미국 메이저리그 중계권을 독점 계약했다. 국내 프로야구 중계권을 독점적으로 확보한 KBS는 SBS에게만 중계 권을 재판매했다. KBS는 연간 30회 이상 프로야구를 생중계를 하기로 약정을 했으나 2002년 월드컵, 아시안게임 등 국민적 관심이 분산되면서 중계 횟수를 채우지 못해 논란이 되기도 했다. 그 후 4년 계약이 끝난 2005년에는 79억 원 수준으로 중계권료가 유지되었다.

2002년 위성 본방송 개시, 2005년 DMB 서비스 개시, 2008년 IPTV 방송이 개시되면서 스포츠전문채널이 활성화되고 다양한 스포츠 중계의 창구가 형성되기 시작했다. 주목해야 할 시점은 2006년 이후의 방송 중계권료와 에이클라 엔터테인먼트의 등장이다. 2006년 이후의 시기에는 기존의 전통 방송 시장이었던 지상파와 케이블 영역 이외에 모바일·인터넷 등 뉴미디어 시장이 창출되면서 2006년에는 115억 원, 2008년에는 125억 원으로 늘었고 2010년에는 158억까지

〈표 5-5〉 한국프로야구 중계권 시장 규모와 주요 쟁점

		중계권료 (억 원)	중계권 사업자	주요 현안
	1982	3	-KBS(1,5), MBC(1,5)	
SBS 개국('91)	1989	11		
ADSL	1999	30		-1997년 코리아 풀 구성
	2001	80	-KBS(70억 원, '01), SBS -유무선: 와우스포츠('01), SPOTV('03)	-KBS, 4년간 독점중계방송 및 타 방송사 중계권 재판매 가능(SBS에 재판매·MBC 제외)·연 30회 의무 편성
HDTV	2002	77		-KBOP 설립
	2003	77		
	2004	77		-에이클라 엔터인먼트 설립 -IB스포츠 창립
지상파 DMB	2005	79	-KBS·MBC·SBS	-KBO, 각 방송사 간 개별 계약 체결 -KBO, 재판매권 방송사로부터 회수 -Xports 개국
	2006	115 (15)	-KBS·MBC·SBS -U1(지상파 DMB) -유무선: 에이클라(아프리카 TV, 네이버 등 ('06), 그래텍, 판도라티비 등 ('07))	-지상파방송사(KBS·MBC·SBS) 협상 대표단 구성 3년간 계약 체결 -송진우 200승 경기 지상파 무중계
	2007			
IPTV	2008	125 (15)		
아이폰 출시	2009		-케이블: 에이클라(KBSN, MBCESPN, Xports 판매) -U1(지상파 DMB) -IPTV: 에이클라(KT, SK브로드밴드, LG데이콤) -유무선: 에이클라(아프리카 TV 등)	-KPOP, 중계권 판매를 에이클라 위탁 -IPTV 스포츠전문채널 IPSN 개국 -SBS, Xports(CJ미디어 70%·IB스포츠 30% 지분) 인수
	2010	158 (50)	-KBS·MBC·SBS -케이블: 에이클라 -U1(지상파 DMB)	-600만 관중
종편PP 개국	2011	230 (50)	-KBS·MBC·SBS 및 XTM -케이블: 에이클라(KBSN, MBCESPN, SBS스포츠, XTM) -U1(지상파 DMB) -유무선: NHN(네이버, 모바일 독점, ('11), 푹('12), 다음('14))	-KBOP, 지상파방송사와 4년간 계약 -KBOP 최대 매출(340억 원) 달성, 중계권 매출·스폰서십·입장료 수입 등
지상파 디지털 전환	2012	270		-IPTV 프로야구 채널(SPOTV1·2, ISPN, iGOLF) 지상파 스포츠채널 상대 방송금지 가처분 신청
	2013	125		
8VSB 허용	2014	158		

2015	230	-KBS·MBC·SBS -케이블: 에이클라(KBSN, MBC스포츠플러스, SBS스포츠, SKY SPORTS, SPOTV+) -유무선: 네이버	-JTBC 스포츠채널 신설 -XTM 재계약 포기
2016	340	-KBS·MBC·SBS -케이블: 에이클라(KBSN, MBC스포츠플러스, SBS스포츠, SKY SPORTS, SPOTV+) -유무선: 네이버	-스포츠산업진흥법 제정 -중국 바이두·아이치이 KBO 경기 중계
2017	579		
2018	600		-대만 스포트캐스트 KBO 경기 중계
2019	540 (220)	-KBS·MBC·SBS -유무선: 컨소시엄(네이버·카카오·KT·LG유플러스·SK브로드밴드)	-KBO, 뉴미디어 중계권 공개입찰 방식 시행 -지상파방송사 및 케이블사 시범경기 중계 거부
2020	540 (220)	-KBS·MBC·SBS (케이블·IPTV 유료 채널 사업자 중계방송권 재판매 권리, 동영상 취재권 및 보도권 포함)	-지상파방송사와 4년간 계약 -미국 ESPN과 미주·유럽·중동 등 130개국 KBO 경기 중계
2021	540		
2022	540		
2023	540		

상승했다. 지상파와 케이블을 제외한 뉴미디어 부분 중계권은 2006년부터 적용됐다. KBO는 뉴미디어 중계권을 분리하면서 그간 중계방송권자로 독점적 지위를 유지했던 지상파방송사 외에 통신사 및 포털사 등을 참여시켜 대규모 시장을 형성해 나갔다.

2006년은 월드베이스볼클래식(WBC)에서 한국 대표팀이 4강에 들며 인기몰이를 이어갔고, 케이블TV, IPTV, 인터넷 포털, DMB 등 플랫폼이 다양해지면서 중계권을 둘러싼 쟁탈전은 가열되기 시작했다. KBO는 2009년 4월 중계권 협상을 대행사인 에이클라 엔터테인먼트에게 위탁했고 당시 케이블TV 방송사들과 협상이 늦어져 프로야구가 개막했음에도 방송이 중단되기도 했다.

2004년 창립한 아이비스포츠(IB Sports)는 2005년부터 2015년까지 미국 메이저리그 야구(MLB) 중계권을 확보한 다음 다른 방송사에 재판매하려 했으나 여의치 않자 케이블TV 채널 'Xports'를 직접 론칭했다. 이후 AFC(축구), KBL(농구),

WWE(프로레슬링), UFC(이종격투기), FIVB(세계배구선수권대회), IAAF(세계육상선수권대회) 등 국내 및 해외 스포츠 방송 중계권을 획득하여 이를 지상파방송에 배급했다. 또한 각종 뉴미디어 매체(케이블TV, 위성TV, DMB, 인터넷, IPTV)에도 배급했다. 아이비스포츠는 ㈜호텔 인터불고가 대주주인 기업으로 높은 자본력을 기반으로 크고 작은 경기의 독점방송권을 확보해 왔다. 박찬호·봉중근·최희섭·김병현·이승엽 등 해외 빅리그로 출전한 한국 선수들의 활약이 커지면서, 아이비스포츠는 월드컵과 WBC 등 국제선수권대회 중계권을 독점해 재판매 금액을 높여갔다. 특히, 2005년 아이비스포츠는 2006년부터 2012년까지 7년간 아시아축구연맹(AFC)이 주관하는 국내 모든 경기의 독점중계권을 따내면서 국내 보편적시청권제도 도입 논의의 도화선을 제공했다.

KBO는 2020년 국내 프로스포츠 사상 역대 최대 규모의 중계방송권 계약을 체결했다. KBS·MBC·SBS와 2020년부터 2023년까지 4년간 총 2160억 원, 연간 540억 원 규모였다. KBO는 유무선(뉴미디어) 중계권과 관련해 네이버·카카오·KT·LG유플러스·SK브로드밴드가 참여한 통신·포털 컨소시엄과 5년간 1100억 원, 연평균 220억 원의 계약을 별도로 체결했다.

국내 지상파방송사를 중심에 놓고 볼 때, 스포츠 중계권의 역사를 크게 네 단계(안정적 확보 시대, 내부경쟁 시대, 경쟁 확대 시대, 무한경쟁시대)로 구분할 수 있다(봉미선·신삼수, 2022). 첫째, 안정적 확보 시대는 전 국민의 관심을 받는 올림픽과 월드컵 중계권을 지상파방송사가 공동으로 협상하여 중계권을 확보할 수 있었던 시절이다. KBS·MBC·SBS 3사는 스포츠 중계권 확보를 위한 출혈경쟁을 막기 위해 '코리아 풀' 공조 체제를 유지했다.

둘째, 내부경쟁 시대는 스포츠 이벤트 확보를 위한 경쟁이 지상파방송사 내부에서만 전개되던 시기를 말한다. 2006년 8월 SBS는 2010년부터 2016년까지 동계·하계 올림픽과 월드컵 중계권을 독점적으로 확보했다고 발표했다. SBS가 한 번이 아닌 네 번의 동계·하계 올림픽과 두 번의 월드컵까지 10년 동안 여섯 번의 대형 스포츠 중계권을 단독으로 계약함으로써 다른 방송사들의 강한 반발을 불러왔다. 더욱이 불과 세 달 전 KBS·MBC·SBS 사장단이 모여 방송협회 차원으로 중계권 협상 창구를 단일화하기로 한 '스포츠 합동방송 합의사항'에 서명했기에 KBS와 MBC는 SBS를 맹비난했다(이창훈, 2018). KBS와 MBC는 "SBS가 예년의 중계료보다 두 배 이상을 주고 뒷거래하면서 국익을 외면했다"라고 비판했다. '코리아 풀'이 2002년과 2006년 FIFA로부터 구입한 월드컵중계권료는 6000만 달러였으며, SBS가 2010년과 2014년 월드컵 단독중계 조건으로 FiFA에 지급한 금액은 1억 4000만 달러였다(맹이섭·이수연·조성식, 2012). 이에 대해 SBS는 '과거보다 중계 가능한 뉴미디어들이 많아진 데다 케이블 채널과 스포츠마케팅사들이 협상에 뛰어들면서 경쟁이 치열했기 때문'이라고 해명했다(SBS, 2010.2.11). 방송사들은 KBS1의 뉴스9, MBC 뉴스데스크, SBS 8시 뉴스 등 메인뉴스를 통해 자신들의 주장을 여러 차례 보도했다. 결국 2006년 9월 방송사들은 방송위원회로부터 동시에 제재 조치를 받았다. 직접 이해당사자인 방송사들이 자사 메인뉴스를 통해 자신들의 목소리만 일방적으로 반복해서 보도했다는 이유였다. 방송위원회는 방송사들이 방송심의에관한규정 가운데 공정성(제9조 4항)과 품위유지(제26조 1항)에 관한 규정을 위반했다며 권고 조치했다

셋째, 경쟁 확대 시대는 지상파방송사 이외 사업자들이 방송을 중심으로 중계권 확보 경쟁에 뛰어들기 시작하던 때부터 OTT로 넘어가기 직전까지다. 넷째, 무한경쟁시대는 방송뿐만 아니라 OTT가 일반화되어 방송 중심에서 완전히 벗어난 시대를 말한다. 올림픽 시청 플랫폼이 텔레비전에서 온라인 미디어, 특히 OTT로 급격히 이행하였다. 2020 도쿄올림픽은 OTT 올림픽중계의 원년으로 꼽힌다. 시청자 미디어 이용 행태가 OTT로 변화하면서 스포츠 중계권 확보 경쟁은 국내 방송사를 넘어 글로벌 OTT 플랫폼으로 확대되었다.

OTT시대, 케이블 채널은 물론 다양한 스트리밍 OTT 사업자와 스포츠마케팅사들이 협상에 뛰어들면서 중계권 확보 경쟁은 치열해졌고 격화된 중계권 확보 경쟁은 중계권료 폭등으로 이어졌으며, 이미 공영방송이나 지상파방송사가 확보할 수 있는 지경을 넘어섰다. 스포츠 중계권 확보경쟁에서 지상파방송사가 과

거처럼 주도권을 회복할 가능성은 사실상 사라졌다.

국내 지상파 3사는 2011년 코리아 풀로 불리는 '스포츠 중계방송 발전협의회'를 구성해 국내외 스포츠 방송권을 공동구매하는 방식으로 대응해 왔다. 협의회는 전파 낭비를 막고 다양한 시청권을 보장한다는 취지로 순차방송을 원칙으로 2012년 지상파는 런던올림픽에서 수영·양궁·유도·태권도 등 주요 관심 종목 12개는 1개 사만 중계한다는 합의문을 발표하기도 했다. 그럼에도 불구하고 방송사들은 월드컵이나 올림픽과 같은 국가 대항전 메가 이벤트의 중계권을 두고 특정 지상파가 방송권을 획득하기 일쑤였고, 2020 도쿄올림픽 중계에서도 방송통신위원회는 지상파 3개 사에 순차방송을 권고했다.

코리아 풀의 역사는 1964년으로 거슬러 올라간다. 1961년 12월 31일 KBS가 채널 번호 9번으로 텔레비전방송을 시작했지만, 아직은 라디오방송이 대세이던 시절이다. KBS, MBC, CBS, DBS와 갓 개국한 RSB(라디오 서울)가 주도권 경쟁을 펼치던 시기다. 1964년 도쿄올림픽(1964.10.10~10.24)을 앞두고 국영방송이던 KBS와 MBC, 민간방송사들(동아방송, 동양방송)이 올림픽합동중계반을 꾸렸다. 중계방송권도 공동으로 구매했다. PD는 동아방송, 아나운서는 MBC, KBS는 기술을 맡아 운영했다(윤병건, 2005). 라디오 채널 RSB는 1964년 6월 28일 도쿄올림픽 출전 티켓을 두고 열리는 한국과 베트남 국가대표 축구 경기를 독점중계했다. 전반 2 대 0으로 지고 있던 대표팀은 후반 들어 세 골을 넣어 역전승해 올림픽 출전권을 획득했다. 스포츠 생중계로 RSB 채널을 알리고, 광고 수익을 올릴 수 있었다. 방송사들은 합동 중계 약속에도 불구하고 독점중계를 찾아 치열하게 경쟁했다.

방송사들은 1970년대와 1980년대 '대한민국합동방송단'이라는 이름으로 공조를 이어갔다. 1990년 SBS가 개국하고, 1995년 3월 종합유선방송이라는 이름으로 케이블TV가 도입되면서 경쟁이 치열해졌다. KBS는 1996년 아랍에미리트에서 열린 제11회 AFC아시안컵을 단독중계했고, MBC는 1998년 프랑스월드컵 아시아 지역 최종 예선전 독점중계권을 따냈다. KBS와 SBS의 공동 중계 요구를 뒤로한 채 MBC는 단독중계를 강행했다. 이른바 '도쿄 대첩'으로 불리는 대한민국과 일본 국가대표팀 축구 경기는 시청률 56.9%를 기록하는 기염을 토했다. 붉은악마 응원단이 결성된 이후 첫 해외 원정 경기였던 데다 한국이 일본을 2 대 1로 꺾었다.

1998년 3월 KBS·MBC·SBS는 '스포츠 합동방송에 관한 세부 시행세칙'을 마련하고, 국내외 모든 스포츠 이벤트의 합동 방송 원칙에 합의했다. 협의 창구는 '한국방송협회 스포츠분과 TV매체 소위원회'로 단일화했다. 코리아 풀 협약은 중계방송권 공동 구매, 현지 중계시설 공동사용, 프로그램 공동제작을 포괄하는 내용이었다. 이로써 과도한 경쟁을 피하고 서로 협력하여 적절한 가격으로 스포츠 중계방송권을 확보하며, 제작비를 줄여보자는 취지에서 출발한 것이다. 채널마다 동일한 화면, 동일한 캐스터와 해설을 보고 들어야 하느냐는 비판도 일었다. 1998 나가노동계올림픽까지는 합동 중계였으나, 2002 솔트레이크시티동계올림픽에서는 각사 개별 방송 체제로 바뀌었다. 하계올림픽은 이보다 앞선 1992 바르셀로나올림픽 때부터 이미 개별 제작 시스템이었다(윤병건, 2005).

4. 올림픽과 월드컵 중계권 쟁탈전

올림픽중계와 관련된 모든 결정 권한은 국제올림픽위원회(IOC: International Olympic Committee)가 갖고 있다. 올림픽헌장(Olympic Charter) 제48조는 올림픽경기에 대한 언론보도 관련 사항을 규정하고 있다. 제48조 및 해당 조례에 따르면 "IOC는 올림픽에 대해 다양한 미디어가 세계에서 가장 많은 청중에게 최대한 보도할 수 있도록 필요한 모든 조치를 취함"과 "올림픽 운동의 목적은 올림픽경기와 그 내용에 대한 언론보도를 통해 올림픽 정신의 원칙과 가치를 널리 알리고 홍보하는 것임"(IOC, 2021)을 명시하고 있다. 이에 더해 IOC 집행위원회는 올림픽 개최 계약에 반영된 올림픽경기의 미디어 보도와 관련된 모든 기술 규정 및 요구 사항을 수립한다. IOC는 크게 중계권 수입과 올림픽 파트너(TOP[2]: The

	1993 ~1996 릴레함메르· 아틀란타	1997 ~2000 나가노· 시드니	2001 ~2004 솔트레이크시 티·아테네	2005 ~2008 토리노· 베이징	2009 ~2012 벤쿠버· 런던	2013 ~2016 소치· 리오	2017 ~2020/21 평창· 도쿄
중계권	1,251	1,845	2,232	2,567	3,850	4,161	4,544
TOP	279	579	663	866	950	1,003	2,295
총합계	1,530	2,424	2,895	3,433	4,800	5,164	6,839

자료: IOC(2022).

Olympic Partners)의 스폰서십으로 구성되며, 관련 라이선스 및 상품 판매와 티켓팅과 각종 후원을 통해 수익을 창출한다. 2020년 도쿄올림픽을 기준으로 과거 일곱 개 올림픽 수익을 살펴보면, 28년 동안 올림픽 중계권 수입이 네 배 가량 늘어났음을 알 수 있다.

　IOC는 올림픽 수익의 90%를 올림픽대회 개최를 지원하고 스포츠의 세계적인 발전을 촉진하기 위해 올림픽 운동 전반에 걸쳐 관련 조직에 분배한다. 나머지 10%를 조직위원회(IOC) 운영과 스포츠 개발 활동에 사용한다. IOC가 추구하는 올림픽 방송 마케팅 전략은 방송 파트너십을 구축하여 올림픽경기의 개선된 글로벌 보도를 보장하고 올림픽의 이상을 홍보하며, 전 세계적으로 올림픽 운동의 활동에 대한 인식을 높이는 데 있다. IOC는 사용 가능한 모든 미디어 플랫폼에서 노출을 극대화하고 최신 미디어 기술을 활용하는 데 관심을 두고 있다.

　올림픽경기를 최초로 TV에 실어 안방으로 전한 것은 1936년 베를린올림픽부

---

2) TOP 프로그램은 IOC가 관리하는 전 세계 후원 프로그램으로 IOC는 올림픽경기를 위한 다양한 수익 기반을 개발하고 올림픽 운동 전체에 도움이 되는 장기적인 기업 파트너십을 구축하기 위해 1985년 IOP 프로그램을 구성했다. TOP 프로그램은 4년을 임기로 올림피아드로 운영되며, 각 월드와이드 올림픽 파트너에게 지정된 제품 또는 서비스 범주 내에서 독점적인 글로벌마케팅 권한과 기회를 제공한다. 글로벌마케팅 권한에는 IOC, 모든 활성 NOC(the National Olympic Committee, 국가올림픽위원회) 및 해당 올림픽팀, 두 개의 OCOG(the Organising Committees for the Olympic Games, 올림픽대회조직위원회) 및 각 올림픽경기의 파트너십이 포함된다. TOP 파트너는 이러한 권리를 전 세계적으로 행사할 수 있으며, TOP 프로그램에 참여하는 올림픽 운동의 모든 구성원과 함께 마케팅 이니셔티브를 활성화할 수 있다.

터였다. 베를린올림픽 생중계는 독일에서만 실시했지만, 대회가 이어지면서 점차 늘어났다. 1960년 로마올림픽 대회는 21개국, 1976년 몬트리올은 124개국, 1988년 서울은 160개국, 1996년 애틀랜타는 214개국에 달했다. 2000년 시드니 올림픽 대회부터는 모든 나라에서 올림픽 생중계를 시청할 수 있을 정도로 보편화되었다.

줄곧 올림픽 개최국의 주관 방송사가 단독으로 혹은 다른 방송사와 협력관계를 만들어 제작해 오던 올림픽 중계방송 제작 시스템이 2001년 이후 달라졌다. IOC가 올림픽 방송을 주관하는 OBS(Olympic Broadcasting Service, www.obs.tv)를 설립했기 때문이다. OBS는 모든 동계·하계 올림픽과 청소년 올림픽의 주관 방송 역할을 수행하며, 스페인 마드리드에 본사를 두고 있다. OBS는 종목에 상관없이 모든 경기를 오디오와 TV방송을 위한 'International Signal' 또는 'World Feed'로 제작한다.

IOC는 2009년부터 중계권을 구입한 방송사(RHB: Rights-Holding Broadcasters)들이 OBS가 보내는 피드(신호)로만 올림픽 방송을 중계하도록 했다. 영국 BBC조차도 2012 런던올림픽 중계를 OBS로부터 받은 영상으로 진행했다. 런던올림픽은, 고화질 및 디지털화된 첨단 장비와 기술을 기반으로 그 어느 때보다도 많은 방송국들이 약 10만 시간의 올림픽경기 방송을 전 세계 500개 이상의 TV채널을 통해 중계한, 역사적 경기로 꼽힌다. 당시 런던올림픽 TOP 스폰서인 파나소닉은 고화질(HD) 장비와 LED 대형 스크린 디스플레이 시스템을 투입했고, 실내경기 현장에는 올림픽 역사상 처음으로 103인치 PDP 디스플레이를 설치했으며, 사상 첫 3D 올림픽 중계방송을 구현했다.

올림픽 인터넷 생중계 서비스는 2004 아테네올림픽 때 처음으로 시작됐고, 2008 베이징올림픽은 유튜브 채널(www.youtube.com/beijing2008)로 77개 지역에 VOD(Video On Demand) 방식으로 서비스됐다. IOC 채널은 VOD 저작권이 팔리지 않은 지역이나 독점공급계약이 아닌 지역에서만 이용 가능했다. 제한적인 지역에서만 시청 가능했던 2004 아테네올림픽과 23개 지역에서만 시청 가능

〈표 5-7〉 역대 올림픽 중계권 및 텔레비전방송의 역사 (단위 : 백만 달러)

개최 연도	개최국	중계권료	주요 역사 및 개요	대한민국 중계권 및 분쟁 내용
1936	베를린		-개최국 대상 첫 생중계 시작(총 138시간, 16만 2000명 시청자, 3대 카메라)	
1948	런던		-중계권 원칙 세운 첫 올림픽 -BBC, 약 3천 달러 지불 동의·OCOG, BBC 재정적 어려움 고려 지불받지 않음(런던 반경 50마일 이내 거주 시청자 64시간 중계 시청)	KBS
1952	헬싱키		-OCOG, 첫 중계권 협상 진행	
1956	멜버른		-중계권 협상 결렬로 미국 등 주요국 송출 불가	
1956(동계)	코르티나드 암페초		-동계올림픽 첫 생중계 시작 -1958년, TV 중계권 사항 올림픽 헌장(49조) 명시, 모든 권리 IOC	
1960	로마	1.2	-첫 유럽 18개국 생중계, 몇 시간 후 미국·캐나다·일본 생중계	
1960(동계)	스쿼벨리	0.05		
1964	도쿄	1.6	-첫 위성방송 중계 시작	
1964(동계)	인스부르크	0.9		KBS, RSB, MBC, DBS, CBS
1968	멕시코시티	9.8	-1966년, IOC 처음으로 NOC와 IF를 포함하도록 수익 분배 확대 -1968년, 올림픽경기 첫 컬러로 생중계	KBS, TBC, MBC, DBS, CBS
1968(동계)	그르노블	2.6		
1972	뮌헨	18		KBS, TBC, MBC, DBS, CBS
1972(동계)	삿포로	8.5	-NHK, 방송사가 원하는 방송프로그램 선택할 수 있도록 피드 제공	
1976	몬트리올	35		KBS, TBC, MBC, DBS, CBS
1976(동계)	인스부르크	12		
1980	모스크바	88		
1980(동계)	레이크 플래시드	21		
1984	로스엔젤레스	287	-156개국 TV·라디오 중계권 획득, 25억 명 이상 경기 시청	KBS, MBC
1984(동계)	사라예보	103		KBS, MBC
1988	서울	403		KBS, MBC
1988(동계)	캘거리	325		KBS, MBC
1992	바르셀로나	636	-첫 여러 국가 다층 중계 구조 운영 -전국 방송사, 케이블·위성 방송사 서브라이선스로 커버리지 확대	KBS·MBC·SBS
1992(동계)	알베르빌	292	-86개국 중계	KBS, MBC

1994(동계)	릴레함메르	353	-120개국 이상 중계, M-NET과 ART위성으로 아프리카 대륙 중계	KBS·MBC·SBS
1996	애틀랜타	898	-214개국 중계	KBS·MBC·SBS
1998(동계)	나가노	514	-180개국 중계, 호주 중계 시작 및 주문형비디오·3D 고화질 방송 시작	KBS·MBC·SBS
2000	시드니	1332	-220개국 37억 명의 시청자 시청 -2001년, OBS 설립	KBS·MBC·SBS
2002(동계)	솔트레이크시티	738	-주최 방송사 모든 동계 종목 생중계, 인도 1억 명 시청자 중계 시작	KBS·MBC·SBS
2004	아테네	1494	-300개 이상의 채널 중계, 아제르바이잔 첫 중계 시작 -첫 인터넷 생중계 서비스 시작	KBS·MBC·SBS
2006(동계)	토리노	831	-1,000시간의 라이브 콘텐츠 제공, 핸드폰·TV·HDTV 방송 제공	KBS·MBC·SBS
2008	베이징	1739	-IOC 자체 디지털 채널, 전 세계 디지털 미디어 서비스 시작(유튜브) -2009년, OBS 운영 시작	-KBS·MBC·SBS -3사 일부 예선경기 순차방송 합의, 과다 중복 편성·재방송 물의
2010(동계)	벤쿠버	1280	-OBS 단독중계 화면 제작 및 피드 제공	-SBS 단독중계(SBS, 2010~ 2016년 동계·하계 중계권 독점) -SBS, 2분 내외 뉴스용 자료화면 제공
2012	런던	2569	-10만 시간, 세계 500개 채널로 중계	KBS·MBC·SBS
2014(동계)	소치	1289	-155개 웹·75개 앱 포함 총 6만 시간 디지털 방송 커버리지 제공	KBS·MBC·SBS
2016	리우	2868	-548개 TV채널, 270개 이상 디지털 플랫폼 제공	KBS·MBC·SBS
2018(동계)	평창	1436	-전 세계 인구 25% 다양한 미디어 플랫폼으로 시청 -가장 디지털한 방송으로 소치보다 38% 증가한 15만 7812시간 중계	-KBS·MBC·SBS -네이버, WAVVE, 아프리카TV
2020	도쿄	3107	-30억 5천 명 시청자, 디지털 플랫폼 시청(linear TV·Digital platforms)	-KBS·MBC·SBS -네이버, WAVVE, 아프리카TV
2022 (동계)	베이징			-KBS·MBC·SBS -네이버, WAVVE, 아프리카TV
2024	파리			KBS·MBC·SBS
2026(동계)	밀라노·코르티나			JTBC
2028	로스앤젤레스			JTBC
2030(동계)				JTBC
2032	브리즈번			JTBC

자료: IOC(2022). 19~24쪽 내용 기반 재구성.

했던 2006 토리노동계올림픽과 달리 2008 베이징올림픽은 IOC 채널을 통해 직접 전 세계로 올림픽을 중계한 대회로 기록되었다.

2012년 런던, 2014년 소치동계올림픽과 2016년 리우 및 2018년 평창동계올림픽은 다양한 방송·영상과 미디어 ICT 신기술의 시험대로 알려져 있다. 소치와 리우 올림픽은 VR(가상현실)과 드론, 8K 등 신기술을 채택해 다양한 볼거리를 제공했고, 2018 평창동계올림픽은 세계 최초로 5G 기반 무선기기만 20만 대를 설치해 220개국에 중계되었다.

올림픽위원회(IOC) 수입의 9할을 차지하는 올림픽 방송 중계권료가 폭등세로 돌아선 것은 1984년 LA올림픽부터다. LA올림픽은 상업주의적 올림픽의 시발점이었으며, LA올림픽부터 방송 중계권이 정보 상품으로 인식되어 시장가치가 중시되는 계기가 됐다. LA올림픽 조직위원회가 방송 중계권료 협상을 통해 ABC와 2억 2500만 달러에 중계권 협상을 맺고, 다수의 스폰서광고를 유치하면서 흑자를 올리자, IOC도 뒤늦게 방송 중계권에 주목하기 시작했다. LA올림픽 중계권료는 그전 모스크바올림픽의 세 배 이상으로 상승했다. 이후 올림픽 방송 중계권 협상은 IOC 주도로 바뀌었고, IOC는 대행사를 통해 방송사들의 경쟁을 유도하면서 방송 중계권 가격의 상승을 부추기고 있다(〈표 5-7〉참조).

올림픽 국내 중계권 확보전은 지상파방송 중심으로 전개되었다. 1991년 12월 민영방송 SBS가 개국하면서 1992년 바르셀로나올림픽부터 KBS와 MBC에 이어 SBS가 합류했다. 2006년 5월 지상파방송 3사 사장단은 방송협회 산하 '올림픽·월드컵 특별위원회'로 창구를 단일화해 올림픽·월드컵 중계권 협상을 진행하기로 했으나, SBS가 약속을 깨고 IOC와 단독계약을 체결하면서 갈등이 극에 달했다. 2006년 코리아 풀 이름으로 IOC에 올림픽 중계료 6300만 달러의 입찰서를 제출했으나 SBS는 SBS인터내셔널을 통해 7250만 달러를 IOC에 지불하고 2010 벤쿠버동계올림픽, 2012 런던올림픽, 2016 리우올림픽 중계권을 독점한 것이다. 벤쿠버동계올림픽은 SBS 단독으로 중계되었으며, 피겨스케이팅 쇼트 프로그램에 출전한 김연아 선수의 경기 중계는 TV와 온라인의 신기록 무대가 되었다. 다음 커뮤니케이션은 온라인 중계 역사상 최대치인 동시접속수 34만 명이라는 기록을 세웠고, 전체 접속자 수도 350만 명에 달해 스포츠 중계 사상 최고 수치를 기록했다. 응원 댓글 또한 최고치를 기록했는데, 경기가 시작하기 1시간 전부터 경기가 끝날 때까지 1만 개의 댓글이 올라와 한일 간의 독도 분쟁이 있었던 2006년 시간당 5000개 기록을 넘어섰다. 아프리카TV도 동시접속자 22만 명을 기록했다.

미디어 환경이 변화하고 다양한 플랫폼을 통해 대형 스포츠 이벤트의 유통이 분산됨에 따라 이용자들의 관심도와 광고매출이 하락하는 추세임에도 중계권 확보에 집중하는 방송사가 있다. SBS의 뒤를 잇고 있는 방송사는 JTBC이다. 그간 지상파의 전유물로 여겨졌던 올림픽 국내 중계권을 JTBC가 독점해 2026 밀라노 동계올림픽, 2028 LA 하계올림픽, 2030 동계올림픽, 2032 브리즈번 하계올림픽의 4개 대회 중계권을 확보한 것이다. 그간 국내 지상파방송사 3사가 올림픽 중계권을 두고 분쟁한 역사는 있었으나 비지상파방송사가 올림픽 중계권을 독점한 것은 한국 방송 역사상 처음이다. JTBC는 스포츠채널(JTBC3 FOX Sports)과 골프채널(JTBC GOLF)을 운영하고 있으나 올림픽과 월드컵 같은 국민 보편적 관심 행사를 중계한 경험은 없다.

FIFA 월드컵 또한 올림픽 못지않은 중계권 쟁탈의 역사를 지니고 있다. 1930년 월드컵 첫 대회가 우루과이에서 열렸을 때 참가국은 불과 13개국이었으며, 관중은 800~1000여 명에 불과했다. 월드컵이 최초로 TV로 중계방송된 것은 1970년 멕시코월드컵이었다. 초기 국제축구연맹(FIFA: Federation Internationale de Football Association)은 전 세계 방송 연맹 판매 방식을 통해서 중계권 가격의 점진적 인상을 유지해 왔다. FIFA는 1998년 프랑스월드컵까지만 해도 아시아방송연맹(ABU)이나 유럽방송연맹(EBU) 등 각 대륙별 연맹 단위의 협상 방법을 유지해 텔레비전 중심의 월드컵 시청 확대에 집중해 왔다. 당시까지만 해도 FIFA와 방송사 간 협상에 있어 비교적 우월적 지위를 갖는 당사자는 방송사였다. 그러나 FIFA는 1998년 프랑스월드컵을 끝으로 스포츠마케팅사를 통한 판매 대행

<표 5-8> 지상파방송사 간의 주요 방송 중계권 분쟁 사례

연도	스포츠 이벤트	분쟁내용
1996년	AFC아시안컵	KBS, 코리아 풀 파기, 단독 계약·방송
1997년	1998 프랑스월드컵 아시아 지역 최종 예선	MBC, 코리아 풀 파기, 단독 방송
1999년	브라질 축구대표팀 초청 경기	KBS, 순차방송 무시, 단독 계약·방송
1999년	나이지리아 세계청소년축구선수권대회	SBS, KBS의 브라질 초청 축구 위반을 이유로 단독중계
2001-2004년	메이저리그(MLB: Major League Baseball)	MBC, 코리아 풀 파기 단독 계약·방송. KBS와 SBS는 국내 프로야구, 축구, 농구 독점 계약해 MBC 참여 제한
2005년 8월	올림픽 아시아 예선, 월드컵 지역 예선	IB스포츠, 중계권 계약 체결
2006년 2월	AFC 패키지	KBS가 IB스포츠로부터 AFC 패키지, MLB, WBC 등 중계권 구입. MBC와 SBS는 'IB스포츠로부터 스포츠 중계권 구매 않기로 한 신사협정 깼다'고 반발해 3사 균등 분배
2006년 3월	축구 대표팀 평가전(앙골라전)	KBS 중계 예정이었던 앙골라전을 KBS 위반을 구실 삼아 3사 동시 중계
2006년 3월	WBC 준결승전	KBS가 WBC 준결승 단독중계를 고집하자 MBC, SBS는 사전 합의를 무시한다고 반발, 동시 중계 선언. 이에 KBS는 법원에 중계 금지 가처분 신청했지만 기각돼 동시 중계
2006년	2010, 2012, 2014, 2016 올림픽	SBS 인터내셔널, 코리아 풀 파기 단독계약
2012년	WBC	종합편성채널 JTBC, 중계권 단독계약

자료: 송해룡·김원제·조항민(2007) 참조하여 보완.

체제로 전환하면서 수익 최우선주의 사업 조직으로 탈바꿈했다.

FIFA는 코리아 풀이나 ABU 및 EBU와 같은 방송 연합체와의 협상을 선호하지 않고 개별 방송사나 스포츠마케팅사와 직접 거래하는 체제로 중계권 계약 방식을 바꿔나갔다. FIFA는 2002년 새로운 판매 전략으로 2002년 한일월드컵과 2006년 독일월드컵 중계권을 패키지로 묶어 팔았으며 2002년과 2006년 월드컵 중계권료는 이전에 열린 세 개 월드컵 대회의 중계권을 모두 합친 금액의 몇 배로 상승했다. FIFA 중계권 판매 계약의 핵심은 대륙별 스포츠마케팅대행사에서 찾을 수 있다. 아시아 지역의 판권을 맡고 있는 덴쓰(電通), 유럽 지역의 키르히 미디어 그룹, 남미 등의 ISL 등은 중계권료를 천정부지로 올려놓았다. 스마트폰과 IPTV 및 각종 포털의 스포츠 중계방송이 상용화되면서 모바일과 인터넷 중계권은 새로운 거대 시장을 형성했다. FIFA는 2006년 독일월드컵부터 인터넷·모바일 중계권 계약을 별도로 체결하고 있다.

2005년 IB스포츠가 아시아축구연맹이 주관하는 월드컵 아시아 예선경기 독점 중계권을 확보한 것을 시작으로 SBS는 지상파 3사의 코리아 풀을 깨고 2010년 남아프리카공화국월드컵과 2014년 브라질월드컵 독점중계권을 계약했다. SBS는 월드컵 패키지 계약에 따라 2007년 세계청소년축구선수권대회, U-20월드컵과 U-17월드컵을 단독중계했다. 2022년 카타르월드컵 국내 주관 방송사는 SBS다. SBS는 KBS와 MBC에 중계권을 재판매했다. 카타르월드컵 아시아지역 최종 예선은 CJ ENM 계열 채널인 tvN이 중계권 계약을 따낸 것을 필두로 아시아 챔피언스리그(ACL), 2023년 아시안컵 등 AFC가 주관하는 4년간의 국가대표팀 및 클럽 경기에 대한 독점중계권을 확보했다. tvN은 자신들의 OTT 서비스인 티빙(TVING)을 활성화하기 위해 연예·오락과 스포츠 프로그램 확장에 나섰다.

FIFA는 2022년 4월 글로벌 축구 디지털 플랫폼 'FIFA+'를 론칭했다. 넷플릭스·아마존·유튜브 등 글로벌 OTT 플랫폼에 맞서기 위해 FIFA가 직접 글로벌 축구 전용 OTT 플랫폼을 가동한 것이다. FIFA는 독점적인 디지털 스트리밍 영상과 콘텐츠를 제공하는 최초 경기단체가 되겠다며 콘텐츠는 무료로 제공한다고 밝혔다. FIFA+는 여자축구를 비롯해 매년 라이브 매치 영상 제공 수를 늘릴 계획이다. 단기적으로는 스폰서 노출 효과에 집중해 무료로 서비스하며 저변을 확대한 후 프리미엄 코너 등 유료 서비스를 시작할 수 있다는 전망이 지배적이다. FIFA는 축구 경기를 직접 중계할 수 있는 플랫폼을 구축하고 운영에 들어갔다.

미디어 플랫폼이 다양해지고 사업자 수가 늘어나면서 스포츠 이벤트 중계권의 가격은 급등했다. 1998년 프랑스월드컵 중계권료는 226만 달러였다. 2002년 한일월드컵에서 3500만 달러로 15.5배가 오르더니 2018년 러시아월드컵 9500만 달러, 2022년 카타르월드컵 중계권료는 1조 300만 달러까지 상승했다. 2022

〈표 5-9〉 국내 유료방송 독점중계권 계약 및 재판매 현황

구분	연도(개최지)	중계권 (계약방송사)	재판매 (방송사)	재판매(온라인 등)
친선경기	2013 동아시안컵대회(한국)	JTBC	-	네이버·다음
	2014 월드컵 아시아 지역 최종 예선	WSG	JTBC(2경기), KBS·MBC·SBS(그외)	-
	2015 동아시안컵대회(중국)	JTBC	-	아프리카TV
	2018 월드컵 아시아 지역 최종 예선	JTBC	-	네이버·카카오·아프리카TV·곰TV·SKB·KT·LGU+·POOQ
	2019 아시안컵대회 (아랍에미레이트)	JTBC	-	POOQTV·다음·옥수수·네이버스포츠·올레TV모바일·U+비디오포털·아프리카TV
	2019 동아시안컵대회(한국)	스포티비	MBN(한국경기)	스포TV NOW
	2022 월드컵 아시아 지역 최종 예선	tvN	-	- 생중계: 쿠팡플레이·티빙 - VOD : 네이버·카카오·유튜브(tvN SPORT)
	2022 동아시안컵대회(일본)	TV조선	-	쿠팡플레이
	2022 국가축구대표팀 친선경기	TV조선	-	쿠팡플레이
WBC	2013 WBC	JTBC	-	네이버·티빙 등
	2017 WBC	JTBC	-	네이버·카카오·아프리카TV·곰TV·KT·LGU+·POOQ
올림픽	2026 밀라노 동계올림픽	JTBC	미정	미정
	2028 LA 하계올림픽	JTBC	미정	미정
	2030 동계올림픽	JTBC	미정	미정
	2032 브리즈번 하계올림픽	JTBC	미정	미정

자료: 이데일리(2022.10.6).

년 카타르월드컵 중계권료는 24년 전 프랑스월드컵 중계권료의 45.6배에 달한
다(변상규, 2021). 올림픽과 월드컵과 같은 국민적 관심 행사에 대한 중계권 또한
유료 방송사가 확보하기 시작해 실효성 없는 국내 보편적시청권에 대한 논의가
재점화되고 있다.

5. 스포츠 중계의 역사

국내 스포츠 중계방송의 시초는 1927년 9월 전(全) 조선 야구선수권 쟁탈전을 중계한 것으로 볼 수 있다. 그 후 1928년 8월 전국 중등학교 조선 야구 예선전의 중계방송 실시를 통해 최초의 라디오 스포츠 중계를 청취할 수 있었으며, 1948년에는 런던올림픽을 실황 중계방송하여 해방 후 최초의 스포츠 중계방송이 이뤄졌다. 1952년 헬싱키올림픽은 아나운서(서명석)가 처음으로 파견돼 현지에서 중계방송한 대회였다. 1956년 호주 멜버른올림픽에는 장기범, 임택근 아나운서를 현지에 파견하여 개막식을 비롯하여 생생한 우리 선수들의 활약을 라디오를 통해 고국에 전달했다(윤병건, 2005). 1960년 로마올림픽에도 방송단을 파견해 중계방송이 이루어졌고, 1962년부터는 KBS가 스포츠 프로그램을 시작했다. KBS는 전국장사씨름(1962.5.19)으로 스포츠 중계방송을 시작했다. 같은 해 6월에는 농구 중계를 시작했고, 스포츠 프로그램이 인기를 얻자, 11월 8일부터는 매주 수요일에 〈TV스포츠〉를 40분간 방송했다. 1962년 기독교방송 CBS도 각 경기장 경기 진행을 알리는 스포츠 버라이어티를 시작했다.

1963년 MBC는 라디오를 통해 최초로 복싱 해외 중계방송을 실시했다. KBS는 1964년 1월 프로복싱 중계를 시작으로 스포츠 생중계를 본격화했다. 그해 10월에는 인천에서 열린 제45회 전국체전을 생중계했다. 1964년 도쿄올림픽에는 합동방송단을 파견했는데, 올림픽경기 장면을 풍부하게 방송함으로써 우리나라 텔레비전방송 수준을 발전시킨 대회로 평가받는다. 1965년에는 KBS가 프로레슬링을 특집으로 방송하여 높은 시청률을 기록했지만, 국영방송이 난투극을 그대로 방송했다는 비난을 감수해야 했다(정순일·장한성, 2000).

1970년은 스포츠 위성생중계가 시작된 해로 기록된다. 1970년 6월 2일 충남 금산군에 우리나라 최초 위성통신지구국을 개통했다. 같은 해 5월 말부터 6월 중순까지 열린 1970년 FIFA 월드컵 멕시코 대회 독점 방송권을 획득한 MBC는 예선전은 녹화 테이프를 항공편으로 받아 방송하고, 6월 21일 열린 브라질과 이탈리아 결승전은 위성 중계했다. 펠레의 활약이 돋보였으며, 정이십면체 축구공이 처음으로 공인구로 채택된 대회다. 무엇보다 브라질이 3회 우승함으로써 쥘리메컵을 영구 소유할 수 있게 된 대회로 주목받았다.

1972년 독일 뮌헨올림픽은 남한과 북한의 배구 예선전 생중계로 국민을 열광시켰다. 1976년 캐나다 몬트리올올림픽은 레슬링에서 양정모 선수가 태극기를 달고 올림픽에서 처음으로 금메달을 따는 장면을 생중계했다. 1977년 11월 27일에는 TBC가 파나마에서 열린 홍수환 선수와 파나마의 카라스키야의 WBA 주니어페더급 경기를 중계했다. 홍수환은 소나기 펀치를 맞고 2회에 4차례 다운을 당했으나, 3회전에서 KO 펀치를 날려 '4전 5기 신화'로 불린다. 당시 상대 선수는 11전 11 KO 승을 거둔 챔피언이었다. 원정 도전 실패를 우려한 방송사가 중계방송을 주저하자 당시 스포츠 국장이 자리를 걸고 중계를 강행했다는 일화가 있다.

1984년 LA올림픽과 1986년 서울에서 개최된 제10회 아시아경기대회에서 KBS와 MBC는 특집방송을 대거 편성했고, 중계방송 시간도 늘렸다. 사실상 88 서울올림픽 실전 경험을 쌓을 수 있는 예행연습이었다. 1981년 9월 30일 밤 사마란치 IOC위원장이 "서울"이라는 목소리로 제24회 올림픽 개최지로 서울을 확정한 '바덴바덴의 기적' 이후였기 때문이다.

1988년 서울올림픽 주관 방송사는 KBS였다. KBS가 개회식과 폐회식, 양궁과 육상 등 14개 종목을 제작했고, MBC는 협력 방송 기관으로 농구와 복싱 등 8개 종목을 도맡아 제작했다. 마라톤은 양사 합동 중계 제작했다. 국제 방송 신호는 두 방송사가 협력하여 제작, 공급했다. 당시에는 서울올림픽 조직위원회가 방송권을 직접 판매했다. 미국 독점중계 방송사로 NBC-TV를 선정하고, 국가 단위 또는 지역 방송 연맹 단위 방송권 계약도 서울올림픽 조직위원회 몫이었다. 140개국 227개 방송사와 4억 700만 달러 계약을 맺었으며, 주관 방송 경비를 제외한 나머지를 IOC와 조직위원회가 정해진 비율로 나눴다(정순일·장한성, 2000).

1980년대 프로야구, 프로축구 등 프로스포츠 출범을 시작으로 방송 영역에 있어 스포츠 중계의 편성은 중요한 장르로 자리 잡았다. 1995년 케이블TV 시작과 함께 스포츠전문채널이 등장하며 다양한 종목의 중계가 시작되었다. 2000년도 이후 위성방송과 DMB, IPTV가 서비스되면서 국내 대표 지상파방송인 KBS·MBC·SBS는 프로스포츠와 올림픽, 월드컵 등 메가 스포츠 이벤트와 결승전의 실시간 중계에 집중했다. 2016년 넷플릭스의 CEO 리드 헤이스팅스(Reed Hastings)는 10년 후에 케이블TV와 같은 유료방송사업자가 사라질 것이라고 예견했다. 앞으로 3년도 채 남지 않은 최근의 실시간 방송 시장은 어떠할까? 2020 도쿄올림픽은 스포츠 실시간 중계가 더 이상 지상파방송의 전유물이 아니라는 사실을 보여주었다. 그간 스포츠 방송은 실시간으로 보지 않으면 그 감동이 줄어든다는 이유로 지상파방송 중계를 당연하게 여겨왔으나, 향후 전개될 양상을 가늠하기란 쉽지 않다.

06 OTT와 스포츠 중계

우리나라 방송의 역사를 크게 네 시즌으로 나눌 수 있다. 상업방송 SBS가 등장(1991년)하고, 케이블TV가 도입(1995년)되었던 2000년 이전을 시즌 1로 구분할 수 있다. 공공성 중심의 방송서비스에 제한적인 유료방송이 등장하던 시기이다. 시즌 2는 지상파 디지털 방송(2002년)을 시작하고, 방송통신위원회 설립(2008년)과 함께 IPTV를 시작하던(2009년) 시기라고 볼 수 있다. 방송 시장은 본격적으로 확장하기 시작했다. 공적 가치가 여전히 중시되었으나, 산업성도 반영되기 시작했다. 방송통신위원회가 설립되기 전, IPTV 도입 논의와 함께 방송과 통신의 융합 논의가 본격화되었다. 시즌 3은 종합편성PP(종합편성방송채널사용사업자)를 승인(2010년)하고, 지상파 UHD방송을 시작(2017년)한 때로 구분할 수 있다. 방송 시장이 본격적인 유료·무료 경쟁 체제에 돌입하고, 통신 자본이 방송에 진입하기 시작하였다. 과학기술정보통신부는 유료방송 활성화 정책을 펼쳐나갔다. 스마트 미디어와 함께 시즌 4가 시작되었다. 방송망 중심에서 스트리밍으로 옮겨갔다. 디지털시대를 넘어 OTT시대로 접어들었다. OTT시대가 본격화할수록 공공서비스미디어의 설 자리는 점차 줄어드는 형국이다. 국내에서는 쿠팡이 OTT 서비스 쿠팡플레이를 서비스하며 스포츠·오락·연예 등 엔터테인먼트 콘텐츠 중심으로 기세를 확장하고 있다. 미국 애플TV(Apple TV)는 2023년부터 10년간 미국 프로 축구(MLS: Major League Soccer) 중계권을 확보했다. 동영상 스트리밍 서비스가 일상화된 오늘날, OTT의 국내외 지형을 살펴보고, 스포츠콘텐츠를 두고 펼쳐지는 각축전, 그 사이에서 설 자리를 찾아 헤매고 있는 공영방송 OTT의 현주소를 짚어본다.

1. OTT 시대의 도래

국내 OTT 지형

2017년부터 2021년까지, 5년간 국내 OTT 이용자들의 이용 행태 변화 추이는 주목할 만하다. 국내 OTT 서비스 이용률은 2017년 36.1%에서 2021년 69.5%로 점진적으로 증가했다. OTT 서비스의 유료 이용률도 2017년 5.6%에 불과했으나 2021년 50.1%로 급격하게 증가했다. 이에 더해 2021년 국내 OTT 이용자의 13.9%가 두 개 이상의 OTT 서비스를 유료로 이용하고, 유료로 한 개를 구독하는 이용자는 36.2%, 무료 이용자는 49.9%로 나타났다(이선희, 2022). 이에 더해 2022년 기준 OTT 이용률은 72.0%에 달한다(방송통신위원회, 2023). 넷플릭스와 디즈니플러스, 웨이브와 티빙 등 다수의 국내외 OTT 사업자들이 국내시장에 진입하고, 사업자 간 가입자 확보와 경쟁력을 확보하기 위해 양질의 오리지널콘텐츠를 제작 및 제공하고 있다. 특히, 영화·스포츠·드라마·애니메이션 등 킬러콘텐츠 중심의 독점 제공을 통해 OTT 서비스 가입을 유도하고 있다.

글로벌 OTT 지형

스마트폰 등장 이후 방송 생태계는 변화의 소용돌이에 휘말렸다. 방송, 통신, 인터넷의 구분조차 무색해지면서 OTT로 수렴되고 있다. OTT 이용자가 케이블TV와 IPTV를 넘어서고 있다. 유튜브·넷플릭스·디즈니플러스·아마존프라임과 애플TV 등 글로벌 OTT를 필두로 동영상의 생산, 유통 플랫폼이 달라졌다. 이용자들은 더 이상 고정형 TV시청과 편성표에 매달리지 않는다. 지상파방송 중심으로 제작, 서비스되던 시절은 저물어가고, 스마트폰이 등장하면서 OTT 서비스, 인터넷 IP망 중심으로 다양한 콘텐츠가 스트리밍되고 있다. 시청자의 이용 행태는 데이터로 축적되어 맞춤형서비스를 위한 알고리즘 개발의 초석이 되고 있다.

OTT(Over The Top)는 '셋톱박스 넘어'라는 의미에서 출발했다. 텔레비전 이상의 텔레비전이라는 전망은 현실로 펼쳐졌다. 온라인으로 방송을 수신하는 기기로 인식되던 OTT는 이제 스마트폰 앱, 태블릿 PC, 인터넷으로 시청하는 온라인 동영상 서비스를 총칭하는 용어로 발전했다. OTT를 이용하는 사람들은 코로나19를 겪으면서 급격히 증가했다. 한국미디어패널조사[1] 결과, 2019년 41.0%이던 OTT 이용률이 2020년에는 72.2%, 2021년에는 81.4%로 급격하게 늘어났다. 밀레니얼 세대, Z세대의 이용률 증가가 두드러진다. 이들은 유튜브 외 웨이브, 티빙, 넷플릭스 등 구독형 스트리밍 플랫폼(SVOD) 이용률이 다른 세대에 비해 높다(김윤화, 2022).

스마트폰에 대한 인식을 살펴보면 시청자들의 명확한 미디어 이용 행태 변화를 잘 알 수 있다. 이미 일상생활에 꼭 필요한, 없어서는 안 되는 매체로 스마트폰이 텔레비전을 앞선 지 오래다. 턴어라운드 미디어(turnaround media)·턴어라운드 디바이스(turnaround device)는 우리가 사용하는 가장 유용한, 없어서는 안 되는 미디어와 디바이스를 뜻한다. 사람들은 출근이나 외출을 했는데 스마트폰을 집에 두고 왔을 때, '턴어라운드 해서' 집으로 되돌아가 스마트폰을 가지고 나온다. 왜 우리들은 점점 더 스마트폰이 없이는 한시도 살 수 없게 되었을까? 스마트폰이 없으면 우리의 일상생활에 직접적인 영향을 미치기 때문이다. 스마트폰으로 이루어지는 금융, 정보생산과 소비에서 사람들 간 소통까지 스마트폰은 우리의 삶과 떼려야 뗄 수 없는 관계가 되었다.

---

1) 한국미디어패널조사는 2010년부터 매년 실시되는 동일 표본 추적 조사다.

〈표 6-1〉 국내 OTT 서비스별 유료 이용 요인*

순위	넷플릭스	디즈니플러스	웨이브	티빙	쿠팡플레이
1	다양한 콘텐츠 48.4%	독점 콘텐츠 39.5%	가격 혜택 (통신사 할인 등) 39.0%	독점 콘텐츠 46.4%	다중 아이디· 낮은 가격 34.8%
2	다중 아이디· 낮은 가격 41.1%	다중 아이디· 낮은 가격 41.1%	독점 콘텐츠 32.0%	다양한 콘텐츠 43.2%	독점 콘텐츠 24.2%
3	독점 콘텐츠 39.5%	취향 적합 콘텐츠 추천 36.7%	최신 콘텐츠 30.0%	최신 콘텐츠 28.0%	가격 혜택 (통신사 할인 등) 22.7%
4	무광고 콘텐츠 감상 26.1%	다양한 콘텐츠 30.6%	다양한 콘텐츠 29.0%	다중 아이디· 낮은 가격 26.4%	기타 21.2%
5	최신 콘텐츠 25.4%	주변 지인 추천 16.3%	다중 아이디· 낮은 가격 23.0%	가격혜택 (통신사할인 등) 21.6%	부가서비스 이용 가능 16.7%

자료: 나스미디어(2022).
* 2021년 12월18일~2021년 12월20일 간 국내 PC·모바일 동시 이용자 만15~69세 2000명 조사 중 유료 OTT 이용자 1575명 조사 결과.

2022년 나스미디어의 동영상 이용 행태 조사 결과에 따르면, 유료 OTT 동영 상 서비스 이용의 주된 이유로 콘텐츠 및 비용 측면이 중요한 것으로 나타났다. 특히 각 OTT 사업자가 제공하는 독점 콘텐츠가 1위에서 3위에 꼽혀 구독의 주 요 고려 이유임을 잘 알 수 있다.

광고 기반 무료 스트리밍 OTT 서비스

광고 기반 무료 스트리밍 OTT 서비스(FAST: Free Advertising Streaming Service)는 기존 방송과 비슷하다. 그래서 레거시 미디어에서 파생된 OTT 서비 스로 불린다. 보고 싶은 특정 콘텐츠를 골라 광고 없이 볼 수 있는 구독형 서비스 가 아니다. FAST는 광고를 시청자가 건너뛸 수 없다. 광고를 의무적으로 시청하 는 대신 무료다. 콘텐츠 자체가 채널이다. 〈거침없이 하이킥〉을 특정 채널에서 24시간 방송한다. 뉴스나 스포츠채널은 채널 편성표에 따라 시청할 수도 있다. FAST를 차세대 케이블TV(next Cable TV)로 규정하기도 한다. 케이블TV가 지상파방송의 재방송을 보기 위해 1948년 시작된 것처럼 FAST도 다시보기에서 출발했기 때문이다. FAST의 시초는 2014년 스타트업으로 출발한 미국 플루토TV로 간주된다. 플루토TV는 2019년 파라마운트에 인수되었고, 파라마운트는 2022년 기준 280개 채널을 운영하면서 월간 사용자 수 6800만 명을 확보하고 있다(KCA, 2022).

국내에서도 '에브리온TV'라는 이름으로 플루토TV보다 2년 앞서 유사한 서비스가 등장했으나 네트워크 비용을 감당하지 못해 2019년 문을 닫고 말았다. 미국에서는 지상파방송사를 필두로 22개가 넘는 FAST 제공업체들이 경쟁하고 있으며, 제공되는 채널이 1455개에 달한다. 국내에서도 가전사를 중심으로 FAST 서비스를 제공하고 있다. 삼성 TV플러스가 대표적이다. 2020년 미국에서 서비스를 시작했고, 2021년 4월부터 국내 출시 스마트TV에도 FAST 앱을 기본으로 제공하고 있다. 삼성 TV+는 삼성전자와 계약한 채널 공급사가 송출하고, 삼성전자가 이를 각각의 채널에 할당하여 방영하는 방식이다. 이용자는 특정 프로그램 VOD를 일일히 검색하고 재생하는 수고를 들일 필요가 없다. LG전자도 스마트TV용 FAST 서비스인 'LG채널'을 제공 중이다.

국내 지상파방송사들은 미국에 비해 FAST에 채널을 공급하는 데 적극적이지 않다. 지상파 플랫폼을 위협할 수 있기 때문이다. 가전사들의 FAST는 콘텐츠를 글로벌로 송출할 수 있다는 장점을 갖는다. 지상파방송사들은 상업적 기업들의 FAST OTT 서비스를 자사 무료 OTT를 활성화하는 수단으로 활용할 수 있다.

2. OTT와 스포츠 중계권

OTT와 스포츠콘텐츠

올림픽과 월드컵 등 스포츠 중계권의 주도권이 전달자에서 공급자로 바뀌면서 중계권 확보 경쟁은 미디어가 발전할수록 더욱 치열해졌다. 전 세계적으로 넷플릭스와 유튜브는 제3위의 OTT 서비스 강자가 대두할 수 없을 정도로 막강한 점유율과 자본력을 겸비한 거대 공룡으로 자리를 잡았다. 넷플릭스와 유튜브가 지니는 콘텐츠는 단일 장르에 머물지 않는다. 스포츠도 그중 하나다. 유튜브는 2022년 11월 미국 내 유료 OTT 스트리밍 콘텐츠 구독 서비스를 출시했다. 유튜브가 출시한 '프라임타임 채널'은 'SHOWTIME', 'Paramount+', 'STARZ', 'AMC+', 'epix', 'Here TV' 등 총 34개 콘텐츠 제공업체의 스트리밍 콘텐츠를 구독할 수 있는 서비스다. 유튜브는 미국 프로농구(NBA)의 중계권을 확보해 NBA 경기도 프라임타임 채널을 통해 제공할 예정이다(연합뉴스, 2022.11.2).

실제로 사람들이 OTT를 통해 스포츠를 소비하는 비율이 상당히 높다. 방송통신위원회가 2022년 12월 발표한 '2022 방송매체 이용 행태조사'에 따르면 국내 이용자들이 OTT를 통해 감상하는 콘텐츠 3위가 스포츠(22.9%)였다. OTT 서비스 중 스포츠콘텐츠는 각 종목별 충성도 높은 이용자들을 고정 구독자로 확보하는 핵심영역이다. 스포츠콘텐츠는 OTT 소비자의 관심을 끌기 쉽고, 고정 팬덤을 가진 킬러콘텐츠로 분류된다. 유료 플랫폼사업자 입장에서는 스포츠조직 또는 단체와 독점계약이 가능해, 투자 실패 확률이 상대적으로 작고, 고객을 자사 플랫폼에 한정하여 묶어 두는 자물쇠(Lock-in) 효과를 노릴 수 있다.

OTT는 과거 선형 TV 중계에서 제공되는 경기장 열기를 안방으로 전하는 것 이상의 정보를 제공한다. 스포츠콘텐츠 관련 아카이브 영상, 가상 스포츠, 해당 종목과 팀의 기록과 부가 정보를 비롯하여 관련 이벤트와 질의응답(Q&A) 서비스까지 이용자들은 다양한 스포츠콘텐츠를 선택할 수 있게 되었다. 이처럼 2020년 팬데믹이 시작된 이후 대중의 스포츠 시청 행태 변화는 상당히 가속화되었다. 대중은 자신이 선호하는 스포츠 이벤트를 다양한 플랫폼을 통해 시청 가능하게 되었다. 스포츠 이벤트의 시청 환경은 OTT의 성장과 함께 변화하고 있다. 기존의 주요 방송사가 소유한 TV 중심의 플랫폼에서 SNS와 OTT 등 소셜미디어를 통해 스포츠 이벤트 시청이 계속해서 급증하고 있으며 틱톡(TikTok)의 등장은 새로운 스포츠 팬덤을 형성하고 있다. 틱톡은 대중이 스포츠 스타와 혁신적으로 소통할 수 있는 장을 제공하고 있다.

디지털 기반의 플랫폼은 스포츠 라이브 스트리밍 외에도 다양한 스포츠 이벤트 관련 콘텐츠를 생산한다. 스포츠 이벤트 관련 숏폼 콘텐츠를 비롯하여 인기 스포츠 스타가 업로드하는 사진과 영상 등은 대중의 주목을 받고 있다. 실제로 대중의 메가 스포츠 종목의 페이스북과 인스타그램 포스팅 수는 지속적으로 증가하고 있다. 주요 스포츠 관련 팔로우의 증가는 단연 인스타그램이 주도하고 있다. 인스타그램은 평균 770만 명의 팔로우가 생성되고 있고, 페이스북은 260만 명, 유튜브는 170만 명에 이른다(Nielsen, 2021). 이처럼 가장 넓은 팬층을 보유하고 있는 인스타그램과 페이스북, 유튜브의 3대 디지털 플랫폼은 높은 수의 비디오 뷰를 생성하고 있다.

2022년 닐슨의 스포츠 이용자 변화 분석 보고서에 따르면, 2019년부터 2021년 3년간 스포츠 이벤트 생중계 시청률의 원천이었던 선형 텔레비전 중심의 시청은 전 세계적으로 감소한 반면 OTT 및 스트리밍 플랫폼을 통한 생중계 소비는 지속적으로 증가했다. 세계적으로 선형 텔레비전으로 스포츠 이벤트 생중계를 소비하는 인구는 2019년에 48%로 나타났으나 2021년에는 43%로 감소했다. 반면 OTT와 스트리밍 서비스로 스포츠 이벤트 생중계를 소비하는 인구는 2019년 30%에서 2021년 39%로 상승했다(Nielsen, 2022). 이러한 스포츠 이벤트 생중계 소비 행태의 변화는 기존 방송사 또한 스포츠 이벤트 중계에 있어 혁신을 추진하도록 했다. 미국 NBC가 OTT 서비스 피콕(Peacock)을 론칭하며 스포츠 라이브 스트리밍에 집중하고 있고, 아마존도 스포츠콘텐츠에 투자를 아끼지 않고 있다. 다즌(DAZN)은 모든 스포츠 이벤트를 OTT로 서비스하는 사업자이다. 그간 스포츠 이벤트의 생중계는 현장의 생생함을 안방에 그대로 전해줄 수 있는 대형 스크린과 화질 등이 주요 요소로 꼽혔다. 그러나 디지털 기술의 발전과 예측 불가능한 팬데믹 요인 등은 전 세계적으로 스포츠 이벤트 소비의 행태를 바꿔놓았다.

넷플릭스, 아마존프라임, 훌루, 디즈니플러스, 디스커버리, 유튜브, 트위터, 페이스북 등 거대 자본을 기반으로 한 글로벌 OTT 사업자는 지상파방송을 넘어선 오리지널콘텐츠 제작과 스포츠 중계권 확보에 집중하고 있다. 한동안 이들 서비스의 핵심은 언제 어디서나 PC, 모바일 등 다양한 디바이스를 통해 콘텐츠를 볼 수 있는 다시보기서비스에 있다고 여겨졌다. 그러나 이들의 빅 픽처는 실시간 라이브 스트리밍에 있다.

OTT와 스트리밍이 이미 선형 텔레비전의 이용을 추월한 국가가 등장하고 있다. 북아시아는 비선형 플랫폼인 OTT와 스트리밍으로 스포츠 이벤트 생중계를 즐기고 있다. 특히 중국은 ICT 기술이 잘 발달되어 있으며, Tencent스포츠, Migu스포츠, iQIYI 및 CCTV 비디오와 같은 사업자가 대규모의 디지털 소비를 이끌고 있다. 전 세계적으로 다른 지역 또한 OTT 및 스트리밍이 빠른 성장을 보이며, 거시적인 OTT 주도의 글로벌 추세가 진행되고 있다.

국내 OTT의 스포츠 중계권 확보

국내 OTT 사업자들은 스포츠 중계권 확보와 스포츠 관련 예능 및 다큐[2]에 투자를 아끼지 않고 있다. 쿠팡은 전 세계적으로 최고의 인기를 얻고 있는 스포츠

---

[2] 국내외 OTT 사업자는 충성도 높은 구독자를 확보하기 위해 스포츠 이벤트에 집중하고 있다. 콘텐츠 소비 중심이 숏폼과 비선형 플랫폼인 웹과 앱, 각종 SNS 스트리밍 서비스의 OTT로 이동함에 따라 OTT 사업자는 구독자를 유치할 킬러콘텐츠 발굴에 전력을 다하고 있다. 넷플릭스, HBO맥스, 디즈니플러스 등 글로벌 OTT는 가장 인기 있는 스포츠 이벤트인 미국 프로농구(NBA)에 주목했다. 2020년 미국 스포츠 전문방송 ESPN과 넷플릭스는 〈마이클 조던: 더 라스트 댄스〉를 공동제작하여 전 세계 농구 팬들의 높은 인기를 얻었다. 2022년 HBO는 1980년대 로스앤젤레스 레이커스의 일대기를 담은 10부작 〈위닝타임: 레이커스 왕조의 비상〉을 제작하고 HBO 맥스를 통해 서비스했다(국내는 웨이브를 통해 시청 가능하다). 2022년 디즈니플러스는 나이지리아계 그리스인 삼형제 야니스 아데토쿤보·타나시스 아데토쿤보·코스타스 아데토쿤보가 미국으로 이민과 NBA에서 성공을 거두는 일대기를 그린 〈라이즈〉를 제작했다. 넷플릭스는 국제자동차프로레이싱대회(F1)를 소재로 〈F1, 본능의 질주〉라는 오리지널 다큐 시즌을 지속적으로 제작 중이다.

글로벌 OTT 외 국내 사업자도 별반 다르지 않다. 2022년 쿠팡플레이는 토트넘 구단의 이야기를 담은 〈모 아니면 도〉, 〈더 레인〉, 〈홈 어게인〉 등 다큐멘터리 3편을 공개했고, 2022년 하반기 우리나라 축구 국가대표팀이 카타르월드컵 경기를 여는 모습과 여정을 담은 다큐멘터리 〈국대: 로드 투 카타르〉도 방영할 예정이다. 2022년 4월 다수의 영화 구독자층을 확보한 왓차는 한화 이글스와 공동제작한 스포츠 다큐 오리지널콘텐츠 〈한화이글스: 클럽하우스〉를 방영한다.

이벤트인 축구 중계에 공을 들여왔다. 2022년 기준 김민재(SSC나폴리), 손흥민(토트넘홋스퍼), 이강인(레알마요르카), 황의조(올림피아코스), 황희찬(울버햄프턴) 등이 해외 리그에 진출해 있다. 쿠팡은 2010년 설립된 온라인쇼핑몰 사업자다. 쿠팡은 자체 운영 마켓과 오픈마켓을 제공해 2015년 전 세계 1조 클럽에 진입했고, 2020년 콘텐츠 스트리밍 OTT 서비스 '쿠팡플레이(coupang play)'를 론칭했다. 쿠팡플레이는 쿠팡의 회원제인 '로켓와우'에 가입하면 2022년 기준 월 4990원에 상품 구입·무료배송·반품 등 쇼핑과 최신 영화·드라마·스포츠 생중계까지 무제한 시청 가능하다. 쿠팡플레이는 영국 축구 리그인 EFL(The English Football League) 2022~2023 EFL 카라바오컵 경기를 독점중계했고, 2022년 7월 13일과 16일 손흥민이 소속되어 있는 토트넘 홋스퍼를 초청해 친선경기를 열고 중계했다. 서울월드컵경기장과 수원월드컵경기장에서 각각 열린 토트넘 홋스퍼의 방한 경기는 오직 쿠팡플레이에서만 온라인 예매가 가능했다. 쿠팡플레이 구독자만이 토트넘 홋스퍼의 현장 관람 및 방송 중계를 볼 수 있었다.

이에 더해 한국프로축구연맹은 쿠팡플레이와 2025년까지 K리그 온라인 독점 중계권 계약을 체결했다. 그간 각종 포털 사이트를 통해 제공되었던 무료 K리그 온라인 중계는 2022년도 시즌까지만 제공되고 2023년부터는 유료 구독 서비스인 쿠팡플레이를 통해서만 K리그 온라인 중계를 접할 수 있다.

CJ EnM이 론칭한 OTT 서비스 티빙은 '파라마운트 플러스'의 콘텐츠를 국내에 독점 공급하고 다양한 오리지널 OTT 콘텐츠를 제작해 구독자를 확보하고 있다. 2022년 티빙은 세계 최대 종합격투기 대회인 UFC(Ultimate Fighting Championship), 월드 복싱 슈퍼매치, 2022 롤랑가로스(프랑스오픈) 등 다양한 장르의 스포츠 이벤트를 독점 생중계했다. 프랑스 오픈은 세계 4대 메이저 테니스 대회 중 하나로, 티빙은 호주 오픈과 프랑스 오픈을 중계했다. 티빙은 AFC 챔피언스리그, 분데스리가, 카타르월드컵 예선을 중계하며 구독자 유치에 집중하고 있다.

스포티비(SPOTV)는 국내 스포츠 중계방송 전문채널로 모기업은 스포츠 중계권 판매 회사인 에이클라 엔터테인먼트다. 스포티비는 에이클라가 2010년 개국해 스포츠 전문 케이블 채널로 기반을 잡았고, IPTV 등 유료방송에서는 스포티비 온(SPOTV ON), 웹과 모바일로는 스포티비 나우(SPOTV NOW)로 스포츠 이벤트를 중계하고 있다. 스포티비 나우는 2018~2019 시즌부터 프리미어리그(PL), 유럽축구연맹(UEFA) 챔피언스리그 등의 중계권을 확보했다. 쿠팡플레이가 제공하는 경기를 제외한 PL·UEFA 챔피언스리그 경기는 OTT에선 스포티비 나우를 통해서만 볼 수 있다.

2020년 도쿄올림픽 기간 국내 OTT 사업자들의 중계권 확보 문제는 큰 이슈가 되었다. 2008년 베이징올림픽은 아날로그 TV에서 디지털 TV로의 전환이라는 방송 환경을 반영하여 디지털 기술을 최초로 도입한 올림픽이 되었고, 2012년 런던올림픽은 디지털 TV와 인터넷 및 각종 SNS 등을 도입하면서 최초의 소셜미디어 기반 올림픽으로 개최되었다. 2020년 도쿄올림픽에서는 최초의 스트리밍 OTT 서비스가 구현되었다. 도쿄올림픽은 코로나19 팬데믹 상황과 함께 온라인 및 모바일 위주의 시청 패턴 수요가 정점에 달했다. 도쿄올림픽을 직접 참관할 수 없었던 전 세계 10억 명 올림픽 팬은 TV와 디지털 스트리밍, 웹 사이트와 앱 및 소셜미디어를 통해 경기를 시청해야 했다. 2020년 도쿄올림픽의 디지털 플랫폼 이용률은 74%에 달해 2016년 리우올림픽 대회에 비해 139% 상승했다(IOC, 2022). 국내 상황도 별반 다르지 않았다. 도쿄올림픽 중계권을 지닌 지상파방송사업자들은 온라인 플랫폼사업자들에게 중계권을 재판매함으로써 수익을 확보하고자 했고, OTT 사업자는 가입자 수를 늘리고 콘텐츠 경쟁력을 높여 가입자의 트래픽을 유도해 광고 수익을 얻고자 했다.

2020년 도쿄올림픽 중계권을 확보한 지상파방송사(KBS·MBC·SBS)는 역대 재판매 가격 중 최고치를 제시한 것으로 알려졌고, 당시 카카오(카카오TV)·KT(시즌, Seezn)·쿠팡(쿠팡플레이)에 이르기까지 상당수의 통신 및 OTT 사업자는 올림픽 온라인 중계권 계약을 포기했다. 결국, 도쿄올림픽 온라인 중계권은 네이버 스포츠, 웨이브, 아프리카TV와 U+모바일TV가 가져갔다. U+모바일TV는 올림

〈표 6-2〉 2020년 도쿄올림픽 및 2022년 베이징올림픽 온라인 중계 현황

	2020년 도쿄 하계올림픽		2022년 베이징 동계올림픽	
	가격정책	중계 범위	가격정책	중계 범위
네이버	무료	-전 종목 -생중계·다시보기·하이라이트·VOD -실시간 채팅 응원 등	무료	-전 종목 -특집 페이지(생중계·다시보기·하이라이트) -일정, 메달 현황, 참여형 이벤트, 라이브톡
웨이브	한 달 무료 이용 + 월 7900원~1만 3900원	-전 종목 -생중계·다시보기·하이라이트·VOD -올림픽 선수 출연 프로그램 등	첫 달 100원 + 월 7900원~1만 3900원	-전 종목 -특별관(생중계·다시보기·하이라이트) -올림픽 선수 출연 프로그램(예능·영화·다큐) 등
아프리카TV	무료	-전 종목 -생중계·다시보기·하이라이트·VOD	무료	-전 종목 -생중계·하이라이트·팽 -시청 인증 이벤트 등
LGU+ 모바일TV	무료	-전 종목 -생중계·하이라이트	무료	-전 종목 -특집관(생중계·하이라이트·주요 장면 VOD 클립)

픽 특집관을 신설해 실시간 채널 7개를 제공했다. 4개 OTT 사업자의 해당 앱을 내려받으면 스마트폰, 태블릿PC 등으로 지상파 KBS1·KBS2·MBC·SBS와 계열 PP채널 KBS N Sports·MBC Sports+·SBS Sports에서 중계 편성 시간에 맞춰 경기를 관람할 수 있었다.

웨이브와 아프리카TV 등이 도쿄올림픽과 베이징올림픽을 중계하는 동안 웨이브는 지상파 3사의 시청 비중이 50% 이상 상승했고, 라이브 채널 시청 비중도 치솟은 바 있다. 아프리카TV 또한 스트리밍 앱 다운로드 수가 평균 대비 90% 증가했다.

글로벌 OTT의 스포츠 중계권 확보

미국 케이블방송 NBC는 2020년 OTT 스트리밍 서비스 '피콕(Peacock)'을 출시했다. 피콕은 TV드라마·영화·뉴스 등 NBC Universal 스튜디오의 제작물 및 관련 콘텐츠를 제공하지만 프리미엄 유료 서비스로 NBC와 동시 방송하거나 독

점중계하는 스포츠 이벤트 콘텐츠를 서비스 중이다. 피콕은 2020년 도쿄올림픽과 2022년 베이징올림픽 모든 경기를 생중계했으며, 미국에서 가장 인기 있는 스포츠인 미식축구(NFL) 경기를 2023년부터 시즌당 하나씩 독점 제공하고 'Sunday Night Football' 및 플레이오프 게임을 방송한다. 디즈니플러스도 세계 축구 리그 등 인기 스포츠 온라인 중계 서비스를 OTT의 서비스에 포함한 지 오래다. 특히, 인도에서 충성도 높은 종목인 크리켓 프리미어 중계권을 확보해 인도 가입자 확보에 총력을 다하고 있다.

아마존프라임은 2033년까지 NFL의 목요일 오후 시합을 온라인 중계하기로 계약하면서 110억 달러(약 16조 원)를 지급한 바 있다. 아마존프라임은 이에 앞서 세계 5대 축구 리그 중 하나로 꼽히는 프랑스 1부 리그 중계권을 연간 2억 7500만 유로(약 3800억 원 수준)를 주고 2024년까지 확보했다. 이에 더해 애플은 2016년 OTT 서비스 애플TV를 론칭하고 2023~2032년까지 미국 프로축구(MSL) 전 경기를 독점중계하는 계약을 체결했다. 계약 규모는 전 세계 방송권을 포함하는 조건으로 10년간 총 25억 달러(3조 5000억 원)에 달하는 것으로 알려졌다. 그간 미국 프로축구 중계권료가 연간 9000만 달러 안팎에 형성된 점을 고려하면 세 배 가까이 인상된 금액이다.

MSL은 디즈니 계열 ABC 방송과 ESPN 및 폭스채널 등이 중계해 왔으나 애플이 OTT 스트리밍 시장에 본격적으로 도전장을 낸 것이다. 애플은 미국 프로야구 메이저리그(MLB)의 주간 더블헤더 경기 독점방영권도 확보했다. 이처럼 국내외 할 것 없이 OTT 플랫폼은 무한경쟁시대에 접어들었다. 이미 미디어 이용 환경은 OTT 중심으로 재편되고 있다. 국내 프로스포츠 미디어 이용 행태와 OTT 사업자들의 움직임 역시 마찬가지다. 영국 프리미어리그의 손흥민, 황희찬 선수의 실시간 경기 장면은 스포츠 전문 유료 채널 또는 유료 OTT 서비스를 통해서만 볼 수 있다. 과거 지상파방송사들은 스포츠 중계방송을 통해 방송광고 수입을 얻는 데 그쳤지만, OTT 사업자들은 방송광고는 물론 신규 가입자를 확보하고 기존 가입자를 묶어두는 장치로 스포츠를 이용하며(Nicholson et al.,

2015), 유료 시장은 더욱 확장되는 반면 공공의 영역은 축소되고 있다.

국외 글로벌 OTT 서비스 중 다즌(DAZN)은 스포츠 이벤트만을 전문 스트리밍하는 OTT 플랫폼이다. 다즌은 세계 각국에서 진행되는 수많은 종류의 스포츠를 라이브 중계 및 VOD로 제공하고 있다. 다즌은 프랑스의 온라인 음악 스트리밍 서비스인 'Deezer'와 미국 최대 음악 콘텐츠 그룹인 Warner Music Group을 소유하고 있는 Access Industries가 지분 절반을 소유한 스포츠미디어 회사인 퍼폼 그룹(Perform Group)이 2016년 영국 런던에서 설립했다. 즉, 다즌은 월트 디즈니 회장인 케빈 마이어가 설립하고 영국에 본사를 둔 스포츠 전문 OTT 스트리밍 서비스 회사로서 스포츠계의 넷플릭스로 불린다. 퍼폼 그룹은 스포츠 데이터 사업 업무를 주로 진행하며, 다즌은 스포츠 이벤트 중계에 집중해 전 세계적으로 가장 높은 수익을 올린 스포츠 관련 모바일 앱으로 꼽히고 있다. 다즌은 독일에서 1차 서비스를 시작으로 오스트리아, 스위스, 일본, 캐나다에 이어 미국과 이탈리아, 스페인과 브라질 등 전 세계 200개 이상의 국가에 스포츠 라이브 및 주문형 서비스를 제공 중이다. 이탈리아 세리에A, 스페인 라리가, 독일 분데스리가, 일본 J리그 등 각국의 해당 프로축구 중계권을 확보해 재판매 및 중계하고 있다. 세계적으로 축구·농구·배구·야구·볼링·복싱·크리켓·사이클링·골프·체조·풋살·테니스 등과 e스포츠에 이르기까지 다양한 종목의 중계권을 확보하고 있다. 기존 라이브 방송들은 채널이 제한적이라 비인기 경기나 인기 경기와 동시에 진행되는 다른 경기 등을 중계할 수 없었는데, 다즌은 이에 아랑곳하지 않고 모든 경기를 라이브로 중계한다.

IOC와 FIFA의 독자적 OTT 서비스

IOC와 FIFA는 각각 자체적으로 운영하는 인터넷 라이브 스트리밍 서비스를 개시했다. 국제올림픽위원회 IOC는 2016년 8월 '올림픽 채널(Olympic Channel, olympicchannel.com)'을 출시했다. 올림픽 채널은 올림픽 팬들이 언제나 올림픽 경기에 대한 정보를 얻고, 참여하며 공유할 수 있는 글로벌 멀티 플랫폼이다. 올림픽 관련 독창적인 프로그램, 뉴스, 스포츠 라이브 이벤트 및 하이라이트를 제공하며, 12개 언어로 1년 365일 24시간 스포츠 및 운동선수에 관한 콘텐츠를 제공한다. 올림픽 채널은 2020년 올림픽 의제에 명시된 IOC의 목표인 '젊은 세대, 팬, 새로운 청중을 올림픽 운동에 참여시킬 수 있는 새로운 방법을 제공하는 것'을 지원하기 위해 출범했고, 올림픽 채널을 지원하는 창립 파트너는 Worldwide TOP Partners인 브리지스톤(Bridgestone), 토요타(Toyota) 및 알리바바(Alibaba)이다. 올림픽 채널은 해당 사이트와 모바일 앱, Amazon Fire TV, Android TV, 애플TV 및 로쿠(Roku) 플랫폼에 연결된 TV 장치용 앱 등 전 세계적으로 이용 가능하다. 다만, IOC는 모든 동계·하계 올림픽경기는 올림픽 중계권자(Rights Holding Broadcasters)의 방송을 통해서만 볼 수 있음을 명확히 하고 있으며, 올림픽 채널이 올림픽 기간 동안 세계 스포츠 팬의 즐거움을 더해줄 보완적 콘텐츠를 제공함으로써 언제 어디서나(Over-Top) 올림픽 스포츠의 즐거움을 전달할 것임을 강조한다. 그러나 스포츠 이벤트 주최자가 경기를 직접 카메라에 담고 플랫폼을 통해 유통하는, 미디어스포츠 전 과정의 당사자가 될 수 있다는 사실은 시사하는 바가 크다.

올림픽경기 중 극소수 종목은 전 세계적으로 전달되는 반면 일반 스포츠는 방대한 시장에서 청중을 찾아 고군분투해야 한다. 스포츠 이벤트의 주최자 입장에서 청중에게 직접 유통(DTC, Direct to Consumer)할 수 있는 디지털 플랫폼은 잠재고객에 대한 귀중한 데이터를 얻을 수 있음은 물론, 부가적인 수익원을 보다 세분화하여 이익을 창출할 수 있는 장이 된다.

2021년 기준 97개 이상의 국제 연맹이 올림픽 채널과 제휴하고 있으며, 올림픽 채널은 지난 2018년 평창동계올림픽경기를 인도를 비롯한 일부 남아시아 지역에서 라이브 스트리밍 OTT 서비스로 구현했다. 올림픽 채널은 무료 서비스 중이나 일부 콘텐츠 및 라이브 스트리밍 중계의 특정 영역은 지역에 따라 가입자에게만 독점적으로 제공될 수 있다(https://olympics.com/en/olympic-channel). IOC는 여전히 TV 수상기 중심의 선형 텔레비전을 통한 스포츠 중계가 중요하다고 보고 가능한 한 가장 광범위한 중계를 위해 해당 방송사를 유치하는 전략은 변함이 없다고 강조한다(SportsPro. 2021.11.17). 향후 2032년까지는 선형 중심의 중계권자 유치에 집중하겠다는 것이다.

2022년 4월 국제축구연맹(FIFA)은 FIFA가 운영하는 OTT 서비스 '피파 플러스(FIFA Plus)'를 출시했다. FIFA는 연간 4만 개의 라이브 게임을 스트리밍할 계획이며, 100개의 FIFA 회원 협회에서 진행되는 축구 경기와 1만 1000개의 여자 경기를 포함할 예정이다. FIFA는 유럽의 최고 리그부터 이전에는 중계되지 않았던 남자·여자·유소년 축구 대회에 이르기까지, 전 세계에서 다양한 라이브 스트리밍 OTT 서비스를 제공할 것이라고 강조했다. 피파플러스 아카이브는 1950년대로 거슬러 올라가는 2500개 이상의 VOD를 기반으로 방대한 FIFA 경기 영상을 업로드할 예정이다. 피파플러스는 모든 웹 및 모바일 장치에서 전 세계적으로 사용할 수 있으며 영어·프랑스어·독일어·포르투갈어·스페인어·한국어·일본어·이탈리아어·아랍어·인도네시아어 등 10개 언어로 서비스되고 있다(2022년 11월 기준). 현재 피파플러스는 무료 서비스되고 있지만 향후 유료 서비스될 수 있으며, FIFA는 잠재적으로 게임, 소셜 커뮤니티 및 구독 분야로 진출할 계획이다(*Vareity*, 2022.4.12). 2022년 카타르월드컵 경기는 피파플러스에서 생중계하지 않았다. 피파플러스는 장편 및 단편 다큐멘터리, 다큐 시리즈, 토크쇼 등과 40개국 이상의 국가대표팀 및 축구 영웅에 관한 정보까지, 오리지널콘텐츠와 경기 VOD를 비롯한 방대한 축구 콘텐츠를 제공할 예정이다.

3. 공영방송 OTT와 스포츠 중계

공영방송의 OTT

KBS는 '마이K(my K)'로 인터넷 스트리밍 서비스를 실시하고 있다. KBS의 TV와 라디오 채널을 이용할 수 있다. 스마트 어플리케이션을 제공하는 OTT 서비스다. KBS1TV와 2TV 지상파방송뿐 아니라 케이블TV에 공급하는 PP채널(KBS drama·KBS joy·KBS Story·KBS Kids·KBS LIFE·KBS N PLUS)도 시청할 수 있다. 실시간 방송을 시청할 수 있고, VOD와 AOD(Always On Display)를 이용할 수도 있다.

EBS는 'EBS play'라는 모바일 앱으로 OTT 서비스를 제공한다. EBS 1TV, EBS 2TV 지상파방송 채널 실시간 보기와 PP채널(EBS +1, +2, english)을 시청할 수 있다.

인터넷 시대, 스마트 미디어 시대에 접어들면서 우리는 수백 개 채널을 언제 어디서나 볼 수 있는 다양한 플랫폼 환경 속에 살고 있다. 다종다양한 미디어가 등장하고 셀 수 없을 만큼 많은 콘텐츠가 넘쳐남에 따라 우리는 과거보다 훨씬 파편화되고 양극화된 삶을 살고 있다. 누구나 평등한 입장에서 소외되지 않고 정보를 획득하고 의견을 나눌 수 있어야 한다. 이러한 차별 없는 보편적서비스의 구현은 공공서비스미디어가 지향하는 중요한 가치 중 하나다.

중계권료 급등은 TV수신료를 비롯한 공적 재원에 의지하는 공영방송을 더 이상 대형 스포츠 이벤트 중계권을 확보하기 힘든 처지로 내몰았다. 방송법에서 보편적시청권을 보장하고 있음에도 불구하고 스포츠 중계권 시장에서 무료 지상파방송사가 밀려나면서 주요 스포츠 이벤트의 보편적시청권을 보장할 수 있을지에 대한 우려가 나오고 있다.

방송과 미디어 관련 글로벌기업은 전문 스트리밍 OTT 기업을 설립하고 전 세계를 대상으로 각국마다의 문화를 파악하면서 잠재시장을 개척해 나간다. 이미 다즌은 일본 프로축구 및 프로야구 온라인 중계권을 획득해 일본에서 독점 스트리밍하고 있다. 애니메이션과 마블 마니아를 필두로 국내에 안착한 디즈니플러스 또한 미국 스포츠전문채널 ESPN을 소유해 다양한 종목의 중계권을 확보한 사업자이다. 거대 상업자본이 스포츠 중계권을 선점하면서 공영방송은 퇴조하는 추세를 보이고 있다. 그러나 공영방송은 방송과 통신의 융합 시대, 즉 지금처럼 최첨단 디지털 기술이 방송에 접목된 환경에서도 가장 일반적인 보편적 프로그램 서비스를 보편적으로 제공해야 한다. 공영방송이 담아내는 프로그램의 전송수단이 정교화되고 디지털화되어도 정책당국은 모든 사람이 지불 능력과 관계없이 공영방송 콘텐츠에 접근할 수 있는 방안을 보장해야 한다. 공영방송은 여전히 중요하기 때문에, 영국 정부는 공영방송에 대한 불필요한 규제를 줄이고, SVOD 등에 대해서는 규제를 강화할 필요가 있다고 지적했다. 위원회는 젊은 시청자들의 TV시청이 2010년 이후 절반으로 줄어든 반면, 넷플릭스나 아마존프라임 같은 SVOD의 시청 시간은 두 배로 늘어났다며 문화부(DCMS)에 대책 마련을 요구했다. 2021년과 2022년에도 영국 국회와 정부 및 규제 기관의 공영 미디어에 대한 온라인 및 OTT 서비스 강화 주문은 계속되었다. 2021년 오프콤(Ofcom)은 영국 공영방송(PSB)이 공영미디어(PSM)로 변모할 수 있도록 영국 정부가 입법을 통해 제도적 지원을 시급히 시행해야 한다고 촉구했고 특히 공영방송의 운영 목적에 '보편적 온라인서비스 제공(Universally available, online and on TV)'을 포함할 것을 강조했다(Ofcom, 2021).

2022년 4월 영국 문화부(DCMS)는 영국 창조경제 성공의 핵심은 공영방송에 있다고 강조하면서 새 시대의 새로운 공영방송 책무에 대한 사회적 고민이 필요하다고 보고, BBC가 급변하는 환경에 맞게 현저성과 보편성을 강화할 것을 주문했다. 이처럼 공영방송은 지상파방송(PSB: Public Service Broadcasting)에 국한되는 것에서 벗어난 공공서비스미디어(PSM: Public Service Media)로서, 대중 누구나 원하는 프로그램이나 콘텐츠에 쉽게 접근할 수 있도록 재구조화되어야 한다.

서구의 지상파방송은 적극적으로 공공서비스미디어화로의 혁신을 추구해 왔다. 영국 BBC는 '프리뷰(Freeview)', '프리샛(Freesat)', '아이플레이어(iPlayer)', '유뷰(YouView)', '레드버튼(Red Button)' 등 새로운 무료 플랫폼을 지속적으로 선보이고 있다. 2002년 출범한 다채널 디지털 지상파방송인 프리뷰는 보편적서비스의 지속뿐 아니라 영국 디지털 전환의 견인차가 되었고 프리샛은 프리뷰의 위성 버전이다. BBC는 온라인 전용 OTT 서비스인 아이플레이어 외에도 2017년 BBC의 자회사인 BBC월드와이드(BBC Worldwide)와 영국 최대 민영방송사 ITV의 합작을 통해 글로벌 SVOD 서비스 시장 개척을 목표로 한 '브릿박스(Britbox)'

〈그림 6-1〉 영국 성인·청소년 스포츠 시청 이용 OTT

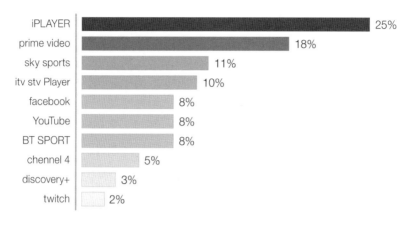

자료: Ofcom(2022), Online adults/teens aged 13+, Watched in the past three months: fieldwork conducted 22-28 February 2022, Base: 2,123.

를 출시하여 영국 관련 콘텐츠를 제공하고 있다. BBC는 2022년 베이징동계올림픽을 BBC One 및 BBC Two에서 300시간 이상의 생방송 중계로 제공했고 BBC iPlayer, Red Button 및 온라인에서 중계를 이어갔다.

영국 의회와 정부 및 규제 기관의 BBC에 대한 디지털 혁신과 대중의 미디어 이용 행태를 고려한 보편적 접근성 확장의 요구가 큰 만큼, BBC는 디지털 부분과 아이플레이어에 대한 투자와 혁신에 집중했다. BBC는 2021~2022년에 걸쳐 전년 대비 8% 증가한 66억 개의 프로그램을 아이플레이어로 스트리밍했다. 이는 아이플레이어 출시 사상 최고의 수치다. 2022년은 BBC가 아이플레이어에 전사적인 역량을 투입한 해이기도 하다. BBC 아이플레이어는 2022년 1월 평균 주간 로그인 계정 1330만 개, 주간 5400만 시청 시간을 돌파했다. BBC 아이플레이어는 올림픽부터 유로와 FA컵에 이르는 다양한 스포츠 이벤트를 생중계했고, 팬데믹에 대한 최신 소식과 우크라이나 전쟁에 대한 최신 소식 등 시청자에게 다양한 정보를 제공했다. BBC 아이플레이어는 2012년부터 방영되고 있는 영국의 드라마 〈Line of Duty〉를 제공하고 있다. 2021년 〈Line of Duty〉 6회차 스트리밍은 조회수 920만을 기록하며 2021년 최대 싱글 에피소드 1위를 차지했고, 아이플레이어는 2021년 최대 박스 세트 1위(시리즈 전 편 스트리밍 수 총 1억 3700만)를 수성했다(BBC, 2022.10.25).

2022년 BBC는 아이플레이어의 UI(User Interface)를 개선해 완전히 새로운 외관과 느낌을 선보였고, 인터넷에 연결된 TV 등 다양한 디바이스 환경에서 아이플레이어에 접근하기 쉽도록 기능도 개선했다. 이에 더해 BBC는 아이플레이어 홈페이지를 채우고 있는 콘텐츠를 보기 쉽게 정리하고 불필요한 정보는 노출하지 않도록 하며, 대중의 시선을 사로잡는 썸네일을 기획해 시청자들이 새로운 콘텐츠 정보와 맞춤형 콘텐츠를 선택하기 쉽도록 했다. BBC는 시청자들이 아이플레이어에서 자막을 제어할 수 있는 방법 또한 크게 개선했다. 자막 및 설정 메뉴의 새로운 위치 덕분에 자막을 켜거나 끌 수 있을 뿐만 아니라 오디오 설명 및 자막 버전을 선택할 수 있으며, 자막 크기를 변경하고 제어하는 기능도 추가되었다.

영국은 윔블던(Wimbledon)과 PL(Premier League) 등 스포츠 이벤트 선호가 높은 나라다. BBC 아이플레이어는 각종 스포츠 이벤트의 생중계 시청에 있어서도 독보적인 점유율을 지니고 있다. 오프컴(Ofcom, 2022)의 조사 결과 발표에 따르면, 영국 성인과 청소년의 25%가 스포츠 이벤트 라이브 스트리밍 시청을 위해 아이플레이어를 사용하는 것으로 나타났다. 영국 내 스포츠 시청에 있어 아마존 프라임 비디오와 넷플릭스, 디즈니플러스의 스포츠 프로그램이 각각 영국 플랫폼에서 18%로 2위를 차지했다. 2022년 카타르월드컵 중계권은 BBC와 ITV가 확보했다. BBC는 BBC1과 BBC2 및 아이플레이어를 통해 33개의 경기를 생중계하고 BBC 라디오5와 BBC 사운드로 64개의 전 경기를 중계한다. BBC는 잉글랜드의 개막전, 웨일스의 이란과의 경기, 웨일스와 잉글랜드의 빅 매치 경기를 포함하여 영국이 속한 6개 그룹 경기 중 4개는 BBC에서 생중계로 독점 제공한다. BBC는 2027년까지 아일랜드 전역의 시니어 풋볼과 헐링 결승전 등에 대한 아이플레이어 라이브 스트리밍 권리를 확보하는 등 대중의 OTT 이용 행태를 고려해 아이플레이어의 접근성을 높이고자 노력하고 있다.

해외 방송사의 자체 OTT 성공 사례를 통해서도 시사점을 얻을 수 있다. 핀란드 공영방송 윌레(YLE)의 OTT 서비스 '아레나(Areena)'는 핀란드 인구의 72%가 사용하고 있다. 아레나는 2007년 출범한 유럽 최초의 OTT 서비스이다. 핀란드 공영방송 위엘레스 라디오(Yleisradio)가 무료로 제공한다. 이용자들은 아레나를 통해 TV방송과 라디오프로그램을 실시간으로 시청할 수 있으며, 아레나에서만 볼 수 있는 오리지널콘텐츠도 시청할 수 있다. 아레나는 2019년과 2020년 핀란드에서 가장 존경받는 온라인 브랜드로 주목받았다(Taloustutkimus Oy, 2019; 2020). 대부분의 국가에서 글로벌 OTT 서비스가 주를 이루고 있는 가운데 핀란드에서만큼은 아레나가 점유율 1위 자리를 지키고 있다. 윌레는 2020년 '우리 모두를 위한, 우리 각자를 위한'을 캐치프레이즈로 하는 10대 전략을 발표했다. 여섯 번째 전략이 스포츠 및 중요한 행사를 제공함으로써 기억할 만한 순간을 국민이 공유할 수 있도록 하겠다는 것이다(Yle, 2020). 윌레는 아레나를 통해 2016년 하계올림픽과 2018년 동계올림픽경기 중 동시에 열리는 여러 경기를 중계한 바 있다. 아레나는 해외에 거주하는 핀란드인들에게 '윌레' 콘텐츠를 제공하는 주요 채널로도 활용된다. 2021년 아레나는 매일 하루 평균 300만 명 이상이 사용했으며, 윌레의 온라인과 모바일 서비스는 연간 14억 명 이상이 방문해 이용하는 것으로 나타났다.

2021년 개최된 유로 2020 축구 경기는 윌레를 통해 200만 명이 넘는 시청자가 시청했고, FIS 노르딕스키 세계선수권대회와 2020 도쿄 및 2022 베이징 올림픽 등이 아레나로 생중계되었다. 핀란드 국민의 아레나에 대한 신뢰와 자긍심 또한 매우 높다. 2021년 조사 결과, 응답자의 90%가 2021년에 윌레는 공공서비스 책무를 잘 수행했다고 평가했으며, 87%는 윌레의 콘텐츠가 아레나에서 디지털 방식으로 제공되는 것은 매우 중요하고 공정하다고 답했다.

공영방송은 아니지만 올림픽중계를 계기로 자사 OTT 플랫폼을 확장한 미국 NBC의 사례도 주목할 만하다. NBC유니버설(NBC Universal Media)은 전 세계를 상대로 엔터테인먼트 콘텐츠, 뉴스를 제작하여 배포하는 미디어기업이다. NBC, 유니버설 픽처스, 유니버설 키즈, 드림웍스 채널, NBC 스포츠그룹(NBC Sports, 골프채널), NBC 유니버설 뉴스 그룹(CNBC, MSNBC)이 NBCU의 계열사들이다. NBCU는 국제올림픽위원회와 계약하여 1988년 이후 2032년까지 올림픽의 미국 독점중계권을 확보했다. NBC는 2020년 7월에 OTT 스트리밍 서비스 피콕(Peacock)을 출시했다. 피콕은 매달 구독료를 내지 않아도 이용할 수 있는 무료 패키지를 광고 기반으로 제공하며, 2020 도쿄올림픽을 7000 시간 이상 중계했다. 도쿄올림픽 기간 중 조사에서 피콕 어플리케이션을 다운받은 횟수는 일주일 전에 비해 60% 늘어났다(App Any, 2021, 7). 미국 NBC는 지상파방송사가 스포츠 이벤트를 지상파 플랫폼과 OTT 서비스를 연계해 중계할 때 기존 TV시청자는 물론 신규 유료 구독자도 늘려갈 수 있음을 보여준다. 피콕은 2022년 베이징동계올림픽 중계를 위해 올림픽 UI를 개설해 출전 선수별 경기 선택이 쉽도록 개선했고 다양한 이벤트도 실시했다.

KBS는 2020 도쿄와 2022 베이징 올림픽에서 공영방송 자체 OTT의 차별적 서비스를 선보였다. KBS는 자사 무료 OTT 서비스인 마이 케이(My K)를 통해 2020 도쿄올림픽과 2022 베이징올림픽 여러 종목을 온라인으로 실시간 다채널 중계했다. 2020년 도쿄올림픽을 중계하며 KBS의 모바일 서비스 마이 케이는 올림픽 기간 동안 전용채널 6개를 운영함으로써 시청자들이 도쿄올림픽 기간 중 마이 케이를 통해 KBS TV와 중복되지 않은 경기를 무료로 시청할 수 있었다. KBS1, 2TV는 정규편성을 하거나 다른 지상파방송사와 중복되지 않은 종목을 OTT 채널을 통해 별도로 생중계함으로써 시청자들이 신설 종목 및 비인기종목을 포함하여 금메달이 걸린 33개 종목 거의 모두를 시청할 수 있었다. KBS가 마이 케이를 통해 농구·축구·수영·육상·유도·태권도·레슬링·골프·비치발리볼·근대오종경기 등 다양한 종목을 중계함으로써 스포츠 중계에 대한 시청자 접근성을 크게 향상했다는 평가를 받았다.

MBC는 모바일 OTT 서비스 iMBC(MBC 앱)를 통해 도쿄와 베이징 올림픽의 생생한 경기 영상과 TV 미방송 영상을 실시간으로 편성했다. MBC는 도쿄올림픽 기간 동안 지상파 본방송과는 별도로 MBC 홈페이지 내에 총 3개의 전용채널을 개설해 TV에서 중계되지 않는 경기 영상을 서비스했다. 도쿄올림픽 라이브1, 도쿄올림픽 라이브2 채널에서는 도쿄 현장에서 보내는 6개 방송 신호를 수신해 TV를 통해 볼 수 없는 경기들을 실시간으로 생중계했다. SBS 또한 지상파 본방송 외에도 자사 인터넷 홈페이지 올림픽 특집 사이트와 유튜브 채널 등을 서비스했다. 국내 지상파방송의 OTT 연합체인 웨이브(wavve)도 도쿄올림픽을 온라인 생중계해 동시접속자가 평소의 최고 다섯 배에 달한 바 있다.

핀란드의 윌레와 미국 NBC의 사례를 통해 국내 지상파방송사들이 올림픽 중계권을 상업적 OTT 플랫폼에 재판매하는 것에 대한 문제를 인식할 수 있다. 당장의 수익을 이유로 공영방송의 공적 책무를 소홀히 하는 것이다. 공영방송은 주요 스포츠 이벤트 중계에 대한 특혜를 디딤판으로 활용하여 더 많은 시청자를 확보하기 위한 보편적인 무료 플랫폼 확장에 나서야 한다. 중계권 재판매를 통한 수익은 단기적인 이익을 가져다줄지 모르지만 장기적으로는 무료 보편적서비스 플랫폼의 약화를 초래하기 때문이다.

국내 공영방송들은 인터넷과 OTT로 방송 플랫폼이 확장되는 과정에서 무료 보편적서비스 확대보다는 VOD 수입 올리기에 급급했다. 미디어 발전을 공영방송 플랫폼을 확장하는 계기로 활용하지 않아 스스로 존재 이유를 퇴색시켰다. 보편적시청권제도 역시 지상파방송 플랫폼의 경쟁력을 회복할 수 있는 유용한 제도적 뒷받침이 될 수 있었으나 지상파방송은 이를 유용하게 활용하지 않았다. 공공성과 공익성의 기치 아래 보편성을 확장하기 위한 제도를 만들었음에도, 효과를 발휘하지 못했다.

국내 지상파방송사들이 자체 플랫폼을 강화할 수 있는 기회를 놓친 사례로는 2000년대 초반 국내 지상파 텔레비전의 디지털 전환 사례를 꼽을 수 있다. 영국은 다채널 디지털 서비스로 지상파 네트워크를 통해 추가적인 콘텐츠를 제공함으로써 지상파 플랫폼을 유지할 수 있었다. BBC는 디지털 전환에 따라 발생한 유휴 대역폭을 활용해 새로운 디지털 채널을 출범시켰다. 특정 시청자층을 대상으로 채널을 늘리거나 장르 기반 지상파방송 채널을 신설했다. 미취학 어린이를 위한 BBC Cbeebies, 청소년을 위한 BBC3, BBC4와 같은 무료 채널을 선보였다. 쌍방향 실험도 꾸준히 실시했고, 아이플레이어를 준비하여 서비스하기 시작했다. 반면, 한국의 지상파방송사들은 주요 채널들을 가지고 케이블TV나 IPTV와 같은 유료방송 플랫폼에 PP형태로 참여하는 방식을 고집했다. 자사 콘텐츠를 전송하는 PP를 유료방송 플랫폼으로만 송출함으로써 시청자들은 지상파방송을 직접 수신할 이유를 찾지 못했다. 결국 채널 확대, 콘텐츠 확장 없는 디지털 전환은 지상파방송 플랫폼 재건에 도움이 되지 못했다. 디지털 전환이 지상파방송 플랫폼 재건의 기회였다면 OTT는 지상파방송의 보편적서비스를 위한 디지털 플랫폼화의 계기이다. 온라인, 모바일 시대 가장 친숙한 방송 플랫폼인 OTT에서마저 지상파방송이 밀려난다면 무료 보편성을 앞세운 지상파방송의 정당성은 더욱 축소되는 위기에 봉착할 것이다.

공영 OTT와 미디어스포츠

2020 도쿄올림픽과 2022 베이징올림픽 상황에서도 공영방송 KBS를 포함한 지상파방송사들은 상업적 OTT 서비스에 중계권을 재판매했다. 보편적시청권 제도는 공영방송에 대한 특혜로 작용한다. 공영방송은 이러한 제도적인 특혜를 상업적 재원을 창출하기 위한 창구로 이용하기보다 TV수신료 납부자인 시청자들의 권리를 확장하는 차원에서 접근해야 한다. 그런 의미에서 공영방송이 확보한 대형 스포츠 이벤트 중계권을 상업적 OTT 플랫폼에 재판매하는 방식은 적절하지 않다. 물론 처음부터 상업적 이익을 염두에 두고 스포츠 중계권을 확보한 상업방송은 예외일 수 있다. 그러나 공영방송은 다르다. 공적 재원과 제도적 장치에 힘입어 확보한 스포츠 중계권은 보편적인 서비스 확장에 최우선적으로 활용되어야 한다. OTT 플랫폼은 유료방송과 달리 인터넷 기반 접근성이 양호하기 때문에 공영방송 콘텐츠 및 플랫폼 영향력을 확장할 수 있는 도구로 작용할 수

있다. OTT는 지상파방송 네트워크와 다른 양방향 기반 플랫폼이며, 스마트폰 보급으로 사실상 접근의 보편성을 확보하고 있다. 지상파방송 네트워크처럼 난시청 해소를 위한 대규모 투자를 요구하지도 않는다. OTT 플랫폼은 상업과 자본의 전유물이 아니라, 공영방송이 나서서 확보해야 할 새로운 방송 플랫폼이다. 보편적시청권제도를 통해 주요 스포츠 이벤트 중계권을 확보하는 공영방송사는 단기적이고 상업적인 이익이 아니라 공공성 기반 OTT 서비스를 확장하는 기회로 삼아야 한다. 공영방송 플랫폼이 확장된다는 것은 스포츠 중계에 대한 시청자의 보편적 접근을 향상하는 효과를 가져오기 때문이다.

3부

보편적시청권

제임스 로티(James Rorty)는 시장 만능, 시장의 아름다움을 주창하는 것에 대해 헤일 해밀턴(Walter Hale Hamilton)의 말을 인용하여 반박했다. 해밀턴은 "기업의 명령이 선택으로 위장되어 있기 때문에 기업은 개인에게 제약을 가하는 데 있어 국가보다 더 잘 성공한다"는 것이다(McChesney, 1993: 재인용). 헌법상 문화국가원리를 실현하고, 국민의 문화적 기본권 보장 차원에서 미디어 이용의 보편성은 국가가 보장해야 한다.

아마르티아 센(Sen, 1999)은 자유로서의 인권을 말하면서 정당한 권리를 누구에게나 부여하는 실제 원칙을 말하는지 사법 체계에 반영된 결과인지를 혼동할 우려가 있다면서 사법적 권리를 가진 국가가 법으로 정하지 않을 경우 실질적 위상을 확보하기 힘들다고 보았다. 자연 상태의 인간이 옷을 입고 태어나지 않듯이, 태어날 때부터 인권을 갖고 태어나지 않는다는 것이다. 결국 인권은 재봉틀로 옷을 짓듯이 입법과정을 통해 얻어진다는 설명이다. 조각을 기워 옷을 만들듯이 입법을 통하지 않으면 구두선(口頭禪)에 그칠 수 있다는 우려다. 보편적시청권 역시 법으로 제도화하지 않을 경우, 보편성에 관한 원칙을 확인하는 논의에 그칠 우려가 있다. 보편적시청권을 보장해야 한다는 논의가 자칫 윤리적 차원, 복지적 차원에 머무를 수 있다. 법적인 실체로 확정될 때 비로소 실현될 수 있다(Sen, 1999).

우리나라 보편적시청권제도는 2008년 도입되었다. 1999년 미국 메이저리그 야구 중계권을 신생 인천방송이 독점계약했을 때만 해도 보편적시청권이 사회적 관심사로 떠오르지 않았다. 하지만 2005년 IB스포츠가 2008년 베이징올림픽, 2010년 월드컵, 2012년 런던올림픽 등 AFC가 주관하는 모든 주요 축구 경기의 아시아 지역 최종 예선경기에 대한 중계권을 독점적으로 확보했을 때는 달랐다. 지상파방송사들에게는 쓰나미로 여겨졌다. 지상파방송사들이 앞장서 '보편적 접근권'을 보장해야 한다고 주장했다. 하지만 어느 정도 수준까지 보편적 접근이 보장되어야 하는지 국민적 관심 행사 지정 기준은 무엇인지에 대해 논란만 일었을 뿐, 논의는 더 이상 진전되지 못했다. 2007년 제도 마련에 속도가 붙었고 보편적 접근권은 '보편적시청권'으로 이름을 달리하여 제도로 자리 잡았다. 상업화로 치닫던 국내 미디어 환경에서 공익성과 보편성에 기반을 둔 정책이 만들어진 것이다. 어떤 과정을 거쳐 마침내 보편적시청권제도가 방송법에 자리 잡을 수 있었을까?

1. 보편적시청권제도

보편적시청권(Universal Access Right)은 비용을 지불하지 않고 어느 누구나 차별 없이 방송을 볼 수 있는 시청자의 권리를 의미한다. 보편적 접근권(universal access)이라는 개념에서 시작된 보편적시청권 논의의 출발은 미디어의 공공서비스 개념에서 근거를 찾을 수 있다.

방송의 보편적시청권은 방송의 이용자인 시청자가 물리적·경제적 장애 없이 방송서비스를 이용할 수 있는 권리를 가리킨다. 즉, 보편적시청권의 개념은 말 그대로 보편적으로 어떤 방송을 시청할 수 있는 권리이며 이 권리를 향유할 주체는 시

〈표 7-1〉 보편적시청권 보장에 관한 방송법과 방통위 고시

방송법	방송통신위원회 고시
제2조(정의) 이 법에서 사용하는 용어의 뜻을 다음과 같다. 26."보편적시청권"이라 함은 국민적 관심이 매우 큰 체육경기대회 그 밖의 주요 행사 등에 관한 방송을 일반 국민이 시청할 수 있는 권리를 말한다. 제76조(방송프로그램의 공급 및 보편적시청권 등) ① 방송사업자는 다른 방송사업자에게 방송프로그램을 공급할 때에는 공정하고 합리적인 시장가격으로 차별 없이 제공해야 한다. ② 방송통신위원회는 제76조의2의 규정에 따른 보편적시청권보장위원회의 심의를 거쳐 국민적 관심이 매우 큰 체육경기대회 그 밖의 주요 행사(이하 "국민관심행사등"이라고 한다)를 고시해야 한다. 이 경우 방송통신위원회는 문화체육관광부 장관, 방송사업자 및 시청자의 의견을 들어야 한다. ③ 국민관심행사등에 대한 중계방송권자 또는 그 대리인(이하 "중계방송권자등"이라 한다)은 일반 국민이 이를 시청할 수 있도록 중계방송권을 다른 방송사업자에게도 공정하고 합리적인 가격으로 차별 없이 제공해야 한다. ④ 방송사업자는 제1항 및 제3항의 규정을 위반하는 행위에 관하여 방송통신위원회에 서면으로 신고할 수 있다. ⑤ 방송통신위원회는 제4항의 규정에 따른 신고를 접수한 경우에는 제35조의3의 규정에 따른 방송분쟁조정위원회의 심의를 거쳐 60일 이내에 그 결과를 통보해야 한다.	제3조(국민관심행사등의 종류) 국민관심행사등은 다음 각 호의 규정에 따라 분류한다. 1. 국민 전체가구 수의 100분의 90 이상 가구가 시청할 수 있는 방송 수단을 확보해야 하는 국민적 관심이 큰 체육경기대회는 동계·하계 올림픽과 FIFA(국제축구연맹)가 주관하는 월드컵 중 성인 남자 및 성인 여자 국가대표팀이 출전하는 경기로 한다. 2. 국민 전체 가구수의 100분의 75 이상 가구가 시청할 수 있는 방송 수단을 확보해야 하는 국민적 관심이 큰 체육경기대회는 동계·하계아시아경기대회, 야구WBC(월드베이스볼클래식) 중 국가대표팀이 출전하는 경기, 성인 남자 국가대표팀이 출전하는 AFC(아시아축구연맹) 및 EAFF(동아시아축구연맹)가 주관하는 경기(월드컵축구 예선포함), 양 축구협회간 성인 남자 국가대표팀이 출전하는 평가전(친선경기 포함)으로 한다.

청자이다. '시청권'은 '볼 권리'를 의미하기 때문에 우리나라에서도 시청권은 법률에 의해 보장되고 있으며 보편적시청권은 제공자라 할 수 있는 방송사가 어떤 서비스를 제공할 권리가 아닌 서비스의 이용자, 즉 방송 시청자가 방송서비스를 이용할 권리를 말한다(봉미선, 2011; 심석태, 2007).

우리나라는 2007년 1월 방송법을 개정하고 2008년 2월 시행령을 마련함으로

써 보편적시청권제도를 도입했다. 방송법에 규정된 보편적시청권은 '국민적 관심이 큰 체육경기대회 그 밖의 주요 행사 등에 관한 방송을 일반 국민이 시청할 수 있는 권리'다. 방송통신위원회는 방송법에 근거하여 설치하는 보편적시청권 보장위원회 심의를 거쳐 국민관심행사를 고시한다. 방송법은 스포츠 중계권을 확보한 사업자가 실시간 방송을 제공하지 않거나, 중계권의 판매를 거부하거나 지연시키지 못하도록 금지하고 있다.

이전 상당수 연구는 보편적시청권제도의 뿌리를 미국 통신 분야에 기원을 둔 보편적서비스(Universal Service)에서 찾았다. 본서 제1장에서 서술하였듯이 유료 사업을 펼치는 특정 몇몇 사업자들에게 독점적 혜택을 부여하고 그들로 하여금 이용자에게 차별성을 두지 못하도록, 또는 크림스키밍을 방지하고 공익적 책임을 요구하는 보편적서비스 의무(Universal Service Obligation)와 방송에서 도입한 보편적시청권제도는 뿌리부터 다르다. 보편적서비스라는 용어, 또는 개념 혼동(conceptual muddle)에서 비롯되고 있음을 지적한 것이다.

최초 교통부문에서 시작된 미국의 보편적서비스 개념은 20세기에 들어서며 세계 주요국의 유선전화 서비스로 적용 범위가 확장되었다. 통신의 보편적서비스 개념의 근간은 국가의 모든 국민이 유선전화를 이용할 수 있게 함에 있었다. 이처럼 보편적서비스는 국민이 일상생활에 기본적으로 필요한 서비스의 경우 모든 국민이 차별 없이 저렴한 비용으로 안정적으로 이용할 수 있어야 한다는 공익과 형평의 원칙에 토대를 두고 있음은 분명하지만 유료 사업인 데다 민간 사업자에게 강제하는 의무라는 점에서 방송의 보편적시청권 개념과 다르다.

통신의 보편적서비스는 이용자 모두 시간과 공간에 구애받지 않고 적절한 (affordable) 이용 요금으로 제공받을 수 있는 기초적인 정보통신 서비스를 의미해 왔다. 여기서 이용자 누구나 소득수준, 장애, 그 밖의 여타 조건과 상관없이 지불 가능한 요금 수준으로 서비스를 이용할 수 있어야 한다는 뜻이다. 이처럼 이용 대상, 접근 및 지불의 수준에 차별을 두지 않는 형평의 원칙, 보편주의에 기반을 둔 정책이라는 점에서 주목할 만하다. 보편적인 서비스(universal service)를 지향하는 바는 방송의 보편적시청권과 같지만, AT&T 사장 시어도어 베일의 주창에 따라 도입된 미국 정보통신법에 기반을 둔 보편적서비스(Universal Service)와는 차원이 다르다. 방송과 통신을 불문하고 보편적인 서비스(universal service)를 중심으로 논의를 전개하는 방향은 옳다(강형철, 2014; 정용준, 2006; Smith, Evens, & Iosifidis, 2015). 하지만 일부 연구에서 드러나듯이 무료 지상파방송을 통한 보편적 접근에 기반한 보편적시청권제도를 유료 통신서비스에 기반을 둔 미국의 보편적서비스 제공 의무(USO: Universal Service Obligation)와 동일 선상에 놓고 비교하는 데는 문제가 있다.

보편적시청권제도가 위헌 소지가 있다는 주장(정지규·이기문, 2021)이 있으나, 법원의 판단은 그렇지 않다. 우리나라 법원은 방송사가 갖는 헌법상 영업의 자유, 계약의 자유, 재산권 역시 헌법 제37조 제2항에 의하여 제한될 수 있다며, 방송의 공공재적 성격과 보편적시청권 보장이라는 공익이 방송사의 재산권에 우선한다고 판시했다. SBS가 2011년 방송통신위원회로부터 받은 시정명령을 취소해 달라며 서울행정법원에 청구한 것에 대해 방송법 시행령 제60조의3 제1항 제3호[1])가 중계방송권자의 중계방송 자체를 제한하는 것이 아니라 국민관심행사에 대한 '독점' 중계방송을 제한하는 것으로 보이기 때문에 보편적시청권의 실질적 보장이라는 공익에 비하여 중계방송권자로서의 방송의 자유, 기업활동의 자유, 재산권, 계약의 자유 등을 지나치게 침해함으로써 법익의 균형성을 상실하여 위헌이라고 볼 수 없다고 판단했다.

물론 전제는 있다. 공익 실현을 위해 필요한 정도를 넘어 과도하게 제한해서는 안 된다는 비례의 원칙이 지켜져야 한다. 비례의 원칙이 준수되는 조건에서는 방송법 시행령 제60조의3 각호는 독자적인 존재 의의를 갖는다. 방송의 공공재

---

1) 제60조의3(금지행위) ① 법 제76조의3제1항제1호에서 "대통령령으로 정하는 비율"이란 100분의 60 이상으로서 방송통신위원회가 정하여 고시하는 비율을 말한다. ② 법 제76조의3제1항 각호의 어느 하나에 해당하는 행위(이하 "금지행위"라 한다)의 세부적인 유형 및 기준은 별표 2의 2와 같다[전문개정 2016. 7. 26.].

적 성격에 비추어 중계방송업자의 영업활동의 자유가 일반 국민의 국민관심행사에 대한 보편적시청권 보장보다 앞선다고 보기 어렵다. 국민 전체 가구수의 90% 이상이 시청할 수 있는 방송 수단을 확보해야 한다는 제1호의 요건을 충족한 중계방송권자라도 다시 제3호에 따른 판매 거부 금지의무를 부담하는 것이 일반 국민의 보편적시청권 보장이라는 공익에 비하여 원고의 기본권을 지나치게 침해함으로써 법익의 균형성을 상실하여 위헌이라고 보기는 어렵다는 것이다.

2. 보편적시청권제도 도입 과정

2006년 2월 22일은 대한민국 미디어스포츠 역사에 '사건'이 발생한 날이다. 이날 열린 '한국 대 시리아' 국가대표 축구팀 경기는 '2007 아시안컵' 예선 1차전이었다. 축구 국가대표팀이 참가하는 경기인데다 아시안게임 첫 예선경기라는 점에서 시청자들은 당연히 지상파TV로 볼 수 있을 줄 알았다. 현실은 달랐다. 지상파방송사들이 아시안컵 중계권을 확보하지 못했기 때문이다. 마케팅 회사였던 'IB스포츠'는 '아시아축구연맹(AFC)이 주관하는 7년간(2006~2012년)의 모든 경기 국내 중계권을 독점적으로 확보한 다음 지상파방송에 재판매하지 않았다. 대신 IB스포츠는 계열사인 케이블PP '엑스포츠'와 위성 DMB TU미디어, 야후코리아 등에만 팔았다. 엑스포츠는 15% 이상 시청률을 기록하면서 케이블TV 시청률 기록을 갈아치웠다. 지상파방송사들은 시청자들의 불만을 고스란히 감내해야 했다.

당시 IB스포츠가 확보한 아시아축구연맹(AFC) 주관 모든 경기 국내 독점중계권은 축구 국가대표팀이 치르는 2008년 베이징올림픽, 2010년 FIFA 월드컵, 2012년 런던 하계올림픽 예선전을 모두 포함하고 있었다. IB스포츠가 확보한 중계권에는 아시안컵, 아시아 청소년 축구대회, 아시아 여자축구 선수권대회, AFC 챔피언스리그 경기에도 당연히 적용된다. IB스포츠가 구입한 방송 중계의 범위는 지상파방송, 케이블TV, 위성방송은 물론 이동형 멀티미디어 방송 DMB

와 도입 논의가 한창인 IPTV 플랫폼 중계권까지 포괄하는 내용이었다.

지상파방송사 풀(pool)이 사실상 무력화되었고, 지상파방송사들은 거세게 반발했다. 지상파방송사들은 한국방송협회에서 스포츠 국장단 긴급회의를 열고 공동 대응 합의서를 작성하여 "코리아 풀을 구성해 공동으로 중계권을 협상해 왔으나 IB스포츠가 뛰어들면서 중계권 가격을 높여 외화를 낭비하게 됐다"라고 비난했다. IB스포츠가 지나치게 높은 가격을 제시하면서 지상파 풀의 협상이 결렬되었다고 주장했다. IB스포츠는 "중계권 인상률 등을 고려한 것으로 방송사들이 주장하는 것처럼 터무니없이 높은 가격은 아니다"라며, 지상파 풀 시스템은 "선진 스포츠마케팅에 어울리지 않는다"라고 반박했다. 또한, IB스포츠는 "지상파방송, 케이블TV와 위성방송, DMB, IPTV 등 모든 플랫폼에 중계권을 재판매해 지상파 독점을 해체함으로써 매체 간 균형발전에 도움이 될 것"이라고 밝혔다.

지상파방송사는 "산업적 논리에 밀려 시청자의 볼 권리가 침해되어서는 안 된다"라며 방송위원회(방송통신위원회의 전신)와 국회 협력을 통해 국민 관심이 높은 스포츠 이벤트 중계를 보편적서비스인 지상파방송으로 누구나 볼 수 있도록 제도 마련에 나서겠다고 밝혔다. 다른 나라에서 채택하고 있는 '보편적 접근권(universal access)' 제도를 도입하겠다는 것이었다. 영국은 1996년 글로벌 미디어 재벌 루퍼트 머독의 위성방송 BskyB가 올림픽 중계권을 독점적으로 확보하는 데 맞서 방송법을 개정했고, 유럽연합(EU)은 1997년 '국경 없는 방송 지침'을 개정하여 무료 방송에 의한 주요 스포츠 이벤트 시청권 보장을 앞세우고 있는 점을 상기시켰다.

당시 국회 상임위(문화관광위원회)에는 보편적시청권 관련 방송법 개정안이 계류 중이었다. 민주당 손봉숙 의원이 2005년 10월 대표 발의한 법안으로, 개정안에는 주요 스포츠 경기 중계권을 지상파방송사에 우선적으로 제공하는 내용이 담겨 있었다. 손의원 의원 발의 방송법 개정안은 △ 국민적 관심이 있는 스포츠 경기를 지상파방송사가 '우선적'으로 중계하고 △ 중계 우선권을 갖는 지상파방송사업자는 공공성과 시청 범위 등을 감안하여 시행령으로 정하도록 했다. 같은 개정안에는 △ 보편적 접근권의 대상이 되는 경기는 '보편적 접근권 보장 위원회'를 구성하여, 위원회에서 정하고 △ '보장위원회'는 방송위원회 산하 비상임 회의체로 설치하도록 하는 방안도 담겼다.

같은 달, 박형준 의원도 보편적 접근권 관련 법안을 대표 발의했다. 박형준 의원 발의 방송법 개정안은 △ 방송위원회가 방송 시장 독과점을 개선하는 정책 수립과 보고 의무를 지고 △ 국민적 관심 행사를 시청자 의견을 청취하고 방송사업자와 협의를 거쳐 고시하는 내용을 담고 있었다. 법안에는 △ 중계방송권을 확보한 자는 방송 중계권을 공정하고 합리적인 가격으로 다른 방송사업자에게 제공해야 하고 △ 부당하거나 불법적인 거래에 대해서는 방송위원회에 조사권을 부여하자는 내용도 포함되어 있었다.

손봉숙 법안은 지상파방송사와 함께 논의하여 만들어졌으며, 논의 과정에서 "국민적 관심이 되는 체육경기대회는 유료방송을 통한 중계를 금지"하는 방안까지 나왔으나 개정안에는 반영되지 않았다. 손 봉숙 의원 안은 보편적 접근권에 무게를 두었고, 박형준 의원 안은 의원 안은 중계권 공정거래와 방송규제 기구의 권한 강화에 초점이 맞춰졌다.

지상파방송사를 우선해야 한다는 움직임에 대해 유료방송과 뉴미디어 업계에서는 "지상파방송의 스포츠 중계권 독과점체제를 유지하려는 집단이기주의"라고 비판했고, 지상파방송사 연합체인 한국방송협회는 "상업화 논리에 밀려 국민의 볼 권리가 침해되어서는 안 된다"라며, 미디어 환경 변화에 맞춰 지상파방송의 경쟁력을 높이기 위한 조치라고 맞섰다.

국회상임위에 손봉숙 의원과 박형준 의원의 법안이 상정되면서 지상파방송사가 주장하는 '무료 시청권'에 무게가 실리는 했으나, 금세 소강상태로 접어들었다. 보편적 접근을 허용하기 위한 적용 범위와 어느 이벤트까지를 국민관심행사로 볼 것인지를 일률적으로 정하기 쉽지 않았기 때문이다. 무엇보다, 유럽 국가들과 다른 국내 TV 수신 환경도 변수로 작용했다. 케이블TV의 저가 요금 정책으로 가입자는 큰 폭으로 늘어났고, 융합네트워크 환경이 고도화되면서 온라인 중계가 시작되었다. 지상파방송사 중심이어야 한다는 주장이 힘이 빠지는 듯했다.

자칫 논의에 그치고 말 수 있었던 보편적 접근권 도입 논의는 2006년 2월 22일 축구 국가대표팀의 시리아전이 유료방송으로만 중계되면서 급물살을 탔다. 국민적 관심이 높은 스포츠 경기는 누구나 볼 수 있어야 한다는 시청자 권익 논쟁에 불이 붙었다. 언론 시민단체인 민주언론시민연합은 '스포츠 중계, 시청자 권익 보장하라'는 성명을 발표하고 법제적 보완을 요구했다(2006.2.23). '대부분의 국민들이 큰 관심을 갖고 있는 국제 축구 경기를 지상파방송을 통해 보편적으로 서비스하지 않고, 일부 유료 채널에게만 중계권을 판매한 것은 명백하게 시청자의 시청권리 침해이며, 스포츠 경기에 대한 시청자의 보편적 접근권 침해'이기 때문에 법제적 보완이 필요하다고 강조했다. 민언련은 지상파방송사들이 스포츠 경기 중계권을 확보하기 위해 자신들이 만든 합의조차 이행하지 않은 사태가 간접적인 원인이라고 지적했다. 무료 지상파방송사들이 사회적 책임을 다하지 못했다는 일침이었다.

지상파방송사가 아닌 IB스포츠가 중요한 스포츠 경기 중계권을 독점적으로 확보하면서 국민들이 무료로 시청할 수 없게 됐다는 불만이 분출했고 IB스포츠 역시 적극 해명에 나섰다.

한국방송, 문화방송, SBS 등은 과거 자신들이 공동으로 2002년부터 올해까지 월드컵과 올림픽 아시아 예선 중계권을 1천만 달러 수준에서 따냈는데, 이번에 IB스포츠는 그보다 3배나 비싼 3천만 달러를 주고 독점권을 장악했다고 성토하고 있다. 3천만 달러는 지상파에서 자체적으로 예상하고 주장한 것일 뿐, 우린 그렇게 밝힌 적이 없다. 그것을 인정한다 해도 과거 지상파 3사는 4년 계약에 1천만 달러였고, 우린 7년 계약이다. 실제 3배가 아니라 1.7배다. 과거 지상파 계약조항을 따져보면 지상파방송사와 그 계열 케이블TV 방송 권리만 있다. 우리는 계약기간을 7년으로 늘리고 권리도 라디오를 포함한 '올 비주얼 라이트(All Visual Right)'를 얻어냈다. 눈으로 볼 수 있는 모든 매체, 지상파 케이블, 위성, 디지털멀티미디어방송(DMB), 초고속인터넷TV(IP TV), 그리고 스폰서십 유치 권한까지 다 확보한 포괄적 권한이다. 터무니없는 돈을 줬다는 방송 3사의 주장은 틀린 얘기다. 그런 요인들을 다 감안하면 우린 좋은 가격에 계약한 것이다.

우리가 지상파에 일부러 판매를 안 하려 한 적은 없다. 오히려 적극적으로 임했다. 뉴스 자료화면의 경우 무료로 가져다 쓰라고 얘기하고 있다. 그런데 방송 3사는 안 받겠다고 한다. 2002 한일월드컵 때, 경인방송, YTN은 한국방송에 이런 대축제 때에는 뉴스 그림 좀 쓰게 해달라고 했다. 하지만 당시 한국방송은 수백만 달러를 달라고 한 것으로 안다. 우리는 지금 뉴스용 자료화면에 대해서는 당장 무료로 공급하겠다고 하는데도 안 쓰겠다는 것이다. 우리가 30초를 쓰는 데 400만 달러를 내라고 했다는 것인데 전혀 사실이 아니다(IB스포츠 해외영업팀장 인터뷰).

해명에도 불구하고 여론은 보편적 접근권 보장으로 기울었다. 다수 언론에서도 스포츠 경기에 대한 보편적 접근권에 관한 기사가 실렸고, 언론시민단체들도 관련 세미나를 개최했다. 국회의원과 방송사 및 유통사 관계자들이 머리를 맞댔다. 주요 스포츠 이벤트의 시청권이 보장되지 못할 경우 사회적 불평등을 야기할 수 있고, 국민적 불만이 고조될 수 있다는 인식이 확산되었다. 국민적 관심이 높은 스포츠 행사는 보편적으로 서비스되어야 한다는 사회적 공감대에 힘입어, 손봉숙 의원과 박형준 의원 대표 발의안을 중심으로 논의가 진전되기 시작됐다. 1년여 치열한 논의 끝에 보편적시청권제도가 담긴 방송법 개정안이 국회 본회의를 통과하여(2006.12.22), 시행되었다(2007.1.26). 이듬해 방송법 시행령을 개정함으로써 보편적시청권 보장 제도가 도입되었고(2008.2.22), 방송통신위원회는 국민관심행사를 지정하여 고시했다(2008년 8월, 2009년 11월).

손봉숙 의원과 박형준 의원이 대표 발의한 법률안들에는 '보편적 접근권'이라는 용어로 표현하였으나, 국회상임위원회(문화관광위원회) 법률안 심의 과정을

〈표 7-2〉 보편적시청권 국내 입법 추진 경과

시기	주체	주요 내용
2001.6	심재권 의원	보편적시청권 관련 입법 조항을 발의함. 보편적시청권 또는 접근권이라는 용어를 직접적으로 사용하지는 않았지만 보편적시청권의 기본적인 개념을 반영한 것으로 평가
2005.10.	박형준 의원	보편적 접근권 도입을 위한 방송법 개정안을 발의. 법안의 주요 목적은 방송사업자들 사이의 공정한 거래 질서 확립에 있음
2005.10.	손봉숙 의원	방송법 일부 개정법안 제출. 처음으로 '보편적 접근권'의 개념을 정의하였음. 보편적시청권 보장 방식으로 '지상파방송사업자를 통해 우선적으로 중계'하는 방안 제시
2006.8.	최구식 의원	방송법 개정안 대표 발의. 주요 스포츠 경기에 대한 방송사별 순번제 도입이 중요한 핵심 논제
2007.1.	반승법 개정	방송법을 개정(법률 제8301호, 2007. 1. 26)하여 보편적시청권 개념 및 도입 방안 추가 - 보편적시청권의 대상인 국민관심행사는 보편적시청권보장위원회의 심의를 거쳐 방통위가 고시로 지정(방송법 제76조)
2008.2.	방송법 시행령 개정	방송사업자와 중계방송권자의 금지행위 및 시정조치 등에 필요한 사항을 대통령령으로 규정(방송법 시행령 제60조의3)
2008.8.	방송통신위원회 고시	동계·하계 올림픽과 국제축구연맹(FIFA)이 주관하는 월드컵을 90% 이상의 가구가 시청할 수 있는 방송 수단을 확보한 방송사가 중계할 수 있도록 고시
2009.11.	방송통신위원회 고시	월드베이스볼클래식(WBC)과 축구 국가대표 출전 A매치(월드컵 예선 포함), 아시안게임을 국민관심행사로 고시
2010.6	최문순 의원	보편적시청권 보장을 위한 방송법상 금지행위 판별 기준을 정하여 방송통신위원회가 고시하도록 하는 방송법 개정안 발의
2011.12	방송통신위원회 고시	'보편적시청권 관련 금지행위 세부 기준'고시 제정. ① 방송 수단 확보(국민 전체 가구수의 75/100 이상, 올림픽과 월드컵은 90/100 이상), ② 실시간 방송 실시, ③ 중계방송권 판매 또는 또는 구매 거부 지연 금지, ④ 경기 자료화면의 무료 제공 등 세부 기준 마련

자료: 김원제·조항민·정세일(2010.11) 및 차성민(2011) 참조, 내용 보완.

거치면서 '보편적시청권'으로 바뀌었다. 방송 시청권을 보장하기 위한 법제인 만큼 '시청권'이라는 용어가 더욱 적절하다는 의견이 반영된 결과다(김원제·조항민·정세일, 2010).

방송법 제2조는 '보편적시청권'이라는 용어를 '국민적 관심이 매우 큰 체육경기 대회 그 밖의 주요 행사 등에 관한 방송을 일반 국민이 시청할 수 있는 권리'로 정의하고 있다. 방송법 제76조는 보편적시청권제도에 대해서 규정하고 있는데, 방통위는 보편적시청권보장위원회의 심의를 거쳐 국민적 관심이 매우 큰 체육경기대회와 국민적 관심이 집중되는 국가적 차원의 주요 행사, 즉 국민관심행사를 고시하도록 정하고 있고, 방통위는 국민관심행사를 지정할 때 문화체육부장관, 방송사업자, 시청자 등의 의견을 들어야 한다고 명시하고 있다.

방통위는 '국민적 관심이 큰 체육경기대회 및 그 밖의 주요 행사' 고시에서 국민관심행사를 두 가지로 구분하였다. 국민적 관심이 가장 큰 행사를 동계·하계 올림픽과 FIFA 국제축구연맹이 주관하는 성인 남녀 국가대표팀의 월드컵 출전 경기로 정하고, 중계권자는 국민 전체 가구의 90% 이상이 시청할 수 있는 방송 매체를 확보해야 한다고 규정하였다. 또 다른 국민관심행사는 동계·하계 아시아경기대회, 야구 WBC(월드베이스볼클래식) 중 국가대표팀이 출전하는 경기, 성인 남자 국가대표팀이 출전하는 AFC(아시아축구연맹) 및 EAFF(동아시아축구연맹)가 주관하는 경기(월드컵축구 예선 포함), 양 축구협회 간 성인 남자 국가대표팀이 출전하는 평가전(친선경기 포함)이다. 이는 전체 가구의 75% 이상 가구가 시청할 수 있는 방송 수단을 확보해야 한다.

방송법 제76조의3은 중계방송권자 등이 하지 말아야 할 금지행위를 구체적으로 나열하고 있다. 중계방송권자는 고시에서 정한 가시청 가구 기준 방송권역을 갖는 방송 수단을 확보해야 하며, 정당한 사유가 있는 경우를 제외하고는 국민관심행사 등을 실시간으로 방송해야 한다. 또한, 정당한 사유 없이 중계방송권을 판매하지 않거나 지연시킬 수 없다. 또한 중계방송권자는 다른 방송사업자가 뉴스 보도나 해설 등에 필요한 자료화면을 제공해야 한다.

방통위는 고시에서 정한 사항 관련, 중계방송권자에게 필요한 시정조치를 명할 수 있다. 고시 사항에 관한 사실관계 파악를 위해 방송통신위원회는 방송사에 자료 제출을 요청할 수도 있다. 중계방송권자가 정당한 사유 없이 방송통신위원회의 시정조치를 이행하지 않을 경우 중계방송권 총계약금액의 5%를 초과하지 않는 범위에서 과징금을 부과할 수 있다.

　방송통신위원회는 중계권 확보 과정에서 사업자 간 과도한 경쟁에 따른 중계권료 폭등을 방지하기 위한 공동계약과 시청자 선택권을 높이기 위해 채널별, 매체별로 순차적인 편성을 권고할 수 있다. 방송법 제76조의2에 따라 방송통신위원회에 보편적시청권보장위원회를 설치하여, 국민관심행사의 선정과 관련된 사항, 중계방송권 공동계약의 권고, 중계방송 순차편성 권고 등에 관한 사항을 심의한다. 보편적시청권보장위원회는 방통위원장이 위원회의 동의를 얻어 7인 이내로 위촉한다.

　보편적시청권제도를 적용하는 과정에서 모호하게 규정된 금지행위는 방송사업자나 방송 중계권자 간 분쟁이 일어날 경우 힘을 빌휘하기 힘들었다. 올림픽이나 월드컵 방송 중계권을 둘러싼 분쟁조차 구체적인 판별 기준이 없어 실효성이 떨어진다는 문제가 제기되었다. 2010년 밴쿠버동계올림픽과 남아공월드컵을 SBS가 단독중계하는 과정에서 다른 방송사에 재판매하는 협상에서 논란이 발생했다. 이에 대한 대안을 수립하는 방송법 개정안을 최문순 의원 대표로 2010년 6월 발의한 바 있다. 최문순 의원 대표 발의안은 시행령에서 정하고 있는 금지행위 유형을 방송법으로 상향 입법하고, 중계방송권을 부당한 조건으로 금지하는 행위를 새로운 유형으로 추가했다[2]. 또한, 방송사업자 간 방송프로그

---

2) 제76조의3(보편적시청권 보장을 위한 조치 등) ① 방송사업자 및 중계방송권자등은 제76조제3항의 규정에 따른 일반 국민의 보편적시청권을 보장하기 위하여 다음 각 호의 어느 하나에 해당하는 행위(이하 "금지행위"라 한다)를 하거나 다른 방송사업자, 중계방송권자등 또는 제3자로 하여금 이를 하도록 하여서는 아니 된다.
　1. 중계방송권자로서 국민관심행사등의 종류 및 국민관심도 등을 고려하여 국민 전체 가구수의 100분의 60 이상 100분의 75 이하의 범위에서 방송통신위원회가 고시하는 비율 이상(올림픽이나 국제축구연맹이 주관하는 월드컵의 경우에는 국민 전체 가구수의 100분의 90 이상)의 가구가 시청할 수 있는 방송 수단을 확보하지 아니하는 행위
　2. 중계방송권을 확보하였음에도 불구하고 천재지변 또는 국가긴급상황 발생 등의 정당한 사유 없이 국민관심행사등을 제1호의 방송수단을 통하여 실시간으로 방송하지 아니하는 행위
　3. 정당한 사유 없이 중계방송권의 판매 또는 구매를 거부하거나 지연시키는 행위
　4. 중계방송권을 부당한 조건으로 거래하는 행위

램 거래 가격에 제한을 두도록 하고, 일반 국민이 무료로 시청할 수 있도록 하는 내용을 추가했다. 최문순 의원 안은 방송법 개정으로까지 이어지지 못했으나, 보편적시청권제도의 실효성을 높이기 위한 방안으로 제시된 만큼 계속 발전적 논의로 이어나갈 필요가 있다.

3. 스포츠 보편적시청권 보장 관련 환경 변화

스포츠 중계권 유통 구조가 상업화되고, OTT 서비스가 속속 등장하면서 스포츠콘텐츠의 몸값이 가파르게 상승했다. 점점 더 무료 지상파방송사들이 주요 스포츠 이벤트 중계권을 확보하기 곤란해졌다. 케이블TV와 IPTV에 이어 다양한 국내외 OTT 서비스가 등장했고, 시청자들은 플랫폼이 늘어날수록 파편화되었다. 무료 보편적인 매체를 통해 즐길 수 있는 스포츠는 점차 줄어들었다. 매체는 다종다양하게 늘어났지만 스포츠 경기를 무료로 볼 수 있는 기회는 줄어들었다. OTT 활성화에도 불구하고 시청자들의 보편적시청권은 축소되는 양상이다. 융합 미디어 환경에서 보편적시청권은 접근의 용이성과 콘텐츠의 다양성 그리고 비용의 합리성에 의해 담보되어야 한다. 보편적시청권의 대상이 되는 콘텐츠는 무엇이며, 보편적 시청의 장애가 되는 원인이나 대상은 무엇인지, 보편적시청권 관련 사회적·매체적, 기술 발전 등의 요인을 관찰하여 그 대상과 적용 범위를 결정하는 정책적 판단이 필요한 영역이다(주성희·김현정·노은정, 2019).

국내 지상파방송사들은 그동안 국제 스포츠조직으로부터 중계권을 공동 구매한 후, 무료 기반 지상파방송 플랫폼을 통해 방송했다. 그런데 스포츠조직의 판매 전략과 스포츠 중계권 유통 구조가 크게 달라졌다. 이전에는 보편적서비스가 가능한 방송 플랫폼이 지상파 중심이었고 그래서 스포츠조직들이 지상파방

---

5. 정당한 사유 없이 국민관심행사등에 대한 뉴스 보도나 해설 등을 위한 자료화면을 제공하지 아니하는 행위

송사를 찾았다면, 이제는 굳이 스포츠조직들이 지상파방송사만을 찾을 이유가 사라졌다. 다양한 형태의 플랫폼들이 나름의 접근성을 늘려왔기 때문이다. 지상파방송이 스포츠 이벤트 중계권을 확보하지 못하는 상황이 펼쳐졌고, 방송통신위원회가 고시하는 가시청률 조건을 충족하는 방송사 여부를 판가름하는 것도 2020 도쿄올림픽의 영국 BBC 사례를 볼 때 본래 목적을 살리기 힘들게 되었다. 그동안 보편적시청권 논의와 연구들은 지상파방송사 또는 국내 공영방송의 주요 스포츠 이벤트 중계권 확보를 기정사실화하여 전개하는 경향을 보여왔다. OTT시대 보편적시청권을 보장하기 위해서는 스포츠 중계권을 방송사가 아닌 유통회사 또는 글로벌 미디어기업이 독점적으로 확보하는 상황을 기정사실화 헤야 할 단계에 접어들었다. 보편적시청권을 논의하기 위해서는 달라진 시장상황을 반영하여, 접근 방식부터 바꿀 필요가 있다.

08 해외 주요국의 보편적시청권 보장

영국 공영방송 BBC는 2020 도쿄 하계올림픽 중계권을 확보하지 못했다. 도쿄올림픽 유럽 중계권자는 디스커버리(Discovery)였다. BBC는 주요 경기를 온전히 실시간 중계하지 못했고, BBC에서 볼 수 없는 주요 경기 생중계를 보기 위해서는 유료 채널인 디스커버리에 가입해야만 했다. 그동안 무료 지상파방송으로 올림픽경기를 시청해 왔던 영국 시청자들의 불만이 쏟아졌다(봉미선, 2021). 보편적시청권제도를 정착시킨 영국에서 2021년 7월에 일어난 실제 상황이다. 국제올림픽위원회 IOC가 미국 기업 디스커버리에 2020 도쿄 하계올림픽과 2024 파리 하계올림픽 중계권을 독점 판매하면서 보편적시청권 정책이 무력화되었다. 디스커버리가 IOC에 지불한 금액은 약 1조 5000억 원(13억 유로)에 달했고, 유럽방송연맹(EBU)은 이를 감당할 수 없었다(BBC, 2021). 스포츠 이벤트의 '왕관의 보석'으로 불리는 올림픽마저 유료방송에 가입하지 않고서는 제대로 시청할 수 없게 되었다.

영국을 비롯한 주요 국가들은 보편적시청권 보장을 위해 어떤 정책을 시행하고 있을까? 해외 사례를 살펴봄으로써 우리나라 보편적시청권제도 개선의 시사점을 얻기 위해 영국, 호주, 독일, 프랑스, 이탈리아, 인도 및 미국의 상황을 각 국가별 보편적시청권 사례와 구체적 이슈를 중심으로, 현재 운영되고 있는 제도의 세부 내용까지 함께 살펴본다.

1. 영국

영국은 유럽 국가들 중에서도 최초로 보편적시청권에 대한 법 규정을 제정하였고, 이후 많은 유럽 국가들이 이를 수용해 올림픽과 월드컵 같은 주요 스포츠에 관해 보편적시청권을 보장하고 있다. 1922년 영국 내 최초로 방송 면허를 부여받은 방송사인 BBC는 라디오방송, 뉴스에 이어, 1937년 윔블던 테니스 챔피언십을 중계하여 최초의 스포츠 중계방송을 시작하였다. 이후 1938년 처음으로 보트 레이스(케임브리지 대학 및 옥스퍼드 대학 보트 클럽 사이의 연례 조정 경기 세트), FA컵(축구협회 챌린지컵)을 방송하였다. 이후 제2차 세계대전 발발로 TV방송이 중단되었다가, BBC는 1946년 TV방송을 재개하고 이후 FA컵, 럭비 리그 챌린지컵, 1948년 런던올림픽경기, 1954년 FIFA 월드컵 등 스포츠를 독점적으로 중계하였다. 이러한 BBC의 방송으로 인해 주요 스포츠 행사들이 국가적인 행사로 자리매김하게 되었다.

한편, 제2차 세계대전 이후 BBC의 방송 독점이 정보의 다양성을 위축시킨다고 보았던 보수당 정부는 1951년 상업방송 도입을 결정하고, 1954년 '텔레비전법(Television Act)'에 상업 텔레비전(Independent Television) 설치를 규정하였다. 이에 근거해 1955년부터 민영방송사이자 지역 텔레비전채널의 연합체인 ITV가 방송을 시작하게 되었다(권건보, 2009). 이에 따라 BBC가 독점적 스포츠 중계를 유지해오던 상태에서 벗어나, BBC뿐 아니라 ITV를 통한 스포츠 방송도 시작됐다.

BBC는 상업방송을 우려하여 상업방송이 배타적으로 국가적인 행사들을 방송하지 못하게 하는 정책을 정부에 요청하였고, 정부는 BBC의 제안을 수용하여 지나친 상업적 경쟁을 규제했는데, 이로 인해 1954년 텔레비전법 제7조에서는 특별 행사에 대한 규제가 명문화되었고, BBC와 ITV는 특정 행사들의 리스트를 구체적으로 열거하여 해당 행사를 배타적으로 방송하지 않는다는 협정을 발표했다(정두남, 2012).

이후 BBC와 ITV 간에는 독점 또는 비독점 형태의 스포츠 중계가 이루어지다가, 1966년엔 두 방송사가 월드컵 취재를 공동으로 진행하기도 하였다. 이후 1980년대 초반에 유료방송이 등장하였으며 1984년 '케이블방송법(Cable and Broadcast Act)'이 제정되었다. 이때 제정된 보편적시청권 법안의 주요 내용은 국가적으로 중요한 이벤트이면서 역사적이고 국가적인 중요성을 가지고 있는 경기는 유료방송에 독점적 방송권을 허가하지 않는다는 것과 역사적으로 무료 텔레비전 방송으로 중계해 왔던 경기인 경우 유료시청(PPV) 기반으로 방송되면 안된다는 것이었다(박천일 외, 2014).

그러던 중, 호주 출신 미디어 재벌인 루퍼드 머독(Rupert Murdoch)은 1990년대 이후부터 영국 유료방송시장에서 자본력을 바탕으로 위성방송사업을 운영하며 독점적인 지위를 구축하고 있었다. 이중 머독이 소유한 유료방송인 위성방송 BskyB가 가입자를 확장해 나가기 위한 수단으로 스포츠 중계권 시장을 흔들기 시작하면서 보편적시청권에 대한 논의가 불 붙기 시작하였다. BskyB는 1992년 초반 영국인이 가장 좋아하는 스포츠인 FA 프리미어리그 축구의 중계권을 독점적으로 확보함으로써 시장에서 절대적인 우위를 점해나갔고, 크리켓 등 다른 종목으로도 계속 확대되었다. 이러한 과정에서 스포츠 중계권은 유료방송시장에서 가입자를 확보하기 위한 핵심적인 콘텐츠로 인식되어 독점적인 축구 중계권 확보가 가입자 유치 전략으로 활용되었는데, 케이블TV 등 유료방송사업자는 규제 기관에 위성방송사업의 스포츠 중계권 독점에 대한 문제를 제기하기도 하였다(손창용, 2009).

한편, 머독이 1996년 올림픽(26회, 미국 애틀랜타)의 유럽 방송권을 확보하려 하자 국민들이 무료 시청권 수호에 나섰다. 중대한 국가적 행사인 올림픽을 국민들이 무료로 시청할 수 있어야 한다는 보편적시청권에 관한 논의가 뜨거워졌다. 추가 비용을 지불하지 않고 시청할 수 있어야 한다는 'Free to air'의 개념이 논의되었고, '방송법(Broadcasting Act 1996)'이 개정되었다. 방송법 Part IV에서는 '국가적 관심 스포츠 및 행사(Sporting and other events of national interest)'를 규정하면서 제97조(Listed events)에서 특별 행사의 리스트를 규정했다. 당시 규제 기관이던 ITC(Independent Television Commission)에서는 이를 더 구체화하여 '스포츠와 기타 특별 지정 행사 관련 규범(Code on Sports and Other Listed and Designated Events)'을 제정하였다.

2003년에 제정된 영국 커뮤니케이션법 제299조는 문화미디어스포츠부 장관이 주요 스포츠 또는 국가적 관심 행사의 목록을 작성하여 공표할 권한을 부여하고 있다. 이러한 조치는 모든 텔레비전 시청자, 특히 유료 구독 채널의 추가 비용을 감당하기 어려운 사람들이 주요 스포츠 경기를 시청할 수 있도록 하기 위함이었다. 제300조는 국민관심행사를 두 가지 그룹으로 나누어 분류했는데, A그룹 행사는 TV수신료 이외에 추가적인 비용 없이 텔레비전 프로그램 서비스가 제공되어야 하고, 가시청 가구수가 최소한 영국 인구의 95% 이상에 도달하는 기준을 충족시켜야 하는 것으로, 이에 해당하는 방송사를 사전에 지정해 왔다. B그룹 행사는 A그룹의 방송사에 속하지 않은 나머지 모든 방송사들이 중계할 수 있으며, 이때 비지상파방송사가 중계권을 가질 경우 A그룹에 속하는 무료 지상파방송사에게 2차 중계권을 제공해야 한다.

국민관심행사 목록은 자문위원회가 목록을 제안하고, 문화미디어스포츠부 장관이 결정한다. 95% 이상 시청자를 확보한 채널은 영국 방송·통신 규제 기관인 오프콤(Ofcom)이 발표한다. 문화미디어스포츠부 장관이 특별 지정 행사를 추가하거나 제외할 수 있으나 공영방송 BBC와 협의한 후 웨일즈 당국(Welsh Authority) 및 오프콤과 협의를 거쳐야 한다(Ofcom, 2010). 오프콤은 2010년 A그룹 프로그램을 생중계할 수 있는, 무료이자 95% 이상의 도달률을 갖춘 특정 자격 요건을 보유한 채널로 BBC1과 BBC2, ITV1, Channel4와 Channel5 등 5개 채널을 지정한 바 있다. 이후 TV 시청 방식의 변화와 발전, 특히 텔레비전 이외의 다른 장치를 통한 온라인 시청 증가, OTT 서비스 이용 등을 고려하여 해당 채널

A 리스트(GROUP A)		B 리스트(GROUP B)	
올림픽 게임	올림픽 게임	크리켓	영국에서 진행된 크리켓 테스트 경기 크리켓 월드컵─결승, 준결승 및 본국 팀이 참여하는 경기
축구	FIFA 월드컵 결승전 토너먼트 FA컵 결승전 스코틀랜드 FA컵 결승전 (스코틀랜드)	테니스	윔블던 토너먼트의 비결승 경기
경마	그랜드내셔널 더비	럭비	럭비 월드컵 결승전 토너먼트의 다른 모든 경기 본국이 참가하는 6개국 럭비 토너먼트 경기
테니스	윔블던 테니스 결승전	영연방대회	코먼웰스 게임
풋볼	유럽축구선수권대회 결승 토너먼트	종합경기	세계육상선수권대회
럭비	럭비 리그 챌린지컵 결승전 럭비 월드컵 결승전	골프	라이더컵 디 오픈 챔피언십

자료: Ofcom(2022).

목록을 업데이트하였다. 2022년 기준 오프콤이 지정한 영국 인구 95% 이상이 시청할 수 있는 무료 방송 채널 목록은 'BBC1, BBC2, BBC3(2022년 2월 1일부터), BBC4, CBBC, CBeebies, BBC News, BBC Parliament, Channel 3 network(broadcast as ITV, STV, UTV), ITV2, ITV3, ITV4, Channel4, Film 4, More 4, Channel 5'이다(Ofcom, 2022).

'스포츠와 기타 특별 지정 행사 관련 규범(Code on Sports and Other Listed and Designated Events)'상 지정된 A그룹과 B그룹에 해당하는 행사 목록은 〈표 8-1〉 과 같다.

A그룹에 속하는 특별 지정 행사는 첫째, 국민적 공감이 있어 국민을 통합하는 이벤트와 국민적인 연중행사이고, 둘째, 탁월한 국내 또는 국제적인 스포츠 이벤트, 국가를 대표하는 스포츠 팀 또는 선수가 출장하는 경기라는 두 가지 조건을 만족하는 경우가 그 기준이 된다. 국민 통합을 유도하거나 국가대표팀이 출전하는 경기를 의미한다. 한편, 영국에서 가장 인기가 높은 프리미어리그는 특별 행사 목록에 포함되지 않았는데, 인기는 높지만 국민적 통합 또는 국가 대표성과는 무관하기 때문이다(정두남, 2012).

BBC는 2020 도쿄올림픽 중계권을 확보하지 못했다. 유럽 중계권자인 디스커버리로부터 일정 중계권만을 확보하여 방송했다. 2016 리우올림픽과 비교됐다. 리우올림픽은 20개 경기를 동시에 생중계할 수 있었던 반면, 2020 도쿄올림픽은 2개 경기만 동시 생중계할 수 있었다. 생중계 시간이 현저히 줄었다. 2016년에는 5000시간 이상 올림픽경기를 생중계했지만, 2021년에는 350시간으로 급격히 줄었다. 올림픽을 텔레비전으로 즐기기 위해서는 디스커버리 네트워크의 '유로스포츠(Eurosport)'를 6.99파운드 지불하고 구독해야만 했다(*Dailymail*, 2021.7.30). 오프콤은 '공영 미디어의 미래에 대한 대정부 권고안'에서 국가를 하나로 묶는 이벤트의 효용성을 재차 확인하면서 특별 지정 행사 정책 유지와 행사 목록 업데이트를 권고했다(Ofcom, 2021).

영국의 공영방송은 자국을 하나의 국가로 결속하기 위해 스포츠를 중요하게 생각해야 하고 국가를 하나로 묶는 이벤트의 효과에 주목해야 한다. 그러려면 모든 시청자가 스포츠 이벤트 중계에 접속할 수 있어야 한다. 스포츠 생중계는 많은 사람들에게 가치를 제공한다. 유로 2020의 잉글랜드 대 스코틀랜드 축구 경기는 1990만 명이 시청한 바 있다. 스포츠 중계권 확보 비용이 치솟으면서 정부의 정책적 규제 없이는 공영방송에서 제공할 가능성이 낮아졌다. 2019년도 영국 방송사들의 스포츠 프로그램 투입 비용은 2015년에 비해 25% 증가했다. 이는 스포츠 중계권 확보 비용과 제작비용이 모두 반영된 수치이며, 공영방송사가 차지하는 비중은 11%에 달했다. 영국의 보편적시청권제도는 정부가 선택한 특정 이벤트를 모든 사람이 무료로 시청할 수 있도록 설계된 제도다. 방송이나 온라인을 통해 국민의 최소 95%에게 무료로 도달할 수 있는 것을 기반으로 한다 (Ofcom, 2022).

2. 호주

호주는 다른 국가에 비해 스포츠가 차지하는 비중이 매우 크고, 다른 대륙과 달리 전통적인 스포츠 종목들이 현지화한 것도 많다. 또한, 영국의 영향을 받아 보편적시청권이 법제화되었으며, 인기 스포츠 방송에 관한 법적 규제가 엄격하다. 호주는 1992년 '방송서비스법(Broadcasting Services Act)'에 시청자들이 무료로 시청할 수 있는 국민관심행사를 문화부 장관이 지정할 수 있도록 했다. 호주는 국민관심행사 정책에 안티 사이포닝 규칙(Anti-siphoning rule)과 안티 호딩 규칙(Anti-hoarding rule)을 적용한다. 안티 사이포닝 규칙은 유료방송이 중계권을 독점하여 무료 시청자의 시청권을 박탈하는 것을 막는다. 1999년에 도입한 안티 호딩 규칙은 중계권을 확보해 놓고 쌓아두기만 할 뿐, 방송하지 않는 것을 금지하는 정책이다. 방송 중계권을 가진 방송사는 안티 사이포닝 목록의 국민관심행사를 실시간으로 생중계하거나, 최소한의 비용을 받고 국가 기간 방송사에 제공해야 한다(정지규·이기문, 2021).

안티 사이포닝 제도는 1992년 방송서비스법으로 도입됐다. 유료방송이 스포츠 중계권을 독점하지 못하도록 함으로써 무료 지상파방송을 통해 스포츠를 시청해 오던 국민들의 피해를 방지하는 데 제도적 의의가 있다. '사이포닝(siphoning)'이란 유료방송이 전통적으로 무료 지상파방송을 통해 방영됐던 특정 스포츠 이벤트를 유료방송에 가입하지 않은 자는 볼 수 없도록 하는 것을 말한다. 이를 금지하는 제도가 바로 안티 사이포닝 제도다.

이에 따라, 장관이 특별 행사 목록에 지정한 이벤트에 대해서는 무료 공영방송인 ABC(Australian Broadcasting Commission)와 SBS(Special Broadcasting Service)가 먼저 방송권을 획득하거나, 호주 전체 인구의 50% 이상이 시청할 수 있는 무료 상업방송이 먼저 방송권을 획득한 이후에야 비로소 유료방송이 방송권을 획득할 수 있다. 무료 공영방송 또는 상업방송에게 특별 행사에 대해 우선적으로 방송권을 획득할 수 있는 기회를 보장하지만, 추후 유료방송도 방송권 계약을 할 수 있기에 무료 방송사에 대한 독점권 보장을 의미하지는 않는다.

방송서비스법 115조에서 안티 사이포닝 제도를 규정하고 있는데, 장관은 일반 국민들이 무료로 시청할 수 있도록 〈표 8-2〉와 같이 무료 방송사들에게 제공

〈표 8-2〉 호주 안티 사이포닝 목록(2017년 10월 개정)

종류	세부 내용
올림픽 게임	개회식 및 폐회식을 포함한 하계올림픽 및 동계올림픽 게임
영연방 게임	개회식 및 폐회식을 포함한 영연방 게임
경마	빅토리아 레이싱 클럽이 주최하는 멜버른컵 각 경기
호주 풋볼	호주 풋볼 리그 프리미어십 대회의 각 경기(결승전 포함)
럭비 리그 풋볼	내셔널 럭비 리그 프리미어십 대회의 각 경기(결승전 포함) 오리진 시리즈의 내셔널 럭비 리그의 각 경기 각 국제 럭비 리그 테스트 경기 럭비 리그 월드컵 경기
럭비 유니온 풋볼	각 국제 테스트 경기 호주 럭비 유니온이 선정한 시니어 호주 대표팀이 참가하는 럭비 월드컵 토너먼트의 각 게임 럭비 월드컵 토너먼트의 결승전
크리켓	호주나 영국에서 열리는 호주 대표팀이 참가하는 테스트 경기 호주에서 열리는 호주 대표팀의 원데이 경기 호주에서 개최되는 호주 대표팀의 20 경기 등등
축구	시니어 대표팀이 참가하는 국제축구연맹 월드컵 토너먼트 각 경기 국제축구연맹 월드컵 토너먼트 결승전 호주에서 열리는 국제축구연맹 월드컵 토너먼트 각 경기(시니어 대표팀 포함)
테니스	호주 오픈 테니스 토너먼트의 각 경기 호주에서 열리고 호주 대표팀이 포함된 국제 테니스 연맹 데이비스컵 월드 그룹 테니스 토너먼트의 각 경기 국제 테니스 연맹 데이비스컵 월드 그룹 테니스 토너먼트에서 호주 대표팀이 결승전에 참가하는 경우 결승전
네트볼	네트볼 월드컵 준결승에 시니어 대표팀이 참가하는 경우 준결승 네트볼 월드컵 결승전에 시니어 대표팀이 참가하는 경우 결승전
모터스포츠	호주에서 열리는 FIA(국제자동차연맹) 포뮬러1 월드 챔피언십(그랑프리)의 각 레이스 호주에서 개최되는 FIM(국제모터사이클연맹) 모토-GP의 각 레이스 V8 수퍼카 챔피언십 시리즈의 각 배서스트 1000 레이스

자료: https://www.legislation.gov.au/Details/F2017C00987.

해야 하는 특별 행사 목록을 지정해 공표할 수 있고, 행사를 추가로 지정하거나 제외할 수 있는 권한도 보유한다고 규정하였다. 무료 방송사들이 특별 행사의 방송권 확보에 관심이 없는 경우 장관은 특별 행사 목록에서 행사를 제외할 수 있도록 규정하고 있으며, 행사가 개최되기 12주 전에 무료 방송사가 방송권을 구입하지 않은 경우 목록에서 자동으로 삭제되도록 하고 있다. 해당 기간은 유료 방송사가 행사에 대한 권리 획득 준비에 충분한 시간으로 간주되기 때문이다. 반면, 최소한 하나의 무료 방송사가 관련 행사를 중계할 합리적인 기회를 갖지 못했다고 장관이 판단한 경우에는 12주 자동 삭제 기간이 종료될 수 있다.

이후 호주는 1994년 처음 특별 행사 목록(anti-siphoning list)을 작성했는데, 리스트에 등록될 수 있는 경기를 '호주 국민들에게 국가적이거나 문화적 중요성을 가지고 있으며 상업방송이나 전국 방송에 의해 방송될 수 있는 경기'로 규정했다. 올림픽 게임, 영연방 게임, 경마, 호주 풋볼, 럭비 리그 풋볼, 럭비 유니온 풋볼, 크리켓, 축구, 테니스, 네트볼, 골프, 모터 스포츠 등이 그 대상에 포함된다.

한편, 안티 사이포닝 제도는 무료 방송사가 특별 행사에 대해 우선적으로 권리를 획득한 이후에도 이를 의무적으로 방송하도록 강요하지 않는다. 이에 방송권 확보 경쟁에서 우위를 점하기 위해 특별 행사에 대한 방송권을 획득해 놓고도 이를 실제 중계하지 않는 일들이 발생했다. 호주에서 크게 관심사가 되었던 사례가 있었다. 나인 네트워크(Nine network)가 애쉬 시리즈 크리켓 경기에 대한 생방송권을 구매했으나, 프라임 시간대 프로그램의 방해를 우려하고 크리켓 테스트 경기의 첫 번째 세션을 방송하지 않아 많은 크리켓 팬들의 항의를 불러일으킨 적이 있었다.

이에 호주 정부는 1999년 안티 호딩 제도를 도입하였다. '호딩(hoarding)'은 방송프로그램에 대한 권리를 구매한 후 프로그램을 보여주지 않는 행위를 의미하는데 이를 금지하겠다는 취지로, 특별 행사에 대한 방송권을 획득한 방송사가 해당 행사를 방송할 수 있도록 적극적으로 장려하겠다는 것이다. 장관은 안티 호딩 목록의 행사를 지정하고, 해당 목록의 행사에 대한 중계권을 획득한 상업방송사가 이를 전체 또는 부분적으로 생중계하지 않을 경우 명목상의 요금을 받고 다른 전국 방송사에 제공하도록 하고 있다.

3. 독일

1988년 베르텔스만 그룹이 소유한 UFA 필름·텔레비전 회사(UFA Film und

<표 8-3> 독일 중요 행사 목록

종류	세부 내용
올림픽 게임	하계올림픽, 동계올림픽
축구	유럽 및 세계 축구 선수권대회에서의 독일이 참가하는 모든 경기와, 독일 참가와 관계없이 개막전, 준결승 및 결승전 독일 축구협회 클럽컵의 준결승 및 결승전 독일 축구 국가대표팀의 홈앤드어웨이 경기 독일이 참가하는 유럽 축구클럽 챔피언십 결승전
경마	빅토리아 레이싱 클럽이 주최하는 멜버른컵 각 경기
호주 풋볼	호주 풋볼 리그 프리미어십 대회의 각 경기(결승전 포함)
럭비리그풋볼	내셔널 럭비 리그 프리미어십 대회의 각 경기(결승전 포함) 오리진 시리즈의 내셔널 럭비 리그의 각 경기 각 국제 럭비 리그 테스트 경기 럭비 리그 월드컵 경기

자료: https://lxgesetze.de/rstv/4.

Fernseh GmbH)가 독일 축구협회와 분데스리가 축구 경기 중계에 대해 독점계약을 체결하면서 보편적시청권에 대한 논의가 시작되었다. 독일의 방송은 공영방송인 ARD 중심으로 운영되다가 1980년대 중반에 민영방송이 도입되면서 이러한 판도가 바뀌게 된 것이다. 이에 독일 일반 국민의 축구 경기에 대한 시청권이 문제가 되었고, 독일 정부는 1991년 8월 31일 '제4차 주간방송조약(RStV: Rundfunk staatsvertrag)' 개정시 제4조에 주요 방송 행사(Übertragung von Gro β ereignissen) 규정을 신설하였다.

이 규정은 독일 내 사회적 중요성이 있는 행사에 관해 최소한 독일 전체 가구의 2/3 이상이 무료로 시청할 수 있는 방송서비스가 가능하도록 합리적인 조건 하에 이를 허용한다면, 유료 방송사도 방송하는 것이 가능하다고 정하고 있다. 즉, 독일 전체 가구의 2/3 이상이 무료로 중요 행사를 시청할 수 있어야 하며, 이것이 가능하다면(유료방송의 경우 위 조건을 충족하는 방송사에게 합리적 조건으로 중계권을 부여한다면) 어떤 방송사든 중계권을 획득하는 것이 가능한 것이다. 보편적시청권이 적용되는 주요 행사에 대한 중계방송사를 무료 지상파방송으로 한정하는 영국과 달리, 독일은 전체 가구 2/3 이상이 무료로 시청 가능하다면 케이블, 위성방송, IPTV 등 유료방송을 통해서도 중계할 수 있다.

독일은 주간방송협약에서 사회적으로 중요한 의미가 있는 행사는 '일반적으로 접근 가능한 무료 TV프로그램'으로 방송되어야 한다고 규정하고, 올림픽을 '주요 행사 목록'의 첫 번째에 명시하고 있다. 제4차 주간방송협약 제4조에서는 중요 행사 목록에 대해서 구체적으로 규정하고 있는데, 하계·동계올림픽이 포함되어 있고 나머지는 모두 축구 경기에 집중되어 있다. 유럽 및 세계 축구 선수권대회 중에서 독일이 참가하는 모든 경기와, 독일 참가와 관계없이 개막전, 준결승 및 결승전이 있고, 독일 축구협회클럽컵의 준결승 및 결승전, 독일 축가 국가대표팀 경기, 독일이 참가하는 유럽 축구클럽 챔피언십 결승전이 이에 해당한다. 행사 목록 조항에서 행사를 포함하거나 제거하는 것은 모든 주의 국가 조약에 의해서만 허용된다.

한편 독일은 주간방송협약 제5조에서 단편 보도권에 관해서도 다루고 있는데, 유럽에서 허가를 받은 텔레비전방송사업자에 대해 일반적 정보를 제공하는 행사와 사건에 대해 짧게 보도할 수 있는 권리를 부여하고 있다. 시사 보도를 위한 단편 보도로 이해하면 쉽다. 이러한 단편 보도는 저작권, 개인정보보호와 같은 법적 제한을 받지 않는다고 규정하고 있다. 단편 보도권에는 중요한 행사에 대한 접근, 짧은 시간 내의 생중계, 녹화, 독점중계된 프로그램에 대한 이용 및 전달에 관한 권리 등이 포함된다(박천일 외, 2014). 특히, 무료 단편 보도의 경우 상황에 맞는 단편 보도로 제한되며, 뉴스와 같은 시사 보도의 형태일 때 허용되며, 단기적이고 정기적으로 반복되는 행사의 경우 보도 시간은 일반적으로 1분 30초라고 규정하고 있다.

4. 프랑스

프랑스에서 인기 있는 스포츠는 축구, 럭비, 테니스, 사이클 등이며, 유럽 여느 나라와 다름없이 그중 가장 인기 있는 스포츠는 축구다. 프랑스는 1998년 프랑스월드컵, 2018년 러시아월드컵에서 두 번 우승한 축구 강국이다. 2022년 월드컵에서는 준우승을 차지했다. 프랑스 내 1부 프로축구 리그의 인기는 매우 높은 편이다. 그 밖에 럭비, 농구, 배구 등에 있어서도 두각을 드러내는 강국으로 평가받고 있다.

과거 프랑스 방송은 국가에 의해 독점되었다. 1972년 방송법은 '프랑스 라디오·텔레비전은 국가의 독점물'이라고 명시했다. 그러던 중 '1982년 7월 29일 커뮤니케이션의 자유에 관한 법률'에서 "시청각 커뮤니케이션은 자유롭다"라고 선언하면서 국가 독점이 종식되고, 민간이 방송사업에 참여할 수 있는 길이 열렸다(신삼수, 봉미선 2021). 1983년까지 France1, France2, France3의 3개 공영방송이 독점적 지위를 치지하다가 1984년부터 1987년까지 상업방송사 4개가 등장했으며, 그 과정에서 최대 공영방송이던 France1이 TF1로 민영화되었고, 1985년부터 케이블방송도 시작되었다(정용준·이희진·윤석환, 2011).

이후, '1986년 9월 30일 커뮤니케이션 자유에 관한 법률(Loi n°86-1067 du 30 septembre 1986 relative à la liberté de communication)'은 시청각 분야의 자유로운 경쟁에 중점을 둔 채 커뮤니케이션 분야를 공영과 민영으로 구분하고, 이를 '커뮤니케이션 및 자유에 관한 국가위원회(CNCL: Commission Nationale de la Communication et des Libertés)'의 규제 아래에 두었다. 이후, 1986년 9월 30일 법을 수정한 '1989년 1월 17일 법률'에 의해 공공 시청각 규제 기관인 '시청각최고위원회(CSA: Conseil supérieur de l'audiovisuel)'가 설립되었고, 현재까지 라디오, 텔레비전, VOD 및 온라인 콘텐츠 플랫폼을 관할 아래 두고 규제하며 기능해 오고 있다(전영, 2012).

1986년 9월 30일 커뮤니케이션 자유에 관한 법률은 프랑스 방송법의 근간을 이루는 법률로써, 이후 계속된 개정을 거치게 된다. 2000년에는 방송법 개정으로 정부 출자 지주회사 FT가 설립되었고, 2009년에는 공영방송 개혁이 현실화되어 5개 공영방송 채널 France2, France3, France4, France5, RFO(프랑스 해외 네트워크 현재 FranceO)가 프랑스 텔레비전 FT로 통합되었으며, 특정 시간대의

〈표 8-4〉 프랑스 중요 이벤트 목록

종류	세부 내용
올림픽	하계 및 동계 올림픽
축구	국제축구연맹(FIFA) 달력에 기재된 프랑스 축구팀의 경기 축구 월드컵의 개막전, 준결승 및 결승전 유럽축구선수권대회의 준결승 및 결승전 프랑스 선수권대회 중 하나에 등록된 스포츠그룹이 참가하는 유럽연합 축구협회 (UEFA)컵 결승전
풋볼	풋볼 챔피언스리그 결승전 프랑스 풋볼컵 결승전
럭비	6개국 럭비 토너먼트 럭비 월드컵의 준결승 및 결승전 프랑스 럭비 선수권대회 결승전 프랑스 선수권대회에 등록된 스포츠그룹이 참가하는 유럽 럭비컵 결승전
테니스	롤랑가로스(Roland-Garros) 테니스 토너먼트의 남녀 단식 결승전 프랑스 테니스팀이 참가하는 데이비스컵과 페드컵의 준결승 및 결승전
자동차경주	포뮬러1 프랑스 그랑프리
사이클 경주	투어 드 프랑스 남자 사이클 선수 파리-루벡스(Paris-Roubaix) 사이클링 대회
농구	프랑스 팀이 참가하는 유럽 농구 선수권대회의 남녀 결승전 프랑스 팀이 참가하는 세계농구선수권대회의 남녀 결승전
핸드볼	프랑스 팀이 참가하는 유럽 핸드볼 선수권대회의 남녀 결승전 프랑스 팀이 참가하는 세계 핸드볼 선수권대회 남녀 결승전
육상경기	세계 육상 선수권대회

자료: CSA(Conseil supérieur de l'audiovisuel). https://www.csa.fr/Proteger/Garantie-des-droits-et-libertes/Sport-et-audiovisuel/Les-regles-de-programmation-sportive

공영방송 광고가 폐지되었다. France2는 전국 TV네트워크로 종합편성채널이며, France3은 지역 특성을 갖는 프로그램을 방송한다. France5는 지식 습득과 교육, 취업을 위한 프로그램을 방송한다(신삼수·봉미선, 2021).

한편 1986년 법률을 수정한 2000년 8월 1일 제2000-719호의 '커뮤니케이션의 자유에 관한 법률'은 EU의 '국경 없는 텔레비전 지침'을 프랑스 국내법으로 수용했다(전영, 2012). 그 결과 법률 제20-2조에서 '중요한 사건들을 무료 텔레비전 서비스에서 생방송 혹은 재방송으로 볼 수 있는 가능성, 즉 보편적시청권을 박탈하는 독점중계를 금지'하는 조항과 '중요한 사건의 목록은 국무원의 법령으로 결정된다'는 내용을 규정하고 있다. 무료 텔레비전 서비스 게시자는 시청자에게 요금을 징수하지 않고 프랑스 본토의 최소 85% 가구가 효과적으로 방송을 수신할 수 있는 사업자로 정하고 있으며, 이러한 조건을 충족하지 못한 사업자를 접근이 제한된 텔레비전 서비스 사업자로 규정하고 있다.

중요 사건 목록을 커뮤니케이션의 자유에 관한 법률 시행령에서 규정하고 있는바, 하계 및 동계 올림픽, 축구, 풋볼, 럭비, 테니스, 사이클, 농구, 핸드볼, 육상 등을 대상 스포츠로 규정하고 있으며, 세부 내용은 〈표 8-4〉의 목록과 같다.

5. 이탈리아

이탈리아는 기원전 1000년경 켈트족, 에트루리아족, 그리스족 등 다양한 인도 유럽족이 이동해 정착한 곳이다. 지중해를 사이에 두고 유럽과 아프리카를 연결하는 인구 6천만 명의 반도국이다. 축구·스키·수영·사이클·자동차경주 등이 인기 스포츠이며, 축구가 단연 최고 인기다. 축구는 이탈리아 국민들에게 영원한 사랑의 대상으로 지역적 애착을 넘어 국민적 열정으로 승화되었다는 평가를 받는다. '빗장수비' 축구로 유명한 이탈리아는 2006년 독일월드컵을 포함하여 우승 네 번, 준우승을 두 번 차지했다.

이탈리아는 1924년 라디오방송을, 1954년 텔레비전방송을 시작했다. 1975년까지 라디오 및 TV 방송은 RAI(국영 방송, 이탈리아 방송협회, Radiotelevisione Italiana) 독점체제였다. 불법적인 사설 방송에 대해 RAI가 법원에 제소하였으나 1977년 헌법재판소의 위헌(언론의 자유) 판결로 전파의 독점적 이용 권리를 상실했다. 이후 민간 지방 TV가 속속 설립되었고, 현재는 100여 개에 이른다. RAI는 당초 총리 직속이었으나 뉴스 프로의 공정성이 문제 돼, '공영방송감독위원회(야당 측에서 위원장직을 맡는 것이 관례)'가 감독한다. 공영방송감독위원회는 40인(상원 20, 하원 20)으로 구성된다. RAI는 수신료(약 70%)와 광고 수입(약 30%)으로 재원을 충당한다. TV수신료는 1938년부터 법에 근거하여 TV수상기를 보유한 가구를 대상으로 부과했으며, 2015년부터 전기료에 합산하여 징수하고 있다. 과거 수신료 수입 전부를 RAI 운영자금으로 투입했으나, 전기요금에 포함하여 징수하면서 수신료 수입이 늘어나 10%를 지역 민영방송사에 분배하고 있다. 2017년 기준 RAI는 TV채널 17개다.

이탈리아 방송에 대한 규제와 정책은 경제개발부(MSE)와 통신규제위원회 (AGCOM)가 나눠 맡고 있다. AGCOM은 1997년 EU 법령에 의해 만들어진 방송 규제 기구다. 시청자와 요금에 관련된 규제 등을 담당한다. 경제개발부는 방송에 관련된 각종 법령, 정책과 주파수 정책 등을 다룬다.

이탈리아 방송은 정치 판도에 따라 방송사 내부 권력을 할당하는 제도로 알려진 로티차지온(Lottizzazione)과 핀인베스트와 미디어셋(Fininvest/Mediaset, 주요 상업방송사)의 지배적 소유권자이자 총리를 세 번(1994~1995년, 2001~2006년, 2008~2011년)이나 지낸 실비오 베를루스코니(Silvio Berlusconi)의 손에 미디어와 정치권력이 집중되던 시기를 지낸 역사를 갖고 있다(Padovani, 2010). 케이블TV가 없는 상황에서 위성방송 스카이 이탈리아(Sky Italia)가 주요 유료TV 플랫폼으로 자리 잡았다.

1990년대 후반에야 레가 칼초(Lega Calcio)[1]의 결정으로 스포츠 이벤트의 방송 중계권 문제가 이슈로 떠올랐다. 세리에 A와 B 축구 선수권대회의 TV 중계권을 최고가 입찰자에게 부여하기 위해 입찰이 발표되었고, 이에 따라 공영방송사는 TV 역사상 처음으로 축구 중계방송권의 독점을 포기해야 했다.

의회가 1999년 3월 29일 제정한 '법률 78/1999'는 유료TV 방송권을 확인하는 유일한 이탈리아 법이었다. 이 법 제2조는 '각 세리에 A와 세리에 B 축구클럽은 성문화된 형태로 텔레비전 중계권을 소유한다'고 명시하고 있다. 단일 중계권자

---

1) 1946년부터 2010년까지 이탈리아 축구 세리에 A와 세리에 B를 운영한 관리 기관. Lega Nazionale Professionisti(이탈리아어로 National Professionals League)를 일반적으로 Lega Calcio(풋볼 리그)로 불렀다. 2010년 7월 1일부로 세리에 A와 세리에 B 클럽이 분리되어 각각 Lega Serie A와 Lega Serie B로 두 개의 새로운 리그로 재탄생했다.

가 독점적으로 확보할 수 있는 양적 한계도 60%로 설정했다. 이탈리아 축구클럽들은 1999년 법정 인정 전까지 몇 년 동안 유료TV 중계권을 개별적으로 판매해 왔으며, 협상 자격과 각 협상 결과에 대해 심각하게 문제 삼지 않았다. 그러나, 2005~2006 시즌 종료 후, 이탈리아 축구는 전례 없는 비밀 제휴 스캔들로 위기를 맞았다(Cabrera et al., 2016).

이어진 스캔들은 스포츠 사법제도의 급진적인 개혁을 촉발시켰고, 상위 축구클럽들과 나머지 리그들 사이의 거대한 재정적 불균형을 줄일 필요성이 대두됐다. 부유한 클럽들에 대한 공공 및 언론 캠페인에 이어, 이탈리아 정부는 대회 주최 측과 참가 클럽 간의 스포츠 중계권 공동소유와 그러한 권리의 '중앙집권적 상업화'를 도입한 법을 제정했다. 이 법은 새로운 제도의 일반적인 목적과 원칙, 기준을 정하는 전담 입법(Law 106/2007, Melandri Law) 형태로 통과되어 정부가 새로운 규칙을 정의하고 규정하는 입법령을 공포하도록 하였다.

위성방송사 텔레피우(Telepiù)와 스트림(Stream)의 합병 이후, 텔레비전 축구 중계권은 여러 TV 방송사에 분배되었고, 합병 조건으로 인해 '스카이 이탈리아'는 리그 전체에 대한 미디어권 독점계약을 체결할 수 없었다. 2006년, 미디어셋(Mediaset)은 대부분의 주요 축구클럽과 멀티플랫폼 계약을 완료했지만, 규제 개입을 피하기 위해 다른 플랫폼에 권리를 팔아야 했다. 미디어 재벌 루퍼트 머독이 이탈리아 축구를 독점하지 못하도록 미디어셋이 의회에 로비하여 특정 중계권자가 리그 미디어권의 60%를 초과해서 가지지 못하도록 법으로 규제했다. 머독은 결국 이탈리아 미디어스포츠 진출을 접었으나, 특정 사업자 상한 제한 규정은 도리어 미디어셋의 발목을 잡았다. 미디어셋은 세리에 A 리그 일부 경기만 중계할 수 있었고, 리그 경기 전체를 보기 위해 이탈리아 시청자들은 다른 위성방송에 가입해야 했다.

또한, 법은 이탈리아 축구 리그 레가 칼초(Lega Calcio)가 통제하는 축구 권리를 클럽 단위 개별 판매가 아닌 리그 묶음으로 판매하도록 강제했다. 개별 판매 시스템이 당시 이른바 '빅 5'(유벤투스, AC 밀란, 인테르나치오날레, AS 로마, SS 라치오)에게 지나치게 유리하다고 여겨졌기 때문이다. 리그 묶음 판매로 수익은 클럽 간에 재분배되었다. 세리에 A 축구 방송권의 가치는 1998년부터 매년 13%의 비율로 증가했다. AC 밀란이나 유벤투스 같은 대형 축구클럽들은 수입이 정체되었지만, 수입이 하부 리그에 분배되면서 소규모 클럽들이 혜택을 얻어 리그의 경쟁력은 전반적으로 상승했다. 묶음 판매는 축구의 시청 접근권을 향상시켰다. 스포츠에 대한 대중적 관심이 보편적 접근권을 발동할 수 있게 했고, 관심 행사 목록을 지정하여 무료 공영방송에서 볼 수 있도록 제도를 형성했다.

공영방송 RAI와 상업 미디어 그룹 미디어셋의 시청률은 이탈리아 국민 일일 TV 시청량의 70%를 차지할 정도로 높다. 2016년 주시청시간대(20:30~22:30) 기준 RAI의 시청률이 39%, 미디어셋이 32%를 기록했다. 유료TV 시장은 미디어셋과 위성 플랫폼인 스카이 이탈리아가 대표적이다. 미디어셋은 무료 지상파 채널 카날레 5, 이탈리아 1, 레테 4 채널은 물론 모바일 지상파 플랫폼 DVB-H 멀티플렉스를 갖고 있다. 미디어셋은 유료 플랫폼으로도 PPV(Pay-per-View) 기반 프리미엄 콘텐츠를 제공하여 가입자를 확보한다.

이탈리아는 스포츠 이외 행사를 포함하여 다음 네 가지 조건 중 두 가지 이상을 충족하는 이벤트를 사회에 특히 중요한 이벤트로 지정한다.

① 이벤트 및 그 결과가 이탈리아에서 특별하고 일반화된 반향을 일으키며 일반적으로 해당 이벤트 유형을 따르는 사람들 외에 다른 사람들에게도 영향을 미치는가.
② 이벤트가 대중에게 일반적으로 인정받고 있고, 특히 문화적 중요성이 있으며, 이탈리아 문화 정체성의 촉매제로 작용하는가.
③ 주요 국제 토너먼트에서 특정 스포츠의 이탈리아 국가대표팀이 경기에 참가하는가.
④ 해당 이벤트가 전통적으로 무료 TV로 방송되었으며 이탈리아에서 많은 시청자들을 끌어들였는가.

〈표 8-5〉 이탈리아 중요 이벤트 목록

종류	세부 내용
올림픽	하계올림픽, 동계올림픽
축구	세계 축구 선수권대회에서 이탈리아 대표팀의 결승전 및 모든 경기* 유럽축구선수권대회에서 이탈리아 대표팀의 결승전 및 모든 경기* 공식 경기에서 이탈리아 축구 국가대표팀의 모든 경기(홈 및 어웨이) 이탈리아 팀이 참가하는 경우 챔피언스리그 및 유로파 리그의 결승전 및 준결승
사이클링	지로 디탈리아(Giro d'Italia) 사이클링 경기
자동차경주	이탈리아 포뮬러1 그랑프리 이탈리아 Moto GP 오토바이 그랑프리
농구, 폴로, 배구, 럭비, 테니스, 사이클링	이탈리아 대표팀이 참가하는 농구, 수구, 배구, 럭비 세계선수권대회의 결승전 및 준결승전 이탈리아 대표팀이 참가하는 6개국 럭비 토너먼트 경기 이탈리아 선수들이 참가하는 이탈리아 대표팀과 이탈리아 인터내셔널 테니스 대표팀이 참가하는 데이비스컵과 페드컵의 결승전 및 준결승 로드 사이클링 세계선수권대회
음악회	산레모 이탈리아 음악 축제 밀라노의 라 스칼라 극장에서 오페라 시즌의 첫 공연, 나폴리의 산 카를로 극장에서 오페라 시즌의 첫 공연 베니스의 테아트로 라 페니체(Teatro La Fenice)에서 신년 음악회

* 언급된 이벤트는 전체 생중계되며, 다른 이벤트의 경우에 전체 또는 부분, 전체적 또는 부분적인 지연방송 여부 및 무료 방송 전송 방법을 결정하는 것은 텔레비전방송사의 권리다.
자료: https://www.agcom.it/documents/10179/0/Documento/4816fbc6-72c8-4c4f-bb87-839ee31301fc.

조건이 충족된 스포츠 이벤트는 통신규제위원회가 지정한다. 유자격 방송사는 이탈리아 인구 80% 이상이 추가 비용 없이 무료로 시청할 수 있는 이탈리아 텔레비전방송사로 한정된다. 공영방송 RAI는 이탈리아 법률 8/99(이른바 사이펀 방지법)에 따라 지정된 스포츠 이벤트를 무료로 방송할 수 있다. 통신규제위원회가 2012년 지정한 지정된 이벤트 목록은 〈표 8-5〉와 같다.

6. 인도

인도 인구는 13억 6000만 명으로 대한민국보다 26배 많고, 면적은 32배 넓다. 1997년 설립된 통신규제위원회(TRAI: Telecom Regulatory Authority of India)에 따르면 인도는 중국과 미국에 이어 세계에서 세 번째로 큰 텔레비전 시장이다. 인도의 방송서비스와 방송 정책은 세계 인구 1/5에 영향을 미치는 수준이다. 미디어 법제 및 정책은 방송정보부(MIB: Ministry of Information & Broadcasting)에서 총괄한다. 방송정보부는 정보·방송·영화 부문을 담당한다. 공영방송 두르다르샨(Doordarshan: DD)과 공영 라디오방송인 AIR(All India Radio)는 프라사바라티위원회(Prasar Bharati Board)의 감독을 받는다. 위원회는 인도 방송협회법(Prasar Bharati Act 1990)에 따라 1997년에 설립되었으며, 방송정보부에 속해 있으되 정부의 간섭을 받지 않는다(정보통신산업진흥원, 2020).

1947년 영국으로부터 독립한 인도는 국영방송 시스템으로 출발했다. 국영방송 AIR은 민족적, 종교적인 사항에 민감할 수밖에 없었다. 1959년 설립된 DD는 공영 지상파TV로 인도 방송협회(Prasar Bharati)가 운영한다. DD의 목표는 교육하고, 국가정책과 공공정보를 전파하고 국가 통합을 유지하는 것으로, 국가 지원금과 상업광고 수익으로 재원을 충당한다. 인도는 한때 공영방송을 위한 수신료 제도 도입을 검토하였으나 시청자들의 반대에 부딪혀 무산됐다. DD는 1975년과 1976년 사이 위성 텔레비전을 활용한 교육실험(SITE: Satellite Instructional Television Experiment)의 일부를 담당했다. 1982년에는 제9회 아시안게임 중계를 위성을 통해 첫 전국 컬러 방송으로 실시했다. 이후 지상파방송 송신기가 전국에 설치되었으며, 1980년대 말에는 약 75%의 커버리지를 확보했다.

상업방송의 역사는 1990년대에 시작됐다. 1991년 홍콩에 기반을 둔 SART TV(Satellite Television Asian Region)가 지역통신위성인 ASIASAT을 통해 방송했으며, 1년 뒤 인도 에셀(Essel) 그룹 소유 Zee TV가 등장했다. 스타 TV는 서양 프로그램 중심이었고, Zee TV는 인도에 기반을 둔 연예, 오락 중심 채널이었다. 1993년 루퍼트 머독이 STAR TV 지분 49.9%를 차지했다. 1990년 인도는 경제적 혼란에 빠졌고 국제통화기금(IMF)의 지원을 받았다. 그 후 외국인 직접투자를 늘리고 국영기업을 사유화하는 신경제 정책을 펼쳤다. 이를 계기로 인도 방송은 국가 독점을 벗어나 치열한 경쟁이 펼쳐지는 상업화의 물결에 올라탔다.

크리켓은 인도에서 단연 인기 높은 스포츠다. 영국이나 이탈리아가 축구에 열광하는 수준만큼이다. 인도 사람들의 크리켓에 대한 집착은 종교와 비슷하다고 묘사될 정도다(이화연, 2010). 1990년 이전까지는 DD가 방송하는 데 별도로 비용을 지불하지 않았다. 오히려 당국에 비용을 청구했다. 위성방송이 등장하고, 인도 정부의 규제정책 완화에 힘입어 인도 크리켓위원회(BCCI)가 방송권에 대한 대가를 요구했다. 1992년 최고가 입찰제에 따라 판권을 팔 수 있게 되자, BCCI는 1992~1993년 크리켓 방송권을 미국 IMG(International Management Group)의 자회사 TWI(Trans World International)에 팔았다. DD는 인도와 잉글랜드 경기를 중계하기 위해, TWI에 100만 달러를 지불하기로 합의했고, 그중 절반 이상이 BCCI로 들어갔다. 1년 뒤 벵골 지역 크리켓 협회(CAB: Cricket Association of Bengal)가 방송권을 TWI에 매각하고, TWI가 새로 출범한 스타TV(STAR TV)에 독점 생중계권을 재판매하면서 논란이 일었다. DD는 인도 정부가 전파에 대한 독점적 통제권을 부여한 1885년 전신법 조항을 들어 캘커타 대법원에 법적 이의를 제기했다. 이후 BCCI는 TWI와 미국 ESPN에 인도 크리켓 중계권을 5년 간 3000만 달러에 공급하기로 공동계약했고, DD는 법적 소송을 이어갔다. 1995년 대법원은 크리켓 조직들(BCCI 및 CAB)의 손을 들어줬고, DD는 패소했다. 이 판결은 인도 방송 전체에 커다란 영향을 미쳤다. 대법원 판결은 다음과 같은 세 가지 핵심 원칙을 제시했다(Haigh, 2011).

> 첫째, 인도의 전파는 공공재산으로 더 이상 국가가 독점할 수 있는 게 아니다.
> 둘째, 정보를 주고받을 권리는 헌법이 보장하는 표현의 자유 가운데 하나다.
> 셋째, 인도 정부는 방송을 관장하는 독립적인 공공기관을 설립하라.

정보를 받을 권리, 즉 수신권을 대법원이 강조함으로써 주요 스포츠 경기가 더 많은 인도 시청자들에게 제공되도록 강제하는 법 제정의 토대가 되었다. 또한 대법원 판결에 힘입어 프라사바라티위원회가 1997년 설립됐고, 정부가 DD의 일상적인 운영에 직접 관여하는 일이 크게 줄어들었다(Fürsich & Shrikhande,

2007). 크리켓 분쟁에서 비롯된 대법원 판결은 다양한 매체가 등장하도록 하고, 인도 방송 정책에 규제완화 바람을 불러왔다. 이는 인도 대표팀이 참가하는 크리켓 경기에 대한 방송사들의 방송권 확보전을 더욱 치열하게 만들었고, 방송권의 가치는 치솟았다. 그 결과 BCCI는 세계에서 가장 부유한 스포츠조직 중 하나가 되었다.

2006년 뭄바이에 기반을 둔 스포츠마케팅 및 통신 회사인 님부스 커뮤니케이션스(Nimbus Communications)는 기존 인도 스포츠 방송사(Sony, ESPN-Star 및 ZEE)보다 높은 입찰가격(약 1억 달러)으로 크리켓 중계권을 확보해 많은 사람을 놀라게 했다. 그 후 님부스는 크리켓 경기 중계를 통해 가입자를 유치하고 광고 수입을 늘리려고 시도했지만 쉽지 않았다. 전용 스포츠채널인 Neo Sports를 출범하고, 4년 뒤 이전보다 훨씬 낮은 입찰가격으로 방송권을 유지했으나, 회사는 재정적인 어려움에 시달렸다. BCCI는 결국 님부스의 반복적인 대금 지불 연체로 인해 2011년 12월 계약을 해지했다.

크리켓 방송권을 확보하기 위해 인도 Zee TV도 반복적으로 입찰에 참가했으나 매번 좌절했다. 2004년에는 BBCI와 3억 800만 달러, 4년 계약에 합의했지만 ESPN-Star Sports의 경매 절차에 대한 법적 문제 제기로 다시 경매되었고, 결국 님부스에게 돌아갔다. Zee TV는 자체적인 크리켓 리그 ICL(Indian Cricket League)을 만들어 클럽과 선수 유치를 시도했지만 BBCI의 견제 등으로 좌절했다. 그 후 BBCI는 영국에서 다른 게임 리그가 성공하는 것을 보고 다시 인도 프리미어리그(IPL)를 설립했고, 상업적으로 성공했다. IPL로 방송사 간 크리켓 중계권 확보전은 치열해졌고, 대중적인 인기가 결합하면서 글로벌 스포츠·비즈니스·미디어 복합체가 등장했다. 인도 스포츠 방송 시장은 수익성이 담보되지 않았음에도 치열하게 경쟁했다.

방송권 가격은 치솟고, 위성방송이 성장하면서 인도 공영방송 DD가 스포츠 방송권을 확보하기가 점점 힘들어졌다. 위성과 케이블TV성장에도 불구하고 수백만 가정, 특히 시골 지역은 지상파방송서비스에만 전적으로 의존할 수밖에 없

〈표 8-6〉 인도 정보방송부 지정 국가 중요 행사 목록(2022. 5. 9)

종류	세부 내용
올림픽	전 경기
영연방경기대회	전 경기
아시안게임	전 경기
크리켓	인도 남녀 크리켓팀이 치르는 모든 공식 1일, 20일, 시범 경기와 인도가 참가하는 모든 국제 크리켓 위원회 경기 국제 크리켓 위원회 남녀 1일 국제 월드컵 준결승 및 결승 국제 크리켓 위원회 남녀 20 월드컵 준결승 및 결승 국제 크리켓 위원회 챔피언 트로피의 모든 준결승과 결승 (1일) 국제 크리켓 위원회 세계 테스트 챔피언십의 모든 준결승과 결승 국제 크리켓 위원회 남자 및 여자 아시안컵 준결승 및 결승(20-20, 원데이 인터내셔널) 인도는 19세 이하 월드컵의 준결승과 결승전을 치름
테니스	데이비스컵-인도가 출전하는 모든 경기 그랜드슬램 토너먼트, 남자 단식, 여자 단식 결승 및 8강 이후 인도 선수가 참가하는 모든 경기 그랜드슬램 토너먼트 - 인도 선수 남자 복식, 여자 복식 또는 혼합 복식 8강 이후 모든 경기
하키	월드컵: 인도와 준결승 및 결승이 참가하는 모든 경기 챔피언 트로피: 인도와 결승이 출전하는 모든 경기 인디라 간디 골드컵 여자 준결승 및 결승 하키 인도 하위 주니어 전국 선수권과 하키 인도 아카데미 전국 선수권 하키 남자 주니어 남자 월드컵* 술탄 아즐란 샤컵 - 인도, 준결승 및 결승이 포함된 모든 경기 국제하키연맹 (FIH): 하키 프로리그 경기
축구	월드컵: 개막전, 8강, 준결승 및 결승 아시안컵: 인도와 준결승 및 결승이 참가하는 모든 경기 산토시 트로피: 준결승 및 결승 아시아 여자 축구컵* 17세 이하 국제축구연맹 여자 월드컵* 월드컵 (17세 이하): 개막전, 8강, 준결승 및 결승
배드민턴	올잉글랜드 오픈 배드민턴 챔피언십: 인도 선수 참가 준결승 및 결승 모든 경기 세계 배드민턴 연맹 월드컵 선수권대회 - 인도 선수 참가 모든 경기. 준결승 및 결승전 포함. 카바디 월드컵: 인도 선수 참가 모든 경기(준결승, 결승전 포함)
켈로 인도 게임	켈로 인도 게임 켈로 인도 학교 운동회 켈로 인도 청소년 게임 켈로 인도 대학 경기 대회 각기 다른 장애인을 위한 켈로 인도 게임 토착 스포츠를 위한 켈로 인도 게임 및 켈로 인도 동계올림픽
기타 이벤트	국제 사격 스포츠 연맹 월드컵 이벤트* 영연방 사격 선수권대회* 영연방 양궁 선수권대회* 및 인도 정부 인정 국가 스포츠 연맹 주관 국제 행사

자료: https://mib.gov.in/sites/default/files/Notification%20of%20sporting%20events%20of%20national%20importance%20.PDF
* 참고: 인도가 주최국일 경우 해당.

었다. 2006년 DD가 인도 크리켓 방송권을 확보하지 못했을 때, 인도 1억 1100만 시청 가구 가운데 DD를 시청한 가구는 4000만 가구 미만이었다. 스포츠 방송 시장 성장과 방송권 확보 경쟁이 치열한 상황에서 인도 정부와 의회는 공영방송사인 DD를 통해 주요 스포츠 이벤트를 무료로 시청할 수 있도록 강력한 규제정책을 펼쳤다. 인도 정부는 시청자의 '정보권'을 보호해야 한다는 이유로 2005년 '텔레비전채널 다운링크 정책 가이드라인'을 발표했다. 인도방송부(MIB)가 지정한 스포츠 이벤트 방송권은 DD와 방송권을 공유하도록 강제했다. 인도 의회는 2007년 '스포츠 방송신호법(Prasar Bharati와 의무 공유법)'을 제정하였고, 법 제3조 제1항에 다음과 같이 명시했다.

> 콘텐츠 권리 소유자 또는 지분을 가진 자와 텔레비전 또는 라디오방송서비스 제공자는 광고 없이 생방송 신호를 동시에 공유하지 않거나, 인도에서 국가적으로 중요한 스포츠 경기에 대해 프라사바라티가 확보한 조건과 같은 방식으로 지상파 네트워크 및 위성 네트워크(DTH Network)에서 동일한 것을 재전송할 수 없다면, 케이블 또는 위성 네트워크 또는 라디오 해설 방송을 통해 생중계할 수 없다.

DD와 공유된 방송권은 텔레비전의 경우 당사자 간 수익 공유 합의를 기초로 방송권자와 DD 간 75 대 25로, 라디오의 경우 50 대 50으로 광고 수익을 공유한다. 정규 TV프로그램 방송으로 더 많은 광고 수익을 얻을 수 있는 경우가 발생하면서, DD는 정보방송부에 라디오처럼 텔레비전 광고 수익 배분율을 50 대 50으로 수정해 줄 것을 요청하기도 했다. 스포츠 방송신호법에 근거해 인도 정보방송부가 2022년 지정한 국가적으로 중요한 스포츠 이벤트는 〈표 8-6〉과 같다.

7. 미국

미국의 1961년 스포츠 방송법은 주요 미국 프로스포츠에 대해 연방 독점금지법(즉, 서면독점금지법)의 면제를 허용했다. 이에 따라 스포츠 리그를 구성하는 팀들이 권리를 동등하게 공유할 경우 중계방송권을 네트워크 방송사에 패키지로 판매할 수 있게 되었다. 1960년대와 1970년대 케이블TV 성장과 함께, 스포츠 중계권 가격은 폭등했다. 무료 지상파방송 시청자들이 인기 스포츠 중계를 시청할 수 없게 될 것이라는 우려가 나왔고, 이 문제를 다루는 법안이 하원과 상원에 상정되었다. 1973년 말에는 무료 지상파방송 보존 법안이 발의되기도 했으나 표결에 부쳐지지는 않았다. 1975년 FCC는 보편적 접근권을 보장하는 안티 사이포닝 규칙을 만들었다. 미식축구 슈퍼 볼(Super Bowl)이나 프로야구 월드시리즈 같은 인기 스포츠 이벤트를 유료방송이 독점하지 못하도록 하기 위한 규제였다. 케이블TV 채널과 스포츠 리그는 FCC의 규정에 반대했고, 이의를 제기했다. 1977년 연방 대법원은 FCC가 유료방송의 스포츠 중계방송권 독점이 소비자에게 해를 끼칠 것이라는 점을 입증하지 못했다며, 안티 사이포닝 규칙이 케이블TV 사업자의 수정헌법 제1조(표현의 자유) 권리를 침해한다고 위헌판결했다.

이후 몇 년 동안, 무료 지상파 네트워크가 주요 스포츠 중계권을 확보함에 따라 보편적 시청에 관한 사항은 수면 아래로 가라앉았다. 1980년대 말, 케이블 채널 스포츠 프로그램이 늘어나자 다시 한번 화두가 되었고, 지상파TV 디지털 전환 이후, 보편적 시청에 대한 입법 여부가 논의되기도 했다. 주요 스포츠 이벤트를 유료방송의 프리미엄 스포츠 패키지에 가입하지 않고는 시청할 수 없는 데 대한 반발이 큼에도 불구하고, 미국 의회와 FCC는 무료 지상파방송을 통한 보편적시청권을 보호하기 위한 안티 사이포닝 규칙을 다시 도입하지는 않을 전망이다(Evens, Iosifidis, & Smith, 2013). 방송에 대한 규제가 유럽보다 미국이 덜하다는 생각은 오해라는 주장도 있다(Smith, Evens, & Iosifidis, 2015). 그동안 스포츠 조직과 거버넌스, 방송 시장에 미국 정부가 상당한 영향을 미쳤다는 것이다. 그럼에도 미국의 보편적시청권에 관한 규제는 시청자 권리 보장 차원보다는 중계방송권을 둘러싼 기업 간 공정한 경쟁을 우선하는 경향을 보여왔다. 과거 지상파 네트워크 중심으로 규모의 경제가 실현되고 있던 시대에는 규제 필요성이 높지 않았으며, 인기 스포츠 종목이 많은 데다, 스포츠 전문 유료 채널이 활성화되어 있는 점도 보편적시청권 도입 논의의 걸림돌로 작용했다.

미국 스포츠 중계권을 얘기할 때 내셔널 풋볼 리그(NFL: National Football League)를 빼놓을 수 없다. 스포츠 분야를 넘어 미국 모든 엔터테인먼트 분야에서 가장 주목받는 TV 콘텐츠로 꼽힌다. NFL은 미국 프로스포츠 가운데 거의 모든 경기가 지상파방송을 통해 중계되는 리그다. 2021년 3월 NFL 사무국은 2023년부터 2033년까지 11년간 적용될 중계권 계약에 합의했다고 발표했다. 사무국은 구체적인 금액을 공개하지 않았지만, 언론들은 11년에 총 1130억 달러(131조 8710억 원), 연간 102억 7200만 달러(11조 882억 원)에 달한다고 보도했다. 이전 중계권 계약(2014~2022년)에 비해 연간 단위로 환산, 비교할 때 2배가 넘는다. 아마존프라임이 새로운 중계권자로 들어와 목요일 밤에 독점중계하는 점이 눈길을 끈다.

초기 미국 네트워크 방송은 CBS, NBC, ABC로 형성되었다. 적어도 1980년대까지는 3개 주요 네트워크 방송이 미국 방송을 주도했다. NFL 중계권도 3대 네트워크가 나눠 갖는 구조였다. CBS는 NFL을 중계하고, NBC는 AFL[2]을 중계했다. 원정경기 중계는 두 방송사가 품앗이했다. CBS는 NFC[3] 팀의 원정경기를 중계하고, NBC는 AFC 팀의 원정경기를 중계했다. 슈퍼 볼은 양대 리그 우승팀 간 승부를 가리는 빅 이벤트다. NBC와 CBS가 번갈아 가며 슈퍼 볼을 중계했다. ABC가 나중에 NFL 중계에 합류하면서 3대 네트워크가 공유했다.

1986년 루퍼트 머독의 FOX가 등장하면서 NFL 방송 중계권 시장이 요동쳤다. 신생 네트워크 FOX는 스포츠콘텐츠에 눈독을 들이면서 CBS를 제치고 NFC 경

---

2) 1920년 11개 팀 아메리칸 프로페셔널 풋볼 어소시에이션(American Professional Football Association)으로 시작해 1922년 내셔널 풋볼 리그(NFL: National Football League)로 이름을 바꾼 NFL이 높은 인기를 얻자, 1950~1960년대 경제성장을 이룬 남부와 서부 지역의 대도시들을 중심으로 1959년에 아메리칸 풋볼 리그(AFL: American Football League)를 창설했다.

3) NFL이 1969년 AFL에 제안하여 리그가 통합되었다. 통합 리그 명칭을 NFL로 하고, 기존 NFL은 내셔널 풋볼 컨퍼런스(NFC)로, AFL은 아메리칸 풋볼 컨퍼런스(AFC)로 명칭을 변경했다.

〈표 8-7〉 AFC 방송 중계권 현황(단위: 억 달러)

계약 기간	AFC 원정	NFC 원정	일요일 야간	월요일	목요일	중계권료 총액	연 환산	연간 기준 이전 대비 인상률
1982~1986년(5년간)	NBC	CBS	없음	ABC	ABC	21	4.2	-
1987~1989년(3년간)	NBC	CBS	ESPN	ABC	ABC	14	4.7	11.1%
1990~1993년(4년간)	NBC	CBS	TNT/ ESPN	ABC	ABC	36	9.0	92.9%
1994~1997년(4년간)	NBC	FOX	TNT/ ESPN	ABC	-	44	11.0	22.2%
1998~2005년(8년간)	CBS	FOX	ESPN	ABC	ESPN	176	22.0	100.0%
2006~2013년(8년간)	CBS	FOX	NBC	ESPN	NFL 네트워크	247	30.1	40.3%
2014~2022년(9년간)	CBS	FOX	NBC	ESPN	NFL 네트워크/ CBS/NBC/FOX	396	44.0	42.5%
2023~2033년(11년간)	CBS	FOX	NBC	ESPN	프라임 비디오/ NFL 네트워크	1,130	102.0	127.3%

기 방송 중계권을 4년간(1994~1997년) 15억 8000만 달러에 확보했다. 금전적 손실에도 불구하고 폭스 계열 방송국의 수는 134개에서 199개로 증가했고, 전국 커버리지를 93%에서 98%로 확대했다. 폭스는 미국 방송 시장에서 주요 네트워크로서의 입지를 확고히 다졌다. 폭스가 프리미엄 스포츠 프로그래밍의 가치를 입증한 후, 네트워크 간 주요 스포츠 방송 중계권 경쟁은 그 중계권의 가치를 증대시켰다.

1998년, CBS는 NBC보다 비용을 두 배 더 투입함으로써 AFC 방송 중계권을 다시 따냈다. NBC는 2000년 메이저리그 야구와 2002년 NBA의 중계권을 잃고, NFL 중계권까지 잃게 되면서 시청률 하락을 피할 수 없었다. 이후 NBC는 어떤 대가를 감수하더라도 스포츠 중계권을 확보하기 위해 안간힘을 쏟았고, 마침내 매년 10억 5000만 달러를 지불하여 2006년부터 일요일 야간경기와 2012, 2015, 2018년 슈퍼 볼을 중계할 수 있는 권리를 확보할 수 있었다(〈표 8-7〉 참조).

방송 중계권료는 NFL의 최대 수입원이다. NFL은 1941년부터 리그 회장을 커미셔너로 칭한다. 피트 로젤(Pete Rozelle)은 1960년 1월부터 1989년 11월 은퇴

할 때까지 무려 30년을 장수하면서 NFL을 미국 최고 인기 스포츠로 끌어올렸다는 평가를 받는다. NFL을 황금알을 낳는 거위로 만든 공로를 기려 슈퍼 볼 MVP 트로피를 '피트 로젤 트로피'로 부를 정도다. 미국 풋볼 리그(NFL) 중계는 모든 연령대 시청자를 아우르는 데다 남성 시청자들을 끌어들였기에 방송사들이 눈독 들이는 '상품'으로 변모했다.

미국만의 독특한 규정이 적용된 적도 있었다. 블랙아웃 규정(Black Out Rule)이다. 이 규정은 홈 경기장 관중을 가득 채우는 게 우선이라며, 지역 팀의 경기가 열리는 날 반경 75마일 이내 지역에서 방송으로 해당 경기 중계를 허용하지 않는 정책이다. 1961년 스포츠 방송법 제2조는 각 팀이 홈에서 경기하는 날 홈 지역 내에서 경기를 중단하도록 허용했다. 하지만 팬들은 현지 채널에서 경기를 볼 수 있도록 블랙아웃 해제를 촉구했고, NFL은 1975년 대회 시작 72시간 전에 입장권이 매진되면 블랙아웃을 해제했다. NFL은 블랙아웃 규정이 다른 NFL 팀의 지역 시장 내에서 그들의 권리를 팔 수 있는 권리를 제한함으로써 연방 독점 금지법을 위반했고, 재정적으로 약한 팀과 강한 팀 간의 경쟁 불균형을 강화시킬 것이라고 주장하며 철폐를 요구했다. 미국 연방통신위원회(FCC)는 2014년 블랙아웃 규정을 없앴고, 2015 시즌부터는 적용되지 않는다.

NFL 사례에서 보듯이 미국은 스포츠 이벤트 중계권에 관한 상업화의 중심이자 최대 시장이다. 스포츠 방송은 구매력을 갖춘 남성 시청자를 끌어들인다는 점에서 상품성을 인정받는다. 미국에는 세계에서 가장 화려한 프로스포츠 리그들이 있다. 내셔널 풋볼 리그(NFL)·프로야구(MLB)·프로농구(NBA)·프로하키(NHL)의 중계권은 각 스포츠조직을 통해 단일 독점 구조로 유통된다. 1980년대 초반 케이블TV와 위성방송 등 유료TV 플랫폼이 활발하게 보급되었고, 시청자들은 파편화되었다. 방송 플랫폼들은 시청률을 보장하는 프로그램을 필요로 했고, 스포츠콘텐츠는 높은 시청률을 보장하는 생방송 프리미엄 콘텐츠로 인정받았다. 다채널 비디오 프로그래밍 제공업체(MVPD)에게 ESPN과 같은 스포츠전문채널은 빠져서는 안 되는 프로그램 공급원으로 자리 잡았다. TBS(Turner

Broadcasting System)는 야구·농구·프로골프를 포함한 여러 종목의 방송권을 가진 또 다른 인기 케이블 채널로 성장했고, 폭스는 1996년 지역 케이블 스포츠 네트워크의 집합체인 폭스 스포츠넷(FSN)을 출시했다. 텔레비전 스포츠 중계권의 가치는 폭발적으로 상승했다.

스포츠 중계방송권은 선수의 것일까? 구단의 것일까? 프로스포츠의 인기가 올라가고 방송사가 지불하는 방송 중계권료가 치솟으면서 1980년대 초 스포츠 중계권이 누구에게 있는지를 두고 법적 문제가 불거졌다. MLB 볼티모어 오리올스(Baltimore Orioles)의 선수들이 1986년 텔레비전 중계권에 대한 권리를 주장했다. 구단이 텔레비전 중계권을 판매하기 위해서는 선수들의 허락을 받아야 한다는 것이다. 하지만 법원은 구단의 손을 들었다. 구단은 선수들의 고용주로서 방송 수익에 대한 독점권을 가지며, 1976년 저작권법에 따라 경기는 '고용에 의한 노동'에 따른다고 판결했다. 다만, 법원은 선수가 방송 수익의 직접적인 몫을 확보하기 위해 협상할 수 있다고 판결했다. 선수협회는 단체교섭을 통해 선수 계약, 트레이드, 수익 분배, 연봉 상한제 등의 규칙을 정하는 스포츠 리그와 협약을 맺었다. 협약에 의하면, 선수들은 전국 TV 중계권을 포함하여 리그 스포츠 수입의 일정 비율을 받게 된다. 노동조건에 대한 논쟁은 결국 선수 파업으로도 이어졌다. 1973년 메이저리그에 FA 제도가 도입되었고 선수들의 연봉이 치솟자 구단주들은 샐러리캡(salary cap) 도입을 들고 나왔다. 선수 노조가 강력히 반발했고 1994년 최대 파업으로 이어졌다. 역사상 8번째(1972년, 1973년, 1976년, 1980년, 1981년, 1985년, 1990년, 1994~1995년) 파업으로 1994년 8월부터 1995년 4월까지 232일간 이어졌다. 정규 시즌의 남은 경기와 월드시리즈까지 938경기가 개최되지 못했다. 선수단과 구단주 모두 막대한 손실을 입었다. 지역 경제에 미치는 영향도 커, 빌 클린턴 대통령이 직접 중재에 나섰다. 구단 측의 대체 선수 제도 도입 논의로 이어지면서 파업은 막을 내렸다. 파업 이후 새로 맺은 노사협약(Collective Bargaining Agreement)에는 샐러리캡 대신 팀 연봉액이 사치세(Luxury Tax)[4] 제한을 초과할 경우, 팀에 벌금을 부과하거나 드래프트 순위 할당에 불이익을 주는 제도를 도입하는 내용이 포함되었다.

방송 중계권료는 MLB 구단의 주요 수입원이다. MLB의 중계권은 전국 단위와 지역 단위 계약 추진 주체가 다르다. 지상파 네트워크와 OTT 등 전국 단위 중계권 계약은 MLB사무국이 직접 관리해 중앙 기금(Central Fund)을 조성하여 구단별로 차등 배분하고, 지역 단위 중계권은 구단별로 직접 진행한다. LA 다저스와 뉴욕 양키스처럼 인기 구단은 연고 지역 케이블TV 중계권 수입만으로도 선수들의 연봉을 충당할 수 있을 정도다. 국제용 방송 피드(feed) 제작은 MLB 사무국이 관리한다. 구단이 직접 케이블방송을 운영하는 케이스도 있다. 예를 들어, 뉴욕 양키스는 YES 네트워크를, 뉴욕 메츠는 스포츠넷 뉴욕을, 보스턴 레드삭스는 뉴잉글랜드 스포츠 네트워크를 운영한다. MLB 구단별 입장료와 연고지 방송 중계권료 수입의 일부를 갹출해 공동기금을 조성하고, 이를 공평하게 분배함으로써 비인기 구단이 유지될 수 있도록 상호부조한다. 2022년 터너 스포츠(Turner Sports)가 7년간(2022~2028년) 32억 달러(연간 4억 7000달러)에 미디어 권리 패키지를 계약했고, 디즈니 소유 ESPN은 8년간(2014~2021년) 중계권료로 56억 달러(연간 7억 달러)를 지불했으며, 2023년부터 2028년까지 6년간은 연간 중계방송 경기 수를 90경기에서 30경기로 줄이면서 총 40억 달러에 연장 계약했다. 폭스 스포츠(Fox Sports)는 2018~2028년까지 50억 달러에 중계권을 구입했다.

국내 팬들의 미국 야구 메이저리그에 대한 관심은 국내 선수 진출의 역사와 흐름을 같이한다. 1994년 박찬호 투수가 한양대학교를 중퇴하고 LA다저스에 입단했다. 박찬호는 올스타에 선정되기도 했으며, 124승을 거뒀다. 박찬호 선수의 활약은 1998년 IMF 금융위기를 겪었던 한국 사회에 희망을 불어넣었고, 이후 메이저리그에 진출하는 대한민국 선수들이 늘어났다. 1999년 김병현 투수가 애리조나 다이아몬드백스에, 2001년에는 김선우 선수가 보스턴 레드삭스에, 봉중근

---

4) 사치세는 고가의 보석이나 모피 제품의 소비를 억제하기 위해 부과하는 세금이다. 미국 메이저리그는 구단이 과도한 연봉을 지불할 경우 사무국에서 사치세를 부과하여 선수들의 복지 향상과 리그 운영에 활용한다.

투수는 2002년 애틀란타 브레이스브스에 입단했다. 2005년에는 추신수가 외야수로 메이저리거가 되었으며, 류현진은 2013년 LA 다저스에 입단하여 2020년 토론토 블루제이스로 이적했다. 2021년 샌디에이고 파드리스에 입단한 김하성은 내야수로 활약 중이다.

국내 방송사들의 미국 메이저리그 중계권 확보전도 치열했다. 1996년과 1997년 KBS가 연간 30만 달러를 지급하고 MLB 국내 중계를 시작했다. 1998년에는 인천 지역 지상파TV였던 경인방송(itv)이 독점중계했다. 경인방송이 MLB에 지급한 중계권료는 1999년 150만 달러, 2000년 300만 달러 규모였다. 경인방송은 지역 지상파TV였음에도 케이블TV채널로 전국에 방송할 수 있었다. 2000년부터 2004년까지는 MBC가 독점중계했다. MBC의 MLB 중계방송권료는 연간 800만 달러(4년간 3200만 달러) 규모로 경인방송이 지불한 금액의 2.5배 수준이었다. MBC 독점중계권 확보는 코리아 풀의 합의를 깬 것으로, 이후 SBS와 KBS가 MBC를 배제한 채 국내 프로야구와 프로축구, 프로농구 중계권을 확보하는 빌미가 되기도 했다. 2005년부터 4년간은 스포츠 마케팅회사 IB스포츠가 연간 1200만 달러를 지불하고 엑스포츠 채널을 통해 MLB를 중계했다. 2009년부터 3년간은 OBS 경인TV가, 2012년부터 2020년까지는 다시 MBC가 중계했다. 2021년 이후에는 스포티비가 SPOTV, SPOTV ON, SPOTV Prime, SPOTV NOW 등으로 미국 프로야구를 국내에 중계하고 있다.

8. 해외 주요국 사례 요약

보편적시청권을 보장하기 위한 해외 국가 사례를 요약하면 〈표 8-8〉과 같다.
방송은 나라마다 사회적·문화적·정치적 요소들을 모두 포함하고 있어 보편적시청권의 보장에 있어서도 각기 다른 양상을 보인다. 스포츠의 보편적시청권 제도를 가진 나라들은 스포츠 행사를 문화적으로 누구나 향유해야 한다고 보고 무료 시청 플랫폼의 역할을 강조한다. 공공 이념이 발달한 유럽의 경우 방송에

〈표 8-8〉 해외 주요 국가의 보편적시청권제도 현황

국가	우선방송사	주요 내용
영국	무료 지상파	- 지정 행사 목록을 A급과 B급으로 구분. A급 지정 행사는 가시청범위가 전 영국 인구의 95%를 넘는 무료 지상파(BBC1, BBC2, BBC3, BBC4, CBBC, CBeebies, BBC News, BBC Parliament, Channel 3 network (broadcast as ITV, STV, UTV), ITV2, ITV3, ITV4, Channel 4, Film 4, More 4, Channel 5)로 한정
호주	무료 지상파	- 안티 사이포닝 규칙: ABC, SBS의 공영방송이나 인구 대비 50% 이상 커버리지를 가진 상업 무료 방송사업자에 우선권 - 안티 호딩 규칙: 특별 행사의 방송권을 가진 상업방송사가 방송권 전체를 활용하지 않을 경우, 미사용분에 대해 ABC와 SBS에 정상적인 요금을 받고 양도
독일	무료 지상파	- 전체 가구의 2/3 이상이 시청 가능한 방송사업자 - 주요 이벤트에 대해 최소 하나 무료 시청 채널 보장 규정 - 단편 보도권: 다양성 확보 차원에서 경기 자체의 사실적인 중계뿐만 아니라 경기 일부를 가치 연관적인 뉴스 형식으로 무상 보도 허용
프랑스	무료 지상파	- 주요 행사 송출 가능 채널 사업자(free access television service)는 프랑스 인구의 85%가 무료로 시청 가능해야 함
이탈리아	무료 지상파	- 이탈리아 인구의 80% 이상 무료 시청 가능한 방송사업자 - 특정 방송사의 스포츠 중계권 한도 60%로 제한
인도	공영방송 DD	- 인도방송부(MIB)가 지정한 스포츠 이벤트 방송권은 DD와 방송권을 공유하도록 강제 - 방송권자와 DD 간 75 대 25로, 라디오는 50 대 50으로 광고수익 공유
미국	없음	- 보편적시청권제도 없음(시장 자율 경쟁 체제)

대한 공공성을 강조하여 방송 관련 법제에서 스포츠에 관한 보편적시청권을 명시한 경우가 많다. 이는 누구나 즐기고 이용할 수 있는 최소한의 스포츠에 대한 일반 국민의 보편적 접근이 어려워져서는 안 된다는 공익적 이념에 기초하고 있다.

다른 나라 사례들을 볼 때, '보편적 접근권' 보장 개념으로 보편적시청권제도를 갖춘 나라들은 유료방송이 중요 스포츠 이벤트 중계권을 독점하지 못하도록 함으로써 무료 지상파방송 시청자를 보호하고 있음을 알 수 있다. 영국과 호주 등은 무료 지상파방송사에 우선권을 부여하고 있으며, 인도는 공영방송이 방송권을 우선적으로 확보할 수 있도록 제도적으로 보장하고 있다. 올림픽과 월드컵 등 메가 스포츠 이벤트 중계방송을 모든 국민이 시청할 수 있어야 하는 '공공재 (public goods)'로 인식하고 있다.

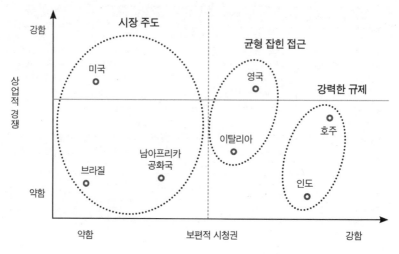

〈그림 8-1〉 국가별 상업적 경쟁 및 보편적시청권 보장 현황

자료: Smith, Evens, & Iosifidis(2015).

유럽연합(EU: European Union)은 '국경 없는 텔레비전에 관한 지침(Television Without Frontiers Directive)'에서 1997년 '사회에 중대한 중요 이벤트들(events of major importance for society)'이라는 개념으로 유럽국가들이 보편적시청권을 의무적으로 보장하도록 독려했다. 유럽공동체(EC: European Commission)는 '텔레비전방송 행위'에 관한 지침에서 '가입국은 정보권을 보호하며, 올림픽 게임, 월드컵 축구, 유럽 축구 챔피언십과 같이 사회에 주요한 국가적 또는 비국가적 중요 이벤트에 대한 텔레비전 도달 범위(coverage)에 공중의 광범위한 접근을 보장하기 위한 조치를 취해야 한다'고 규정했다(EC, 2011). 이후 '국경 없는 텔레비전 지침' 개정을 통해 '가입국들이 사회에 대한 중요성에 따라 유료방송에만 방송되도록 하지 않을 이벤트들의 리스트를 만들 것'(제3a항)을 덧붙였다(강형철, 2016).

EU국가들의 접근 방식에는 두 가지 특징이 있다. 하나는 방송권 획득에 무료방송사가 우선권을 갖도록 하는 것이고, 다른 하나는 유료방송이 국민관심행사에 대한 방송권을 독점하지 못하도록 규제하는 것이다. EU의 규제정책 접근법은 균형적인 접근의 좋은 예로 간주된다.

EU는 국민관심행사 목록으로 지정되기 위한 지표를 제시하고, 이 가운데 두 가지 이상을 총족할 필요가 있다는 가이드라인을 제시했다.

① 해당 스포츠에 관련되는 사람이나 관계자들에게 중요한 의미가 아니라, 회원국 내 국민들에게 일반적으로 특별한 공감대가 있다.
② 회원국의 국민들에게 문화적으로 매우 중요하고, 문화적 정체성을 다지는 데 촉매제로 인식된다.
③ 국제적으로 중요한 경기이거나 국가대표팀이 참가하는 대회다.
④ 해당 행사는 전통적으로 무료TV로 방송되어 왔고, 시청자들의 관심을 받아왔다 (EC, 2007).[5]

반면, 공공성보다 시장경쟁의 원리와 사유재산에 관한 권리를 강조하는 미국에서는 보편적시청권제도가 마련돼 있지 않다. 미국에서는 1977년, HBO 대 FCC의 판결에서 FCC가 수정헌법 제1조에 의해 보장된 권리를 위배하였다는 결과가 발표된 이후 보편적시청권에 관한 법적 규제는 더 이상 마련되지 못했다. 미국의 특징은 주요 경기 중계를 정부가 주도하기보다는 사적이익단체들이 운영해야 한다는 원칙을 고수한다는 점이다. 미국에서는 주요 스포츠 경기의 무료 방송사 중계는 법적 강제에 의해서가 아니라 방송사 간 자율 계약 과정에서 조정된다(박천일 외, 2014).

---

[5] ① A special general resonance within the Member State, and not simply a significance to those who ordinarily follow the sport or activity concerned.
② A generally recognised, distinct cultural importance for the population in the Member State, in particular as a catalyst of cultural identity.
③ Involvement of the national team in the event concerned in the context of a competition or tournament of international importance.
④ The fact that the event has traditionally been broadcast on free-to-air television and has commanded large audiences.

4부

시청권 보장

09 무료 지상파방송의 중요성

　얼마 전까지만 해도 올림픽종목 가운데 '근대오종경기'는 우리에게 그리 익숙하지 않았다. 하지만 2020 도쿄올림픽 대회 이후 근대오종경기는 예전처럼 낯설지 않다. 근대오종경기 결승전이 지상파방송으로 황금시간대에 실시간 중계되고, 우리나라 국가대표선수가 메달을 획득하는 장면을 많은 국민이 시청할 수 있었기 때문이다. 도쿄올림픽을 1년여 앞두고 어느 예능프로그램에 출연해서 근대오종경기라는 종목 자체의 인지도를 높이고 싶다던 전웅태 선수가 출전한 경기에서였다. 올림픽에서 메달을 따 근대오종경기를 알리고 싶다던 전웅태 선수가 실제 출전해서 텔레비전에 나타났던 것이다. 시청자들은 마음을 모아 응원했다. 마침내 동메달 획득에 성공했고, 국민들은 함께 기뻐했다. 코로나19로 지친 상황에서 국민 모두가 하나 되어 응원하는 장면들과, 그동안 소외되었던 근대오종경기라는 종목에 스포트라이트가 집중되었다. 근대오종경기가 올림픽을 통해 알려지고, 무료 지상파방송으로 중계되었기에 감동은 증폭될 수 있었다. 더 많은 국민이 시청할 수 있었고, 소외되었던 스포츠의 인지도는 자연스레 높아졌다. 스포츠를 통해 하나 되고, 평소 소외되던 종목이 급부상하는 계기를 앞으로도 계속 만들 수 있을까?

1. 보편적시청권제도 회복

보편적시청권제도의 현실

보편적시청권제도는 애초부터 무료 보편적인 서비스에 기반하여 시작됐다. 영국은 무료 방송을 기준으로 삼아 보편적시청권을 논의하고 제도화했다. 국내에서도 마찬가지다. 보편적시청권제도를 방송법에 반영하는 과정은 지상파방송을 염두에 두고 출발했다. 지상파방송 연합이 국제 스포츠 이벤트 중계권을 확보할 때에는 문제가 없었다. 케이블TV 채널 JTBC가 중계권을 확보하면서 논의의 전제가 달라졌다. 수신 범위를 산정함에 있어 방송통신위원회는 유료방송 채널을 포함시켰고, 그로 인해 국내 보편적시청권제도 논의는 유무료를 불문한 방송매체 전체로 확장됐다. 하지만 보편성을 실현하기 위해서는 무료 지상파방송을 보다 중요하게 반영할 수밖에 없다. 유료방송에 이어 OTT가 필수 매체로 인식되면서 지상파방송의 중요성이 퇴색하고 있음에도 불구하고 보편적시청권 논의에서 무료 지상파방송이 갖는 의미는 여전히 크다.

2028년 LA 하계올림픽의 국내 중계방송권을 확보한 방송사는 과거와 달리 지상파방송사가 아니다. 종합편성채널 JTBC는 지난 2019년 IOC와 조인식을 갖고 2026년부터 2032년까지 국제올림픽위원회가 개최하는 올림픽경기의 한반도 내 중계권을 확보했다. 2026년과 2030년에 열리는 동계올림픽과 2028년과 2032년 하계올림픽에 대해 모든 미디어 플랫폼에 대한 중계권을 독차지하게 됐다. IOC는 우리나라 지상파방송 공동 협의체인 '스포츠 중계방송 발전협의회'보다 더 높은 중계권료를 제시한 PP채널 가운데 하나를 대한민국의 올림픽 방송 중계권자로 선정한 것이다. 국내 지상파방송사들이 회원사인 한국방송협회는 '보편적시청권' 제도 도입 취지를 정면으로 거스른다며 반발했다. 과다 경쟁에 따른 국부 유출을 방지하기 위해 방송사들이 조직한 '스포츠 중계방송 발전협의회' 참여 제안을 JTBC가 거절했다는 것이다. 국제 스포츠조직의 상업화 추동에 대항하여 구성한 이른바 '방송사 풀(pool)'의 필요성은 전문가들이 꾸준히 제기해 왔던 것이다. 국제 스포츠 경기의 중계권 확보에 투입되는 비용에 비해 방송 중계권으로 창출 가능한 편익이 적은 데다, 중계권을 확보하기 위한 경쟁이 치열해지면서 과도한 비용을 지불하고 있다는 인식 때문이다(송종현 등, 2020).

한국방송협회는 JTBC가 7년간(2026~2032년) 올림픽 중계권을 독점적으로 확보한 것을 두고 "올림픽 중계권 알박기"라고 빗대어 표현했다. JTBC가 결국 지상파방송사에 비싼 가격으로 재판매하기 위해 선수를 쳤다는 주장이다. JTBC는 지상파방송사와 공동으로 중계권을 확보할 경우 인기 종목 위주의 중복 편성 문제를 해결하기 어렵다고 보았기에 단독 응찰에 나섰다고 설명했다. JTBC와 지상파방송사 간 중계권 재판매 협상이 파국으로 치닫는다면 우리나라 시청자들은 2028년 하계 LA올림픽을 지상파방송으로 보지 못할 수도 있다. 2020 도쿄올림픽 시청을 유료 채널에 의지해야 했던 유럽의 시청자들처럼 케이블TV나 유료 OTT(Over The Top)를 통해야만 올림픽을 볼 수 있게 된 상황에 놓였다. 왜 이런 상황이 초래됐으며 향후 어떤 문제를 불러올까?

이 문제는 국내 텔레비전 수신 환경과 밀접한 관련이 있다. 방송통신위원회에 따르면 국내 지상파방송 직접 수신율은 5% 정도에 그친다. 시청자 대부분이 케이블TV, IPTV, 위성방송, OTT 등 유료 플랫폼을 통해서 지상파 콘텐츠를 시청하고 있는 현실이다. 매체 환경 변화는 2007년 도입된 보편적시청권제도의 가장 중요한 변수로 작용한다. 보편적시청권제도에 따른 국제 스포츠 경기 중계권 확보에 나설 수 있는 사업자는 전체 가구의 90% 이상이 수신할 수 있는 방송 수단이어야 한다. 제도를 도입했던 2007년 상황에서는 지상파방송사로 국한되었다. 지상파방송사만이 올림픽 중계권 확보에 나설 수 있었고, 지상파방송사가 중계권을 확보했기 때문에 전 국민이 무료로 시청할 수 있었다. 하지만 지상파방송을 직접 수신하는 가입자가 5%대로 줄어들면서 90% 이상 가시청자를 확보할 수 있는 매체가 지상파만으로 한정되지 않게 되었다. 공영방송이 아닌 상업방송도, 무료 지상파방송사업자가 아닌 유료방송사업자도 올림픽 중계권 확보에 나설 수 있게 되었다. 2006년 SBS가 그랬고, 2019년 JTBC도 그 빈틈을 노렸다.

공영방송과 스포츠 중계

유럽 주요 국가들의 보편적시청권제도는 무료 지상파방송을 통해 방송하고, 누구나 경제적 부담 없이 볼 수 있는 장치로 작동한다. 올림픽과 월드컵 등 주요 스포츠 이벤트를 유료방송이 독점하지 못하도록 지상파방송사 또는 공영방송에 우선적인 방송권을 주고 있다(Smith, 2010; Smith, Evens, & Iosifidis, 2015). 이 같은 정책은 그들이 주요 스포츠 이벤트를 '공공재(public goods)'로 인식하는 데서 출발한다. 우리나라도 유럽의 제도를 거울삼아 2007년 방송법 개정을 통해 보편적시청권제도를 도입했으나, 2026년 이후 올림픽 중계권 확보 경쟁에서 벌어진 일련의 진행 과정은 보편적시청권제도가 사실상 무력화되었음을 보여준다. 도입 초기 유럽 국가들처럼 무료 방송으로 제한하지 않은 데다, 도입 이후 매체 발전과 텔레비전 시청 행태가 크게 바뀌었음에도 가시청 가구수 90% 정책은 그대로 고수한 게 하나의 원인이다.

다른 나라들은 왜 무료 지상파방송, 특히 공영방송에 우선권을 부여할까? 앞서 보편적시청권제도를 도입한 나라들은 '지정 행사' 등을 지정하여 '무료 시청' 여부를 매우 중요한 요소로 강조한다. 영국·독일·프랑스에서 어떤 행사가 보편적서비스에 해당하는지 아닌지를 판가름하는 요소는 무료 지상파방송으로 볼 수 있도록 하느냐 마느냐다.

보편적서비스 이벤트 여부는 일반 시민의 관심과 그 나라의 사회, 정치, 경제적 중요성에 따라 결정된다. 이에 비해 우리나라는 시민의 시청권 보장보다는 방송사업자의 중계권 확보를 위한 접근권 보장으로 논의가 옮겨갔다. 그 결과 방송사 간 과도한 경쟁을 제한하도록 공동계약을 권고하고, 2차 중계권 계약과 자료화면 제공에 관한 기준을 제시하고, 여러 방송사에서 동시에 동일한 경기를 중계하지 않도록 순차편성을 권고하고 있다. 이 대목에서 순차편성에 관한 권고는 다른 나라에서 찾아보기 힘든 경우에 해당하고, 언론 자유와 방송사의 편성의 자유를 침해할 여지가 있다고 해석되기도 한다.

2005년 발간된 유네스코 보고서는 공영방송의 역할을 강조하고 있다

(Banerjee, 2005). 공영방송은 국가가 통제하는 국영방송이나 이익을 좇는 상업 방송과는 다르다는 것이다. 유네스코는 시민을 섬기는 공영방송이야말로 정보 제공, 교육 및 오락에 관한 광범위한 서비스를 제공할 수 있는 방송 형태라고 구분 지었다. 공영방송은 모든 시민의 접근을 권장하고 시민이 공적 생활에 참여하고 지식을 확장하며, 세상과 다른 사람들을 더 잘 이해할 수 있도록 만든다는 것이다. 공영방송은 수익성에 좌우되지 않고, 위험을 감수하면서 과감하고 혁신적인 장르와 아이디어를 개발할 수 있는 장점이 있다. 국가권력과 자본의 이익으로부터 독립적이기 때문에 민주주의 발전의 훌륭한 도구가 된다. 공영방송과 국가 통제하에 놓여 있는 국영방송을 혼동하는 경우가 종종 있다. 공영(public)을 국영(state, government, official)과 명확하게 구분 짓는 것이야말로 공영방송 논의의 첫 단계다.

유네스코는 공영방송이 수행해야 할 역할을 크게 네 가지로 정리했다. 모든 시민이 사회적 지위나 소득에 관계없이 이용할 수 있어야 하는 '보편성', 제공되는 프로그램 장르와 시청자층, 다루는 주제들이 모든 사람들을 아우르는 '다양성', 상업적 이익 또는 정치적 영향력에 대항할 수 있는 '독립성', 다른 방송들이 무시하는 주제와 장르를 다루고 새로운 프로그램을 선보이는 '차별성'이다. '유럽의회독립텔레비전위원회(The Council of Europe's Independent Television Commission, 2004)'는 유네스코보다 더욱 세분화하여 공영방송의 역할을 설명했다. 공영방송은 다양한 취향과 관심에 부합하는 다양한 프로그램을 제공하고, 텔레비전의 교육적 역할을 지원하기 위한 혁신적이고 독특한 서비스를 제공하며, 소수민족이나 문화적·언어적·사회적 배려가 필요한 특별한 사람들에게 관심을 가지고, 지역의 관심을 반영하며, 창의적인 다량의 오리지널 프로그램을 선보여야 한다는 것이다.

세계적으로 공영방송은 사회적 다양성을 실현하고, 나라별 시민과 사회의 요구를 충족하는 데 필수적인 역할을 수행해 오고 있다. 보편적인 접근성을 갖춘 플랫폼과 고품질 콘텐츠에 힘입은 영향력을 바탕으로 공영방송은 개인의 풍요로운 삶과 건강한 사회를 이루는 데 이바지한다는 평가를 받고 있다. 공영방송은 상업적 미디어의 한계를 보완하여 문화 시민권을 보장하고 공공서비스를 증진한다. 미국 카네기 위원회는 공영방송이 '공론의 장' 역할을 하며, '그렇지 않으면 들을 수 없을지도 모르는 공동체의 집단을 위한 목소리'를 제공해야 한다고 강조했다.

유럽에서 방송은 등장 초기부터 모든 사람이 접근할 수 있고 문화 시민권을 넓히고 민주적 의사를 표현하기 위한 사회적·정치적 도구로 여겨졌다. 상업적 경쟁이 강조됐던 미국과는 달랐다. 이러한 차이는 미디어 정책에 고스란히 반영되었다. 유럽 모델은 국가의 개입으로 특징지어졌으며, 공영방송이 전체 방송산업의 중요한 부분을 차지했다. 방송 초기 주파수 희소성이라는 기술적 근거를 들어 공영방송 독점권을 정당화했고, 이에 힘입어 공영방송은 강력한 영향력을 발휘할 수 있었다. 민간 소유 방송이 등장하고 다채널화하면서, 공영방송에 대한 보다 엄격한 규제를 요구하는 목소리가 높아졌고, 상업방송과 차별화된 공영방송의 역할을 요구했다

공영방송만이 존재하던 안락한 시절이 저물고, 상업적 경쟁과 글로벌 미디어 그룹의 공세가 거셌지만 공영방송은 여전히 공론의 장과 문화 교류의 장을 제공하는 신뢰받는 시스템으로 살아남을 수 있었다. 공영방송이 21세기에도 살아남을 수 있는 이유 가운데 하나는 시청자를 소비자가 아닌 시민으로 본다는 데 있다. 이런 시선은 공영방송으로 하여금 사적이익과 거리가 먼 공공의 이익을 추구하도록 하는 기제로 작동했다(Evens, Iosifidis, & Smith, 2013). 시청자가 볼 때 방송사가 자신들을 시민으로 보는지 아니면 소비자로 보는지에 따라 해당 플랫폼의 성격은 확연히 다르게 인식된다(Livingstone, Lunt, & Miller, 2007; Lunt & Livingston, 2011). 결국 시청자는 공영방송이 가진 공공성과 보편성 가치에 주목한다. 누구나 어디에서나 차별 없이 공영방송을 시청할 수 있어야 하고, 이는 보편적시청권의 작동 원리와 동일한 성격을 갖는다. 공영방송은 다른 상업방송과 달리 지리적 보편성, 내용의 보편성, 지불의 보편성을 실현함으로써 전 국민이

〈표 9-1〉 공영방송과 보편적시청권의 속성 비교

공영방송	보편적시청권
•방송프로그램은 전 국민이 이용할 수 있어야 한다. •방송프로그램은 모든 취향과 흥미를 충족시켜야 한다. •소외계층을 위한 특별 규정이 있어야 한다. •방송사들은 국가 정체성과 공동체 의식과의 특별한 관계를 인식해야 한다. •방송은 모든 기득권으로부터, 특히 당대의 정부와는 거리를 두어야 한다. •방송의 주요 수단 중 하나는 사용자로부터 직접 자금 지원을 받아야 한다. •방송은 숫자 경쟁보다는 좋은 프로그래밍의 경쟁을 부추길 수 있도록 구조화되어야 한다. •방송에 대한 공공 지침이 방송사를 제한하기보다 자율성을 보장해야 한다.	•인간 커뮤니케이션권의 실현을 위해 필요한 최소한의 공적 서비스 •미디어 단말기 등 보편적 접근 가능성 •신규 서비스에 대한 보편적 접근과 이용가능성 •사회적 취약계층의 보편적 접근 가능성(사회적 취약계층의 최소한의 방송 이용 지원 등) •특정 계층이 아닌 전 국민을 대상으로 한 내용의 보편성 •보도·교양·오락의 장르별 보편성

자료: 김영주(2008), 윤혜선(2010), DCMS(2010) 내용 재정리.

이용할 수 있으며, 특정 계층이 아닌 전 국민을 아우르는 다수의 이해와 관심을 반영한다(Blumler & Nossiter, 1991).

공영방송 플랫폼과 콘텐츠는 지역과 소득에 상관없이 누구나 쉽게 접근할 수 있다. 공영방송은 다양성·독립성·차별성과 함께 보편성을 실현함으로써 시청자로부터 존재 이유를 인정받는다(Born & Prosser, 2001). 공영방송은 시청자의 신뢰를 바탕으로 시민이 납부하는 TV수신료를 재원으로 운영된다. 이를 근거로 사회 각계각층의 다양한 전문가들이 참여하는 거버넌스를 통해 작동한다. 상업방송과는 다르게 사적이익 대신 공적이익을 우선한다는 점에서 공영방송의 속성과 보편적시청권제도가 갖는 속성은 유사한 점이 많다(〈표 9-1〉 참조).

매체가 발전하고 이용자들의 매체 이용 행태가 바뀌면서 방송 생태계에도 변화의 소용돌이가 일었다. 커뮤니케이션 정책 연구자인 캐나다의 마크 래보이(Marc Raboy)는 방송 환경 변화를 세 가지로 특징지었다. 새로운 기술이 등장하면서 전송대역이 폭발적으로 늘어나 시청각미디어의 경계가 사라지고 있으며, 사회주의국가의 붕괴와 함께 국영방송 모델이 함께 무너지고 있고, 공영방송 독점체제였던 국가에서 상업방송이 급증하고 있다는 것이다(Raboy, 1999). 방송 생태계에는 20여 년 전부터 이미 지각변동이 시작되었음을 알 수 있다.

공영방송은 가위눌려 발버둥치는 형국으로 내몰렸다. 왼쪽에는 '시장실패'에 대응하는 역할, 즉 상업방송사들이 돌보지 않는 주변부를 맡으라는 커다란 바위가 놓여 있고, 오른쪽에는 상업방송사와 경쟁하여 일정 정도 이상 시청자의 시선을 사로잡아야 한다는 바위가 있다. 주변부를 맡는 공적인 역할에 충실한 순수 공영을 택할 경우, 영향력이 미약해져 존재 이유를 의심받는 지경에 이른다. 이와는 반대로 공영방송이 상업방송사들과 동일한 경쟁 선상에 나설 경우 공정 경쟁에 관한 문제가 불거지고 비난의 목소리는 높아진다. 여기에는 방송을 상업적 활동으로 볼지, 문화적인 시민권을 보장하는 행위로 볼지에 관한 입장 차이가 깔려 있다. 경제적 효율성을 우선하는 시장경제적 관점과 공익성을 추구하고, 이용자의 권리 보장을 위해서는 공적인 개입이 필요하다는 사회가치적 관점이 병존한다.

공영방송은 등장 초기 비판적인 관점으로 저널리즘을 실현했다. 올바른 정보 제공과 부조리에 대한 고발 프로그램은 공영방송 유지의 기반이 되었던 반면, 재원 구조가 점차 불안정해지면서 프로그램에 변화가 찾아왔다. 정확한 보도와 풍부한 저널리즘을 실현하던 공영방송은 점차 비즈니스, 토크 프로그램이나 야생동물을 주로 다루는 쪽으로 방향을 선회했다(Hoynes, 1994).

국가대표팀이 참여하는 주요 스포츠 이벤트는 누구나 접근 가능해야 하는 측면에서 공공재적인 특성을 갖는다. 국가대표팀이 펼치는 경기를 응원하면서 국민들 사이에 느끼는 일체감은 스포츠가 왜 공공재여야 하는지를 잘 알려준다. 근대 올림픽 창시자인 피에르 드 쿠베르탱(Pierre de Coubertin)은 "스포츠는 모든 남성과 여성의 유산의 일부이며, 스포츠가 없다는 것은 그 무엇으로도 보상될 수 없다"라고 말했다(Grasso, Mallon, & Heijmans, 2015). 올림픽은 국가를 넘어 '세계를 연결하는 이벤트'를 제공한다. 인류에게 스포츠를 통해 일체감을 느끼는 경험을 제공한다. 미디어 기술 발달이 스포츠의 세계화를 촉진했고, 세계 어느 대륙에서도 같은 경기를 동시에 볼 수 있는 환경을 만들었다.

스포츠는 미디어를 통해 보편적인 '공공재'의 위치를 유지한다. 스포츠를 텔레비전으로 생중계하기 시작하던 1930년대 초, 스포츠 단체들은 경기장을 찾는 관중이 줄어들 것을 우려했다. LA올림픽 조직위원회는 1932년 생중계 대신 저녁 뉴스 시간에 하이라이트만 방송하는 것을 NBC와 ABC에 허용했다. 조직위원회의 우려는 기우로 판명났다. 텔레비전에서 하이라이트 방송을 본 시청자들이 경기장을 찾음으로써 경기장을 찾는 관중은 오히려 늘어났다. 이후 텔레비전을 통한 주요 경기 생중계가 일반화되었고, 중계권료는 스포츠조직의 주요 수익원이 되었다.

스포츠 중계는 기존의 텔레비전과 라디오 분야를 넘어 인터넷, 모바일, OTT 등 디지털 미디어 시장으로 확대되고 있다. 즉 대형 스포츠콘텐츠를 제공하는 스포츠조직의 협상력은 강력해졌고, 제한된 스포츠콘텐츠를 확보하려는 방송사와 마케팅사, 통신 및 OTT사 간의 경쟁은 치열해지고 있다. 넷플릭스를 필두로 디즈니플러스에 이르기까지, 거대한 자본력과 콘텐츠를 겸비한 글로벌 OTT 사업자들이 대거 국내에 진출하고 있다. 그만큼 스포츠 중계권 경쟁은 치열해지고, 무료 공공 보편서비스 영역은 축소되고 있다. 보편적시청권의 재정의 만큼 공영방송 스스로에게도 보편적서비스 개념의 재정의는 매우 중요하다. 공영방송은 그간 공익의 담지자로서 역할 해온 것으로 자평하고 있지만 점차 그 정체성이 흔들리고 있기 때문이다.

2. 무료 지상파방송이어야 하는 이유

공영방송1)을 통한 보편적시청권 보장 이유는 크게 다섯 가지로 설명할 수 있

---

1) 국내 방송법은 공영방송이라는 용어와 법적 정의를 명시하지 않고 있다. 공영방송은 소유구조, 운영 목적, 운영 재원에 따라 민영방송과 차별성을 지닌다. KBS는 방송법, EBS는 한국교육방송공사법, MBC는 방송문화진흥회법에 따라 상업방송과 다른 위상을 가지고 있다.

다. 첫째, 공영방송은 공공의 이익을 우선한다. 주요 스포츠 이벤트 중계에 관한 보편적시청권 역시 경기단체나 선수의 이익이 아니라 관람객의 이익 차원에서 접근하는 개념이다. 공공의 이익을 우선하는 공영방송은 스포츠 관람객의 입장에서 스포츠의 보편적시청권에 다가가는 미디어로 볼 수 있다. OTT 서비스는 출시 초기에는 무료로 운영한 다음, 일정 시청자를 확보한 이후에는 유료화하는 경향을 보여왔다. 무료 OTT는 결국 유료 구독자를 확보하는 수단으로 이용된다 (전규열, 2022). 무료 OTT 서비스일지라도 공영방송과 같은 무료 보편적서비스를 지향하는 사업자가 아닌 경우에는 이를 온전한 무료 서비스로 구분 짓기 힘들다. 영국 오프콤은 공공서비스방송(PSB)이 공공서비스미디어(PSM)로 거듭날 수 있도록 제도적으로 지원했다. 방송통신법상 공공서비스방송의 운영 목적에 보편적인 온라인서비스 제공(universally availabe online and on TV)을 제안하였다. 공영방송 서비스가 추구해야 할 보편성·독립성·다양성·차별성·신뢰성 등 전통적 가치를 기반으로 새로운 역할이 부여되어야 한다는 것이다. 국내에서도 방송법에 국민관심행사를 명확하게 규정하고, 주요 스포츠 이벤트 중계의 상업방송 독점을 막기 위해 중계권을 의무적으로 공영방송에 양도하는 안티 호딩 규칙을 도입할 필요성이 제기되었다. 점차 상업화되는 방송 환경에서 공영방송이 스포츠를 중계할 때, '공공재'를 보편적으로 제공함에 있어 분명한 이점이 있다.

둘째, 공영방송은 스포츠가 갖는 보편성을 비교적 수월하게 실현할 수 있다. 스포츠의 문화적 향유는 공공 영역과 문화 시민권 차원에서 중요한 요소다. 공영방송은 주주의 이익에 얽매이지 않고, 국가적 중요 스포츠 행사를 문화 시민의 권리로 이해하여 보편적 접근권을 보장할 수 있다(Evens, Iosifidis, & Smith, 2013). 보편적시청권은 누구나 즐길 수 있는 미디어 플랫폼을 전제로 한다. 공영방송은 무료 지상파방송 플랫폼을 갖추고 있어 보편적 접근을 달성할 수 있다. 또한, 공영방송은 보편성과 다양성을 앞세운다. 따라서 언제, 어디서나, 누구나 쉽게 미디어를 통한 스포츠를 향유할 수 있도록 제공하는 방송시스템으로 공영방송을 꼽을 수 있다. 주성희·김현정·노은정(2019)은 일반인 포커스 그룹 인터뷰에서 방송법에 '무료' 방송을 명시하지 않은 것에 참여자들이 놀라움을 표시한 점과, 당연히 세금이나 TV수신료가 투입되는 공영방송이 보편적시청권을 담당해야 한다는 전문가들의 심층 인터뷰 결과를 소개하고 있다. 같은 연구에서 일반인 대상 온라인 설문(N=533)을 실시한 결과, 공영방송이 보편적서비스 플랫폼이라고 답한 응답자 비율이 81.2%, 무료 지상파방송이라고 응답한 비율이 76.9%로 나타났다(주성희·김현정·노은정, 2019).

셋째, 스포츠 종목은 다양하며, 이를 즐기는 사람 또한 다양하다. 대표적인 글로벌 대형 스포츠 이벤트인 올림픽은 다양한 종목에 걸쳐 선의의 경쟁을 펼친다. 전 세계 다양한 민족과 국가가 올림픽대회에 참가한다. 공영방송이 중요하게 다루는 가치가 다양성이라는 점에서 스포츠 이벤트에서 실현하려는 다양성과 궤를 같이한다. 공영방송은 특정 인기 종목이나 주요 종목에만 치우치지 않을 가능성이 높다. 장애인올림픽은 공영방송이 다양성 차원에서 접근하지 않으면 중계방송을 편성하기조차 힘들다. 공영방송은 낮은 시청률을 마다하지 않고 장애인올림픽을 중계한다. 2020 도쿄올림픽 중계방송에서 KBS가 이를 여실히 증명했다. 여타 방송 및 OTT 플랫폼은 비장애인올림픽 중계에 그칠 때, KBS는 개막식 생중계를 포함하여 장애인올림픽 중계에 1560분을 편성함으로써 공영방송다운 면모를 보여줬다(유경선, 2021.8.20).

넷째, 스포츠 중계방송을 시청할 권리는 시민들의 문화적 권리다. 문화적 권리는 공공성에 기반할 때 실현되기가 수월하다. 국민이 주인인 공영방송을 통해 시민들의 문화적 권리를 보장할 수 있다. 비록 스포츠 행사가 사람들의 지적·미적 감각을 향상시키는 예술이나 과학과 같은 문화상품보다는 오락 상품으로 가장 많이 정의되지만, 스포츠의 진흥은 연합하고 사회화하며, 사회적 분열을 해결할 수 있는 능력 때문에 공익의 영역에 속해 있다(Hesmondhalgh, 2007). 최소한 주요 스포츠 종목은 무료 방송을 통해 모든 국민이 접근할 수 있고, 저렴하게 이용할 수 있어야 하는 이유다.

다섯째, 스포츠는 공동체 구성원 간의 유대를 강화한다. 시청자가 주인이면서 보편적 접근권을 갖춘 공영방송을 통해 사회구성원 간 유대를 더욱 강화할 수 있으며, 이는 민주주의 발전으로 이어진다. 공영방송은 소수자와 약자를 포함한 모든 사람이 스포츠에 접근할 수 있도록 함으로써 소속감과 공동체의식을 고취한다. 유료 상업방송은 비교적 부유한 소비자들만이 스포츠를 시청할 수 있도록 제한하는 데 비해 공영방송은 스포츠를 방송함으로써 개인화된 경험보다는 집단적인 경험을 강화한다. 점차 상업화되는 방송 환경에서 공영방송이 스포츠를 중계함으로써 '공공재'를 제공함에 있어 분명한 이점이 있다.

공영방송은 공사와 같은 공공기구에서 TV수신료 등의 공적자금을 바탕으로 운영하는 비영리적이고 비상업적인 방송으로, 보편적서비스를 지향한다. 보편적시청권제도가 공영방송을 통해 실효성을 발휘하지 못한다면 대형 스포츠 이벤트는 점점 더 상업적으로 치닫고, 시청자의 시청권은 더욱 후퇴하게 될 것이다.

텔레비전을 보는 방식이 바뀌고 있다. KBS1·KBS2·MBC·SBS·EBS 등 다섯 개 채널만 존재하던 시절은 아득한 추억이 되었다. 지금은 수백 개 채널과 다양한 온라인 플랫폼이 등장했다. 넷플릭스, 웨이브 등과 같은 구독형 스트리밍 비디오 서비스가 영상산업을 주도하고 있다. 그들은 오리지널콘텐츠를 앞세워 이용자들이 지갑을 열게 만든다. 개별 시청자들에게 개인화된 경험을 제공하고 알고리즘에 맞춰 흥미 있는 콘텐츠를 추천한다. 케이블TV와 IPTV마저 점차 입지가 축소되고 있다. 막대한 콘텐츠 양과 누구나 채널의 주인공이 될 수 있다는 비즈니스 모델을 앞세운 유튜브도 영상산업의 절대 강자로서 입지를 굳히고 있다.

간과해서는 안 될 부분이 있다. 세계 무대에서 한국의 문화와 이미지를 제대로 알리고, 국내 방송 생태계에서 민주주의 발전에 기여하는 매체는 무엇인가? 공영방송이라는 대답에 이의를 제기할 사람은 거의 없을 것이다. 영국 상원이 위원회를 꾸려 디지털시대에도 BBC를 비롯한 공공서비스방송이 필요한가라는 질문을 던지고 해답을 찾아 나섰다. 결론은 세계가 영국을 잘 이해하도록 알리고, 영국의 문화적 정체성을 반영한 다양한 사람들의 관점을 대표하는 방송으로서 공공서비스방송은 여전히 필요하다는 것이다. 보고서는 또, 공영방송이 영국 경제의 건전성과 창조산업에 기여하고 있으며, 디지털 지상파 텔레비전이 여전히 활용 가능성이 높고 경제적으로도 다른 매체의 추종을 불허한다고 분석했다. 특히 지상파 텔레비전이 주요 스포츠 이벤트, 인기 높은 드라마와 다큐멘터리 등을 통해 국가를 하나로 결집하는 점에 주목하고, 영국 정부가 무료 방송 플랫폼을 통해 시청할 수 있는 이벤트 리스트를 확대하는 방향으로 보편적시청권제도를 시장 변화에 맞춰 재검토할 것을 권고했다.

공영방송은 공적인 소유구조 아래 놓여 있다. 주주 개인의 이익보다 공익을 앞세운다. 공영방송은 TV수신료, 방송통신발전기금, 한국방송광고진흥공사의 영업에 따른 광고 수입 등으로 운영된다. 운영자금 조달 구조가 국가 권력이나 상업적 자본으로부터 독립성을 유지할 수 있는 시스템을 갖추고 있다. 그만큼 시민의 목소리를 대변할 수 있다.

우리나라 TV수신료 제도는 사실상 조세에 가깝다. 국가대표팀이 겨루는 스포츠 중계를 공영방송을 통해 시청할 수 있는 최소한의 경비를 시청자들이 이미 부담하고 있는 셈이다. 그럼에도 추가적인 비용을 부담해야 하는 상업적인 플랫폼이나 OTT를 통해서만 중계방송을 볼 수 있다면 이는 시청자들에게 이중 부담을 요구하는 일이다. 우리나라 공영방송사 특히 지상파방송사는 수십 년간의 스포츠 중계 노하우를 갖고 있다. 최첨단 장비와 경험을 갖춘 제작진의 노하우가 합쳐져 경기 장면을 더욱 생생하게 전달할 수 있다. 스포츠 중계에서 공영방송이 소외된다면 86 아시안게임과 88 올림픽, 평창동계올림픽 중계 등으로 다져진 스포츠 중계 노하우는 물거품이 되고 말 수 있다.

무료 보편적 미디어 서비스인 공영방송이 소외될 때, 우리사회 불평등은 심화할 수밖에 없다. 조지프 스티글리츠(Joseph E. Stiglitz)가 우려한 대로 불평등의 심화는 또 다른 경제적 대가를 발생시킨다(Stiglitz, 2012). 인터넷이나 유료TV에 접근할 여유가 없거나 접근할 수 없는 시청자에게 무료 지상파방송은 여전히 필수적이다. 저가 케이블TV 플랫폼 및 통신사와 결합하여 각종 이벤트를 통해 저가 공세를 펼치는 OTT가 있음에도 불구하고 여전히 지상파방송 직접 수신에 머물고 있는 5% 남짓 시청자에 주목할 필요가 있다. 무료로 누구나 접근할 수 있는 디지털 지상파방송 플랫폼의 가치를 살려가야 한다. UHD 지상파방송 플랫폼이 이미 구축되어 있다. 유무형의 사회적 자본을 투입해 수년간에 걸쳐 만든 무료 고속도로를 외면한 채, 상업자본의 손에 있는 유료도로만을 이용하도록 하는 방식은 결코 효율적이지 않다.

주요 스포츠 이벤트 중계권을 시장에만 맡겨두는 것은 조정자로서 국가의 기능을 상실시킨다. 국제적인 스포츠조직과 상업적 미디어의 필요에 따라 스포츠 중계권을 시장에만 맡겨둘 경우, 정작 스포츠의 주인인 시민은 소외되고 만다. 이런 측면에서 '모두의 것'이어야 한다는 당위성은 '대중 스포츠'와 '공영방송' 모두에 해당한다.

미디어 환경이 변화함에 따라 공영방송이 무료 방송을 펼칠 수 있는 플랫폼이 지상파방송에 이어 OTT 플랫폼으로 확장되었다. 영국 BBC의 아이플레이어(iPlayer)는 디지털시대 공영방송이 어떻게 OTT 플랫폼을 구축해야 하는지를 여실히 보여줬다. 지상파방송은 물론 디지털시대 공영방송의 필수 플랫폼으로 자리 잡은 OTT 서비스 활성화를 위해 주요 스포츠 이벤트는 공영방송이 제공해야 할 필수적인 콘텐츠 장르다. 2020 도쿄올림픽 기간 중 우리나라 KBS도 무료 OTT를 통해 여러 종목을 동시에 중계방송했다.

미국 폭스텔레비전이 그러했듯이, 국내 SBS가 그러했듯이, 주요 스포츠 이벤트는 플랫폼 성공의 중요한 열쇠로 작용한다. 주요 스포츠 이벤트는 국민적 관심사일 수밖에 없고, 파편화된 시청자를 한 번에 모을 수 있는 절호의 기회다. 영국 오프콤은 "총 TV 시청시간이 감소했음에도 불구하고 2018년 지정된 국가 행사, 특히 스포츠는 여전히 많은 시청자를 끌어들였다"라고 밝혔다. 이벤트별로 볼 때, 1997년 다이애나 왕세자비 장례식은 3200만 명, 2012년 런던올림픽 개막식은 2660만 명, 2018년 월드컵의 잉글랜드와 크로아티아의 준결승전은 2650만 명이 동시에 시청했다. 영국 전체 가구수가 2900만 호 정도인 점을 감안할 때, 스포츠 이벤트가 시청자를 텔레비전 앞으로 동시에 모이게 하는 응집력을 가늠할 수 있다. 스포츠 이벤트가 열리는 동안 공영방송이 주목받을수록, 새로운 무료 디지털 플랫폼을 자리매김할 수 있는 가능성도 커진다. 공영방송이 무료 OTT를 개발하고, 안정적으로 서비스할 때 시청자의 보편적시청권은 지속적으로 확장될 수 있다. 영국 BBC의 아이플레이어(iPlayer)는 디지털시대 공영방송이 어떻게 OTT 플랫폼을 갖춰야 하는지를 여실히 보여줬다.

주요 스포츠 이벤트에 대한 생중계는 이벤트가 열리는 동안만의 라이브 서비스에 그치지 않는다. 해당 스포츠 영상들은 대회 이후에도 반영구적으로 반복 재생된다. 누구나 콘텐츠를 제작할 수 있는 미디어 환경에서 모두의 것으로 쓰일 수 있다. 모두의 것으로 저장하고, 여기에 누구나 항시 접근할 수 있는 방식은 공영방송 아카이브 서비스를 통해 확인되고 있다. 스포츠조직의 마케팅 전략은 스포츠 이벤트 콘텐츠를 특정 유통사나 방송사에만 독점적으로 제공함으로써 더 많은 중계권료를 차지하는 데 집중되어 있다. 상업적 기업의 독점적이고 배타적인 권리는 스포츠와 미디어의 보편적서비스 정신에 정면으로 배치된다. 주요 미디어 이벤트 영상은 문화유산처럼 일상에서 향유해야 하고, 미래세대를 위한 교육자료로 쉽게 이용할 수 있어야 한다.

공영방송은 일반인들에게 정보를 제공하고 교육하며 즐거움을 선사한다. 시청자들은 공영방송을 통해 사회 현안을 파악하고 지식을 확장하며, 경제 및 정치 생활에 참여한다. 공영방송에 그동안 외부적인 위협이 없었던 것이 아니다. 1980년대 케이블TV 및 위성TV의 등장에 맞섰으며, 2000년대 디지털텔레비전으로 전환을 마쳤다. 텔레비전 전송 시대에는 공영방송이 기술 발전에 비교적 잘 적응했다는 평가를 받는다. 문제는 텔레비전과 인터넷의 융합이다. 온라인 스트리밍으로 전환하고, 글로벌 스트리밍 기업들이 속속 등장하면서 상당수 나라의 공영방송이 변화를 따라가지 못하고 있다. 외부 규제의 문제도 있지만 내부적인 문제가 더 크다. 미디어 변화 추세에 대한 공영방송 종사자들의 인식이 OTT 기업에 미치지 못하고, 기술력 또한 온라인 스마트 플랫폼을 따라가지 못한다. 무엇보다 콘텐츠와 플랫폼에 투자할 수 있는 자본력이 이를 뒷받침하지 못한다. '방송' 규모의 콘텐츠 제작비와 플랫폼 구축, 운영비로 글로벌 OTT의 자본 공세에 대응하기란 애초부터 승산 없는 게임에 지나지 않는다. 공영방송에서 공공서비스미디어로 거듭나려는 전략에도 불구하고 실천에 옮기지 못하는 이유도 여기에 있다

2020 도쿄올림픽부터 실시간 스트리밍 비디오 서비스, 즉 OTT 시청이 대세로 떠올랐다. 지상파방송 없이도 통신네트워크를 통해 시청할 수 있는 미디어 환경이 상당 정도 구현된 것이다. 유료 OTT 서비스 업체들에게 대형 스포츠 이벤트는 가입자를 늘릴 수 있는 절호의 기회로 작동한다. 막대한 중계권료를 부담하면서 스포츠콘텐츠에 눈독을 들이는 이유다. 이렇다 보니 시청자들은 네트워크 비용을 부담하고, 유료 서비스에 가입해야만 스포츠 중계방송을 시청할 수 있는 경우가 대부분이다. 네트워크 비용부담 없이 무료로 쉽게 접근할 수 있어야 차별이 발생하지 않는다. 가진 자들만의 스포츠가 아니라 모두의 스포츠가 되어야 한다. 그래서 여전히 무료 채널에 대한 접근권 보장이 우선되어야 한다. 국내 유료방송의 채널 편성에 일정 부분 규제를 두어 지상파방송 및 공공 채널에 대한 용이한 접근을 보장할 수 있는 채널 편성이 이뤄져야 할 것이다. 홈쇼핑 지그재그 편성 등으로 수익성을 추구할 뿐, 공영방송·지상파방송·공공 채널에 대한 접근권 확보에는 소극적인 측면이 있었다. 보편적 시청을 보장하기 위해서는, 이를 무료 지상파방송의 공적 책무로 규정하고, 지상파방송이 이를 수행하도록 하기 위한 행정적·재정적인 뒷받침이 이뤄져야 한다.

상업화와 산업화를 위한 중계권료 수입 확보도 중요하지만, 스포츠는 본연의 공익성, 보편성을 갖고 있다. 공익성과 산업성의 조화 속에서 최적의 지점을 찾아내는 노력이 필요하다. 공공 미디어를 통해 스포츠 중계 프로그램의 보편적 접근권이 달성되어야 하는 이유는 상업성을 앞세운 거대 글로벌기업들로부터 유료방송에 가입하기 어려운 시청자들의 미디어 권리를 보장하기 위함이다. 공공 미디어를 통해 공공의 이익이 보장될 때 스포츠의 지속 발전 또한 가능해질

것이다.

일부 학자들은 보편적시청권제도가 무료 지상파방송을 염두에 두고 도입된 서비스라는 데 동의하면서도 국내 지상파방송 직접 수신율을 문제 삼는다. 국내 지상파 직접 수신율이 5% 남짓에 불과하기 때문이다. 가시청 가구수는 커버리지를 기준으로 할 수밖에 없고 국내 방송 환경을 감안할 때 유료방송을 포함시켜 가시청 가구수를 계산하는 게 타당하다는 해석도 나온다.

10 보편적시청권 보장 방안

스포츠 중계권을 유료방송이 독차지하면서 무료 방송 시청자들은 스포츠 중계방송을 시청할 수 있는 권리를 빼앗겼다. 이에 대한 대안으로 서구에서는 영국을 필두로 스포츠콘텐츠에 대한 무료 접근을 위한 보편적시청권(Universal Access Right) 제도를 도입했다. 추가적인 비용 지불 대신에 무료 지상파방송 또는 공영방송에 우선적으로 중계권을 부여하는 장치를 마련한 것이다. 우리나라도 유사한 과정을 거치면서 보편적시청권제도를 도입했다. 다만, 충분한 사회적 논의 과정을 거치지 못하고 제도화하다 보니, 일정 부분 문제점을 안고 출발할 수밖에 없었다. 보편적시청권제도를 도입한 지 16년의 세월이 흘렀고, 비교할 수 없을 만큼 미디어 환경이 달라졌다. 그 사이 스마트폰이 TV를 대신하여 필수 매체로 자리 잡았고, 온라인과 OTT가 고정형 TV를 대체했다. 빈지워칭(binge watching), '몰아 보기', 정주행 등으로 표현되는 미디어 이용 행태는 방송사 편성표에 따른 본방 사수를 옛일로 만들고 말았다. 반면 보편적시청권제도는 2008년 도입 당시 그대로다. 미디어 발전과 미디어 이용 행태를 다이내믹하게 정책에 반영했어야 하지만 현실은 그렇지 못했다. 기술이 발달하고 매체 환경이 달라진다고, 사람답게 살아갈 권리가 축소될 수 없고, 차별 없는 세상에서 살고자

하는 인간의 욕망이 줄어들지 않는다. 공익과 보편성이 본질인 미디어를 누구나 주체적으로 이용하고, 할 수 있어야 한다. 모두의 것인 스포츠를 온전히 누구나 즐길 수 있어야 한다. 미디어에 시청자가 끌려가는 것이 아니라 시청자가 미디어스포츠의 주인이 되기 위해서 '보편적시청권제도'는 지속되어야 하고 시대를 반영하여 발전시켜야 한다. 어떤 방향으로 발전해야 하며, 무엇을 고쳐야 하는가? 구체적인 대안은 무엇인가? 본 장에서는 현행 제도의 문제점과 개선 방안에 대한 그동안의 연구 결과를 되짚어 본다. 오랫동안 보편적시청권제도에 대한 다수 연구들이 진행되었기에, 적어도 OTT시대 이전의 논의는 기존 연구들의 결과와 제안을 정리하는 것만으로도 충분하다. 다만, 본서는 여기에 더해, OTT시대를 맞이하여 보편적시청권제도에 관한 논의 방향을 달리할 것과 OTT시대 보편적시청권 보장을 위한 노력을 제안한다.

1. 현행 보편적시청권제도의 문제점

2010년 2월 캐나다 밴쿠버에서 제21회 동계올림픽이 열렸다. 대한민국을 비롯 82개국에서 선수 2600여 명이 참가했다. 피겨스케이팅 여자 싱글에서 김연아 선수가, 스피드스케이팅 500m에서 이상화 선수가 금메달을 목에 걸었던 대회다. 금메달 여섯 개, 은메달 여섯 개, 동메달 두 개로 대한민국 동계올림픽 역대 최고 성적이었다. 국민적 관심이 어느 대회보다 높았음에도 올림픽 생중계 시청률은 과거 어느 대회보다 제한적이었다. 시청자들이 동계올림픽 중계를 SBS 채널을 통해서만 볼 수 있었기 때문이다. 왜 그랬을까? 밴쿠버올림픽이 열리기 4년 전, 2006년으로 거슬러 올라간다. 당시 방송사들은 스포츠 중계권을 두고 출혈경쟁을 피하기 위해 '코리아 풀'을 구성해서 공조해 왔다. 2006년 5월 30일에는 KBS·MBC·SBS 사장이 '스포츠 합동방송 합의사항'이라는 문서에 서명까지 했다. 축구 월드컵과 AFC를 포함, 올림픽대회(2010년, 2012년, 2014년, 2016년) 방송권 협상 창구를 한국방송협회[1]로 단일화한다는 게 핵심 내용이었다. 각 사 계열사를 포함하여 어떠한 개별 접촉도 하지 않겠다는 약속도 담겼다. 하지만 합의서에 서명한 지 두 달 지난 2006년 8월 3일, SBS 자회사 SBS 인터네셔널이 IOC로부터 2010년부터 2016년 동계·하계 올림픽 중계권을 독점적으로 확보했다는 소식이 전해진다. SBS가 코리아 풀 합의를 보란 듯이 깬 것이다. KBS와 MBC는 SBS가 예년보다 두 배 이상을 주고 뒷거래를 했다고 맹비난했다.

그렇다면 당시 SBS는 2007년 도입된 보편적시청권제도에 따른 가시청 가구수 90% 이상을 확보하고 있었을까? KBS와 MBC는 SBS의 가시청 가구는 90%를 넘지 못해 방송법을 위반했다고 주장했다. SBS는 이에 대해 지역 민방 9개와 인터넷TV, 케이블TV, 위성방송 등을 포함하면 방송법이 정한 기준을 충족한다고 맞섰다. 방송사 간 골은 깊어졌고 해결의 실마리는 보이지 않았다. 결국 밴쿠버 올림픽 개막 한 달을 앞두고 KBS와 MBC가 방송통신위원회에 분쟁조정을 신청했다.

방송통신위원회(위원장 최시중)는 2010년 3월 전체 회의를 열어 방송사 간 자율 협상을 권고했다. 그러면서 SBS 가시청 가구수의 방송통신위원회 고시 충족 여부에 대해 유권해석을 내렸다. 방통위는 "SBS가 2010 밴쿠버동계올림픽(2010년 2월 12일~2월 28일)을 단독중계하면서 전체 시청 가구의 92.1%를 확보해 보편적시청권 보장 조건을 충족했다"라고 판단했다. SBS의 커버리지와 네트워크 협약을 맺고 있는 9개 지역 민방 커버리지를 더하면 86.4%로 고시가 정한 기준을 충족시키지 못하지만, 여기에 유료방송 플랫폼을 통한 가시청 가구를 포함시키면 92.1%로 기준을 충족한다는 설명이다. 방통위의 이 같은 유권해석은 '보편적시청권제도' 도입의 근본 취지를 퇴색시키고 말았다. 정두남(2012)이 업계와 학계 관계자 10명을 심층 인터뷰한 결과에서도 방송통신위원회의 유권해석이 현행법에 어긋나지 않지만 보편적시청권의 취지에 부합하는가에 대해서는 부정

---

1) 한국방송협회: 방송문화 발전, 방송인 자질 향상, 회원사 협력 증진을 목적으로 1974년 2월 1일 설립된 지상파방송사 협의체

적인 시각이 더 많았다. 가시청률을 산정하면서 유료방송을 포함시키는 것은 무료 시청이라는 전제에 어긋나고, 유료방송사업자들이 지상파에게 재전송 대가를 지불하고 이를 다시 시청자에게 부담시킨다고 가정하면 '무료 시청'이라는 전제에 부합하지 않는다고 본 것이다.

케이블TV 등 유료방송 플랫폼을 포함시킴으로써 방송법에 정확한 단어로 '무료'라고 적시되지 않았지만, 도입 과정에서 반영된 '무료'로 볼 수 있도록 해야 한다는 제도 도입 취지가 무색해졌다. 2007년 방송법이 개정되어 보편적시청권제도가 도입되고, 방송법 시행령이 개정되고, 이에 따라 2009년 공표된 '국민적 관심이 큰 체육경기대회 및 그 밖의 주요 행사'라는 고시가 담고 있는 의미와 배치되는 결정이었다. 가시청 가구수 90% 이상을 확보한 사업자여야만 동계·하계 올림픽과 FIFA 월드컵 중계권을 확보할 수 있다는 것은 무료 지상파방송을 통해 누구나 시청할 수 있어야 한다는 의미를 담고 있었다. 2010년 3월 방통위가 유료방송 가입자를 포함시켜 해석함으로써 무료 지상파라는 본래 취지가 사라진 것이다. 이로 말미암아 지상파방송사업자 뿐만 아니라 유료방송사업자는 물론 프로그램 공급 사업자도 올림픽과 월드컵 중계권 확보에 나설 수 있는 물꼬가 열렸다. 이 때문에 2020년에, 종합편성채널 JTBC가 국부 유출이라는 비판을 감수하면서도 막대한 고비용을 투입하여, 지상파방송사들을 추월해 IOC와 FIFA에 달려갈 생각을 하지 않았을까? 송종현 등(2020)이 국내 전문가를 대상으로 보편적시청권제도에 관한 인식을 조사한 결과, 미디어 환경이 상업화될수록 소외받는 시청자는 나오기 때문에 어떤 형태로든 공적인 제도가 있어야 한다는 게 지배적 의견이었다.

규제 기구인 방통위의 유권해석에 의해 보편적시청권제도의 도입 취지가 무력화된 이유는 무엇일까? 현행 제도의 문제점을 우선 짚어볼 필요가 있다.

스포츠 커뮤니케이션 문제에 오랜 동안 천착해 온 김원제를 책임자로 한 연구진(김원제·조항민·정세일, 2010)은 2007년 도입된 보편적시청권제도가 안고 있는 문제점을 크게 세 가지로 요약했다. 우선, 영국은 95% 이상을 커버할 수 있는 무료 지상파 채널을 우선방송사로 지정하고, 호주는 공영방송과 50% 이상 커버리지를 갖춘 상업방송을 보편적시청권 실현을 위한 방송 수단으로 정하고 있다. 이처럼 해외 국가들은 보편적시청권 기준이 되는 커버리지를 유료 채널 가입률보다 높게 책정함으로써 가능한 한 많은 국민이 무료로 볼 수 있도록 하고 있으나, 국내 제도는 기준을 모호하게 설정하고 있다. 다음으로, 보편적시청권 도입 취지를 살리기 위해서는 특정 중계방송권자가 ① 독점권적으로 확보하지 못하도록 하고, ② 타 방송사에 대한 뉴스 화면 제공에 대한 기준을 마련해야 함에도, 중계권자의 금지행위 유형을 정하면서 '정당한 사유 없이'라는 모호한 단서 조항만을 두고 있다는 것이다. 끝으로, 스포츠 이벤트 기간 중의 채널 선택권 보장을 위해 마련한 중복 편성에 대한 권고 지침이 제대로 기능하지 못하고 있다고 지적했다.

디지털 공익성을 기초로 공영방송과 미디어스포츠의 보편적 접근 문제를 다년간 연구해 온 언론학자 정용준(2011)은 국내 보편적시청권제도 도입 과정과 해외 주요 국가의 보편적시청권제도 운영 사례를 비교, 분석한 다음, 우리나라 제도의 문제점을 진단하고 그 개선 방안을 제시했다. 그가 지적한 문제는 크게 세 가지다. 국민관심행사를 방송하는 우선방송사의 선정 기준이 명확하지 않고, 무엇이 국민관심행사인지에 대한 구체적인 기준이 정해져 있지 않다는 점, 그리고 보편적시청권제도가 국민의 시청권 보장보다는 방송사 간 과도한 경쟁을 막기 위한 정책 수단으로 자리 잡았다는 점이다.

방송법은 제2조에서 보편적시청권을 '국민적 관심이 매우 큰 체육경기대회 그 밖의 주요 행사 등에 관한 방송을 일반 국민이 시청할 수 있는 권리'로 용어 정의하고 있다. 여기에서 말하는 '국민관심행사'를 어느 방송사를 통해 우선적으로 방송해야 하는지가 명확하지 않다. 가령, 영국은 오프콤이 국민관심행사를 우선 방송하는 방송사를 지정하여 발표한다. BBC를 포함하여 일정 수준 이상의 접근성을 갖춘 무료 지상파방송사들이다. 우리나라 방송법 제76조 3은 대통령령으로 정하는 비율 이상의 가구가 국민관심행사를 시청할 수 있는 방송 수단을 확보하도록 하고 있다. 이에 따른 방송법 시행령은 60% 이상으로서, 방송통신위원회가 정해 고시하는 비율로 규정하고 있다. 시행령에 따라, 2016년 공표된 방송통신위원회 고시는 국민관심행사를 90% 이상 가시청 가구를 확보해야 하는 행사와 75% 이상 가시청 가구를 확보해야 하는 행사로 나누고 있다. 정용준은 이에 대해 사회적 논의가 부족한 데다 시장에 주는 영향력이 분명하게 정리되지 않은 상황에서 가시청률을 기준으로 두 갈래로 나눈 점을 지적했다. "60~75%의 설정 기준이 별도로 적용되기 때문에 무료로 시청할 수 있는 보편적 시청권제도의 실효성이 의문시"된다는 것이다(정용준, 2011).

어느 이벤트를 '국민관심행사'로 지정할지에 관한 기준도 명확하지 않다. '보편적시청권보장위원회'의 심의를 거쳐 방송통신위원회가 고시하도록 되어 있으나, 그 기준이 없다. 유럽연합의 국경없는텔레비전 지침은 네 가지 요건(전통적으로 무료 방송으로 방송되어 왔는지, 국가의 문화 정체성에 중요한지, 국가대표팀이 참가하는 국제경기인지, 국가에 중요한 공익적 이벤트인지)을 제시한 다음, 두 개 이상 충족하는 이벤트를 지정할 수 있도록 가이드라인을 제시했다. 이탈리아는 네 가지 조건 가운데 두 가지 이상을 충족하는 행사를 중요 이벤트 목록으로 지정하는 기준을 갖고 있다(제8장 참조).

미디어 학자로서 언론 법제에 깊은 관심을 보여온 윤성옥(2008)은 보편적시청권 보장을 위한 방송프로그램 공급에 관한 사항을 규정하고 있는 방송법 제76조 1항과 3항이 '공정하고 합리적인 가격으로 차별 없이 제공'하도록 규정하고 있으나, 공정하고 합리적인 가격의 산정을 위한 구체적인 기준을 정하기 쉽지 않아 법률의 '명확성의 원칙'에 위배될 수 있다고 보았다. 또한, '독점규제및공정거래에관한법률'에서 강조하는 시장지배적 남용 행위 금지나 불공정거래행위 금지 등과 중복되며, 방송사업자의 재산권 침해 소지, 직업의자유 침해 등 위헌 논란이 발생할 가능성이 있다고 지적했다. 윤성옥은 또한 중계방송권 계약과 관련하여, 과도한 경쟁 방지를 위한 공동계약과 시청자 권익 보호를 위한 채널별·매체별 순차편성 권고 조항에 대해서도 실효성에 의문을 제기했다. '권고'라는 법적 수단이 효과를 발휘하기 힘들고, 공동계약 권고는 자칫 담합행위로 비쳐 국제법상 문제가 될 수 있으며, 순차편성 권고는 방송사업자의 자유 영역인 편성에 대한 규제 기구의 외부 간섭이라는 것이다.

JTBC가 2026~2032년 동계·하계 올림픽 중계권을 독점한 상황에 대해 윤성옥(2019)은 프로그램 공급 사업자(PP)가 유료방송 플랫폼을 통해서 보편적시청권을 보장할 수 있다면 방송과 통신이 다를 바가 없다며 굳이 방송법에서 보편적시청권제도를 규정할 필요가 있는가에 대해 의문을 제기했다. 또한, 현행 방송법 제76조 규정은 보편적시청권에 관한 내용이라기보다 사업자 간 공정거래 문제를 담고 있어 문제가 있다는 지적이다. 국민의 권리 보장 차원의 보편적시청권과 사업자 간 콘텐츠 거래 시의 공정경쟁은 차원이 다르다는 게 그의 분석이다.

윤성옥도 방송법이 보편적시청권을 수행하는 방송 주체를 명확하게 정하는 기준을 담고 있지 않은 점을 지적했다. 보편적시청권제도를 갖춘 나라들이 전국 단위 무료 지상파방송사를 중심으로 우선방송사를 규정하고 있는 반면, 국내 방송법 시행령은 '60/100의 수신 가구'라고 규정함으로써 상업적 유료방송의 스포츠 중계권 독점을 허용하는 한계를 안고 있다는 것이다. 방송통신위원회 고시에 따라 국민관심행사의 중계권을 확보할 수 있는 방송사업자가 언제든지 변경될 수 있어 포괄위임입법금지원칙을 위반한 소지가 있다는 게 그의 분석이다.

보편적시청권제도는 무료 지상파방송에 중계권 우선 확보 장치를 제공하고, 상업방송이 중계권을 독점하지 못하도록 함으로써 시청자의 볼 권리를 보장하기 위한 제도다. 상업방송보다 강력한 공적 책무를 수행하는 공영방송에게 일종의 합법적인 특혜를 제공한다는 차원도 포함하고 있다. 국민관심행사의 대상과 범위의 문제도 짚고 있다. 국민관심행사 대상을 되도록 최소화한 데다가, 그것이 스포츠를 사랑하는 팬들의 요구인지 아니면 우리 국민에게 필요한 이벤트인지에 대한 판단 기준도 존재하지 않는다(〈표 10-1〉 참조). 단지 방송통신위원회 규칙에 따라 보편적시청권보장위원회가 필요할 경우 중계방송권자 등과 방송

<표 10-1> 국민적 관심이 큰 체육경기대회 및 그 밖의 주요 행사 고시 비교

확보 시청 가구수	2009년도*	2016년도**
90% 이상	○ 동계·하계 올림픽 ○ FIFA 월드컵	○ 동계·하계 올림픽 ○ FIFA 월드컵 중 성인 남자 및 성인 여자 국가대표팀 출전 경기
75% 이상	○ 아시안게임 ○ 야구 WBC ○ 축구 A매치(월드컵 축구 예선 포함)	○ 동계·하계 아시아경기대회 ○ 야구 WBC(월드베이스볼클래식) 중 국가대표팀이 출전하는 경기 ○ 성인 남자 국가대표팀이 출전하는 AFC(아시아축구연맹) 및 EAFF(동아시아축구연맹)가 주관하는 경기(월드컵 축구 예선 포함) ○ 양 축구협회 간 성인 남자 국가대표팀이 출전하는 평가전(친선경기 포함)

* 방송통신위원회 고시 제2009-32호(2009.11.20) 국민적 관심이 큰 체육경기대회 및 그 밖의 주요 행사
** 방송통신위원회 고시 제2016-14호(2016.12.28) 국민적 관심이 큰 체육경기대회 및 그 밖의 주요 행사

사업자 및 관련 전문가 등으로부터 의견을 청취할 수 있도록 하고 있을 뿐이다.

심석태(2007)는 우리나라 보편적시청권제도가 국민적인 관심사인 축구 국가대표 경기를 유료방송을 통해서만 봐야 하는 상황에서 출발했음에도, 입법 논의 과정에서는 방송사 간 경쟁을 누그러뜨리기 위한 수단들만 나열했음을 지적했다. 시청자 권리 신장이라는 본질로 돌아가 방송법 제2조 '보편적시청권'에 대한 용어 정의부터 명확히 하고, 관련 조항들을 제도의 본질적인 내용에 따라 명확하게 규정하도록 정비할 필요가 있다고 보았다. 그는 방송법이 특정 지상파방송사가 독점하거나, 또는 모든 지상파방송사가 공유하되 별도로 합의하여 순차편성하거나 동시다발적으로 방송하도록 한 법 규정들이 보편적시청권 문제가 아니라 방송사업자 간 과당경쟁 방지에 관한 사안을 다루고 있는 것으로 분석했다(〈표10-1〉참조).

방송법 제76조 제2항에 따라, '국민관심행사등'은 해당 행사가 개최되기 6개월 전까지 가시청 가구수 관련 방송권역, 타 방송사업자와의 송출 계약 현황자료 등 가시청 가구수 확보를 입증하기 위한 객관적 자료를 방송통신위원회에 제출해야 한다. 실시간 방송 원칙, 국민관심행사등에 대한 뉴스 보도나 해설 등을

위한 자료화면을 다음과 같이 제공해야 한다.

1. 올림픽, 아시아경기대회: 개별 종목별 30초 이내에서 1일 최소 4분 이상
2. 국제축구연맹이 주관하는 월드컵, 야구 WBC(월드베이스볼클래식), 국가대표
   가 출전하는 축구 A매치(월드컵축구 예선 포함): 1일 최소 2분 이상(단, 하루에
   2개 이상의 경기가 개최되는 경우에는 1일 최소 4분 이상)
   ② 중계방송권자등은 제1항에 따라 자료화면을 제공함에 있어 모든 사업자에게 차
   별 없이 제공해야 한다.

2014년 브라질월드컵에서 뉴스 화면 제공과 관련한 갈등이 발생했다. SBS는 월드컵 자료화면을 다른 방송사에 자사 저녁 '8시 뉴스' 직전에야 제공했고, 종합편성채널들은 사실상 뉴스를 제작하기 힘들다며 SBS가 방송법 시행령에 따른 금지행위 세부 기준을 위반했다고 문제를 제기했다. 방송통신위원회의 조정으로 1시간 앞당겨 제공하는 데 합의했지만 우리나라 시각으로 새벽에 열리는 경기를 낮 시간 뉴스에 활용할 수 없었다.

고민수(2007)는 보편적시청권제도가 방송서비스에 대한 보편적인 접근을 보장하기 위한 제도라면 누구나 이용 가능한 방송서비스를 제공하는 주체를 먼저 결정하는 게 논리적인데도 방송법은 선결과제를 해결하지 않고 있다고 지적했다. 독일 관련법을 비교법적으로 검토한 다음, 현행 방송법의 문제점으로 특정 방송사업자가 독점적으로 방송권을 확보하지 못하도록 하는 데 치우치다 보니 보편적 시청 보장이라는 근본 가치와 부조화하다고 꼬집었다. 그는 보편적시청권 보장의 근본 가치가 기본권 차원에서 도출되는 헌법적 명령이며, 따라서 TV수신료 이외 다른 추가적인 부담 없이 이용할 수 있어야 한다고 주장했다. 그럼에도 방송법은 유료방송서비스를 이용할 수 없는 국민들이 국민관심행사를 향유할 수 있는 권리를 박탈당할 처지에 놓이게 만들었다고 비판했다. 고민수는 TV수신료 이외 추가적인 경제 부담 없이 텔레비전을 시청할 수 있는 전국적인

지상파방송서비스를 보편적시청권을 구현할 수 있는 효율적 수단이라고 강조했다. 국민 의사 형성의 기초 자료가 되는 정보를 국가가 적극 제공해야 하고, 이때 최소한의 정보원이자 보편적으로 이용할 수 있는 정보원이 지상파방송사라는 설명이다. 최소한의 정보원인 지상파방송사가 해당 정보를 제공할 수 있도록 우선적인 중계권 확보를 보장하고, 정보 획득에서 배제되지 않도록 법질서를 형성해야 한다는 것이다.

김기홍(2013)은 '우선방송사'의 범위, 특히 무료 방송사의 범위를 정하기 위한 명확한 정책이 제시되어야 함에도, 방송통신위원회가 우선방송사 기준이 되는 시청 가구수를 두 가지 잣대로 설정함으로써 유료방송이 포함되도록 한 비합리성을 지적했다. 또한 국민관심행사를 스포츠로 한정할 것인지, 문화적 이벤트까지 범위를 넓힐 것인지에 대한 검토가 필요하다고 주장했다. 그리고 김기홍도 특정 방송사 독점을 방지하기 위한 안티호딩 규칙 도입을 제안했다.

최우정(2007)은 독일의 경우 국민관심행사 중계권을 법률로 정함으로써 방송사업자가 장래 중계권 계약 체결에 제한이 부과될 수 있는지에 대한 예측 가능성을 제공함으로써 법치국가 원리의 내용에 부합한 반면, 우리나라 방송법은 방송통신위원회 고시 사항으로 정하고 있어 '의회유보의 원칙'에 부합하지 않아 위헌 소지가 있다고 보았다. 또한, 그는 TV수신료로 운영하는 공영방송은 국민관심행사를 기본적으로 공급할 의무를 지고 있으며, 이를 위해 국민관심행사를 민영방송이 독점적으로 갖지 못하도록 제한하는 헌법적인 정당성이 존재한다며, 공영방송과 민영방송을 구분하지 않은 입법 형식의 문제를 지적했다. 최우정은 보편적시청권보장위원회 구성 절차가 비민주적이라고 보았다. 국민관심행사를 결정하는 심의위원회임과 동시에 방송사업자 간 공정하고 합리적인 가격을 결정하는, 객관성과 공정성이 보장되는 조직이어야 함에도 방송통신위원회가 자의적으로 구성함에 따라 특정 사업자들의 방어 기구로 작동할 수 있다는 것이다. 그는 결과적으로 국민의 알권리와 방송사업자 간 재산권 보장이란 문제가 연결된 보편적시청권제도에 관한 사항을 방송통신위원회가 전적으로 결정하도

<표 10-2> 보편적시청권제도의 문제점별 관련 연구

문제점	관련 연구
우선방송사 선정기준 또는 미지정	고민수(2007), 김기홍(2013), 김원제·조항민·정세일(2010), 노창희 등(2017), 송종현 등(2020), 윤성옥(2019), 정용준(2011)
국민관심행사 지정 기준 및 범위	김기홍(2013), 송종현 등(2020), 정용준(2011)
정책목표 실현을 위한 접근방법	고민수(2007), 심석태(2007), 윤성옥(2019), 윤혜선(2010), 정용준(2011), 최우정(2007)
위임법률 등 체계의 문제	심석태(2007), 윤성옥(2019), 정영남(2008), 최우정(2007)
사업자 간 거래 조건 모호	김원제·조항민·정세일(2010), 윤성옥(2008)
공동계약 권고	윤성옥(2008), 윤혜선(2010), 정영남(2008)
순차편성 권고	김원제·조항민·정세일(2010), 노창희 등(2017), 윤성옥(2008), 윤혜선(2010), 송종현 등(2020)

록 함으로써, 조직과 절차를 통한 국민의 기본권 보장이라는 헌법의 핵심적인 사항에 부합되지 않아 위헌적이라고 해석했다.

노창희 등(2017)은 보편적시청권제도 관련 쟁점을 세 가지(보편적시청권 적용 기준, 국민관심행사 편성 기준, 중계권료 부담)로 구분 지었다. 이 가운데 보편적시청권제도 적용 기준은 법적 수단으로 명확한 커버리지 기준을 제시하고 있으나 '무료' 또는 '매체'를 구분 짓지 않고 있음을 문제 삼는다. 국민관심행사 편성 기준에 대해서는 법적으로 순차편성을 권고하고 있으나 실효성을 발휘하는 데는 한계가 있음을 밝히고 있다.

송종현 등(2020)은 국민 대부분이 시청할 수 있도록 국민관심행사를 방송하기 위한 방송 수단과 어떤 부담을 져야 하는지에 대한 규정이 없어 제도의 방향성을 제시하지 못하고 있어 공허하다고 평가절하했다. 제도를 통해 시청자들이 누구나 부담 없이 국민관심행사를 볼 수 있는 여건을 만들어줘야 함에도 방송법에는 시청자가 어떤 부담을 안아야 하는지, 어떤 방송 수단으로 보편적시청권을 누릴 수 있는지에 대한 별다른 언급이 없다.

송종현 등(2020)은 2000년대 중반 이후 올림픽과 아시안게임 대회 기간 중 국내 방송사의 스포츠 중계 프로그램 편성 현황을 시계열적으로 분석했다. 분석 결과, 2010년 광저우 하계 아시안게임과 2016년 리우 하계올림픽은 방송통신위원회의 권고에 따라 비교적 원활하게 순차편성했다. 2012년 런던 하계올림픽은 지상파방송 3사가 방송통신위원회의 고시에 명시된 보편적시청권 관련 금지행위 기준을 반영하여 순차편성에 합의했다. 반면, 2014년 소치동계올림픽에서는 김연아를 비롯한 스타 선수의 활약이 예상되면서 중복 편성이 크게 늘어났다. 방송광고 시장이 위축되면서 다양한 경기를 시청하려는 시청자 권리보다 방송사의 수익 창출이 더 중시되어, 2010년대 중반 이후 순차편성 권고는 점점 지켜지지 않는 경향을 보였다.

방송법에 따른 보편적시청권 보장 제도의 문제점은 〈표 10-2〉과 같이 요약할 수 있다.

2. 선행 연구들의 제도개선 제안

다수 연구자들이 보편적시청권제도의 문제점을 진단하고, 그에 대한 개선 방안을 제시했다. 미디어 환경 변화와 미디어 이용 행태를 반영하여, 도입 초기부터 안고 있던 문제점을 해소하고, 국민관심행사를 적어도 3년에 한 번 정도는 정기적으로 업데이트해야 한다는 게 중론이다.

김원제·조항민·정세일(2010)은 국내 보편적시청권제도 도입 논의 과정에서부터 입법, 시행 단계를 검토하여 추가 검토 또는 개선이 필요한 사안을 14가지로 정리했다.

① 보편적시청권 보장 제도의 당위성
② 국민관심행사의 범위 및 지정
③ 우선방송사의 지정 여부(단독, 복수 지정)
④ 가시청 가구 비율 관련

기준	현재	변경(안)	비고 (설명)
90/100	FIFA 월드컵	FIFA 월드컵 (성인 남자)	성인 남자 국가대표팀이 참가하는 전 경기(예선, 본선 경기 포함)와 국가대표팀이 참가하지 않더라도 개막전, 준결승, 결승전은 보편적 시청권 보장
75/100	아시안게임	하계 아시안게임	인지도 및 국민들의 관심이 상대적으로 적은 동계 아시안게임 제외 국가대표팀이 참가하는 전 경기(예선, 본선)와 국가대표팀이 참가하지 않더라도 준결승과 결승전은 보편적시청권 보장
	WBC	WBC	축구 A매치는 FIFA 주관의 성인 국가대표 간의 경기를 의미하며, 국가대표가 참여하는 평가전, 컨페더레이션스컵, 아시안컵의 예선과 본선 경기는 A매치로 정의하고 보편적시청권 보장
	축구 A매치	축구 A매치 (성인 남자)	

⑤ 중계권의 공동계약 권고 등

⑥ 우선방송사의 신고 의무

⑦ 순차편성 권고의 검토

⑧ '공정하고 합리적인 가격'의 기준

⑨ 편성 비율 규제 관련

⑩ 금지행위 세부 기준

⑪ 과징금 부과 기준

⑫ 국민관심행사 중계 후 보고의무

⑬ 보편적시청권보장위원회의 방향과 역할

⑭ 뉴미디어 상황에서의 중계권 조정 문제

각각 사안에 대한 연구진의 대안은 주목할 만하다. 첫째, 보편적시청권을 보장하는 국민관심행사의 범위를 확장하는 방안이다. 성인 남자 FIFA 월드컵의 개막전, 준결승, 결승전은 우리 국가대표팀이 출전하지 않는 경기라 할지라도 범위에 포함시키자는 제안이다. 하계 아시안게임의 준결승과 결승전도 마찬가지다.

김원제·조항민·정세일(2010)는 가시청 가구 비율을 정하는 방식을 단일화하는 방안을 제시했다. 현행처럼 행사 중요도에 따라 두 개 유형(90/100, 75/100)을 유지하는 방안과 행사 중요도에 따른 구분을 폐지하고, 이탈리아처럼 90/100으로 단일화하는 방안과 영국처럼 95/100로 단일화하는 방안을 제안했다. 연구진은 방송 커버리지 인정 범위를 정하는 방식에 대해서도 세 가지로 구분하였다. 1안은 지상파 직접 수신, 즉 무료 지상파방송으로 한정하는 방안, 2안은 지상파 직접 수신과 유료방송매체의 기본 채널을 포함시켜 추가 비용부담 없이 시청할 수 있도록 하는 방안, 3안은 지상파 직접 수신은 물론 가구 단위 유료방송매체를 이용하는 가구까지 포함시키는 방안으로 구분 지었다. 연구진은 제도 취지상 무료로 시청하는 것이 바람직하다며 유료방송 가시청 가구 비율이 높은 국내 방송 매체 이용 상황을 반영할 필요성이 있다고 보았다.

김원제·조항민·정세일은 중계권 공동구매와 관련해서 새로운 아이디어를 제시했다. 스포츠 중계권 거래가 사적 자치라는 측면에서 현행 방송법에서 정한 '공동계약 권고' 이상을 강제하기는 어렵다고 보고, 일본 NHK와 민영방송 협의체인 '저팬 컨소시엄'의 사례를 참조하여 대응하는 방안을 제안했다. 국제 스포츠 기구가 스포츠를 상업화하는 속도를 따라가기 힘들고, 이윤 극대화를 추구하는 방식으로 중계권 사업자를 선정하는 환경에서 공동구매를 위한 전략적 준비 필요성을 강조했다. 연구진이 제안한 방식은 특정 입찰자가 '협상 독점권'을 갖고 입찰에 응하는 방법이다. 사실상 담합입찰제이다. 주요 메가 스포츠 이벤트 중계권을 확보하기 위해서는 중계권 협상을 우선적으로 전담하는 (가칭) '독립된 기구(코리아 풀)'를 설치한 다음, 독립된 기구 안에서 가상으로 경매 입찰을 실시해 낙찰자로 정해진 방송사가 해외 스포츠조직과 단일 협상을 진행하는 방식이다. 중계권을 사전 내부 협상을 거쳐 확보하고, 확보한 이후에는 참여 사업자들 간 조정으로 사후적으로 분담하는 방안이다.

정용준(2011)은 현행 제도가 안고 있는 문제점에 대해 월드컵과 올림픽 같은 전 지구적 스포츠 이벤트만큼은 특정 방송사 단독중계보다는 공동 중계와 차별적인 편성이 필요하다며 법률적인 개선 방안 세 가지를 제시했다. 첫째는 호주

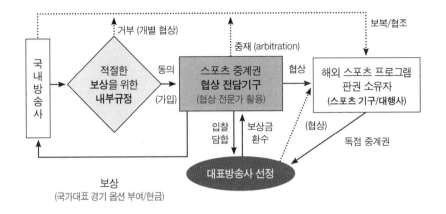

자료: 김원제 외(2010).

의 안티 호딩 규칙(Anti-hoarding rule) 도입이다. 이를 적용하면 특정 방송사가
국민적인 스포츠 이벤트 중계권을 독점하지 않고 인기 종목, 인기 경기를 여러
채널에서 동시에 방송하는 중복 편성을 막을 수 있으며, 방송사 간 컨소시엄을
구성해서 중계권을 확보하는 효과를 기대할 수 있다는 것이다. 그의 두 번째 제
안은 이탈리아처럼 개별 방송사가 중계권을 단독으로 갖지 못하게 하는 조치다.
이탈리아는 1999년 방송법에서 특정 단일 방송사가 스포츠 방송 권리를 60%를
초과하여 갖지 못하도록 상한을 정했다. 정용준은 이탈리아 방식이 국제 스포츠
조직의 상업화 움직임에 국가적으로 대응하기 위한 '풀'제를 강제할 수 있는 실
질적인 방안으로 보았다. 세 번째는 인도처럼 공영방송만을 국민관심행사 우선
방송사로 지정하는 방안이다. 영국에서도 1950년대 BBC의 우선방송사 지정을
검토했었다며, TV수신료로 운영하는 공영방송사를 우선방송사로 지정함으로
써 국민적 관심 행사를 국민의 방송인 공영방송이 중계방송하는 합리적인 방안
으로 제안했다. 그는 무료 지상파방송일지라도 상업적 소유구조를 갖춘 방송사
는 다른 뉴미디어 플랫폼과 시장에서 공정하게 경쟁하고, 자유롭게 거래할 수
있도록 보장하면 된다고 보았다.

노창희 등(2017)은 현행 올림픽과 월드컵 방송권을 확보하기 위한 방송 수신 커버리지를 90%로 정한 기준은 지상파 직접 수신 세대를 포함하지 않고 있어 재고가 필요하다고 주장했다. 그들은 또, 방송통신위원회와 미래창조과학부가 2006년 '지상파방송 재송신 협상 가이드라인'을 만들었던 방식대로, 순차편성과 관련해서도 별도 가이드라인을 제정하는 방안을 제안했다. 국민관심행사에 '국민관심행사 등에 대한 순차편성 가이드라인(가칭)'을 만들어 사업자 간 중계권을 협상할 때 명확한 기준으로 제시하자는 방안이다.

송종현 등(2020)은 보다 구체적으로 법률 개정안을 제시하였다. 그들은 국민관심행사를 시청하기 위해 시청자가 별도 비용을 추가 부담하지 않도록 방송법 제2조의 보편적시청권의 용어 정의에 '추가적 비용 없이'라는 표현을 추가할 것을 제안했다. 이렇게 함으로써 국민관심행사 중계방송이 원칙적으로 지상파방송을 통해 실시될 수 있도록 보장하자는 의도다. 그들은 지상파방송뿐만 아니라 유료방송이나 OTT 플랫폼 가운데 시청자가 추가 부담 없이 시청할 수 있는 플랫폼에 대해서도 보편적시청권 범주에 포함시킬 수 있다는 입장이다. 송종현 등이 학계, 미디어산업, 유관 기관, 미디어 전문 변호사 등 전문가를 상대로 조사한 결과, 중계권 확보 과정에서부터 공영방송이나 지상파방송이 나서도록 해야 하며, 수익 창출이 어려울 때는 이를 보완할 장치도 마련해야 한다는 시청자 복지 차원 접근을 지지하는 입장과 중계권 획득 과정부터 시장경쟁에 맡기고 수익 창출 방법 역시 사업자 스스로 발굴하도록 해야 한다는 사적 영역 중시 관점으로 나뉘었다.

송종현 등(2020)은 방송법 시행령에서 가시청 가구수 판단 자료로 정한 방송 수단의 범위를 무료 OTT까지 확장하는 방안을 제안하였다. 현행 방송법 시행령은 보편적시청권 가시청 가구수 확보 여부를 판단하는 방송 수단으로 지상파방송, 케이블TV(중계 유선 포함), 위성방송, IPTV를 명기하고 있다. 시행령은 방송 수단을 명기하는 대신 중계방송권자가 가진 방송 수단과 재판매로 확보한 방송 수단을 포함하고, 여기에 포함되는 재판매 사업자를 지상파방송사업자, 종합유선방송사업자, 위성방송사업자, 방송채널사용사업자, 중계유선방송사업자 및 인터넷 멀티미디어 방송사업자로 특정하고 있다. 송종현 등은 여기에 OTT의 위상이 제고되었고, OTT로 보는 시청자가 많아졌으므로, OTT도 보편적인 방송 수단으로 고려할 수 있다는 입장이다. 다만, 추가적인 비용을 지불해야 하는 방송 수단에 대해서는 가시청 가구수 비율을 산정할 때 제외해야 한다는 조건을 붙이고 있다. 그들은 OTT를 방송법 제76조 3항[2]이 말하는 방송사업자에 포함시켜 OTT도 공정하고 합리적이며 차별 없는 가격으로 중계방송권을 확보할 수 있는 길을 열어줌으로써 국민관심행사를 지정하는 취지를 더 살릴 수 있다고 보았다.

정두남(2012)은 가시청 가구수 산정을 위한 명확한 기준(유료방송 포함 여부, 직접 수신 가구수, 유료방송 가입 가구수, 허가증에 등재된 방송구역상 주민등록 가구수 등)을 바탕으로 가시청 가구수 기준을 충족하는 방송사업자를 영국처럼 미리 고시하는 방안을 제안했다. 그는 또, 2006년 월드컵 경기 기간 중 실험 방송을 실시한 바 있는 지상파 디지털 다채널서비스(MMS)를 도입하는 방안을 제시했다. MMS를 본격 도입할 경우 무료 지상파TV 채널 수를 20여 개로 늘릴 수 있고, 그렇게 될 경우 무료 보편적서비스를 확장할 수 있고 스포츠 이벤트에 대한 보편적시청권 확장 수단도 늘릴 수 있다는 설명이다. 정두남은 올림픽과 월드컵 경기의 스포츠 방송권 문제는 코리아 풀을 중심으로 공동계약과 공동 중계의 틀을 유지하는 게 바람직하다고 제안했다.

정두남(2012)은 또한 스마트 시대에 맞는 보편적시청권 개념 확장 필요성을 제기했다. 지상파방송 이외 다양한 미디어와 플랫폼들이 속속 등장하는 미디어 환경 변화를 반영하여 특정 스포츠콘텐츠를 가능한 많은 국민이 공평하게 시청

---

2) 제76조(방송프로그램의 공급 및 보편적시청권 등)

③ 국민관심행사등에 대한 중계방송권자 또는 그 대리인(이하 "중계방송권자등"이라 한다)은 일반 국민이 이를 시청할 수 있도록 중계방송권을 다른 방송사업자에게도 공정하고 합리적인 가격으로 차별 없이 제공해야 한다. 〈신설 2007. 1. 26.〉

할 수 있는 방안이 필요하다는 것이다. 그는 보편적시청권을 보장하는 방송 수단이 무엇이어야 하는지가 불분명하다며, 해외 사례를 분석한 결과를 토대로 무료 보편적 방송서비스인 무료 지상파방송이 주체가 되도록 명확한 기준을 만들어야 한다고 주장했다. 다만, 무료 방송의 개념이 나라마다 차이가 있다며, TV 수신료나 케이블TV 베이직(Basic) 요금 이외 추가적인 지불이 없도록 규정한 '유럽시청각서비스지침' 53조 규정을 소개했다. 정두남은 방통위 고시에서 무료 지상파방송, 케이블TV, 위성방송, 채널 사용 사업자, IPTV 사업자를 포함하고 있어 유료방송 프리미엄 서비스 가입자까지 포괄하고 있다고 해석했다. 보편적시청권 입법취지대로라면 무료 지상파방송 단독으로 하거나 무료 지상파방송에 케이블 베이직 서비스 가입자 정도까지만 허용하는 방안이 합리적이라고 판단했다. 유료방송 프리미엄 서비스는 추가적인 시청료뿐 아니라 수신기(디코더) 구입 비용으로 인해 무료 방송 범주에 넣기에는 타당하지 않다고 보았다.

정두남 역시 어떤 이벤트를 국민관심행사로 지정할 것인지에 대한 명확한 선정 기준의 필요성을 제기했다. 다만, 미국 야구 메이저리그가 상업적으로 운용하는 WBC를 국민관심행사로 지정한 것에 대해 부정적이었다. 국가대표선수가 출전한다는 이유만으로 국민관심행사일 수는 없다는 것이다. 또한, 그는 정용준의 제안과 마찬가지로 호주의 안티 호딩 규칙 도입 필요성을 제기했다. 호주는 독점중계권을 가진 방송사업자가 방송하지 않는 미사용분을 ABC와 SBS에 양도하도록 강제하고, 2002년 한일월드컵과 2006년 독일월드컵 경기에 적용했다. 호주의 안티 호딩 규칙을 도입할 경우, 특정 단일 방송사업자가 국민관심행사를 독점하지 않게 되고, 자연스럽게 중복 편성 문제가 해결돼 '풀'제 도입 효과를 기대할 수 있다고 내다봤다.

노창희 등(2018)은 보편적시청권 관련 쟁점을 여섯 가지로 정리한 다음, 단기적으로 개선해야 할 사항과 중장기적 관점에서 검토해야 할 사항을 구분 지었다. 인기 종목을 사업자 간 중복 편성하는 문제는 법으로 규제하기보다는 사업자 간 자율적 합의에 따르고, 비인기종목이 아예 편성에서 배제되는 문제점은

〈표 10-4〉 보편적시청권 관련 쟁점 및 개선 방향

쟁점		고려 사항 및 개선 방향
단기 현안	인기 종목 중복 중계	국민관심행사에 대해 관심이 적은 시청자의 피해를 최소화하는 방향으로 사업자 간 자율적 합의 필요
	비인기종목 미편성	대안적 수단을 활용하여 자체 채널에서 중계하기 어려운 국민관심행사 중계
	무료 자료화면 제공	보편적 접근권 제도의 취지를 구현하기 위해 '단편 보도권'과 같은 정책적 대안 마련
	국민관심행사 종목 조정	국민의 관심도가 높고 국가적 정체성에 부합하는 국민관심행사 재선정
중장기 쟁점	보편적시청권 개념 재정립	국내 방송산업의 구조적 특수성(높은 유료방송 커버리지)과 온라인·모바일을 포함한 보편적시청권 개념 재정립 필요
	IP 기반 미디어를 통한 스포츠콘텐츠 소비	많은 국민들이 활용하는 온라인·모바일 플랫폼을 통한 국민관심행사의 접근권 확보 방안 마련

자료: 노창희 외(2018).

방송사 계열 PP와 자체 온라인 플랫폼의 VOD 플랫폼을 활용하는 방안을 제시했다.

중계권자가 다른 방송사에 무료로 자료화면을 제공하는 방안과 관련해서는 독일 사례의 준용을 제안했다. 단편 보도권 문제에 대한 원칙을 마련함으로써 다양한 방송 채널에서 다양한 시각의 보도가 이뤄져야 한다는 주장이다. 독일 방송국가협약 제5장은 중계권 사업자가 최대 1분 30초까지 자료화면을 무료로 제공하도록 규정하고 있다. 제공받은 사업자는 단신보도에 사용되지 않은 자료화면은 행사 종료 3개월 이내에 폐기해야 한다. 노창희 등(2018)은 독일의 단신보도권 도입 과정을 상세하게 설명했다.

1984년 독일연방정부가 상업방송 도입을 결정하면서 공영·상업이 공존하는 이원화된 방송 구조로 독일 방송 시장이 형성되기 시작했다. 상업방송사들은 주요 콘텐츠인 스포츠 라이선스 확보를 통해 시청률을 높이고자 했고, 그 결과 독점권이 확보되어 특정 채널을 제외한 다른 채널들에서는 스포츠 시청이 제한되는 상황이 발생하게 된다. 1988년 4월, 독일 축구협회와 우파(UFA Film-und

Fernseh-GmbH)가 체결한 계약은 방송 독점권 행사가 극단적으로 적용된 사례로서, 타 방송사에 배타적인 조건으로 인해 독일 프로축구 리그인 분데스리가의 시청이 전국적으로 제약되게 된다. 이와 관련한 공개 토론 결과 법적인 조치의 필요성이 합의됨에 따라 연방주에서 관련 문제에 대해 입법 절차를 밟기로 결정하게 된다. 일반적으로 접근 가능한 뉴스 보도 및 이벤트에 관한 뉴스 보도 등은 1990년에 소속되어 있던 독일연방주들의 지역 법에 적용되기 시작했고, 1991년 8월 31일 개정되어 1995년 7월 22일 발효된 방송국가협약(Rundfunkstaatsver-trages)의 제5장에 해당 내용이 포함된다. 한편, 독점적 이벤트와 관련한 내용은 1998년의 판결에 따르고 있다. 1998년 2월 17일 칼스루헤(Karlsruhe)의 연방 헌법재판소는 'TV의 단신보도'는 본질적으로 헌법상의 기본권에 대한 것이라고 판결하면서 입법부에게 5년 안에 이와 관련한 헌법 조항을 마련하도록 지시했다. 하지만 연방 헌법재판소에선 전문적인 이벤트와 관련하여 무료로 단신보도권을 부여하는 것과 보도 시기와 관련한 내용 등에서는 제한을 두도록 판결했다. 이 내용은 1997년 개정, 2000년 발효된 제5차 방송주간협약 개정에 반영된다(노창희 등, 2018: 80~81).

노창희(2021)은 2020 도쿄올림픽 편성 현황 분석 등을 통해 보편적시청권제도 개선 방향을 제시했다. 먼저, 현행 방송법의 보편적시청권 용어 정의의 모호함을 제거하기 위해 "보편적시청권이라 함은 국민적 관심이 매우 큰 체육경기대회 그 밖의 주요 행사 등을 일반 국민이 추가 비용 없이 시청할 수 있는 권리를 말한다"라고 개정할 필요성을 제안했다. 그들은 또, 중계에 대한 개념이 명확하게 정의되어 있지 않아 중계권 획득 자격에 대한 논란이 있을 뿐만 아니라 에이전시나 온라인·모바일 플랫폼 등이 중계권을 확보할 경우 금지행위 대상에 포함되지 않을 수 있다고 지적했다. 방송법의 적용을 받지 않는 주체가 중계권을 확보할 경우 대처 방안이 없다는 것이다.

이런 경우에 대비하여 2016년 외주제작사를 방송사업자로 추가하여 분쟁조정 대상에 포함시킨 사례를 소개했다. "'외주제작사'란 '문화산업진흥기본법' 제2

〈표 10-5〉 보편적시청권제도 연구들의 개선 방안 제안

개선방안	연구자
'보편적시청권' 용어정의 개정	김원제·조항민·정세일(2010), 송종현 등(2020), 정두남(2012)
우선방송사 지정 및 기준 마련	김원제·조항민·정세일(2010), 노창희 등(2017), 송종현 등(2020), 정두남(2012), 정용준(2011)
무료 지상파방송사 우선	김원제·조항민·정세일(2010), 정두남(2012)
공영방송사 우선	정용준(2011)
국민관심행사 지정 기준 및 범위	정두남(2012)
정책목표 실현을 위한 접근방법	김원제·조항민·정세일(2010)
공동계약 권고	김원제·조항민·정세일(2010)
순차편성 권고	김원제·조항민·정세일(2010), 노창희 등(2017)
안티 호딩제 도입	정두남(2012), 정용준(2011)

조 제20호에 따른 방송영상 독립제작사, 같은 조 제21호에 따른 문화산업 전문회사 등 방송사업자에게 제공할 목적으로 방송프로그램을 제작하는 자를 말한다"라고 외주제작사를 정의함으로써 방송법에 의해 보호받게 한 바 있다는 것이다.

기존 연구들의 보편적시청권 보장 제도 개선방안 제안을 정리하면 〈표 10-5〉와 같다.

정영남(2008)은 스포츠의 보편적시청권 보장을 위한 네 가지 원칙을 제시했다. 첫째, 스포츠 방송권 거래에 대한 제한은, 그 제한의 기준과 내용이 명백하게 규정된, 국회에서 제정한 법률에 의해 이뤄져야 한다. 스포츠 방송권 제한의 기준이나 방법이 모호하거나 법률이 아닌 행정부 위임이 허용되어서는 안 된다는 주장이다. 둘째, 헌법이 보장하는 저작재산권의 독점적 행사와 스포츠 계약의 자유로운 체결을 제한하는 공공복리 차원의 긴급하고도 중요한 필요성을 검토하고, 정당한 사유가 있어야 한다. 또한 스포츠 방송의 제한으로 보호되는 공익의 정도와 그로 인하여 침해되는 스포츠 운영자 및 방송사업자의 사익의 정도를 비교하여 보호되는 공익이 크고 중요해야 한다. 셋째, 스포츠 방송권 관련 거래 제한이 공공복리의 달성을 위해 필요하다 하더라도, 목적 달성에 효과적이고

적절한 방법이어야 한다. 넷째, 스포츠 방송권을 제한하는 방법과 절차가 적절하더라도 가능한 한 가장 완화된 형태나 방법을 모색하고 스포츠 방송권의 제한은 필요한 최소한도에 그쳐야 한다고 주장했다.

윤성옥(2019)은 현행 보편적시청권제도에 대한 개선 방안으로 우선방송사를 명확하게 지정하고, 무료 지상파방송 우선 원칙을 확실하게 해야만 중계권 경쟁을 제한하는 효과를 기대할 수 있으며, 방송통신위원회 고시만으로 우선방송사의 범위가 바뀔 수 있는 현행 법률 체계를 예측 가능하도록 고쳐, 법적 안정성을 높일 것을 제안했다. 법률적인 사항 이외 방송통신위원회의 대응 방식 문제도 있다. 방송통신위원회가 보편적시청권제도의 개념을 단지 물리적 접근으로만 인식하고 있다면 특별히 방송법에 규정할 이유가 없다며, 공익성을 달성하기 위한 보편적시청권제도가 유지되어 온 역사를 되짚어 봐야 한다고 강조했다.

윤혜선(2010)은 보편적시청권 보장 제도의 운영과 관련한 여러 문제점들이 드러난 만큼 효과적인 제도 운영을 위해서는 운영 원리와 세부 지침 마련이 필요하다고 주장했다. 보편적시청권제도를 논의할 때 보편적 접근권과 보편적서비스, 그리고 보편적시청권의 관계 속에서 이해되는 것이 바람직하다. 보편적시청권 운영에서 방송의 공공성과 공익성을 고려해야 한다. 지나친 시장 논리와 방송사업자의 영리 추구 행위는 중계권 확보를 위한 과열 경쟁을 조장하고 과도하게 국부를 유출하며, 전파 낭비를 초래하고 다양성을 위축시켜 시청자의 시청권을 제한할 수 있기 때문이다. 윤혜선은 다양성을 강조했다. 보편적시청권과 채널 선택권의 관계를 감안하여 다양성을 확보할 수 있는 방향으로 논의되어야 한다는 것이다. 공동계약, 순차편성은 편성 규제 문제로 귀결되는 점을 고려하여 보편적시청권제도를 운영할 필요가 있다고 보았다.

3. OTT시대, 보편적시청권제도 개선에 관한 제안

OTT시대는 디지털TV 이후를 말한다. 지상파방송 디지털전환이 한창일 때,

이어 케이블TV가 디지털로 전환되고, IPTV가 도입될 때까지를 방송의 디지털 시대로 구분할 수 있다. 여기에서 말하는 OTT시대는 POOQ(Wavve의 전신), Tving, 넷플릭스, 유튜브 등이 등장한 이후를 일컫는다. OTT 서비스를 방송 규제의 틀에 편입시켜야 한다는 논의가 나왔으나 지지부진한 상황에 머물렀고, 우물쭈물하는 사이 글로벌 OTT는 젊은 세대를 중심으로 시청자들의 스마트폰과 안방을 야금야금 차지했다. 결국 아랫목을 차지했고, 국내 OTT는 물론 공영방송 플랫폼은 말 그대로 '유산(legacy)'으로 전락했다.

뒤늦게 '시청각서비스미디어법' 제정을 논의하고 있지만 '소 잃고 외양간 고치는 격'이 아닐 수 없다. 더욱이 시청각서비스미디어법을 제정하려는 이유가 산업 활성화에 초점이 맞춰지고 있어 아쉽다. 유럽의 시청각서비스미디어법을 참고하여 역무를 획정하는 등 논의가 진행되고 있으나, 본래 취지와는 크게 다르다. 시청각서비스미디어법이 먼저 제정되고 OTT시대, 보편적시청권 보장을 위한 논의가 이루어지는 게 순서임이 틀림없다. 하지만 이미 늦은 상황임에도 불구하고, 언제 관련 법이 제정될지 요원하다. 상업화의 끝판으로 치닫고 있는 스포츠 중계권 시장과 보편적시청권제도의 형해화를 막기 위해 적어도 스포츠 중계에서만큼은 급속히 현실화하고 있는 지상파방송의 몰락에 대한 대응이 필요하다.

OTT시대, 상업화의 극단으로 치닫고 있는 스포츠 중계권 시장 상황에서 공적서비스 미디어 또는 공영방송이 과거처럼 온전히 주요 스포츠 이벤트 중계권을 독점적으로 확보할 수 있다는 생각에서 벗어나야 한다. 국내 공영방송에 비해 더없이 안정적인 수신료 중심 재원 구조를 갖추고, 보편적 접근권에 대한 제도적 지원을 받는 공영방송의 롤 모델 영국 BBC마저 갈림길에서 헤매고 있다. 40년 넘도록 현실화되지 않은 TV수신료 재원, 정권이 교체될 때마다 반복되는 정치 후견주의, 불안정한 거버넌스 구조 속에서 지상파방송사들이 풀을 만들어 대응한다 한들, 과거처럼 주요 스포츠 이벤트 중계권을 확보할 수 없다. 이처럼 단정하는 이유는 유럽의 사례에서 이미 수년 전 증명되었기 때문이다. 유럽방송연맹(EBU) 중심으로 IOC나 FIFA와 중계권 계약을 체결하던 시절은 옛날이야기가 된 지 오래다. OTT 업체들의 치열한 확보 경쟁 속에서 천정부지로 치솟은 중계권을 더 이상 지상파방송 자체의 힘으로는 확보할 수 없다고 보는 게 분명 현실적이다. 지금처럼 불안정한 재원 구조에 더해 시청자들의 필수 매체 지위를 OTT에 빼앗긴 마당에 중계권을 확보할 수도 없지만, 확보한다 하더라도 그에 맞는 수익을 만들어낼 가능성은 더 이상 없다고 보는 게 현실적이다.

상황이 이 지경이 된 이유를 따진다면 응당 지상파방송사에게 먼저 물을 일이다. 지상파방송사들은 스포츠 중계권과 보편적시청권제도라는 정책적 지원에도 불구하고, 자체 플랫폼 경쟁력을 확보하는 데 실패했다. 공적 서비스 확충보다는 자사 이익을 도모하기 위한 노력에 치우친 결과이기도 하다. 영국 BBC가 지상파방송 디지털 전환으로 생긴 여력을 무료 방송 확대에 투입한 반면, 국내 방송사들은 유료 방송사에 PP로서 콘텐츠를 공급하여 수익을 챙기는 데 급급했다.

OTT시대로 진입하는 결정적인 시기에도 지상파방송사들은 유료 서비스 차원에서 접근했다. 지상파방송사들이 구축한 OTT 플랫폼 'POOQ'은 초반부터 유료 구독 모델이었다. 이후 이동통신사의 OTT 서비스와 합병함으로써 공적 소유구조는 더욱 희박해졌다. TV수신료를 납부하는 시청자가 공영방송 프로그램을 추가 비용을 지불하고 이용해야 하는 것이다. 결과적으로 대한민국 지상파방송사들의 OTT 플랫폼 정책은 영국 BBC의 아이플레이어(iPlayer)와 비교할 때 실패했다고 봐도 무방하다. 비록 BBC도 글로벌 OTT 넷플릭스에 밀려나기는 했지만, 국내 지상파방송사의 OTT보다는 오래 버텼기 때문이다. 지금도 공고한 지위를 고수하고, 이용자들의 발길이 끊이지 않는다.

OTT는 글로벌 자본의 영역이 아니다. 얼마든지 무료 보편적인 미디어 서비스로 자리매김할 수 있다. 상업적 미디어기업이 횡행할지라도 지상파방송(공영방송)의 역할은 여전히 중요하다. OTT시대 지상파방송이 제 역할을 해내기 위해서는 지상파방송 시대에 방송망을 통해 보편성을 실현할 수 있는 커버리지를 확보했듯이, OTT시대에도 보편성을 실현할 수 있는 플랫폼을 확보해야 한다.

콘텐츠 경쟁력과 맞물려 보편성을 갖춘 플랫폼을 보유해야만 언제, 어디서나, 누구나 이용할 수 있는 미디어 서비스의 위상을 이어갈 수 있다. 공영방송 OTT 플랫폼이 자리 잡기 위해서는 스포츠콘텐츠가 필수적임은 두말할 나위가 없다.

영국 BBC는 물론 핀란드 공영방송 YLE와 미국 NBC의 사례도 주목할 만하다. 독일 공영방송사들의 OTT 플랫폼 정책도 시사하는 바가 많다. 유튜브와 같은 글로벌 플랫폼에 콘텐츠를 더 이상 공급하지 않고 공영방송 연합 플랫폼을 구축하기로 합의했다. 글로벌 OTT 환경에서 미디어의 보편성을 실현하기 위해서는 일차적으로 공영방송사별로 OTT 서비스가 경쟁력을 확보해야 하고, 그 경쟁력을 기반으로 공영방송사 간 연합서비스를 제공하는 방안을 찾아야 한다. 방송사별 OTT 플랫폼 경쟁력 확보 사례는 영국 BBC, 핀란드 YLE에서 찾을 수 있고, 공영방송사 간 연합 시도는 독일의 ARD와 ZDF에서 찾을 수 있다.

독일 공영방송사들의 공동 대응 노력은 특히 주목할 만하다. 독일 공영방송 ARD 회장 부로(Tom Buhrow)는 온라인 컨퍼런스에서 ARD와 ZDF의 콘텐츠 액세스 방안을 발표했다. ARD와 ZDF는 각각 독자적인 스트리밍 서비스를 제공하지만 이용자들은 두 방송사 콘텐츠를 동일한 계정으로 모두 이용할 수 있다. 두 공영방송사가 미디어 라이브러리의 백엔드(back end)를 공유함으로써 이용자에게는 두 개의 서로 다른 앱에서 각각 로그인해야 하는 불편을 없애고, 방송사는 보다 광범위한 이용자 정보를 획득할 수 있어 더 나은 개인화 추천 서비스를 제공할 수 있다.

ARD와 ZDF는 개방형 플랫폼으로 구축하여, 향후에는 아르테(Arte), 키카(Kika)와 같은 공적 서비스 미디어는 물론 독일과 유럽의 민영방송사에게도 문을 열겠다는 계획이다. 비록 단일 브랜드를 가진 스트리밍 OTT로 통합하는 데까지는 이르지 못했지만, 미디어 라이브러리 공유만으로도 진일보한 협력 모델로 평가받는다. 10년 뒤 공영방송의 위상이 지금과 달라질 수 있다는 우려가 공영방송사 간 협력관계를 이끌어낸 사례다. 독일의 두 공영방송사는 공영 OTT가 자리 잡을 수 있도록 넷플릭스에 콘텐츠를 제공하지 않기로 합의했다. 공영

OTT를 통해 공영 콘텐츠를 더욱 풍부하게 제공함으로써 글로벌 OTT의 공세에 맞서겠다는 계획이다. 공영 OTT는 공영방송사들이 플랫폼 구축과 서비스에 들어가는 비용을 덜어주는 효과도 발휘한다. ARD와 ZDF는 각각 메디아텍이라는 이름으로 OTT 서비스를 제공하고 있다. 로그인을 하지 않아도 이용할 수 있도록 서비스하고 있다. 아마존프라임을 필두로, 넷플릭스가 그 뒤를 좇아 유료 OTT 시장을 형성하고 있지만, 2021년 기준 월평균 공영 OTT 방문자는 독일 인구를 넘어서는 1억 명 이상에 달하고 있다. 독일의 공영방송사들의 OTT 서비스가 이처럼 넷플릭스나 아마존프라임 비디오 등에 크게 밀리지 않은 이유는 상업 OTT 서비스에 뒤지지 않는 이용자 환경(UI/UX)을 제공하고, 온라인 중심 운영 기술을 내재화했기 때문이다(강정수, 2022).

OTT시대 보편적시청권제도 논의는 무료 보편 서비스 기반 OTT 플랫폼이 존재할 때 가능한 일이다.

2012년 지상파방송 연합 OTT 플랫폼 POOQ이 등장한 이후 보편적시청권에 관한 국내연구 경향을 살펴보면 유럽 국가들처럼 공영방송사들의 OTT 플랫폼 재건 차원이 아니다. 이미 미디어 주도권을 움켜쥔 글로벌기업의 유료 플랫폼을 전제로 미국 통신 기업에서 출발한 '보편적서비스' 수준의 접근에 머물고 있다. OTT시대 보편적시청권 보장을 위한 전문가들의 처방이 공영플랫폼의 재건 또는 재창조가 아니라 유료방송에 방점을 두고 있는 부분은 아쉬운 대목이다. OTT시대에 접어든 이후 보편적시청권에 관한 논의와 보고서들을 살펴볼 때 그 경향은 뚜렷하다.

현행 국내 방송법에는 중계권자의 개념 및 자격이 명확하지 않아 이에 대한 개선이 필요하다. 특히, OTT나 에이전시 등 방송사업자가 아닌 주체가 중계권을 획득하는 것이 가능한 상황에서 이와 같은 사업자들을 방송법 적용 대상에 포함시켜 보편적시청권을 보장하도록 하기 위해서는 중계권자에 대한 방송법상 정의를 개정하는 것을 검토해 볼 필요가 있다.

거의 모든 연구가 유료 플랫폼 중심의 '보편적서비스'에 기반을 두고 논의하고 있다. 보편적서비스가 아니라 무료 보편적 플랫폼의 대명사인 지상파방송 또는 공영방송 플랫폼 기반의 '보편적시청권'에 방점을 두고 접근해야 한다. 보편적시청권은 보편성, 공익성에 기반을 두고 있는 반면, 보편적서비스는 상업적 기업의 유료 서비스에 바탕을 둔 처방이다. 상업성에 기댄 사영 기업의 시혜적 시청자 복지에 매달릴 게 아니라, 국가 차원의 무료 보편적인 미디어 복지 확장 차원에서 접근할 필요가 있다.

영국 의회의 움직임, 독일 공영방송사의 공동 대응 노력은 시사하는 바가 크다. 공영방송의 OTT 플랫폼 재건에 매진할 필요가 있다. 과거 국민이 주인인 전파를 기반으로 무료 보편적인 방송망을 갖췄던 것처럼, OTT시대에도 무료 보편적인 플랫폼을 구축해야 미디어의 보편성을 기대할 수 있다.

지상파방송사, 공영방송사의 자세 변화가 우선이다. 무료 OTT 플랫폼 재건과 경쟁력 강화에 사활을 걸어야 한다. 글로벌 스트리밍 OTT의 등장, FAST 모델의 등장에 촉각을 곤두세우고 방송사 간 미디어 접근의 보편성, 고품질 콘텐츠의 내용적 보편성 실현을 위해 손을 맞잡아야 한다.

스포츠콘텐츠는 OTT시대의 시청자를 모으고, 중요 스포츠 이벤트를 통해 국민을 한데 모을 수 있는 거의 유일한 수단이다. 다양한 플랫폼으로 흩어진 시청자들이 올림픽이나 월드컵과 같은 중요 스포츠 이벤트가 열리는 기간만이라도 지상파방송, 공영 OTT 플랫폼으로 모일 수 있도록 제도적인 지원이 이루어질 필요가 있다. 지상파방송은 이러한 제도적 지원을 수익 창출의 기회가 아닌 보편적인 미디어 복지 제공 차원에서 활용해야 한다.

아마르티아 센과 마사 누스바움의 역량 접근법은 지금과 같은 OTT시대 미디어 서비스 차원에서 더욱 유효하다. 보편적시청권제도를 통한 미디어스포츠 시청 권리는 인권 차원에서 접근해야 하고, 인간다운 삶을 위해 갖춰야 할 역량 개발의 필수조건이다. 공영방송은 스포츠콘텐츠에 대한 접근 방식에 있어서 상업적 기업과는 그 차원을 달리해야 한다.

OTT시대, 스포츠에 관한 보편적시청권 논의에 대한 제안을 요약하면 다음과 같다.

첫째, 제도에 관한 접근 방식의 문제다. 보편적시청권제도 도입의 당위성에 관한 사항이다. 미국 통신 산업에서 출발한 보편적서비스 개념을 방송 통신 융합 시대를 맞아 방송에 접목했다는 해석, 방송의 공익 개념에 기반을 둔 시청자 복지 차원의 접근, 보편성의 원리에 뿌리를 둔 미디어 서비스의 불평등 완화 또는 해소를 위한 제도라는 인식 등에서 한 걸음 더 나아갈 필요가 있다. 보편적시청권제도, 특히 미디어스포츠의 보편적시청권제도는 사회적 복지 또는 불평등 해소 차원을 넘어 모두에게 필요한 필수적인 제도라는 인식이다. 공공서비스가 가난한 사람을 위해 존재하는 것처럼 말할 게 아니라 공공서비스의 이론적 근거는 모든 계층을 위해 공통된 생활 조건을 만드는 것이라는 이그나티에프(Michael Ignatieff)의 말을 되새길 필요가 있다. 보편적시청권제도는 모두의 것이어야 하는 스포츠의 보편성, 미디어의 공익성에 바탕을 둔 모두를 위한 문화적 권리 차원에서 접근할 필요가 있다.

둘째, 미디어스포츠에 대한 인식 전환의 문제다. 우리나라 보편적시청권제도는 스포츠 중계권 문제로부터 출발해서 만들어진 제도다. 미디어를 통한 스포츠 경기 시청은 여가를 즐기고 오락을 향유하기 위한 중요 수단이다. 여가와 오락의 제공(entertain)은 세상을 이해하도록(inform) 하고, 시민을 교육하는(educate) 것 못지않게 중요한 요소다. 여가와 오락에 대한 인식을 바꿀 필요가 있다. 마사 누스바움은 인간이 좋은 삶을 누리기 위한 10가지 핵심역량(capabilities)으로 생명, 신체 건강, 신체 보전, 놀이 등을 꼽았다. 그녀는 국가가 불평등 해소 차원이나 복지적 차원에서 나아가 인간의 권리 차원에서 국민의 핵심역량을 키우기 위한 최소 여건을 제공해야 한다고 주문했다. 스포츠를 누릴 권리는 교육 받을 권리, 사상과 양심의 자유, 서로 어울려 살아갈 권리만큼이나 중요하다. 여가와 오락은 사회적·국가적 시혜 차원이 아니라 인간답게 살아가기 위해 누려야 할 권리이자 더 나은 삶을 누리기 위한 핵심역량이다. 미디어스포츠에 관한 보편적시청권 보장 제도는 소외계층 없이 누구나 시청할 수 있으면 좋은 '선택'이 아니라,

여가와 오락 프로그램을 통해 누구나 즐김으로써 놀이(play) 역량을 기르기 위한 '필수'다.

셋째, 미디어스포츠의 과도한 상업화에 대응할 수 있어야 한다. 스포츠는 누구의 것인가? 당연히 시민 모두의 것이다. 스포츠 이벤트는 누구의 것인가? IOC, FIFA 등 글로벌 스포츠조직의 것으로 인식되고 있다. 메가 스포츠 이벤트가 상업화로 치달으면서 스포츠조직의 것이라는 인식이 굳어져가고 있다. 올림픽이 이렇게 상업화될 줄 누가 알았을까? 물론, 방송권 수입으로 유소년 스포츠를 지원하고, 국가 간 스포츠 발전의 불균형을 해소해 준다는 점에서 국제 스포츠조직의 역할은 인정된다. 그럼에도 조직이나 기업의 이익과 시민의 스포츠 향유권 사이에서 고민이 필요하다.

스포츠는 정치적·사회적·경제적·문화적으로 다양한 기능을 수행한다. 미디어와 결합하면서 '하는' 스포츠에 '보는' 스포츠가 더해졌다. 이익을 노린 세력이 손길을 뻗으면서 상업화되었고, 미디어스포츠는 스포츠 팬들에게 유료방송 시청료 부담을 안겼다. 네트워크 기술 발전에도 불구하고 통신비 부담 역시 늘어났다. 시민이 스포츠를 외면할 때, 상황은 얼마든지 반전될 수 있다. 스포츠 상업화의 질주 가도에 제동이 필요한 시점이다. 여태 액셀러레이터만 밟아왔다면, 브레이크를 밟으면서 좌우를 살펴볼 때다. 제아무리 훌륭한 운동장일지라도 시민들이 외면하면 금세 잡초만 무성해질 수 있다. 스포츠가 관심 밖으로 밀려나지 말라는 법은 없다. 보편적시청권은 가난한 시청자에게 베푸는 시혜가 아니다. 미디어는 스포츠와 시민의 관계를 더욱 끈끈하게 만들어 줌으로써 스포츠가 살아남아 오래도록 사랑받을 수 있는 정책의 수단이다. 미디어와 스포츠의 공존 방안을 찾을 때다.

넷째, 보편적시청권제도는 빠르게 변화하는 미디어 이용 행태를 반영해야 한다. OTT가 미디어스포츠의 보편적 매체로 자리 잡고 있다. 방송법 체계상 OTT는 방송 영역이 아니다. 당연히 방송법을 적용받지 않는다. OTT의 영향력이 커지면서 규제 필요성이 대두되었다. '통합미디어법' 또는 '시청각미디어서비스법'

제정 목소리가 높다. 구체적인 논의가 진행되고 있음에도 법제화로 이어지지 못하고 있다. 이미 열차는 떠나고 있다. 단계적으로 접근할 필요가 있다.

우선, 방송은 현행 방송법으로, OTT는 전기통신사업법의 범주 안에서 보편성을 확장하는 방안이다. 근본적인 처방은 아니다. 다만, OTT가 전기통신사업이 아니라 사회적 영향력을 가진 미디어 규제 체계로 전환되기 이전까지 과도기적인 궁여지책이다. 현행 부가통신사업자인 OTT를 통신영역의 보편적서비스 대상에 편입시키는 방안이다(권오상, 2022). 통신의 보편적서비스는 전기통신사업법에 규정하고 있다. '보편적 역무'라는 개념으로 모든 이용자가 언제, 어디서나 적절한 요금으로 제공받을 수 있는 기본적인 전기통신역무다(전기통신사업법 제2조). 전기통신사업법 시행령 제2조는 유선전화, 인터넷 접속, 긴급통신용 전화, 장애인 및 저소득층 요금 감면 서비스를 보편적 역무로 정하고 있다. 궁극적으로 OTT를 시청각 서비스 미디어로 규정하여 보편적시청권을 보장하는 매체에 편입시키되, 시청각미디어서비스법이 제정되기 전이라도 통신의 보편적서비스 개념을 적용하여 모든 OTT 이용자가 미디어스포츠를 누릴 수 있도록 제도적 장치를 마련해야 한다.

다섯째, 보편적시청권제도는 '무료' 플랫폼이 우선되어야 한다. 가격은 수요와 공급에 따라 결정된다. 스포츠 중계권료 역시 시장원리에 따라 정해지는 양상이다. 문제는 불균형이다. 수요는 많은데 공급은 독점적이다. 공급이 독점적이다 보니 자본력을 앞세운 '딜러'가 등장한다. 농수산물시장에서 경매로 가격이 결정되듯 스포츠 중계권도 마찬가지다. 경매에 나서는 사람의 플랫폼 소유 여부와 방송 제작 능력은 고려 대상이 되지 않는다. 해당 스포츠가 유료로 제공되거나 무료로 서비스하거나 공급자는 상관하지 않는다. 미디어 정책 당국도 팔짱을 낀 채 사실상 지켜볼 수밖에 없다. 제도는 만들었으나 효과를 발휘하도록 개입할 수 없는 딱한 상황이다. 이런 상황을 완화하기 위해 '보편적시청권제도'를 만들었다. 영국을 포함한 해외 주요 국가들의 사례와 마찬가지로 무료 지상파방송을 우선하는 정책이 보편적시청권제도의 본래 취지를 살리기 위한 필수

조건으로 적용되어야 한다.

우리나라 유료방송 비율은 다른 나라에 비해 현저하게 높다. 누구나 무료로 시청할 수 있는 지상파방송 네트워크가 있음에도 불구하고, 지상파방송이 다채 널 요구를 충족시키지 못해 외면당해 왔다. 그럼에도 여전히 무료 보편성과 다 양성을 실현하는 데 가장 효과적인 플랫폼은 지상파방송이다. 국민적 관심이 높 은 스포츠 이벤트만이라도 차별 없이 무료로 누구나 시청할 수 있도록 하자는 취지에서 보편적시청권제도를 도입했다. 보편적시청권 보장은 스포츠와 미디 어의 관점뿐만 아니라 사회학·정치학 관점에서도 중요한 의미가 있다. 보편적 시청권제도를 방송법에 명시하고 있음에도 지상파방송 직접 수신으로는 시청 가능한 프로그램과 시간이 극히 제한적이다. 지상파방송사들의 주간 편성표만 보면 쉽게 확인할 수 있다. 보편적시청권제도 도입의 본래 취지를 되새겨야 할 것이다. 현행 '국민적 관심이 매우 큰 체육 경기', '그 밖의 주요 행사 등'에 적용 중이지만 이 범주 또한 방송통신위원회의 고시 사항으로 관련 위원회를 운영해 정하고 있다. 국내의 경우 보편적시청권 자체를 광범위하게 확대하는 것 못지않 게 보편적시청권을 시청자의 권익 차원에서 제도화할 주체와 대상을 보다 명확 하게 적시해야 한다.

과거에는 인간이 할 수 있는 일이 매우 제한적이었다. 나쁜 사람들은, 아무리 나 쁜 의도를 갖더라도 일정 수준의 해악만을 저지를 수 있었다. 착한 사람은 좋은 의 도를 갖고 제한적으로만 좋은 일을 할 수 있었다. 하지만 지식의 양이 늘어날수록 인간이 할 수 있는 일도 그만큼 늘어났다. 오늘날 과학적 세계, 그리고 아마도 머지 않은 장래 과학적 세계에서는, 나쁜 사람들은 더 많은 해악을 끼칠 수 있고, 착한 사 람들은 우리의 선조들이 상상 속에서나 가능했던 것보다 더 많은 선행을 할 수 있 을 것이다(Russell, 2009: 370~371).3)

---

3) Bertrand Russell, "In the past, the things that men could do were very limited. Bad men, even with the worst intentions, could do only a very finite amount of harm. Good men, with

우리나라는 보편적시청권제도를 갖춘 나라다. 올림픽이나 월드컵을 누구나 즐길 수 있도록 하는 제도적 장치를 만들었다. 미디어스포츠를 즐길 수 있는 여건을 마련했지만, 거침없는 스포츠 상업화 물결에 밀려 그 실효성이 점차 퇴색하고 있다. OTT시대다. 버트런드 러셀이 1959년에 말한 것처럼, 선조들이 상상으로나 가능하다고 보았던 좋은 일들을 할 수 있는 세상이다. 보편적시청권제도는 불평등 해소나 복지적 관점을 넘어 개개인이 세상을 살아가는 데 필요한 핵심역량을 키워주는 필수 장치다.

---

the best intentions, could do only a very limited amount of good. But with every increase in knowledge, there has been an increase in what men could achieve. In our scientific world, and presumably still more in the more scientific world of the not distant future, bad men can do more harm, and good men can do more good, than had seemed possible to our ancestors even in their wildest dreams," The Saturday Evening Post('Adventures of the Mind' 시리즈 중), 1959.7.18.

참 고 문 헌

1장 공익성, 보편성 그리고 보편적서비스

강명현. 2017. 『한국 방송 정책의 이념』. 한울.

강재원. 2009. 「융합 시대, 공익 개념의 지형도, 그리고 공익의 재개념화」. ≪방송통신연구≫, 9~41쪽.

강형철. 2014. 「융합 미디어 시대 보편적서비스와 공영방송」. ≪한국언론정보학보≫, 67호, 35~61쪽.

_____. 2016. 『융합 미디어와 공익: 방송 통신 규제의 역사와 미래』. 나남.

김영석. 2006. 『보편적서비스 정책의 형성과 변화에 대한 연구』. 한국학술정보.

김영주. 2008. 「방송산업에서의 보편적서비스 제도화에 관한 연구」. ≪한국방송학보≫, 22권 5호, 53~91쪽.

김재영·박규장. 2005. 「디지털시대의 방송 공익성과 지상파방송 정책 패러다임」, ≪사회과학연구≫, 16권, 49~69쪽.

서이종. 1998. 「정보화의 공공 목표로서 보편적서비스(universal service) 개념과 그 문제점: 정보복지 개념의 정립을 위하여」. ≪한국사회과학≫, 146~156쪽.

양승태 외. 2016. 『보편주의: 새로운 세계를 위한 정치사상사적 고찰』. 책세상.

윤석민. 2005. 『커뮤니케이션 정책 연구』. 커뮤니케이션북스.

윤혜선. 2010. 「보편적시청권제도에 관한 소고」. ≪행정법연구≫, 28호, 49~67쪽.

이상식. 2003. 「공익성과 보편적서비스 개념의 비교 연구」. ≪한국언론정보학보≫, 111~139쪽.

임정수. 2008. 「방송공익의 개념적 파생에 대한 칸트 윤리학적 논의」. ≪한국언론학보≫, 52권 6호, 282~299쪽.

정군기. 2005. 「영국 공공서비스방송 PSP 모델 연구: 디지털 전환과 융합을 넘어서」. ≪한국방송학보≫, 19권 3호, 242~287쪽.

정인숙. 2006. 「커뮤니케이션 환경 변화에 따른 보편적서비스의 개념 재구성에 관한 연구」. ≪커뮤니케이션학연구≫, 14권 2호, 70~95쪽.

최영묵. 1998. 『방송 공익성에 관한 연구: 방송 공익성과 심의제도』. 커뮤니케이션북스.

황철증. 1999. 『한국의 통신법과 정책의 이해』. 교보문고.

Barnouw, E. 1966. *A tower in Babel: A history of broadcasting in the United States to 1933.* London: Oxford University Press.

Blumler, J. G. (Ed.). 1992. *Television and the public interest: Vulnerable values in West European broadcasting.* London: Sage.

Buechler, S. M. 2013. "Mass society theory." In D. A. Snow, D. D. Porta, B. Klandermans, & D. McAdam(eds.). *The Wiley-Blackwell encyclopedia of social and political movements.* Blackwell Publishing.

Coote, A. & A. Percy. 2020. *The case for universal basic services.* John Wiley & Sons.

Crawford, S. P. 2013. *Captive audience: The telecom industry and monopoly power in the new gilded age.* Yale University Press.

Ford, F. W. 1961. "The meaning of the 'public interest, convenience or necessity'." *Journal of Broadcasting & Electronic Media*, Vol.5, No.3, pp.205~218.

Garnham, N. 1997. "Amartya Sen's 'capabilities' approach to the evaluation of welfare: Its application to communications." *Javnost-The Public*, Vol.4, No.4, pp.25~34.

Kuklys, W. 2005. *Amartya Sen's capability approach: Theoretical insights and empirical applications.* Berlin, Heidelberg: Springer Berlin Heidelberg.

Lowe, G. F. & P.Savage. 2020. "Universalism in public service media: Paradoxes, challenges, and development." *Universalism in public service media*, pp.11~24, Nordicom.

McNair, B. 2017. *An introduction to political communication.* Routledge.

Medhurst, J. 2019. "Mea maxima culpa: John Reith and the Advent of Television." *Media History*, Vol.25, No.3, pp.292~306.

Mittag, J. & R. Naul. 2021. "EU sports policy: assessment and possible ways forward." European Parliament, Research for CULT Committee – Policy Department for Structural and Cohesion Policies, Brussels.

Mueller, M. 1993. "Universal service in telephone history: A reconstruction." *Telecommunications policy*, Vol.17, No.5, pp.352~369.

Napoli, P. M. 2001. *Foundations of Communications Policy.* Hampton Pr.

Nieminen, H. 2019. "Inequality, social trust and the media." In J. Trappel(ed.). *Digital media inequalities*, pp.43~66, Gothenburg: Nordicom, University of Gothenburg.

Nieminen, H. & M. Aslama Horowitz. 2016. "European public service media and communication rights." In G. F. Lowe & N. Yamamoto(eds.). *Crossing borders and boundaries in public service media*, pp.95~106, Gothenburg: Nordicom, University of Gothenburg.

Nussbaum, M. C. 2011. *Creating capabilities: The human development approach.* Harvard

University Press. 한상연 옮김. 2015. 『역량의 창조』. 돌베개.

Rawls, J. 1999. *A theory of justice*. Oxford: Oxford University Press.

Renwick, C. 2018. *Bread for all: The origins of the welfare state*. London: Penguin.

Scannell, P. 1990. "Public service broadcasting: The history of a concept." In A. Goodwin & G. Whannel(eds.). *Understanding television*, pp.11~29, London: Routledge.

Sen, A. 1999. *Development as freedom*. Oxford: Oxford University Press.

Sunstein, C. R. 2000. *Television and the public interest*. Calif. L. Rev., 88, 499.

Tönnies S. 1995. *Der westliche Universalismus: Eine Verteidigung klassischer Positionen [The Western universalism: A defence of classical positions]*. Opladen: Westdeutscher Verlag.

Thomass, B. 2020. "Universalism in history, modern statehood, and public service media." In P. Savage, M. Medina & G. F. Lowe(eds.). *Universalism in public service media*, pp.25~36, Gothenburg: Nordicom, University of Gothenburg.

US Congress. 1925. "United States Code: Radio Act of, 47 U.S.C. §§ 81-119 (Suppl. 4. 1925)." Library of Congress. https://www.loc.gov/item/uscode1925-005047004/(검색일: 2022. 7.23).

2장 미디어 보편성과 공영방송

강정수. 2022. 「공영 및 민영 통합 OTT 서비스로 성장을 꿈꾸는 독일 공영 OTT」. ≪미디어 이슈 & 트렌드≫, 49호, 37~50쪽.

강형철. 2014. 「융합 미디어 시대 보편적서비스와 공영방송」. ≪한국언론정보학보≫, 67호, 36~61쪽.

김영주. 2008. 「방송산업에서의 보편적서비스 제도화에 관한 연구」. ≪한국방송학보≫, 22권 5호, 53~91쪽.

김태오. 2020. 「독일의 미디어협약 제정안상 주요 내용: 구 방송협약을 대체·보완하는 새로운 규제를 중심으로」. ≪최근외국법제정보≫, 2권, 75~87쪽.

신삼수·김동준·봉미선. 2022. 「OTT시대 공영방송의 책무와 재원 구조에 대한 전문가 인식 연구」. ≪한국언론학보≫, 66권 4호, 39~71쪽.

정용준. 2006. 「보편적서비스와 수용자 복지」. ≪방송통신연구≫. 겨울호, 31~58쪽.

_____. 2022. 「네트워크 사회와 공영방송: MBC의 미디어 공론장 모델을 중심으로」. ≪방송통신연구≫, 봄호, 107~130쪽.

조항제. 2014. 「한국 방송에서의 BBC 모델」. ≪언론정보연구≫, 51권 1호, 5~38쪽.

최영묵 외. 2012. 『공영방송의 이해』. 한울.

ABC. 2022. *ABC Annual Report 2022.*

Annan, L. 1977. *Report of the Committee on the Future of Broadcasting, Cmnd 6753.*

BBC. 2022. *2021-2022 BBC Annual Report.*

_____. 2022.5.26. *A digital first BBC: BBC Director-General Time Daves's speech to staff on 26 May 2002.*

_____. 2016.12. *An Agreement Between Her Majesty's Secretary of State for Culture, Media and Sport and the British Broadcasting Corporation.*

Booth, P. 2020. "The future of public service broadcasting and the funding and ownership of the BBC." *Economic Affairs*, Vol.40, pp.324~343.

BRU. 1985. *The public service idea in British broadcasting: Main principles.* in B. Franklin (ed.). 2001. *British television policy: A reader.* London & New York: Routledge.

Croteau, D. & W. Hoynes. 2019. *Media/society: Industries, images, and audiences.* Sage Publications.

Curran, J. 2002. *Media and power.* Psychology Press.

_____. 2011. *Media and democracy.* NY: Routledge. 이봉현 옮김. 2014. 『제임스 커런의 미디어와 민주주의』. 한울.

Curran, J., S. Iyengar, A. Brink Lund & I. Salovaara-Moring. 2009. "Media system, public knowledge and democracy: A comparative study." *European journal of communication*, Vol.24, No.1, pp.5~26.

D'Arma, A. 2019. "PSM in Italy: Troubled RAI in a troubled country." In *Public Service Broadcasting and Media Systems in Troubled European Democracies*, pp.111~128. Palgrave Macmillan, Cham.

Donders, K. 2012. *Public service media and policy in Europe.* Basingstoke, UK: Palgrave Macmillan.

Freedman, D. D. 2016. *A future for public service television: Content and platforms in a digital world.* Goldsmiths University

Golding, P. 2017. "Economic inequality: Citizen detriment: Communications, inequality and social order." *International Journal of Communication*, Vol.11, pp.4305~4323.

Goodwin, P. 2018. "An impossible challenge for public service media." *Public service media in the networked society*, pp.29~41. Nordicom.

_____. 2020. "Universal—but not necessarily useful." *Universalism in public service media*, pp.37~47. Nordicom.

Herman, E. & R. W. McChesney. 2001. *Global media: The new missionaries of global capitalism.* A&C Black.

Holtz-Bacha, C. & P. Norris. 2001. "'To entertain, inform, and educate': Still the role of public television." *Political Communication*, Vol.18, No.2, pp.123~140.

House of Lords. 2022. *Licence to change: BBC future funding.*

Jacka, E. 2003. "'Democracy as defeat' The impotence of arguments for public service broadcasting." *Television & New media*, Vol.4, No.2, pp.177~191.

Keane. J. 1995. "Structural transformation of the public sphere." *The Communication Review*, Vol.1, No.1, pp.1~22.

Macquarie. 2002.9. *Report to the Australian Broadcasting Corporation.*

Mills, C. W. 1959. *The sociological imagination.* Oxford University Press.

Murdock, G. 2005. "Public broadcasting and democratic culture: Consumers, citizens and. communards." in J. Wasko(ed.). *A companion to television*, pp.174~198.

Murdock, G. & P. Golding. 2004. "Dismantling the digital divide: Rethinking the dynamics of participation and exclusion." *Toward a political economy of culture: Capitalism and communication in the twenty-first century.* pp.244~260.

Ofcom. 2021.7.15. *Small screen Big debate: 'Recommendations to government on the future of Public Service Media'.*

Peacock, A. 2004. *Public service broadcasting without the BBC?.* 김대호 옮김. 2006. 『BBC 없는 공공서비스방송은 가능한가?』. 한울.

Peacock Committee. 1986. *Report of the committee on the financing the BBC.* London: HMSO.

Potter, S. J. 2012. *Broadcasting empire: the BBC and the British world, 1922-1970.* Oxford University.

Pilkington Committee. 1962. *Report of the committee on broadcasting.* London, Cmnd; 1753.

Richeri, G. 1994. *La transición de la televisión: análisis del audiovisual como empresa de comunicación.* (translated by C. Vitale. *Television in transition: Analysis of an audiovisual media company.*) Bosch Comunicación.

Rowe, D. 1996. "The global love-match: Sport and television." *Media, Culture & Society*, Vol.18, No.4, pp.565~582.

Saldaña, M. M. & A. Azurmendi Adarraga. 2018. *Public service media and multilevel governance. Citizen participation in the networked society: The Spanish case.* in G. F. Lowe, H. van den Bulck & K. Donders(eds.). *Public service media in the networked society.* Göteborg: Nordicom.

Scannell, P. 1989. "Public service broadcasting and modern public life." *Media, Culture & Society*, Vol.11, No.2. pp.135~166.

Smith, E. 2012. *A roadmap to public service broadcasting.* Asia-Pacific Broadcasting Union.

Sowell, T. 2014. *Basic economics.* Basic Books.

Thomass, B. 2018. "Economic inequality, appraisal of the EU and news media." in Josef Trappel(ed.). *Digital media inequalities: Policies against divides, distrust and discrimination*, pp.95~112. Göteborg: Nordicom.

UNESCO, I. 2008. *Media development indicators: A framework for assessing media development.*

Yoshiko, N. & Y. Ritsu. 2010. "How public service broadcasting is talked about: From a comparative web survey of Japan, the Republic of Korea, and the United Kingdom." *NHK Broadcasting Studies*, Vol.5, pp.123~143.

3장 스포츠의 보편성

강준호. 2005. 「스포츠산업의 개념과 분류」. ≪체육과학연구≫, 16권 3호, 118~130쪽.

김건희. 2018. 「스포츠 중계방송에서 발견되는 공공성 보호에 관한 연구」. ≪문화·미디어·엔터테인먼트법≫, 12권 1호, 223~253쪽.

김기한. 2022. 「미디어스포츠의 사회적 소통 효과: 스포츠의 공공성 확산과 미디어의 역할」. 『스포츠 커뮤니케이션 인사이트』. 한울, 85~114쪽.

신삼수·정성은. 2021. "진학 성공사례 시청이 고교생의 동기고취와 실천에 미치는 영향: 정보원 유사성과 학업적 자기효능감을 중심으로". ≪한국방송학보≫, 35권 6호, 35~71쪽.

유상건 외, 2022. "스포츠 커뮤니케이션 인사이트". 유상건 편. 『스포츠 커뮤니케이션 연구: 주요 개념과 주제, 그리고 미래를 위한 제언』. 한울.

통일부. 2021. "화제의 남북 맞대결 1편" https://blog.naver.com/gounikorea/222349098267(검색일: 2021.9.3).

Boyle, R. & R. Haynes. 2009. *Power play: Sport, the media and popular culture.* Edinburgh University Press.

Brittain, I. 2016. *The paralympic games explained.* Routledge.

Crocker, T. B. 2015. *The Christmas truce: Myth, memory, and the first world war.* University Press of Kentucky.

DCMS(Department for Culture, Media and Sport). 2010. *Understanding the value of engagement in culture and sport.* London.

De Knop, P., J. Scheerder & B. Vanreusel. 2016. *Sportsociologie: het spel en de spelers*. Elsevier.

Delaney, T. & T. Madigan. 2015. *The sociology of sports: An introduction*. McFarland.

EC(European Commission). 2007. *White paper on sport*. Brussels: European Commission.

EC(European Commission). 2011. *Communication on sport: Developing the European dimension in sport*.

Edwards, H. 1973. *Sociology of sport*. Dorsey Press.

Evens, T., P. Iosifidis & P. Smith. 2013. *The political economy of television sports rights*. Springer.

Greer, G. 2008. "Football counts as culture just as much as opera does." *The Guardian*, 2008.3.24.

Grupe, O. 1987. *Sport als Kultur*. 박남환·송형석 옮김. 2004. 『문화로서의 스포츠』. 도서출판 무지개사.

MacClancy, J. 1996. *Sport, identity and ethnicity*. Berg Publisher Ltd.

Mandela, N. 2012. *Notes to the future: Words of wisdom*. New York: Atria.

McBride, F. 1975. "Toward a non-definition of sport." *Journal of the Philosophy of Sport*, Vol.2, No.1, pp.4~11.

Mittag, J. & R. Naul. 2021. "EU sports policy: assessment and possible ways forward." *European Parliament, Research for CULT Committee – Policy Department for Structural and Cohesion Policies*, Brussels.

Nicholson, M. & R. Hoye.(eds.). 2008. *Sport and social capital*. Routledge.

Peterson, E. M. & A. A. Raney. 2008. "Reconceptualizing and reexamining suspense as a predictor of mediated sports enjoyment." *Journal of Broadcasting & Electronic Media*, Vol.52, No.4, pp.544~562.

Smith, G. 1973. "The sport hero: An endangered species." *Quest*, 19(1), 59-70.

SportAccord. 2022. "Definition of sport." http://www.sportaccord.com/en/members/index. php?idIndex=32&idContent=14881

Sugden, J. & A. Bairner. 1995. *Sport, sectarianism and society*. A&C Black.

Wellard, I.(ed.). 2007. *Rethinking gender and youth sport*. Routledge.

4장 스포츠 이벤트와 미디어

김성길. 2012. 『스포츠콘텐츠의 이해』. 한울.

윤병건. 2005. 『디지털 멀티미디어 시대의 방송과 스포츠』. 한울.

문화체육관광부. 2021. 『2020 스포츠산업 백서』.

문화체육관광부. 2021,12. 『2021 국민생활체육조사』.

정재용. 2020. 「무너진 스포츠산업, 무너지는 스포츠 저널리즘, 근본적인 대안은」. ≪방송기자≫,
53호, 15~16쪽.

한국프로스포츠협회. 2022.4. 『2021 프로스포츠 관람객 성향조사』.

Andreff, W. & P. Staudohar. 2002. "European and US sports business models." *Transatlantic*
sport: the comparative economics of North American and European sports pp.23~49.
Edward Elgar Pub, Northampton.

Blair, R. D. 2012. *Sports economics*. Cambridge University Press.

Cashmore, E. 2010. *Making sense of sports*. 5th ed. Hoboken.

Coakley, J. J. 2021. *Sports in society: Issues and controversies*. McGrawHill.

Correy, S. 1995. "Who plays on pay?." *Media Information Australia*, Vol.75, No.1. pp.80~82.

Dayan, D. & E. Katz. 1992. *Media events: The live broadcasting of history*. Harvard university
press.

Evens, T., P. Iosifidis, & P. Smith. 2013. *The political economy of television sports rights*.
Springer.

Fort, R. & J. Quirk. 1995. "Cross-subsidization, incentives, and outcomes in professional team
sports leagues." *Journal of Economic literature*, Vol.33, No.3. pp.1265~1299.

Goldlust, J. 2018. *Playing for keeps: Sport, the media and society*. Hybrid Publishers.

Jhally, S. 1989. "Cultural studies and the sports/media complex." in L.A.Wenner(ed.). *Media,*
sports, & society, pp.70~93. Newbury Park, CA: Sage.

Klatell, D. A. & N. Marcus. 1988. *Sports for sale: Television, money, and the fans*. New York:
Oxford University Press.

Maguire, J. 1991. "The media-sport production complex: The case of American football in
western european societies." *European Journal of Communication*, Vol.6, No.3,
pp.315~335.

Maguire, J. 2014. "Sociology of sport." in Maguire(Ed.). *Social sciences in sport*, pp.91~107.
Human Kinetics.

Tomlinson, A. 1996. "Olympic spectacle: Opening ceremonies and some paradoxes of
globalization." *Media, Culture & Society*, Vol.18, No.4. pp.583~602.

Wenner, L. A.(ed.). 1998. *MediaSport*. Psychology Press.

Whannel, G. 1992. *Fields in vision: Television sport and cultural transformation*. Routledge.

_____. 2005. *Fields in vision: Television sport and cultural transformation.* Routledge.

5장 스포츠 중계방송권 시장

김건희. 2021. 「코로나19가 가지고 온 스포츠 관련 법적 쟁점 연구」. ≪스포츠엔터테인먼트와 법≫, 24권 1호, 71~92쪽.

문화체육관광부. 2015. 『2014 스포츠산업 백서』.

_____. 2016. 『2015 스포츠산업 백서』.

_____. 2018. 『2017 스포츠산업 백서』.

_____. 2021. 『2020 스포츠산업 백서』.

맹이섭·이수연·조성식. 2012. 「게임이론을 통해 본 채널 간 스포츠 이벤트 중계권 획득 경쟁분석」. ≪한국체육학회지≫, 51권 5호, 111~119쪽.

변상규. 2021. 「보편적시청권 보장을 위한 주요 국제 스포츠 대회 중계방송의 대국민 후생효과 연구」. ≪정치커뮤니케이션 연구≫, 62권, 5~36쪽.

봉미선·신삼수. 2022. 「OTT시대 보편적시청권 실현을 위한 시론적 논의: 스포츠 이벤트를 중심으로」. ≪한국소통학보≫, 21권 2호, 165~201쪽.

송동수. 2021. 「스포츠 경기의 저작물성 및 중계 영상의 이용 관계에 관한 논의」. ≪기술과법센터≫, 17권 5호, 43~57쪽.

송해룡·김원제·조항민. 2007. 「인기 스포츠 프로그램의 보편적 접근권 도입 타당성에 관한 연구: 중계권 갈등 예방을 위한 제도적 차원을 중심으로」. ≪미디어 경제와 문화≫, 5권 2호, 79~120쪽.

윤병건. 2005. 『디지털 멀티미디어 시대의 방송과 스포츠』. 한울.

이데일리. 2022.10.6. "JTBC 스포츠 중계 독점 유료방송 보편적시청권 도마위". https://www.edaily.co.kr/news/read?newsId=03768726632490296&mediaCodeNo=257&OutLnkChk=Y

이창훈. 2018. 『미디어 전쟁』. 커뮤니케이션북스.

정순일·장한성. 2000. 『한국 TV 40년의 발자취』. 한울.

정지규·김상범. 2020. 「스포츠방송권에 관한 고찰: 미디어콘텐츠로서 스포츠 가치와 개념 재정립을 중심으로」, ≪한국스포츠학회지≫, 18권 3호, 931~940쪽.

정지규·이기문. 2021. 『스포츠 방송권』. 레인보우북스.

최경수. 2010. 『저작권법 개론』. 한울아카데미.

KBO. 2019.2. "KBO 리그 유무선 중계권 사업자 선정 입찰 제안요청서". https://www.koreabaseball.com/Board/Notice/View.aspx?boardSe=7285&pageNo=1&wo

rd=TT&searchWord=%ec%a4%91%ea%b3%84%ea%b6%8c&pageSc=notice

_____. 2020.3. "KBO 리그 해외 중계권 사업자 선정 입찰 제안요청서".

　　　https://www.koreabaseball.com/Board/Notice/View.aspx?boardSe=7686&pageNo=1&wo

　　　rd=TT&searchWord=%ec%a4%91%ea%b3%84%ea%b6%8c&pageSc=notice

KLPGT. 2022.7. "KLPGT 중계권 사업자 선정 제안요청서".

　　　https://klpga.co.kr/web/board/boardDetail.do?sn=100698&kind=1&ref=96669&relevel=0

SBS. 2010.2.11. "SBS는 어떻게 올림픽중계권을 단독으로 획득했나요?". https://news.sbs.co.kr/

　　　news/endPage.do?news_id=N1000709510

Evens, T., P. Iosifidis, & P. Smith. 2013. *The political economy of television sports rights*.
　　　Springer.

Hylton, J. G. 2001. "Baseball cards and the birth of the right of publicity: The curious case of
　　　Haelan Laboratories v. Topps Chewing Gum." *Marquette Sports Law Review*, Vol.12,
　　　pp.273~274.

IOC. 2021. *Olympic Charter*.

_____. 2022. *Olympic Marketing Fact File 2022 Edition*.

Todreas, T. M. 1999. *Value creation and branding in television's digital age*. Quorum Books.

6장 OTT와 스포츠 중계

김윤화. 2022.5. "세대별 OTT 서비스 이용 현황". KISDI STAT Report.

나스미디어. 2022. ≪2022 인터넷 이용자 조사≫. NPR.

방송통신위원회. 2023. 『2022 방송매체이용행태조사』.

연합뉴스. 2022.11.2. "유튜브, OTT 등 스트리밍 콘텐츠 유료 구독 서비스 출시".

　　　https://www.yna.co.kr/view/AKR20221102059800009

이선희. 2022. "OTT 무료 및 유료(단·복수) 이용자 비교 분석". KISDI STAT Report.

KCA. 2022. 「FAST, 커넥티드 TV 시대의 새로운 유망주로 부상」. ≪미디어 이슈 & 트렌드≫,
　　　7+8호.

App Any. 2021.7.28. The Tokyo 2020 Olympics drives influx of downloads on global stream-
　　　ing apps. https://www.data.ai/en/insights/mobile-minute/2020-olympics-streaming/(최근
　　　검색, 2023.5.29).

BBC. 2022.10.25. "BBC agrees new landmark broadcast deal with the GAA."

https://www.bbc.com/mediacentre/2022/bbc-agrees-new-landmark-broadcast-deal-with-t
he-gaa

Nicholson, M., A. Kerr, & M. Sherwood. 2015. *Sport and the media: Managing the nexus.*
Routledge.

Nielsen. 2021. *How the world's biggest sports properties engaged fans in 2020.*

_____. 2022. *Year in review sports consumption evolution.*

Ofcom. 2021. *Recommendations to government on the future of public service media.*

_____. 2022. *Media nations: UK 2022.*

SportsPro. 2021.11.17. "IOC has no plan to go DTC with Olympic Games."

https://www.sportspromedia.com/broadcast-ott/olympic-channel-live-streaming-dtc-ioc/

Taloustutkimus Oy. 2019.3.10. https://www.taloustutkimus.fi/ajankohtaista/uutisia/yle-areena-
yha-suomen-arvostetuin-verkkobrandi.html(검색일: 2022.1.19).

_____. 2020.9.21. https://www.taloustutkimus.fi/ajankohtaista/uutisia/yle-areena-jatkaa-
suomen-arvostetuimpana-verkkobrandina.html(검색일: 2022.1.19).

Yle. 2020.5.19. "Yle's strategy." https://yle.fi/aihe/strategy(검색일: 2022.1.19).

Vareity. 2022.4.12. "Soccer streaming platform FIFA Plus launches, Will have 40,000 live
games annually." https://variety.com/2022/tv/global/fifa-plus-launch-football-streaming-
soccer-1235229894/

7장 보편적시청권제도

강형철. 2014. "융합미디어 시대 보편적 서비스와 공영방송". ≪한국언론정보학보≫, 67호,
35~61쪽.

김원제·조항민·정세일. 2010. 『방송 중계권을 중심으로 보편적시청권 보장 제도 개선 방안 연구』.
방송통신위원회.

봉미선. 2011. 「스포츠 중계권의 패러다임 변화와 정책 방안 연구」. 성균관대 박사학위논문.

심석태. 2007. 「방송법상의 '보편적시청권'에 대한 소고」. ≪언론과 법≫, 6권 1호, 257~288쪽.

정용준. 2012. 「방송법의 '국민관심행사' 정책 비교 분석」. ≪스포츠와 법≫, 15권 3호, 97~125쪽.

정지규·이기문. 2021. 『스포츠 방송권』. 레인보우북스.

주성희·김현정·노은정. 2019. 『보편적시청권 개념 및 제도 재정립 방안 연구』. 정보통신정책연
구원.

차성민. 2011. 「방송 통신 융합에 따른 방송법상 금지행위 도입 방안」. ≪법학논총≫, 25권,
183~208쪽.

McChesney, R. W. 1996. "The internet and US communication policy-making in historical and critical perspective." *Journal of Communication*, 46(1), pp.98~124.

Sen, A. 1999. *Development as freedom*. AnchorBooks.

Smith, P., T. Evens, & P. Iosifidis, 2015. "The regulation of television sports broadcasting: A comparative analysis." *Media, Culture & Society*, 37(5), pp.720~736.

8장 해외 주요국의 보편적시청권

강형철. 2016. 『융합 미디어와 공익』. 나남.

권건보. 2009. 「주요 국가의 방송통신법제에 관한 비교법적 연구」. 한국법제연구원.

박천일·주정민·하주용·이미나. 2014.11. 『스마트 미디어에 대한 보편적시청권 확대 방안 연구』. 방송통신위원회.

손창용. 2009.12. 「스포츠 중계권 제도 변경: 지상파방송의 공공서비스 책무와 유료방송의 차별화 전략 논란」. 《방송 통신 분쟁 이슈 리포트》, 12월호, 14~25쪽.

신삼수·봉미선. 2021. 『세계 공영방송과 디지털 혁신』. 커뮤니케이션북스.

이화연. 2010. "문화: 인도의 국민스포츠, 크리켓 크리켓 경기, 어떻게 하는 걸까?" 《CHINDIA Plus》, 49, 54~55쪽.

전영. 2012. 「프랑스 방송법의 변천에 관한 연구」. 《동아법학》, 54호, 221~254쪽.

정두남. 2012. 『스마트 미디어 시대 보편적시청권에 관한 연구』. KOBACO 연구보고서.

정보통신산업진흥원. 2020. 『ICT & Broadcasting INDIA Market Report: 국가별 정보통신방송 현황 2020』, 19쪽.

정용준·이희진·윤석환. 2011. 『스포츠 방송과 보편적시청권』. 커뮤니케이션북스.

정지규·이기문. 2021. 『스포츠 방송권』. 레인보우북스.

Cabrera, B. F., M. Cappello, G. Fontaine & S. Valais. 2016. *Audiovisual sports rights-between exclusivity and right to information*. Strasbourg, European Audiovisual Observatory.

Dailymail, 2021.7.30. https://www.dailymail.co.uk/sport/sportsnews/article-9844141/Tokyo-Olympics-BBC-sacrificed-live-TV-rights-ensure-coverage-future-Games.html (최근 검색, 2023.05.29)

EC(European Commission). 2007. *White paper on sport*. Brussels: European Commission.

_____. 2011. *Communication on sport: Developing the European dimension in sport*.

Evens, T., P. Iosifidis & P. Smith. 2013. *The political economy of television sports rights*. Springer.

Haigh, G. 2011. *Sphere of influence: Writings on cricket and its discontents.* Simon and Schuster.

Ofcom. 2021. Small screen, big debate: Recommendations to government on the future of public service media.

_____. 2022. "Statement: Listed Events."
https://www.ofcom.org.uk/consultations-and-statements/category-1/listed-events(검색일: 2022.11.16).

Padovani, C. 2010. "Public Service Communication in Italy: Challenges and Opportunities." in P. Iosifidis(ed.). *Reinventing Public Service Communication: European Broadcasters and Beyond.* Basingstoke: Palgrave Macmillan. pp.183~196.

Smith, P., T. Evens, & P. Iosifidis. 2015. "The regulation of television sports broadcasting: A comparative analysis." *Media, Culture & Society*, 37(5), pp.720~736.

9장 무료 지상파방송의 중요성

김영주. 2008. 「방송산업에서의 보편적서비스 제도화에 관한 연구」. ≪한국방송학보≫, 22권 5호, 53~91쪽.

송종현·변상규·김태오·박성순. 2020. ≪국민관심행사에 대한 편성 및 합리적 중계권 모색을 통한 보편적시청권 보장 방안 연구≫. 방송통신위원회.

유경선. 2021.8.20. KBS "도쿄 패럴림픽 중계, 역대 하계올림픽 최대 규모로 편성". 경향신문.
https://www.khan.co.kr/culture/culture-general/article/202108201411001.

윤혜선. 2010. 「보편적시청권제도에 관한 소고」. ≪행정법 연구≫, 28권, 49~67쪽.

전규열. 2022.02.15. "구독경제의 역설…… OTT 가입은 쉽게 해지는 어렵게?". ≪공감신문≫.
https://www.gokorea.kr/news/articleView.html?idxno=719597.

주성희·김현정·노은정. 2019. 『보편적 시청권 개념 및 제도 재정립 방안 연구』. 정보통신정책연구원.

Banerjee, I.(ed.). 2005. *Public Service Broadcasting: A best practices sourcebook.* UNESCO.

Blumler, J. G. & T. J. Nossiter(eds.). 1991. *Broadcasting finance in transition: A comparative handbook.* Oxford University Press.

Born, G. & T. Prosser. 2001. "Culture and consumerism: Citizenship, public service broadcasting and the BBC's fair trading obligations." *The Modern Law Review*, Vol.64, No.5, pp.657~687.

DCMS(Department for Culture, Media and Sport). 2010. *Understanding the value of engagement in culture and sport*. London.

Evens, T., P. Iosifidis & P. Smith. 2013. *The political economy of television sports rights*. Springer.

Grasso, J., B. Mallon, & J. Heijmans. 2015. *Historical dictionary of the Olympic movement*. Rowman & Littlefield.

Hesmondhalgh, D. 2007. *The Cultural Industries*. London: Sage.

Hoynes, W. 1994. *Public television for sale: media, the market, and the public sphere*. Boulder: Westview.

Livingstone, S., P. Lunt and L. Miller. 2007. "Citizens and consumers: discursive debates during and after the Communications Act 2003." *Media, Culture & Society*, Vol.29, No.4, pp.613~638.

Lunt, P. and S. Livingstone. 2011. *Media regulation: governance and the interests of citizens and consumers*. London: Sage.

Raboy, M. 1999. "The world situation of Public Service Broadcasting." In *Public Service Broadcasting in Asia: Surviving in the new information age*. Singapore: AMIC.

Smith, P. 2010. "The politics of sports rights: The regulation of television sports rights in the UK." *Convergence*, Vol.16, No.3, pp.316~333.

Smith, P., T. Evens & P. Iosifidis. 2015. "The regulation of television sports broadcasting: A comparative analysis." *Media, Culture & Society*, Vol.7, No.5, pp.720~736.

Stiglitz, J. E. 2012. *The price of inequality: How today's divided society endangers our future*. WW Norton & Company.

10장 보편적시청권 보장 방안

강정수. 2022. 「공영 및 민영 통합 OTT 서비스로 성장을 꿈꾸는 독일 공영 OTT」. ≪미디어 이슈 & 트렌드≫, 49권, 39~50쪽.

고민수. 2007. 「방송법상 '보편적시청권' 개념에 관한 비판적 고찰」. ≪공법연구≫, 36권 1호, 355~375쪽.

권오상. 2022. 「OTT 스포츠 중계권 확보 경쟁과 보편적 권리」. ≪방송작가≫.

김기홍. 2013. 「스포츠 방송의 중계권과 보편적시청권: 유럽과 호주 사례를 중심으로」. ≪사회과학연구≫, 20권 1호, 7~35쪽.

김원제·조항민·정세일. 2010. 『방송 중계권을 중심으로 보편적시청권 보장 제도 개선 방안 연구』. 방송통신위원회 연구과제.

노창희. 2021. 「미디어 환경 변화에 따른 보편적시청권제도 개선 방향」. 보편적시청권제도 개선 방안 토론회.

노창희·남승윤·윤금낭·박정인. 2017. 『다매체 시대 보편적시청권제도의 실효성 제고 방안 연구』. (사)미래미디어연구소. 방송통신위원회 연구과제.

노창희·권오상·성지연·전주혜·이수연. 2018.11. 『미디어 환경 변화에 따른 보편적시청권 개선 방안에 관한 연구』. (사)미래미디어연구소. 방송통신위원회 연구과제.

송종현·변상규·김태오·박성순. 2020. 『국민관심행사에 대한 편성 및 합리적 중계권 모색을 통한 보편적시청권 보장 방안 연구』. 방송통신위원회.

심석태. 2007. 「방송법상의 '보편적시청권'에 대한 소고」. ≪언론과 법≫, 6권 1호, 257~288쪽.

윤성옥. 2008. 「보편적시청권 보장의 취지에 맞게 법률 개정」. ≪방송과 문화≫, 2008년 봄호, 58~67쪽.

_____. 2019. 「보편적시청권제도의 의미와 문제점」. ≪방송문화≫, 418호, 156~178쪽.

윤혜선. 2010. 「보편적시청권제도에 관한 소고」. ≪행정법연구≫, 28호, 49~67쪽.

정두남. 2012. 『스마트미디어 시대 보편적시청권에 관한 연구』. KOBACO 연구보고서.

정영남. 2008. 『미디어스포츠』. 대한미디어.

정용준. 2011. 「방송법의 보편적시청권 규제, 문제점과 개선 방안」. ≪지역과 세계≫, 35권 1호, 213~241쪽.

최우정. 2007. 「디지털시대에 있어서 방송프로그램에 대한 저작권과 헌법적인 문제점: 방송법 제76조 이하의 국민관심행사 중계권의 문제점을 중심으로」. ≪공법학연구≫, 8권 3호, 347~369쪽.

Russell, B. 2009. *Human knowledge: Its scope and limits*. Routledge.

찾 아 보 기

저자 소개

신삼수

1994년부터 EBS에서 줄곧 일하고 있다. 경영혁신팀장, 정책기획부장, 비서실장, 수능교육부장, 학교교육기획부장, 수신료추진단 부단장 등을 맡았다. 방송 엔지니어로 입사하여 교육전문 기자, 수능강의 CP, 정책기획 등 실무를 담당했다. 한국항공대학교 통신정보공학과를 졸업하고 고려대학교 교육대학원에서 석사학위를 받았으며, 성균관대학교에서 설득 커뮤니케이션 연구로 미디어커뮤니케이션학 박사학위를 취득했다. 스포츠경영관리사 자격을 획득한 바 있다. 『세계 공영방송과 디지털혁신』(공저)을 저술했고 공영방송 제도, TV수신료 및 보편적시청권에 관한 논문을 다수 발표하였다. 주요 관심 분야는 공영방송, 보편적서비스, 설득 커뮤니케이션, 방송 정책, 미디어 리터러시 등이다.

봉미선

EBS 전문위원이며, 건국대학교 미디어커뮤니케이션학과 겸임교수이다. 성균관대학교 통계학과 · 신문방송학과를 졸업하고 동 대학원에서 「스포츠 중계방송의 보편적 접근권에 관한 연구」로 석사학위를, 「스포츠 중계권의 패러다임 변화와 정책 방안 연구」로 언론학 박사학위를 취득했다. 2008년부터 한국방송통신대학교, 배재대학교, 성균관대학교, 단국대학교, 건국대학교에서 방송 및 미디어 관련 강의를 했다. 2012년 이후 EBS에서 미디어 및 수신료 정책을 담당하고 있다. 정책기획부, 경영혁신팀에서 공영방송 혁신에 관한 업무를 맡았다. 『스포츠 커뮤니케이션 인사이트』(공저), 『미디어 리터러시 이해』(공저), 『세계 공영방송과 디지털혁신』(공저), 『청소년을 위한 매체 이야기』(공저) 등 전문서적을 다수 저술하였다. 공영방송 제도, TV수신료에 관한 논문을 다수 발표했다. 주요 관심 분야는 공영방송, 공공서비스 미디어, 미디어 리터러시, 보편적시청권 및 미디어 정책 등이다.

이수연

유 · 무료 미디어 전반을 다뤄온 변호사다. 유료방송 활성화는 물론 방송의 공익성을 동시에 다뤄왔다. 산업으로서 미디어의 올바른 발전과 경쟁, 민주주의 발전의 중요한 도구로서 미디어의 공적 기능 활성화에 관심이 깊다. 성균관대학교 법학과를 졸업, 2007년 사법시험에 합격하여 사법연수원 39기 과정을 마쳤다. 한국케이블TV방송협회와 EBS에서 오랫동안 상임변호사로 근무했고, 현재 법무법인 이신의 파트너 변호사로 활동하고 있다. 「인앱결제 강제 금지법을 둘러싼 국내외 논의」를 저술한 바 있으며, 주요 관심 분야는 미디어 플랫폼의 공정거래, 미디어 규제, 미디어산업, 지식재산권 등이다.

한울아카데미 2457

OTT시대 스포츠 보편적시청권

ⓒ 신삼수·봉미선·이수연, 2023

지은이 신삼수·봉미선·이수연
펴낸이 김종수 | **펴낸곳** 한울엠플러스(주) | **편집책임** 조수임
초판 1쇄 인쇄 2023년 6월 5일 | **초판 1쇄 발행** 2023년 6월 30일
주소 10881 경기도 파주시 광인사길 153 한울시소빌딩 3층
전화 031-955-0655 | **팩스** 031-955-0656 | **홈페이지** www.hanulmplus.kr
등록번호 제406-2015-000143호

Printed in Korea.
ISBN 978-89-460-7457-6 93320

※ 책값은 겉표지에 표시되어 있습니다.